U0331353

中国古代建筑知识普及与传承系列丛书

The Historical Architectural
Map Of Beijing
Part 1

北京古建筑五书

北京古建筑地图（上）

李路珂　王南

李菁　胡介中

编著

清华大学出版社

北京

图书在版编目（CIP）数据

北京古建筑地图.上/李路珂等编著.—北京：清华大学出版社，2009
（2021.8重印）

（中国古代建筑知识普及与传承系列丛书.北京古建筑五书）

ISBN 978-7-302-19775-1

Ⅰ.北…　Ⅱ.李…　Ⅲ.古建筑—简介—北京市　Ⅳ.K928.71

中国版本图书馆CIP数据核字（2009）第041578号

责任编辑：徐　颖　袁功勇
装帧设计：王　华
责任校对：王凤芝
责任印制：杨　艳

出版发行：清华大学出版社
　　　　　网　址：http://www.tup.com.cn　　http://www.wqbook.com
　　　　　地　址：北京清华大学学研大厦A座　邮　编：100084
　　　　　社总机：010-62770175　　　　　　邮　购：010-62786544
　　　　　投稿与读者服务：010-62776969，c-service@tup.tsinghua.edu.cn
　　　　　质量反馈：010-62772015，zhiliang@tup.tsinghua.edu.cn
印装者：三河市春园印刷有限公司
经　销：全国新华书店
开　本：120mm×210mm　　印　张：20.625　　字　数：406千字
版　次：2009年5月第1版　　印　次：2021年8月第9次印刷
定　价：149.00元

产品编号：031582-05

献给关注中国古代建筑文化的人们

策划：华润雪花啤酒（中国）有限公司

统筹：清华大学建筑学院
　　　王　群　朱文一

主持：王贵祥　王向东

执行：清华大学建筑学院

资助：华润雪花啤酒（中国）有限公司

参赞

（按姓氏笔画排名）

王宁　包志禹　白照熏　刘刚　刘旭　刘闯

戎筱　闫东　佟磊　吴一凡　吴浩　宋莹莹　张志磊

张远堂　李仪录　李念　李倩怡　李薪钰　辛惠园

陈迟　欧阳烨恬　赵雯雯　袁琳　郭继政　郭雪

梅静　廖慧农　谭舒丹　黎冬青

总序一
Preface 1

2008年年初，我们总算和清华大学完成了谈判，召开了一个小小的新闻发布会。面对一脸茫然的记者和不着边际的提问，我心里想，和清华大学的这项合作，真是很有必要。

在"大国"、"崛起"甚嚣尘上的背后，中国人不乏智慧、不乏决心、不乏激情，甚至不乏财力。但关键的，我们缺少一点"独立性"，不论是我们的"产品"，还是我们的"思想"。没有"独立性"，就不会有"独特性"；没有"独特性"，连"识别"都无法建立。

我们最独特的东西，就是自己的文化了。学术界有一句话："建筑是一个民族文化的结晶。"梁先生说得稍客气一些："雄峙已数百年的古建筑，充沛艺术趣味的街市，为一民族文化之显著表现者。"当然我是在"断章取义"，把逗号改成了句号。这句话的结尾是："亦常在'改善'的旗帜之下完全牺牲。"

我们的初衷，是想为中国古建筑知识的普及做一点事情。通过专家给大众写书的方式，使中国古建筑知识得以普及和传承。当我们开始行动时，由我们自己的无知产生了两个惊奇：一是在这片天地里，有这么多的前辈和新秀在努力和富有成果地工作着；二是这个领域的研究经费是如此的窘迫，令我们瞠目结舌。

希望《中国古代建筑知识普及与传承系列丛书》的出版，能为中国古建筑知识的普及贡献一点力量；能让从事中国古建筑研究的前辈、新秀们的研究成果得到更多的宣扬；能为读者了解和认识中国古建筑提供一点工具；能为我们的"独立性"添砖加瓦。

王 群

华润雪花啤酒（中国）有限公司 总经理
2009年1月1日

总序二

Preface 2

2008年的一天，王贵祥教授告知有一项大合作正在谈判之中。华润雪花啤酒（中国）有限公司准备资助清华开展中国建筑研究与普及，资助总经费达1000万元之巨！这对于像中国传统建筑研究这样的纯理论领域而言，无异于天文数字。身为院长的我不敢怠慢，随即跟着王教授奔赴雪花总部，在雪花公司的大会议室见到了王群总经理。他留给我的印象是慈眉善目，始终面带微笑。

从知道这项合作那天起，我就一直在琢磨一个问题：中国传统建筑还能与源自西方的啤酒产生关联？王总的微笑似乎给出了答案：建筑与啤酒之间似乎并无关联，但在雪花与清华联手之后，情况将会发生改变，中国传统建筑研究领域将会带有雪花啤酒深深的印记。

其后不久，签约仪式在清华大学隆重举行，我有机会再次见到王总。有一个场景令我记忆至今，王总在象征合作的揭幕牌上按下印章后，发现印上的墨色较浅，当即遗憾地一声叹息。我刹那间感悟到王总的性格。这是一位做事一丝不苟、追求完美的人。

对自己有严格要求的人，代表的是一个锐意进取的企业。这样一个企业，必然对合作者有同样严格的要求。而他的合作者也是这样的一个集体。清华大学建筑学院建筑历史研究所，这个不大的集体，其背后的积累却可以一直追溯到80年前，在爱国志士朱启钤先生资助下创办的"中国营造学社"。60年前，梁思成先生把这份事业带到清华，第一次系统地写出了中国人自己的建筑史。而今天，在王贵祥教授和他的年长或年轻的同事们，以及整个建筑史界的同仁们的辛勤耕耘下，中国传统建筑研究领域硕果累累。又一股强大的力量！强强联合一定能出精品！

王群总经理与王贵祥教授，企业家与建筑家十指紧扣，成就了一次企业与文化的成功联姻，一次企业与教育的无间合作。今天这次联手，一定能开创中国传统建筑研究与普及的新局面！

朱文一
清华大学建筑学院 院长
2009年1月22日凌晨
于清华园

李路珂
Li Lu ke

清华大学建筑历史与理论专业博士后、助理研究员。2001年在清华大学建筑学院完成本科学业后，师从傅熹年院士、王贵祥教授从事中国古代建筑史与城市史研究，喜欢旅行和摄影，对中国古代建筑与城市怀有深厚感情。曾发表《北京城市中轴线的历史研究》、《北京城市历史要素的图像分析与北京旧城保护》、《书评：〈空间策略：帝都北京（1420—1911）〉》等文章，并参与测绘故宫太和门区建筑群、西城区四合院等历史建筑。攻读博士期间潜心研究中国古代建筑法式制度，撰写论文《〈营造法式〉彩画研究》。

王　南
Wang Nan

清华大学城市规划专业博士后、助理研究员，人民大学艺术学院外聘教师、中国古代建筑博物馆顾问。2001年在清华大学建筑学院完成本科学业后，师从吴良镛院士，从事北京城市规划设计与中国古代建筑研究，对老北京的古建筑怀有深厚感情。曾撰写博士论文《北京城市美学研究》，发表多篇关于北京城市建设的学术论文如《〈康熙南巡图〉中的清代北京中轴线意象》、《一幅鸟瞰照片中的北京建筑史缩影》、《明十三陵规划设计的象征意义和意境追求》等，此外还参与编写中国古代建筑史的电子教材《营造法式新注》，并利用业余时间组织学生测绘大量北京胡同、四合院，抢救历史文化遗产。

作者简介
The Editors

李 菁
Li Jing

清华大学建筑历史与理论专业博士研究生。2003年入清华大学建筑学院，师从王贵祥教授从事中国古代建筑史与城市史研究。关注方向侧重于明清北京城市的历史与沿革，曾发表《清代北京城内的胡同与合院式住宅——对〈加摹乾隆京城全图〉中"六排三"与"八排十"的研究》、《〈乾隆京城全图〉中的合院建筑和街坊系统研究》等文章。硕士学位论文《〈乾隆京城全图〉之合院建筑与城市机理探究》曾获选清华大学优秀硕士论文。

胡介中
Hu Jie zhong

清华大学建筑历史与理论专业博士研究生。2003年毕业于台湾淡江大学建筑学系，因父亲桌前的一枚篆刻方印对古代历史文化产生了浓厚兴趣。2004年进入清华大学建筑学院学习，师从王贵祥教授从事中国古代建筑史与城市史研究，喜爱阅读与平面设计。攻读硕士期间，走访京城大街小巷，搜集、阅读大量北京史料文献，完成学位论文《清代北京城内衙署建筑之规模与空间布局探索》，并发表相关文章。

前 言
Statement

《北京古建筑地图》的内容以1949年之前建成、现在保存完好、价值较高的历史建筑为主，也记录了近年拆除或重建的一些较为重要的历史建筑。本书分为两册，其中第一分册所收录的范围是现在的二环路以内，亦即明清北京城以内。该册精选了302处较为重要而完整的古建筑，图文并茂地介绍其特点和艺术成就，另选择了719处尚存或刚刚毁去的古建筑，列表注明其地址和保存状况。在对各个建筑单体或建筑群进行剖析和介绍之外，本书还尽可能地从街区或城市的角度来介绍这些建筑作为城市有机整体的一部分，其独特的意义与价值。为便于各行各业的人士使用，本书还对文中涉及的一些建筑学或中国历史的背景知识进行了简要的说明。

该分册从2008年5月开始策划和编写，经历了紧张而漫长的200余个日日夜夜，凝聚了编写组年轻而勤奋的成员们的智慧与心血，吸取了国内外同类书籍的丰富经验，也汇集了前辈学者数十年研究与测绘的宝贵成果。为保证书中信息的准确性及及时性，本书编写组在目前条件下，尽可能地对书中介绍的300余处古建筑进行了实地踏勘和拍摄。尽管如此，对于一部严肃实用、内容浩繁的工具书，这200余天的时间仍然极其仓促，书中的不足与谬误仍然在所难免，只能等待日后修订时再作弥补了。为此，特向读者致歉。也希望这只是一个开端，而以后能有更多有志于此的人参与进来，将古建筑地图这份辛苦却有益的工作继续做下去。

北京作为一个城市的历史，已有3000余年，而作为首都的历史，也有800余年。数千年的历史为我们留下了极其丰富的建筑遗存，它们既是历史的见证，又是文化艺术的瑰宝，同时也真正体现了"中国式"的生活方式。这些建筑遗存不仅具有独立的价值，而且曾经以其无与伦比的丰富性和完整性，构成了一个"全世界保存得最完好，而且继续有传统的活力的、最特殊、最珍贵的艺术杰作"（梁思成《北京——都市计划的无比杰作》）。在新中国成立之后，北京的古建筑和传统街区在现代化城市建设的进程中消殒了大半，但仍然有相当的数量和规模留存下来，镶嵌在古今杂处、中西融汇的城市环境之中，成为新北京最永恒又最易逝的一道风景。

在这样的一座城市，带上一份地图去穿越大街小巷，寻访帝都遗韵、市井民风，感受建筑艺术的魅力、体味历史变迁的沧桑，这实在是旅行者或闲暇者的一大乐事，又是建筑、规划、历史、艺术等专业从业人员和学生的重要功课。《北京古建筑地图》编写的初衷，就是为了帮助那些穿行在城市历史时空中的人们，那些和我们一样热爱北京，热爱中国古代建筑文化的人们。

本书的编写，除了编者的个人研究和体验之外，还汇聚了前辈学者们数十年研究与记录的成果，同时尽可能地对书中介绍的300余处古建筑进行了实地踏勘与拍摄。本书既可以作为案头收藏，又可以作为导游手册，也可以作为研究北京城市、建筑的参考资料。特别重要的是，在迅速变迁的北京城，今天我们手中活生生的"地图"，可能就是明天绝版的历史。

作者

2009年1月

目录
Contents

凡 例

How To Use This Book

■ 文物建筑	■ 历史文化保护区范围
■ 文物建筑院落范围	● 标志性现代建筑
■ 绿地	—— 地铁线路	**①** 有文字解说的景点
■ 水体	**M2** 地铁站	● 已拆除的重要古建筑位置示意

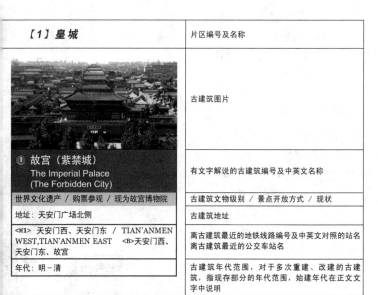

【1】皇城	片区编号及名称
(古建筑图片)	古建筑图片
① 故宫（紫禁城） The Imperial Palace (The Forbidden City)	有文字解说的古建筑编号及中英文名称
世界文化遗产 / 购票参观 / 现为故宫博物院	古建筑文物级别 / 景点开放方式 / 现状
地址：天安门广场北侧	古建筑地址
<M1> 天安门西、天安门东 / TIAN'ANMEN WEST,TIAN'ANMEN EAST <B>天安门西、天安门东、故宫	离古建筑最近的地铁线路编号及中英文对照的站名 离古建筑最近的公交车站名
年代：明－清	古建筑年代范围，对于多次重建、改建的古建筑，指现存部分的年代范围，始建年代在正文文字中说明

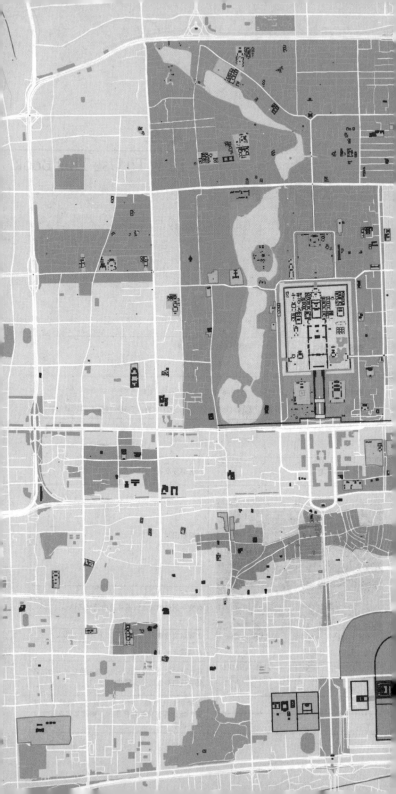

北京旧城古建筑分布

The Main Historical Architecture of the Old City of Beijing

分片索引
Map Index

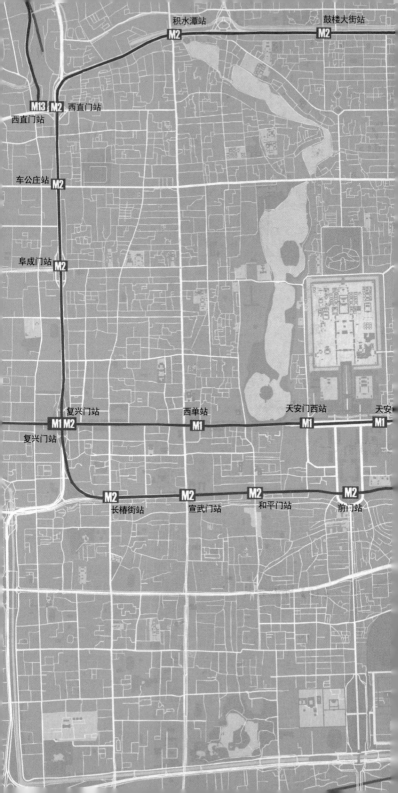

交通简图
Map

北京古城史略

A Brief History of the Old Beijing

北京古城史略
A Brief History of the Old Beijing

"前不见古人，后不见来者，念天地之悠悠，独怆然而涕下！"

唐代诗人陈子昂的《登幽州台歌》是描写古代北京城（唐时称幽州）最富盛名的诗篇——而唐幽州不过是北京城悠长的"城市史诗"中的一页而已。北京城从公元前1046年建城（当时称蓟城）至今已逾三千年，其间经历了古蓟城、燕上都、唐幽州、辽南京、金中都、元大都、明清北京、民国北平直至新中国首都北京等许多重要历史阶段。本书在正式介绍北京古建筑概况之前，有必要先简要梳理一番北京城规划建设之历史沿革，对于读者了解北京城数量丰富、种类繁多的古建筑产生的历史背景和规划设计的文化理念将不无裨益。

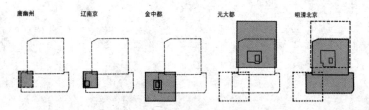

唐幽州　　辽南京　　金中都　　元大都　　明清北京

北京城址变迁示意图

■ 蓟城

西周初年，周王朝在今北京地区先后分封了两个诸侯国：蓟与燕，蓟在北、燕在南——迄今为止我们所知道的北京地区城市发展的历史由此开始。其中蓟国的都城"蓟"，就是北京地区最早出现的城市，其建立时间为周武王十一年（即公元前1046年，为北京建城之始）。燕国的分封略晚于蓟国（武王时封

蓟，成王时封燕，前后相去不到十年），它的范围主要在永定河以南的拒马河流域。燕国的都城"燕"是北京地区第二座最早出现的城市，其遗址在今北京西南房山琉璃河。由于燕国势力强于蓟国，很快灭掉蓟国，并放弃了原来的都城，将自己的国都改设在"蓟"。

因此古老的"蓟城"可称作"北京城的前身"，其位置大致位于今宣武区广安门一带。

战国时期，蓟城成为"战国七雄"之一的燕国的"上都"，司马迁称之为"勃、碣之间一都会"。此后历经秦、汉、魏、晋、十六国、北朝以至隋、唐，蓟城城址并无太大变化。其间隋代涿郡和唐代幽州都以蓟城为治所，因此蓟城在隋唐之际又先后称为涿郡、幽州。北魏郦道元《水经注》称蓟城西北隅有土丘曰"蓟丘"，蓟城便由蓟丘而得名。唐代诗

人陈子昂还有《蓟丘览古》一诗曰:

"北登蓟丘望,求古轩辕台。应龙已不见,牧马生黄埃。尚想广成子,遗迹白云隈。"

可惜隋唐以前古蓟城漫长的城市史没有留下任何地上建筑遗存可供后世瞻仰。

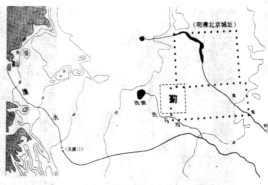

《水经注》所述蓟城位置示意图

■ 唐幽州

唐代的"幽州"是北方的军事重镇。唐代祖咏的《望蓟门》一诗生动描绘了幽州作为边关重镇的景象:

"燕台一去客心惊,笳鼓喧喧汉将营。万里寒光生积雪,三边曙色动危旌。沙场烽火侵胡月,海畔云山拥蓟城。少小虽非投笔吏,论功还欲请长缨。"

幽州城有内外两重城垣,即大城(外城)和子城(内城)。根据考古资料及文献记载,大致可以推断幽州城大城东起今法源寺以东烂缦胡同偏西一线,西至今会城门稍东一线,南起今陶然亭迤西白纸坊东、西街一线,北至今宣武门头发胡同一线向西延伸至白云观以北。子城位于大城西南隅,西、南两面城垣即利用大城城垣。"安史之乱"时,史思明曾将子城改为皇城,城内建有紫微殿、听政楼等殿阁。

子城之外采取"里坊制"布局,并一直延续到辽代:城北是市肆之区,称为"幽州北市"——唐代城市普遍实行里坊制布局:即子城外划分为若干方形或矩形居住区,称"坊"或"里",里坊以坊墙环绕,通过坊门出入;此外,取一至数坊之地建集中而封闭的"市"。里坊制城市夜间禁止居民外出至坊外,类似现在的"宵禁",实际近于军事管制城市。

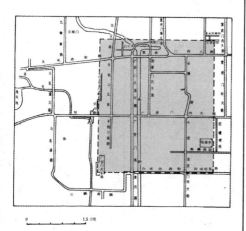

唐幽州位置示意图

石经山雷音洞石柱

云居寺唐塔

幽州城的大型建筑群有大都督府等衙署以及众多寺庙——其中"悯忠寺"是幽州城最重要的佛寺。唐贞观十八年（644年）冬，唐太宗有意亲征高丽，次年四月，于幽州南郊誓师。然由于高丽顽强抵抗，被迫退兵。十一月，太宗兵退幽州，为安抚军心，决定在城内东南隅建寺，以悼念阵亡将士，于武则天万岁通天元年（696年）建成，名曰"悯忠寺"，即今天宣南巨刹"法源寺"之前身。寺中建有高大壮伟的观音阁一座，俗语称"悯忠高阁，去天一握"——是唐代幽州城中最重要的地标。

据史料记载，幽州城区与郊野兴建的佛寺不下百座，仅城区就有寺庙近20座，著名者除悯忠寺外还有宝集寺、崇效寺、胜果寺等；西郊则有门头沟马鞍山慧聚寺（今戒台寺）、香山附近的兜率寺（今卧佛寺）等。此外今房山白带山（亦称石经山）一带寺庙以雕凿石经为特色，至今还留有著名的云居寺——寺中有隋唐时期开凿的"雷音洞"等藏经洞和唐代佛塔数座，为北京最古老的建筑遗存。

■ 辽南京

公元936年，后晋的石敬瑭割让"幽云十六州"给契丹以求取得契丹支持建立后唐政权，从此幽州地区纳入契丹人的版图。辽会同元年（938年），幽州升为辽五京之一——"南京"，又称"燕京"。由辽南京直至金中都，北京地区逐渐发展成为中国的重要政治中心，为元、明、清直至今日北京持续作为中国的首都（仅少数时间为南京所取代）奠定了基础。

辽南京基本沿用唐幽州旧城，包括大城和子城，子城内还建有宫城。

大城：方二十余里，城墙高三丈、宽一丈五尺，城有八门。以东西、南北两条大街为骨干，其中南北大街即今牛街至南樱桃园一线，东西大街即今之广安门内大街、广安门外大街一线。布局采取"里坊制"，共二十六坊，其中部分里坊还沿用唐代旧名。里坊内"居民棋布，巷端直，列肆者百室"，市肆仍沿袭幽州"北市"，"陆海百货，萃于其中"。

子城：依旧位于大城西南部，约占大城的四分之一。内有宫殿区和园林区。宫殿区位于子城中部偏东，东面有"内果园"（东苑），西面有西苑。子城西南角与东北角均建有高大楼宇：西南角的"凉殿"可能是仿照辽上京的"西楼"之制，反映了契丹人"太阳崇拜"的传统；东北隅建有燕角楼——其位置几乎正当辽南京的城市中心，是城中最重要的地标之一。明代其地仍称"燕角"，今天宣武区有南线阁、北线阁等地名，有学者认为"线阁"即为"燕角"之讹误。

宫城：子城中部偏东建有宫城，规划了一道南北中轴线自南门丹凤门到宫城北门并继而延伸至子城北门，最后沿南北向大街直抵大城北墙通天门，形成辽南京城的主轴线。此外，在宫殿区以南，出丹凤门外另有一区，其中有球场、万胜殿，南端为"启夏门"——这一区突出于辽南京城南垣之外，成为南北中轴线的延伸，也作为宫廷的前区和序幕。

辽南京城复原示意图

图中红线为民国时期北京城地图，黑线为辽时地图

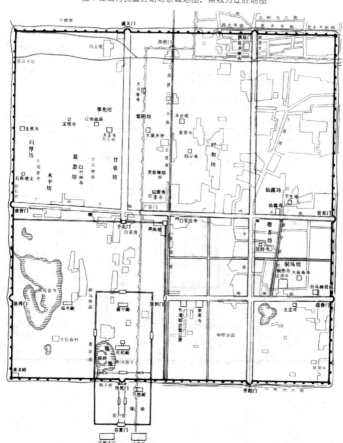

佛寺：辽南京的佛寺比之唐幽州更加繁盛：辽代帝王尽皆崇奉佛教，辽道宗尤甚，据称他"一岁饭僧三十六万，一日而祝发三千"。在统治者崇佛的风气带动之下，民间佛教信仰也极为高涨。

辽南京城庙宇众多，《顺天府志》谓辽南京"都城之内，招提兰若，如棋布星列，无虑数百"；《契丹国志》载辽南京"僧居佛寺，冠于北方"；《辽史·地理志》则称辽南京"坊市廨舍寺观，盖不胜书"。城中除去唐代巨刹悯忠寺以外，更有辽贵族魏王耶律汉宁所建大开泰寺，以银铸佛像闻名，"殿宇楼观雄壮，冠于全燕"；秦越大长公主舍宅为寺的大昊天寺亦是宏伟壮丽。依据《析津志辑佚》，南京城内能确指其名的寺庙就有25所。

今天北京城区内唯一的辽南京建筑遗存即天宁寺塔，该塔为北京城区最古老的建筑。此外，西南郊房山云居寺的北塔也是十分难得的辽代建筑遗存。

金中都城图

图中红线为民国时期北京城地图，黑线为金代地图

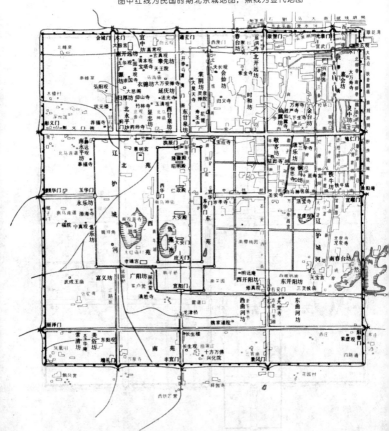

■ 金中都

金贞元元年（1153年）海陵王完颜亮从会宁迁都至辽南京，改燕京为中都。金中都既是在古蓟城旧址上发展起来的最后一座大城，又是向全国政治中心（元大都、明清北京）过渡的关键，在北京城市发展史上起到承上启下的作用。

金中都的规划建设一方面是对辽南京的改、扩建，更重要的是对北宋都城汴梁（亦称汴京）的模仿：完颜亮指派丞相张浩等人负责辽南京的改建工程，宫阙制度，完全模仿汴京——"遣画工写汴京宫室制度，阔狭修短，曲尽其数"。此外，据宋人范成大所撰《揽辔录》记载，金中都宫城"其屏扆牗牖，皆破汴都辇至于此"。从以上两方面可以看出金中都与北宋汴京的"血缘关系"：金中都不仅在规划设计上摹写汴京之制，甚至其所用建筑材料也有不少是从汴京拆卸而来的。据称宋徽宗在汴京所经营的御苑"艮岳"有大量太湖石也被金人劫至中都布置园囿——今北海白塔山上许多太湖石即为"艮岳"之遗物。

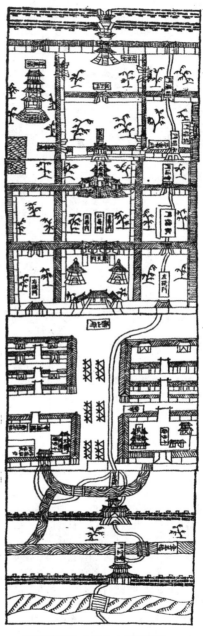

《事林广记》中的金中都皇城图

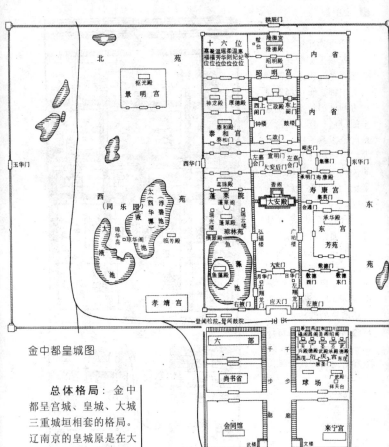

金中都皇城图

总体格局：金中都呈宫城、皇城、大城三重城垣相套的格局。辽南京的皇城原是在大城西南隅，金中都欲仿北宋汴京皇城居中之制，同时也为扩大都城规模，故将辽南京旧城向西、南大大展拓，东面也略加外扩，北面估计未动——经过此番扩建，金中都的皇城便基本居于大城中央（略偏西）。宫城位于皇城中央偏东，宫城的南北中轴线成为全城的主轴线：这条中轴线自宫城经皇城南门"宣阳门"直抵大城南门"丰宜门"；向北则出皇城北门"拱宸门"直达大城北门"通玄门"。该中轴线是辽南京城市中轴线的扩展与延伸，其位置位于明清北京城外城西墙一线——今天的西二环路南段，即广安门滨河路一线，正紧挨着昔日金中都的中轴线。

金中都的所有城市功能，基本上都是据此轴线、环宫而布署的，这是对于从北魏洛阳直至北宋汴京以来"择中立宫"的中国都城传统结构的继承。

大城：金中都大城周长三十七里余（实测为18.69公里），近似正方形，东西稍长，南北略短，共设城门十三座：东、南、西各三门，北四门，接近《周礼·考工记》中王城"旁三门"（即每面三门）的制度。大城东墙约在今四通路以北到麻线胡同、大沟沿一线；南墙在今凤凰嘴、万泉寺、三官庙、四通路一线；西墙在由凤凰嘴至木楼村的延长线上；北墙仍位于白云观偏北。

大城的规划布局也借鉴了北宋汴梁的"街巷制"布局，呈现为从"里坊制"向"街巷制"过渡的形态：金中都由于在辽南京（沿袭了唐幽州里坊制）的基础上扩建，部分地区街坊保留了辽南京旧有的坊名；有的则将原有的坊一分为二，如东、西开阳坊，然而原有的坊墙已不存在。考古勘测表明：金代拓展部分与辽代里坊制布置方式不同，皆为与大街正交的平行排列的街巷（已具备后世"胡同"的雏形）。此外，城北部本为辽南京的"市"，而城南金代展拓部分则有新型"街市"。

融里坊、街巷制于一身，是金中都道路系统的特色，体现了金中都在城市规划上承唐、宋，下启元、明的过渡特点。

皇城：位于大城中央偏西。皇城南部为宫廷前区：皇城南门"宣阳门"前有"龙津桥"（类似天安门前之金水桥），桥以石栏分作三道，中为"御道"，桥栏"皆以燕石构成，其色正白而镂镂精巧，如图画然"。宣阳门内"御道"两旁，从宣阳门直至宫城正门应天门之间，为东西并列之"千步廊"，各约200余间，屋顶覆以青琉璃瓦。"千步廊"南端止于宣阳门内东西两侧的文楼、武楼；北端在应天门前的"横街"南侧，又分别各有百余间，直到应天门东西的左、右掖门为止——中间围合成一个"T"字形的宫廷广场。"御道"修筑得十分宽广，夹道有两条水渠，沿渠两岸植柳树，形成林荫大道，道中设"朱栏权子"，皆仿汴京之制。

此外，千步廊两侧各有偏门，东通球场、太庙（金代称"衍庆宫"，如《周礼·考工记》中的"左祖"之制），西连尚书省、六部。这样的布局使得宫城前面的宫廷广场法度严谨、气势宏大，纵深感大大加强，烘托出宫城的庄严气氛——元大

都、明北京都继承了这种宫廷前区的规划模式。

宫城：规模宏大，周回九里三十步（面积与明清北京紫禁城相近），整座宫城中"殿计九重，凡三十六所，楼阁倍之"，布署有条不紊，秩序井然，气魄宏大，结构华美，成为元、明、清宫殿规划设计的范本。

宫城分为中、东、西三路：中路有宫城正门应天门，广十一间，两旁有侧楼（如紫禁城午门之制），覆琉璃瓦，金钉朱户。东西两侧一里处设左、右掖门。左掖门内为宫城东路，右掖门内为宫城西路。应天门以北的宫城中轴线上依次分别为大安门、大安殿（皇宫前殿，相当于紫禁城太和殿）、大安后门、宣明门、仁政门、仁政殿（皇宫后殿，相当于紫禁城乾清宫）及后宫昭明宫，最后至宫城北门。东路由南而北依次有太子东宫、母后寿康宫及"内省"（即宫内衙署所在地）；西路由南而北则为鱼藻池（为宫内御苑，今之青年湖即其遗址）、中宫（泰和宫）及十六凉位（亦称西宫，为妃嫔居所）。

《燕山八景图册》——自左上至右下分别为：琼岛春阴、太液秋风、玉泉趵突、西山晴雪、蓟门烟树、卢沟晓月、金台夕照、居庸叠翠

离宫苑囿：金代不但扩建了规模宏大的都城，并且在都城内外建造了大量离宫别苑，蔚为大观。

其中宫城中有鱼藻池，皇城中有西苑（同乐园）、东苑、南苑、北苑，东北郊有大宁宫（后来成为元大都的中心），西郊有钓鱼台，而西山一带则有著名的"八大水院"——分别为旸台山大觉寺，称清水院；妙高峰法云寺，称香水院；车儿营西北的黄普寺，称圣水院；金山金仙庵，称金水院；香山寺双井，称潭水院；玉泉山芙蓉殿，称泉水院；石景山双泉寺，称双水院；门头沟仰山栖隐寺，称灵水院。此八处行宫兼寺院皆有佳泉，融山水林园与佛寺殿宇于一体。

燕京八景：金章宗完颜璟极好游幸，并摹拟北宋宋迪"潇湘八景"定出"燕京八景"——居庸叠翠、玉泉垂虹、太液秋风、琼岛春阴、蓟门飞雨、西山积雪、卢沟晓月、金台夕照。后来元、明、清历代相沿袭，名目略有改动，地点也颇有变更，但燕京八景（或曰燕山八景）的模式却得以流传八百余年，可谓金代帝王的一大创造。如今的燕京八景为乾隆年间最后改定的居庸叠翠、玉泉趵突、太液秋风、琼岛春阴、蓟门烟树、西山晴雪、卢沟晓月和金台夕照。如今金中都的建筑遗存仅有大城城墙遗迹数处，此外西四砖塔胡同留有金元间佛塔——万松老人塔一座，为北京城二环路以内最古老的建筑遗存。城郊的金代建筑遗存最负盛名的非卢沟桥莫属，此外还有银山塔林、房山金陵等。

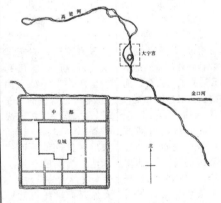

金中都东北郊大宁宫示意图

■ 元大都

元至元九年（1272年）二月，元世祖忽必烈在金中都东北方营建新都城，并将其命名为"大都"（蒙古语为"汗八里"，即大汗之城）——从此北京成为全中国的政治中心。元大都是中国两千余年封建社会中最后一座按既定的规划平地创建的都城，从规划之完整性和规模之宏大而言，在当时世界上是最突出的。

元大都是以琼华岛（琼华岛原属于金代离宫大宁宫，即今天北海白塔山）为中心发展起来的。北京城由古蓟城直至金中都一直依托"莲花池"（其遗址位于今北京西客站南）水系，自元大都起转而以"高梁河"水系作为城市水源。1262年，著名水利专家郭守敬引西北郊玉泉山、白浮泉等水源，经高梁河入都城，并向东汇入通惠河，直抵京杭大运河以通漕运——通惠河的开凿成功，在北京城市史上是一件大事：一方面，新都城有了新的充沛水源，漕运大大繁荣了都城的经济，也带来了元大都的市井繁华气象；另一方面，围绕新的水系营建了大量苑围，塑造了元大都优美的山水园林格局。

元大都从至元四年（1267年）开始营建，二十二年（1285年）完成，历时十八年之久。其规划设计一方面沿袭了金中都的经验；另一方面又对《周礼·考工记》进行了摹拟；当然，更重要的是设计者刘秉忠通过对元大都新城址地形条件的利用，巧妙地融合了太液池（今之北海、中海）、积水潭（亦称海子，即今之什刹海）水系，在规划设计上作了一番"大文章"，从而令元大都呈现出继往开来的非凡气魄。

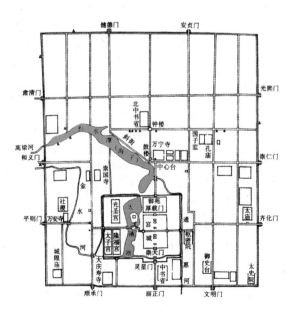

元大都平面图

元大都和义门

总体格局：元大都城廓为一南北略长的长方形，南北长约7600米，东西宽约6700米，总面积约50.9平方公里。采取外城、皇城、宫城三重城垣相套的传统形制，皇城位于中央偏南，并以皇城、宫城的中轴线作为全城规划的主轴线，城内各大功能分区皆沿此轴线环宫布列，以突出皇城、宫城的中心地位。中轴线南起外城正南门"丽正门"，穿过皇城正门"棂星门"、宫城正门"崇天门"和后门"厚载门"，经"万宁桥"（即今地安门桥），直达位于城市中央的"中心阁"——该中轴线与今天穿过紫禁城的南北中轴线一致。中心阁西十五步（约23米）处有一座"中心台"，为元大都全城的几何中心。在中心阁、中心台以西是鼓楼（也称齐政楼），鼓楼之北为钟楼，二者相对屹立，穿过钟鼓楼的南北向大街继续向北延伸形成城市北半部的中轴线（相当于今旧鼓楼大街一线）——因此元大都的城市中轴线实际上在中心阁和鼓楼之间出现了一次转折。元大都的城市中心由中心阁、鼓楼和钟楼三座楼阁共同构成了重要的地标。

元大都规划的一大特点是刻意比附《周礼·考工记》中"匠人营国"的描述，依据营国制度"前朝后市"、"左祖右社"之制来进行布局：城市的主要市场位于漕运终点积水潭（海子）东岸的"斜街市"，而皇宫则位于太液池、琼华岛东侧，这样既形成了"前朝后市"的格局，又是因地制宜的规划设计，使得城市总体布格局与水系完美结合，实现人工与自然的交融。此外，按"左祖右社"之制，于大都城齐化门（今朝阳门）内建太庙，平则门（今阜成门）内建社稷坛。

城墙和城门：元大都城墙全部用夯土筑成，基部宽24米，高16米，顶部宽8米。东、南、西三面均为三门，北面二门——基本符合《周礼·考工记》中"旁三门"的格局。东面三门为光熙门（今和平里东）、崇仁门（今东直门）、齐化门（今朝阳门）；南面三门为文明门（今东单南，又称哈达门，因"哈达大王府在门内，因名之"）、丽正门（今天安门南）、顺承门（今西单南）；西面三门为平则门（今阜成门）、和义门（今西直门）、肃清门（今学院南路西端，尚存遗址）；北面二门为健德门（今德胜门小关）、安贞门（今安定门小关）。时人云"憧憧十一门，车马如云烟"，每日都有大量车马和行人从城门出入。除了城门楼，元大都的城墙四角都建有巨大的角楼——今建国门南侧的古观象台原本即为元大都东南角楼。元大都城门、城墙之壮丽给意大利人马可·波罗以深刻印象，他写道：

"此城之广袤，说如下方：周围有二十四哩，其形正方，由是每方各有六哩。环以土墙，墙根厚十步，然愈高愈削，墙头仅厚三步，遍筑女墙，女墙色白，墙高十步。全城有十二门（笔者注——此处马可·波罗记忆有误），各门之上有一大宫，颇壮丽。四面各有三门五宫，盖每角亦各有一宫，壮丽相等。宫中有殿广大，其中贮藏守城者之兵杖。街道甚直，以此端可见彼端，盖其布置，使此门可由街道远望彼门也。"

1969年拆除明北京城墙的西直门箭楼时，意外地发现了"包裹"于其中的元大都和义门箭楼（元至正十八年即公元1358年建）的下半部分，可惜时值十年浩劫，这座珍贵的元代箭楼也同西直门一起被拆除。傅熹年绘制的和义门复原图，可供我们怀想元大都城门的雄姿。

明初在元大都北城墙以南五里建新城墙，于是元大都的北墙和东、西墙的北段均遭废弃，孰料正是这段废弃的土城得以留存至今，历时七百余年——而明北京的城墙远较元大都土城更为宏伟壮丽，却难逃被拆除的命运。明、清时期，元代土城遗迹上树木繁茂，景致不俗，被定为燕京八景之一——"蓟门烟树"，乾隆帝更为其书写碑文。然而正如前文所言，古蓟城位于今宣武区广安门一带，乾隆树立"蓟门烟树"碑的西直门北面的土城与蓟城相隔遥远，不可能是"蓟门"——应当是明清以后人们误将元代土城笼统当做古蓟城遗址所致，可谓一个"美丽的错误"。现在北京西直门、东直门以北，以及土城路一线残留绵延十余公里的元代土城遗迹，其中肃清门和健德门的瓮城土墙还部分残存于地面之上，被辟为"元大都城垣遗址公园"——这段土城可谓见证了北京城七百余年的沧桑变幻。

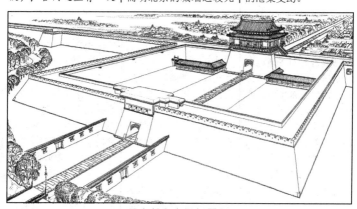

元大都和义门复原图

皇城：位于都城南部，周围约二十里。皇城城墙称作"萧墙"，亦称"红门阑马墙"，墙外遍植参天大树，更增皇城的优美——元代诗人有"阑马墙临海子边，红葵高柳碧参天"、"人间天上无多路，只隔红门别是春"等诗句描绘皇城佳景。

皇城南门棂星门与大都南门丽正门之间是宫廷广场，两侧是长达七百步的千步廊，大型官署位于千步廊外侧。皇城之内，以太液池为中心、万岁山（即金代琼华岛，今北海白塔山）为制高点，环列三大建筑群：即宫城（亦称大内）、隆福宫（皇太子宫）和兴圣宫（皇太后居所），此外宫城以北还有御苑。

宫城：在皇城东部、太液池东岸，呈长方形，南北长约1000米，东西宽约740米。城墙设六门，南墙有三门，中央是崇天门，约在今故宫太和殿址，左右是星拱门和云从门；东、西墙有东华门、西华门；北墙有厚载门，位于今景山公园少年宫前；四隅有角楼，上下三层，用琉璃瓦覆盖。

由皇城正门棂星门进入数十步，即达金水河，河上有三座白石

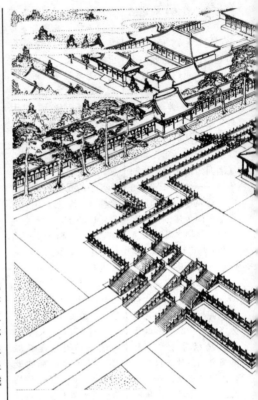

桥，称"周桥"，桥身琢刻龙凤祥云，明莹如玉——周桥的设计者杨琼是参与元大都建造的工匠中十分难得的留下姓名的一位。围绕周桥栽种着"郁郁万株"高柳，元代诗人有"禁柳青青白玉桥"之句。过周桥约二百步，便是宫城正门崇天门（亦称午门），左右两观，平面呈"凹"字形，门上有阙楼，两观上各有角楼，与今故宫午门形制

相近。宫城内主要建筑分成南北两部分：南面以大明殿为主体，北面以延春阁为主体。大明殿相当于紫禁城太和殿，面阔二百尺，进深一百二十尺，高九十尺，坐落于三重汉白玉台基之上，台基皆以雕刻龙凤的栏杆围绕，栏杆的每根柱下均有汉白玉雕琢的鳌头伸出，十分壮丽。大明殿后有柱廊直通寝殿，大殿、柱廊、寝殿共同

元大都延春阁建筑群复原图

构成"工"字形布局，为宋代以来典型布局模式。大明殿四周绕以周庑120间，围合成南北略长的长方形庭院，四隅有角楼。东西庑中间偏南各建有钟楼（又称文楼）与鼓楼（又称武楼），北庑正中又建一殿，南面为正门大明门。大明殿整组建筑群成为宫城中一座"城中城"。北组宫殿以延春阁为主体，为后廷，平面布置、建筑形制与前朝基本一致；延春阁比大明殿还要高，元代统治者常常在这座楼阁举行佛事和道教的祠醮仪式，有时也在此举行宴会。大明殿与延春阁建筑群之间是横贯宫城的大街，连通东华门、西华门。宫城北门厚载门上也建有高阁，阁前更设舞台，以供帝王登临游赏及观看表演。宫城中除上述主殿以外还有其他一些宫殿及附属建筑，布局严谨。

特别意味深长的是：元代外朝大殿称大明殿，其正门称大明门，竟无意中"预示"了下一朝代的名称。

街巷胡同：除了壮丽的皇城，元大都更有繁华的市井。

大都每座城门以内都有一条笔直的干道；两座城门之间加辟干道一条，这些干道纵横交错，连同沿城墙根的街道在内，全城共有南北干道与东西干道各九条，符合《周礼·考工记》"九经九纬"之制。

全城的街道都有统一的标准：大街阔24步（约36米），小街阔12步（约18米）。除街道外，还有384火巷，29衖通（即胡同）。小街和胡同大都沿南北向大街的东西两侧平行排列，形成"鱼骨状"的道路网络，亦称"蜈蚣巷"。

"胡同"一词的写法从元朝到清朝有很多种：衖通、火弄、火瞳、火巷、火衖、胡洞、衕衕、衚衕（此为胡同之繁体）等等，到明清之际衚衕（胡同）一词最为流行。现在不少学者认为胡同是蒙古语"水井"的音译。这也将胡同与"市井"恰当地联系起来。胡同一词在元代已经大量见于记载：比如关汉卿的《单刀会》中有"杀出一条血胡同来"的词句；而北京的胡同至今仍然保留着元大都时名称的有"砖塔胡同"——李好古的元杂剧《沙门岛张生煮海》中有"羊市角头砖塔儿胡同"一句。今天北京东四至北新桥、西四至新街口以及南、北锣鼓巷一带还保留了不少元大都的街巷、胡同格局。

元大都的街巷制与唐代的里坊制不同：主次干道将元大都分为五十坊，这些坊均不建坊墙，而以干道为坊界。坊内之地段，沿南北向干道，开辟若干东西向的平行巷道，成为

后英房元代住宅复原图

住宅区之间的通路，即后来著名的胡同——这样一方面住宅区可以取得南北朝向；一方面街道两侧可以布置各行各业的商业铺面以供住户的日常生活之需，胡同内则不再设商店，以保持宁静、安全的居住环境——元大都街道、胡同、居住区规划的精华即在于"闹中取静"。

民居：元大都的合

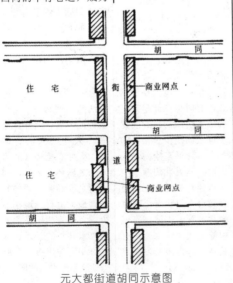
元大都街道胡同示意图

院住宅是北京四合院的"雏形"。

元代的街区规划，据学者研究推测：胡同间距为50步（约77米），每块宅基地为44步（约67米）见方，面积为8亩；每片胡同街区由10块宅基地组成，即44×440步。

1969年拆除城墙修地铁时，在北城墙基址下发掘出元代"后英房"遗址，其中一所大型住宅的主院及两侧的跨院东西总宽近70米，南北进深为两条胡同的距离，与上述8亩的宅基地大小基本吻合。主院正房坐北朝南，进深达13.47米，前出轩廊，后有抱厦；正房前有东西厢房。东跨院是平面为"工"字形的建筑群，是宋元以来宫廷主体建筑群的"具体而微"者。从中可看出元代住宅建筑已是较成熟的合院式布局，它介于唐宋与明清之间，虽然有别于明清北京的标准四

合院，但四合院的"雏形"业已形成。

今天北京城区的元大都建筑遗存包括万宁桥、妙应寺（即白塔寺）白塔、孔庙大门，此外还有城郊的居庸关云台等。而一些元大都的著名寺观如白云观、东岳庙也保留至今，虽然其中已无元代建筑遗存（东岳庙的主建筑群呈"工"字形布局，还保留了元代旧制）。

■ 明北京

我们今天的北京古城（即二环路以内的范围）主要是明清北京城的遗存，尤其是以明北京为基础形成的。

明洪武元年（1368年），大将徐达率明军攻占元大都，将元大都改名为"北平"，并对其进行了大规模改建：首先，放弃了元大都的北部城区，并在北墙以南约五里处另筑新墙，新的北城墙仍然只设二门，东为安定门，西为德胜门。其次，出于风水方面"削王气"的考虑，明代将元代大内宫殿拆毁——于是元大都的皇宫与元代以前历代皇宫遭遇了同样的命运。明成祖朱棣即位后，决定迁都北平，改北平为北京。明永乐四年（1406年）开始建宫殿、修城垣，至永乐十八年（1420年）基本竣工，前后达十五年。

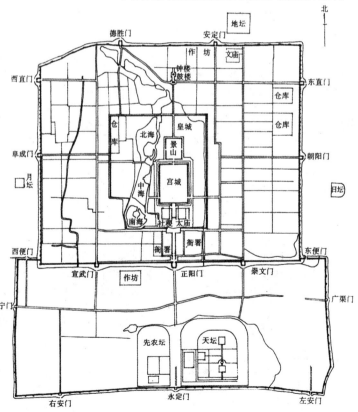

明北京平面图

0   1km

1920年代外城西南角城墙与角楼

总体格局: 明永乐时期的北京城将元大都南城墙拆除,在其南面近二里处建新南墙——因而这时期的北京城(即后来的"内城")的城墙实际是将元大都北墙弃用、南墙拆除,东、西墙则部分加以利用,整个北京城比元大都规模略小、位置偏南一些。明正统元年(1436年)开始修建北京城九门城楼,正统四年(1439年)完工,其中南墙设三门,其余诸墙各设二门。南墙三门为正阳门(俗称前门)、崇文门、宣武门,北墙二门为上述安定、德胜二门,东、西墙城门皆位于元大都城门处,崇仁门改建为东直门,齐化门改建为朝阳门,和义门改建为西直门,平则门改建为阜成门——这九门的名称一直保留至今。

明北京的皇城、宫城比元大都更接近于城市中央,而全城的几何中心则位于万岁山(即今天的景山,是用挖掘紫禁城护城河的泥土堆成的人工山体)主峰,这是城市的新制高点,也是俯瞰明北京景胜之最佳处。

明嘉靖年间,由于蒙古骑兵多次南下,甚至迫近北京城郊进行劫掠,大大威胁北京城以及天坛、山川坛等重要坛庙的安全。同时,北京城的人口大量增加,城外居民日益稠密。因此明世宗采纳了大臣们的建议,加筑外城,以增强北京城的防卫并将城外民居、郊坛围括其中。明嘉靖四十三年(1564年)修筑了包围南郊的外城南墙,原计划环绕北京内城四面一律加筑外垣,后因财力不济,只得将东、西墙修至内城南墙附近即转抱内城东、西角楼。最终外城城墙总长二十八

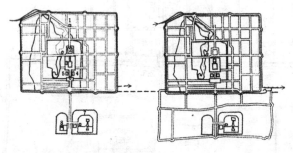

1.钟楼(北)鼓楼 2.万岁山(后改称景山、煤山)
3.紫禁城 4.太庙 5.社稷坛 6.承天门(后改称天安门)
7.天坛 8.山川坛(后改称先农坛)

(公元1553年加筑外城)

北京(明代前期)　　　　　　北京(明中叶以后)

明北京内外城兴建过程示意图

里，共设七门，南面三门，正中为永定门，东为左安门，西为右安门；东、西两面各一门，东曰广渠门，西曰广宁门（清代改称广安门）；东北和西北隅各一门，分别为东便门、西便门（门皆北向）。

嘉靖时期修建的外城与永乐时期的内城共同形成了明北京独特的"凸"字形格局。

城门和城墙：据瑞典美术史家喜仁龙的《北京的城墙和城门》一书记载，明北京内城城墙总体来说是高10～12米、厚十几二十米的敦实墙体，呈现出雄浑的体量感。外城城墙则比内城低矮一些，高度在6～7米左右，厚度达十一二米。城墙采取夯土外表包砌城砖，城砖层层叠砌，随着墙面收分状如梯级。城墙外壁每隔一定距离，附筑一座与城墙同样厚的方形墩台（亦称

1920年代阜成门附近城墙

马面），从而增强防御能力——数目众多的墩台构成极其鲜明的"韵律感"。城墙顶部以大砖海墁，内侧边缘筑女墙，外侧边缘筑垛口（古人称作"雉堞"）。

整个明北京城墙最引人瞩目的部分还是其"内九外七"的城门与城楼。内城九门，基本形制都一样，由城楼、箭楼与瓮城组成，仅尺寸与细部略有差异。城楼建于由城墙加厚、加高形成的城台之上，城台中央是砖砌的券门一道——即城门洞，城台内侧还筑有可供登临

城台的马道。城楼为巨大的三檐二层木结构楼阁（首层单檐、二层重檐歇山顶），通常面阔七间，进深三间，每层周以回廊。城楼高20米左右，加上下面10余米的城台，通高30余米，十分雄伟壮观。色彩主要是朱红色调：墙面涂以朱红色的抹灰，门窗和立柱皆漆为红色，梁枋、斗栱施蓝绿为主调的彩画，平坐滴珠板有时施以金色装饰，屋顶则采用灰瓦顶及绿色琉璃瓦剪边——今天的正阳门城楼是北京城楼中规模最为宏大并硕果仅存的一座。

1920年代西直门全景

西便门城楼

与城楼华丽的外形相比，箭楼则朴素得多，二者形成鲜明对照。箭楼为单层重檐歇山顶建筑，内部为木结构，外包厚厚的砖墙。朝向城楼的方向出歇山顶抱厦一座，因而平面呈"凸"字形。正对城外及两侧的墙面开设排列齐整的箭窗，抱厦朝向城门的一面则开三座小门——整个箭楼外观厚重坚固，十分简洁有力。箭楼比城楼略低矮一些，下面是陡峻的城台，突出于瓮城之外；其色彩比之城楼也要平实许多，除了暴露在外的木制构件施以彩画，余下墙面为清一色灰砖，唯有箭窗横楣以红色以为点缀。屋顶同城楼一样为灰瓦加绿琉璃剪边。

瓮城大部分平面为"U"字形，因而亦称作"月城"（也有个别城门的瓮城为方形，如西直门）。瓮城两侧面开设瓮城门，门洞上方常设一座谯楼（形状如一座小型箭楼），单层歇山顶，立面设两排箭窗。瓮城规模很大，可达60～80米见方，俨然是一座宽敞的"庭院"。瓮城内，于城门洞两侧往往设有关帝庙、观音庙等寺院——尤其是关帝庙，每座城门都不可或缺，象征着关武镇守城门。寺庙、古树、碑刻以及一些小商铺共同构成瓮城内宜人的景致。

右安门箭楼

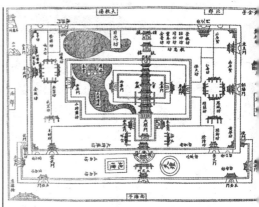

明《京师五城坊巷胡同集》插图所示北京城图

外城的城门比内城规模小得多，其平面布局和样式与内城相同，不过在结构和装饰细部上大为简化。城楼一般高5米左右，加上6米左右的城墙，通高十一二米，与外城一、二层高的商铺、会馆、民居尺度融洽，构成和谐的整体。此外，内、外城四角均设角楼一座，角楼造型即以两座箭楼垂直相交而成，既有箭楼的雄浑质朴，又因屋檐交错而多了几分灵动之气。北京内外城所有城楼、箭楼和角楼加起来共有40座之多，而今天仅剩下4座（包括正阳门城楼和箭楼、德胜门箭楼、东南角楼）。

此外，明北京城墙之外还设有护城河。护城河宽窄深浅不一，宽可至50米，窄处仅3～5米，深3米有余，浅处不足1米。在和平时期，从审美的眼光来看：城墙、城楼与护城河共同组成一幅优美的画面——我们来看喜仁龙笔下的北京城墙景致：

"纵观北京城内规模巨大的建筑，无一比得上内城城墙那样雄伟壮观。初看起来，它们也许不像宫殿、寺庙和店铺牌楼那样赏心悦目，当你渐渐熟悉这座大城市以后，就会觉得这些城墙是最动人心魄的古迹——幅员广阔，沉稳雄劲，有一种高屋建瓴、睥睨四邻的气派。……双重城楼昂然耸立于绵延的垛墙之上，其中较大的城楼像一座筑于高大城台上的殿阁。城堡般的巨大角楼，成为全部城墙建筑系列的巍峨壮观的终点……

1920年代东直门护城河景致

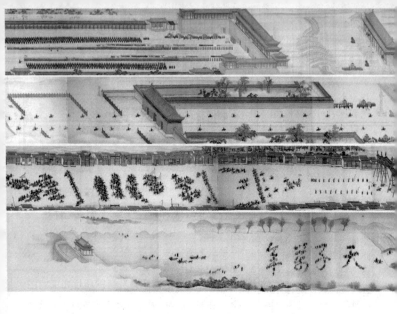

城根下也有这样的地段：其间延亘着杨柳蔽岸的城壕或运河，或者在城壕与城墙之间栽着椿树和槐树。这些地方最宜在春季游览：那时，淡绿色柳枝交织起来的透明帷幕，摇曳在水明如镜的河面上；或在稍晚的时令，一簇簇槐树花压弯了树枝，阵阵清香弥漫空中。如果善于选择地点，环绕这些古墙周围可以发现非常出色的绘画题材。"

中轴线：著名建筑学家梁思成在《北京——都市计划的无比杰作》（1951年）一文中曾热烈赞颂了北京城的中轴线：

"一根长达八公里，全世界最长，也最伟大的南北中轴线穿过了全城。北京独有的壮美秩序就由这条中轴的建立而产生。"

明北京中轴线南起外城正门永定门，北至钟鼓楼，直线距离近8公里。由南至北可大致分作五段（每段约1500～1600米），各段具有迥然不同的空间特色。第一段由永定门至天桥，由漫长的御街与两侧坛庙（天坛与山川坛）高大的坛墙构成较为肃穆的郊坛区。第二段由天桥至正阳门，这是整条轴线上最热闹的部分，即前门大街商业区，巍峨壮丽的五牌楼与正阳门作为该段的一个小高潮，并揭开进入内城的序幕。第三段由正阳门至午门，为宫廷前区，除了正阳门与大明门之间的"棋盘街"有繁华市集之外，进入大明门后，通过重重门阙直抵午门，为一派庄严肃杀的气氛。第四段是整个轴线的高潮——宫廷区，由午门至万岁山（景山），轴线上汇集了北京城的核心建筑群，包括紫禁城三大殿、后三宫、御花园与万岁山御苑，可谓中轴线的精华所在。最后一段是中轴线的尾声，由万岁山北门出皇城北门至钟楼，由地安门内大街两侧红墙（俗称内皇城）、地安门外大街商铺、民居组成，其西侧

正阳门西侧护城河景致

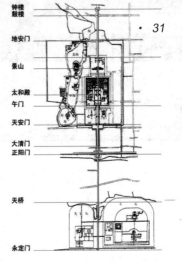

《康熙南巡图》中的北京中轴线

即什刹海，富于园林气息，最终以屹立于低矮民居建筑群中的钟鼓楼作结。

明北京中轴线由上述五个段落构成序幕、开端、发展、高潮和尾声，正如一部宏丽的交响乐或一出跌宕起伏的戏剧，实在是中国乃至世界城市史上不可多得的杰作。清代的《康熙南巡图》以及当代画家笔下的《天衢丹阙》图卷清晰地展现了北京中轴线的壮美意象。

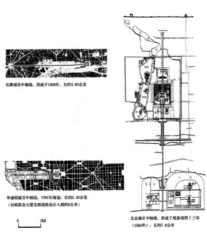

北京、巴黎、华盛顿中轴线比较图

街道与胡同：白居易的诗句"万千家似围棋局，十二街如种菜畦"是中国传统城市"棋盘式"道路系统的生动写照——明北京内城的街道与胡同沿袭了这一特点。

明北京内城的街道与胡同是在元大都的基础上改建而成的：明北京弃用元大都北城大部，元大都和义门（明北京西直门）、崇仁门（明北京东直门）以南主要街道均得以保留。此外明北京又将元大都南墙拆除，在该位置改建皇城南面的东、西长安街，分别与崇文门内大街、宣武门内大街相交于东单、西单路口

（明清北京的东、西长安街到东单、西单路口即截止，均为"丁"字路口）。并且由于东、西长安街上的长安左门、长安右门将皇城前的"T"字形宫廷广场加以封闭，东西长安街并不起沟通城市东西交通的作用。

明北京内城道路系统以崇文门、宣武门内的南北向大街为最主要的骨架，辅以安定门、德胜门内的南北大街——其中德胜门大街为皇城阻断，安定门大街在隆福寺西北今美术馆后街处东折百余米继续向南直抵东江米巷（今东交民巷），即今天的王府井大街及台基厂大街。东西向街道主要沿袭了元大都南部街道：东直门内大街直抵中轴线上的鼓楼，元大都积水潭东北岸的斜街（今鼓楼西大街）将鼓楼与德胜门相连；西直门内大街与宣武门内纵贯南北的大街交于新街口；朝阳门内大街与崇文门内的南北大街交于"东四"路口（因十字路口东西南北各立一座牌楼而得名"东四牌楼"，简称"东四"；与"西四牌楼"、"西四"相对），并继续向西延伸直至今王府井大街北段，以景山为"对景"；与朝阳门内大街对称的阜成门内大街，它与宣武门内南北向大街交于"西四"路口，

视线正对着北海琼华岛与景山这两处北京城最醒目的标志。此外，东西向的主要街道还有皇城城墙北侧的街道（今天被拓宽打通为平安大街）、东安门大街、西安门大街以及东、西江米巷（今东、西交民巷）等。

在以上大街的基础上，沿着各南北向干道或街巷，向东西方向伸展出数以千计的胡同，构成明北京道路的主要模式——即上文所谓"鱼骨型"的"街道—胡同"系统。

当然，内城的街巷系统里也不乏南北向的胡同，甚至有许多并非横平竖直的街巷胡同，包括斜街、斜胡同乃至迂回曲折的街巷、胡

同等。例如什刹海周围就有大量因地制宜形成的斜街（包括鼓楼西大街、烟袋斜街、白米斜街等），元代金水河故道上逐渐形成了甘石桥东、西斜街等等。

相比之下，明北京外城由于缺乏统一的规划，其道路系统呈现出更加显著的自由生长的形态：中轴线上正阳门与永定门之间南北一贯的大街为外城道路系统的中轴线；广宁门（清称广安门）与广渠门之间则以一条蜿蜒逶迤、时宽时窄的东西向街道相连，构成外城的东西主干道——它在靠近广宁门（广安门）一带较为宽阔平直（是在金中都东西向大街的基础上形成的），经过虎坊桥

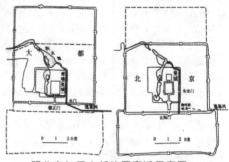

明北京与元大都位置变迁示意图

《天衢丹阙》中的北京中轴线景象

后则折向东北，经过中轴线之后则变得越来越弯曲狭窄，至广渠门处已是关厢小径的模样。除了上述一纵一横的主街以外，另有崇文门、宣武门外大街向南与东西向主街相交成"丁"字路口。此外，左安门、右安门各有一条街向北与东西主街相交；西便门大街向南与广宁门（广安门大街）相交并继续延伸至外城南墙，东便门大街蜿蜒迂回与左安门大街相接。以上街道组成外城街巷系统的主要骨架，比内城经纬分明的大街要曲折得多，许多大街宽度也与胡同无异。

由于缺乏系统地规划，加上天坛、山川坛北面坛墙呈弧形，外城许多地方地势低洼，积水成湖沼、池塘，再加上元大都与金中都故城之间本已逐渐形成的大量斜街……诸多因素的共同作用，最终形成了明北京外城极不规则的道路系统：尽管正阳门大街西侧、崇文门大街两侧（尤其是花市一带）也不乏一些规则的

东西向胡同，但南北走向的胡同比比皆是，更有大量的街巷、胡同不再局限于东西南北走向，极度自由——不复是内城秩序井然的棋盘街巷格局。外城中称作"斜街"的道路为数众多：樱桃斜街、铁树斜街、棕树斜街、杨梅竹斜街、上斜街、下斜街……整个街道系统酷似西方中世纪城市，体现了自发形成、自由生长的"有机感"。

此外，外城南部，天坛以东、山川坛以西地区则人烟稀少，布局空疏，道路曲折，一些小村落及寺观、园墅散

落其间——简直是一派郊野景象。

北京四合院：北京四合院是北京传统民居的代表，更是明清北京城的"细胞"。明北京四合院是在元大都合院式住宅的基础上发展而来：从最简单的一进四合院到二、三、四进院落的四合院乃至有东、西路跨院的大宅第，规模更大的宅院甚至跨两条以上的胡同……本书所介绍的古建筑中有大量不同类型的四合院住宅，它们共同构成北京古代建筑史的重要篇章。

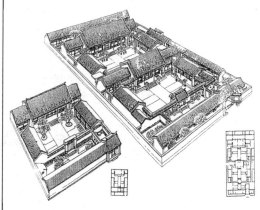

四合院——北京的细胞

小结　明北京的规划设计总结了元大都、明中都（位于安徽凤阳）、明南京三座都城的丰富经验，同时还可以追溯到北宋汴京、金中都等都城的规划传统，可谓是中国古代都城规划传统一脉相承、代代发展的集大成者。

明北京城的大量建筑群包括宫城（紫禁城）、御苑（如三海、万岁山等）、坛庙（如天坛、先农坛、太庙、社稷坛等）、陵寝（明十三陵）、四合院、私家园林、寺观、名胜等等，许多都保留至今，将在后文各章节中详细介绍，此处不再赘述。

■ 清北京

清朝定都北京后，几乎完全沿用明北京城旧制，在旧有基础上修缮、重建——今天北京古城中的传统建筑群大都为清代修建，明代原物已为数不多。总体看来，明清两代在凸字形城廓里的城市形态并无太大变动。绘于清代乾隆年间的《京城全图》及《京师生春诗意图》是我们一览清北京全貌的最佳图像资料，弥足珍贵。

然而若就居民分布及城市文化观之，则清代比之明代有十分显著的变迁——最重要的莫过于清代"内满外汉"的居民布局：满人居内城，汉人被赶至外城居住，从而形成了清初至清中叶内城"旗人文化"与外城"宣南文化"并峙的城市文化形态。清顺治五年（1648年）正式实行"满汉分居"，除庙宇中的僧道以及八旗中的汉军之外，其余汉官及商民等尽徙外城居住。汉人可出入内城，但不得夜宿。这种"民族隔离"政策直到清代中叶（道光）以后才逐渐松弛。

内城王府：清北京内城中建造了大量王府，成为清代城市建设的重要内容。清朝皇

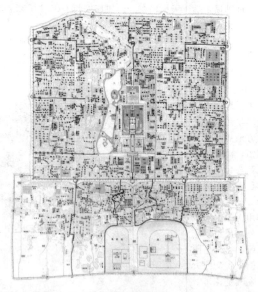

清北京平面图

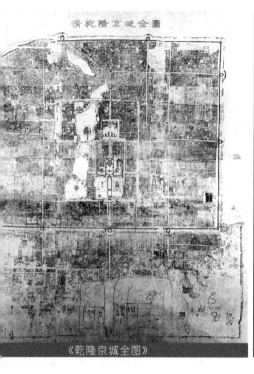

《乾隆京城全图》

族凡显祖（努尔哈赤之父）本支称"宗室"，旁系称"觉罗"。对宗室、觉罗的分封制度自上而下规定了12等级：和硕亲王、多罗郡王、多罗贝勒、固山贝子、奉恩镇国公、奉恩辅国公、不入八分镇国公、不入八分辅国公、镇国将军、辅国将军、奉国将军、奉恩将军。对此12等王公府第的建筑规制、标准、用材都有严格的规定，不能逾制。如：亲王府形制最高，正门5间，启门3间，缭以重垣。正殿7间，翼楼各9间，后殿5间。后寝7间，后楼7间。其屋共五重，基高、石栏、覆瓦、脊饰、门钉、漆色

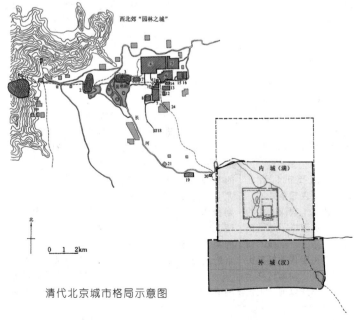

清代北京城市格局示意图

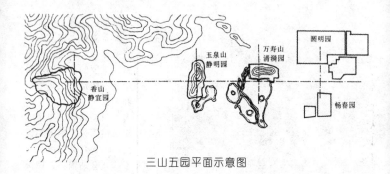

三山五园平面示意图

均有定制。郡王府以下规模标准递减。因此王府建筑可谓封建等级制度的典型代表。

王府建筑的形制规定基本限于中轴线上的礼制建筑，至于东西跨院的生活建筑以及附属园林等娱乐建筑限制并不太严格，于是王府花园成为清代王府最富于创造力和艺术魅力的所在。

外城会馆：由于"内满外汉"的格局造成了外城的汉族士大夫文化中心"宣南"地区的昌盛，随之涌现出的大量会馆建筑成为清代北京外城的一大景观，与内城王府互相辉映，构成清北京重要的建筑类型。

外城街市：清北京由于汉人迁至外城，不但造就了宣南文化的繁盛，更造成了外城商业的繁华——全城的商业中心由明代的棋盘街"朝前市"向南转移至前门大街。以前门大街

为核心的商业中心，其范围北起大清门前棋盘街左右，南达珠市口，东抵长巷二条，西尽煤市街，"前后左右计二、三里，皆殷商巨贾，列肆开廛。凡金绮珠玉以及食货，如山积；酒榭歌楼，欢呼酣饮，恒日暮不休，京师之最繁华处也"。前门大街两侧西有大栅栏、东有鲜鱼口，再向东西方向延伸，崇文门外有花市、宣武门外有菜市口，都是繁华市街。此外，宣南一带更有充满风雅之气的琉璃厂和洋溢香艳之色的"八大胡同"，可谓多姿多彩。

三山五园：清代对于北京城市建设的最大贡献在于大规模的皇家园林营建——尤其是康、雍、乾时期投入巨大精力经营西北郊"三山五园"的离宫别苑，堪称北京造园史上的颠峰。

"三山五园"（即畅春园、圆明园、香

山静宜园、玉泉山静明园以及万寿山清漪园）总体规划布局一气呵成的气魄堪与北京城相媲美，使得清北京城市形态出现了一座横亘东西的"园林之城"与一座纵贯南北的"凸"字形帝都并峙的局面——几乎可称作一种"双城"模式。因而从城市设计的角度来看，三山五园是一个有机的整体，并且与清北京城形成了一个有机的整体。

■ **清末北京变迁**

随着两次鸦片战争的失利以及素有"万园之园"之称的圆明园毁于英法联军的暴行，清末的北京城开始了一系列的城市建设上的巨大变迁——集中体现为不断"西化"的历程。洋式建筑和西方近代城市基础设施开始陆续在古老的帝都涌现。

教堂：西方建筑在北京的出现，最早还

要溯源到传教士兴建的教堂。早在元代，作为当时"国际化大都市"的元大都即开始出现西方教堂建筑。此后，从明清直至民国，北京陆续有不少教堂建成——其中最著名的当属东、南、西、北四大天主教堂。

"西洋楼式"建筑： 清末的北京出现了一系列中国工匠建造的仿照圆明园西洋楼样式的建筑，包括官方建造的颐和园清晏舫、中海海晏堂及农事试验场的大门（今北京动物园大门之前身）以及民间建造的大量西洋式民居门楼和商店门面（如大栅栏等许多商铺）。梁思成在总结清末建筑风格变迁时写道：

"十九世纪末叶及二十世纪初年，中国文化屡次屈辱于西方坚船利炮之下以后，中国却忽然到了'凡是西方的都是好的'的段落，又因其先已有帝王骄奢好奇的游戏，如郎世宁辈在圆明园建造西洋楼等事为先驱，于是'洋式楼房'，'洋式门面'，如雨后春笋，酝酿出光宣以来建筑界的大混乱。"

东交民巷使馆区： 1900年以后建造的东交民巷使馆区带来清末北京城市形态最大的变化：在紧邻内城正阳门、占地约100公顷（几乎为紫禁城的1.5倍）的广袤范围内，西方列强完全依照各自的规划设计理念加以建设，全然不顾北京城原有的格局特点，最终形成了西方列国的大型"建筑博览会"，一座"城中之城"。

"洋风"建筑： 在使馆区大量新奇豪华的洋楼带动下，北京城开始刮起一股"洋风"，出现了许多由外国建筑师设计建造的"正宗"西洋式建筑——包括清末建成的官方建筑大理院，新式学校陆军贵胄学堂、京师女子师范学堂、京师大学堂分科大学、清华学堂等，公共建筑北京饭店老楼、户部银行、正阳门火车东站等，都是"洋风"建筑的代表。

近代市政建设： 清末北京城市的近代化发端于庚子之后的市政公共工程及基础设施建设，包括道路、火车站（特别是正阳门火车站）、自来水、电灯等等——这些近代基础设施的引进令北京城获得极大收益。

东交民巷使馆区鸟瞰（左下角为正阳门城楼）

■ 民国北京（北平）

民国时期的北京（北平）加快了近代化的步伐——大量公共工程是城市近代化的代表。另一方面，在公共建筑设计方面，除了"洋风"建筑的延续，民国时期出现了"中国传统复兴式"和"传统主义新建筑"等不同的创作方向。

公共工程：民国初期北京城市近代化的最主要推动者是朱启钤（1871—1964年），其对于北京城市建设具有举足轻重影响的时期集中在1912—1916年，这一时期他先后出任北洋政府交通总长、内务总长。他于1914年创立了"京都市政公所"——第一个城市规划与市政建设部门，它的成立也使北京成为全国最早办理市政的城市。市政公所对北京城市空间形态最大的改变之一就是开展了一系列所谓的"公共工程运动"，包括对皇城、正阳门的改造，道路的铺设和牌楼的改造，环城铁路修建，将大量皇家园林作为公园开放及故宫博物院的创立等等。

洋风建筑：民国时期的"洋风"建筑比清末有了更大发展——

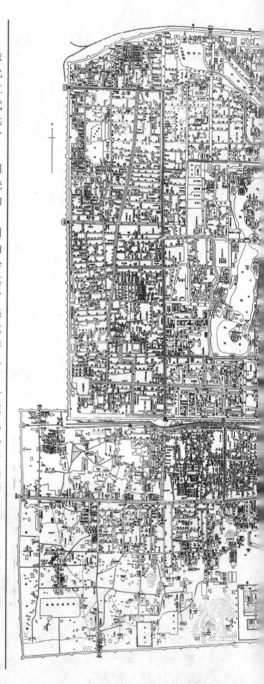

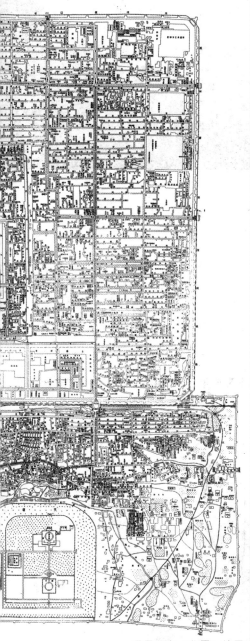

民国北京（北平）地图

从政府建筑国会议场，到大量金融办公建筑如邮政管理总局、盐业银行、中原证券交易所、金城银行、大陆银行、中国地质调查所等，商业建筑如王府井大街的商店、前门外劝业场等，文化建筑如真光剧场、开明戏院等，以及教育建筑如清华学校（今清华大学之前身）等等，充分体现了"洋风"在民国北京（北平）流行的势头。

"中国传统复兴式"建筑：近代中外建筑师对于中国风格新建筑的探索兴起于19世纪末20世纪初，当时西方传教士首先意识到有必要将他们的传教使命与中国人的民族自尊相结合，以缓和中西方在文化观念上的对立。建于1907年的南沟沿中华圣公会教堂成为"中国传统复兴式"建筑的先声，该教堂是北京最早的一座中国"宫殿式"教堂。20世纪二三十年代，北京的西方建筑师当中掀起一股"中国传统复兴"的风潮，尤其以各大教会学校的校园最为典型：协和医学院新校舍（1925年）、燕京大学"燕园建筑"（1926年）、辅仁大学（1930年）以及国立北平图书馆新馆（1931年）

为其中的代表。

传统主义新建筑：区别于西方建筑师的"中国传统复兴式"建筑，1930年代杨廷宝、梁思成等留美归国的中国建筑师在北京的一些建筑设计中试图探索带有中国传统文化意蕴的现代建筑，有学者称之为"中国风格"新建筑或"传统主义"新建筑。其中最具代表性的作品是杨廷宝设计的交通银行（1931年）和梁思成设计的仁立地毯公司铺面（1932年）。这两个作品的共同特色是现代建筑与中国传统装饰、细部的结合。此外，梁思成、林徽因等还在北京大学地质馆及女生宿舍两栋建筑的设计中探索了当时国际上最新的现代主义风格。

■ **结语**

尽管清末民国时期北京城出现了大量西洋式建筑乃至全盘西化的街区（如东交民巷使馆区），然而截至1949年以前，明清北京城的绝大部分还是得以较为完整地保留下来。这座世界闻名的古都曾经受到许多中外著名学者的礼赞：美国规划师埃德蒙·培根认为"北京可能是人类在地球上最伟大的单一作品"；英国规划师亨利·丘吉尔则称北京城"像古代青铜器一样，俨然有序和巧为构图"，"整个北京城的平面设计匀称而明朗，是世界奇观之一"；中国建筑学家梁思成把北京称作"都市计划的无比杰作"，并认为"北京建筑的整个体系是全世界保存得最完好，而且继续有传统的活力的、最特殊、最珍贵的艺术杰作。"民国时期的许多作家都尽情描绘北京（北平）那难以言喻的美，著名者如老舍、林语堂、沈从文、郁达夫、郑振铎……尤其老舍和林语堂不约而同地高度赞叹北京城与自然的完美融合——老舍在《想北

民国14年（1925年）紫禁城变为故宫博物院

1920年代正阳门改造后景象

平》中写道：

"是的，北平是个都城，而能有好多自己生产的花，菜，水果这就使人更接近了自然。从它里面说，它没有像伦敦的那些冒天冒烟的工厂；从外面说，它紧连着园林，菜圃，与农村。采菊东篱下，在这里，确是可以悠然见南山的；大概把'南'字变个'西'或'北'，也没有多少了不得的吧。"

林语堂在《京华烟云》中曾有这样热情洋溢的描绘：

"在北京，人生活在文化之中，却同时又生活在大自然之内，城市生活极高度之舒适与园林生活之美，融合为一体……千真万确，北京的自然就是美，城内点缀着湖泊公园，城外环绕着清澈的玉泉河，远处有紫色的西山耸立于云端。天空的颜色也

功劳不小。天空若不是那么晶莹深蓝，玉泉河的水就不会那么清澈碧绿，西山的山腰就不会有那么浓艳的淡紫。"

新中国成立以来，由于在古城中建设现代化的首都，因此旧城保护与现代化建设成为纠缠了五十余年的矛盾。随着现代化建设的发展，北京旧城（二环路以内）的传统街区现在已不足旧城总面积的三分之一；许多极有价值的古建筑也相继被拆除。2004年北京城市总体规划正式提出对北京旧城进行"整体保护"，希望藉此能够对北京古城进行更好地保护。

1925年北京城航拍

　　本书所要介绍的
北京古代建筑（包括清
末至1949年以前建成的
近代建筑）是在上述各
个历史时期逐渐形成并
留存至今的，其中以明
清和民国时期的数量最
多，而极少数唐幽州、
辽南京、金中都和元大
都时期遗留下来的建筑
杰作则更加弥足珍贵。
尽管北京现存的古建筑
已远不及清末民国时期
的数量与规模，然而在
中国历史文化名城中依
然首屈一指；此外，北
京更以拥有6处世界文
化遗产而在世界城市中
名列第一。借用法国作
家雨果歌颂巴黎圣母院
的话，北京这些古代建
筑的一砖一瓦，都是北
京城市史乃至中国文化
史的重要象征——"不
仅载入了我国的历史，
而且载入了科学史和艺
术史。"

北京旧城传统遗存

1949年北京模型

北京旧城古建筑分片导览

A Guide to the Historical Architecture of the Old City of Beijing

【1】皇 城
Imperial City

地安门东大街

吉安所遗址

21 毛主席故居

22

嵩祝寺、智珠寺
23 原中法大学

育民堂
25 北京大学女生宿舍旧址
26
27 米黄胡同5、7、9号四合院
24 北京大学地质馆旧址
京师大学堂建筑遗存 美术馆东街25号四合院
28

北京大学红楼

29 北京市公安医院
宣仁庙（风神庙）

北池子地区
历史文化保护区

凝和庙（云神庙）
30 惠王府
陈独秀故居 老舍故居
31
北京市第二十七中学

东华门大街
军调部1946年中共代表团驻地
32 （翠明庄）
普度寺大殿
33

南池子地区、东华门大街
历史文化保护区

3 皇史宬
太庙 34 普胜寺（欧美同学会）
35

2 天安门 北京饭店初期建筑
东 长 安 街

皇城概述
Introduction of Imperial City

皇城鸟瞰

　　皇城位于明清北京城的内城中部略偏南，东起东黄城根北街－东黄城根南街－北河沿大街－南河沿大街（今建成皇城根遗址公园），西至西黄城根北街－西黄城根南街－灵镜胡同－府右街，南起东、西长安街，北至平安大街（地安门东大街－地安门西大街），内有三十余处文物建筑群，其中包括世界文化遗产故宫（紫禁城）和全国重点文物保护单位11处：天安门、太庙、社稷坛、景山、北海及团城、中南海、大高玄殿、皇史宬、西什库教堂、北平图书馆旧址及北京大学红楼。整个皇城地区被列为一片完整的历史文化保护区，可谓北京古城最精华的区域，同时也是北京皇家文化的最集中体现。

　　皇城占地约6.8平方公里，约为明清北京城的1/10。东西约2500米，南北约2800米，周长约11公里。皇城城墙高约6米，红墙黄琉璃瓦顶。皇城的红墙与玉河（亦称御河、御沟）共同构成明清北京城如诗如画的风景，成为许多诗人吟咏的对象：如明代马祖常《玉河》诗称：

"御沟春水晓潺
湲，直似长虹曲似环。
流入宫墙才咫尺，便分
天上与人间。"

今天作为首都北
京最重要象征的天安门
（明代称"承天门"，
清代改称"天安门"）
是皇城的正门，它与皇
城北门——地安门（明
代称"北安门"，清
代改称"地安门"）之
间形成皇城的南北中轴
线，该轴线进一步向南
延伸至大明门（清代改
称"大清门"，民国时
称"中华门"），大明
门与天安门之间是"T"
字形的宫廷广场（详见

"[5]内城南片（一）"一
节）。

皇城共设四门，
除天安门、地安门外，
东、西还有东安、西安
二门，其中东安、西
安、地安三门都是面阔
七间、单檐黄琉璃瓦
歇山顶的单层门殿，远
不及正门天安门宏伟高
大。天安门内是与天安
门形制完全一致的端
门，端门内则是紫禁城
的正门——午门。端门
至午门的御道两旁，分
别建有六科值房，以便
辅助皇帝处理奏章，检
查监督六部等中央机
构。六科值房外侧即为
太庙与社稷坛，分别由

庆寿寺双塔

天安门与端门之间东西
对峙的太庙街门与社稷
街门进入，形成《周礼·
考工记》中所谓"左祖
右社"的格局。紫禁城
位于皇城中部偏东南，
是整个皇城的核心。紫
禁城北侧是景山（明代
称"万岁山"），紫禁
城及景山西侧是规模宏
大的西苑（即今之"三
海"），为明清北京城
最主要的皇家园林。
此外，明朝时皇城西
北隅、东北隅设置有大
量宫廷手工业作坊、官
署、府库等等，东南隅
还有东苑（亦称南内、
小南城等）。皇城西南
隅独缺一角，使得整个
皇城呈不规则的形状，
这是由于皇城西南有金
元间的庆寿寺双塔遗
存——这两座金元间佛
塔在1950年代拓宽长
安街被拆除之前一直
是北京城西长安街的
一道独特风景。

地安门

西安门

东安门

明代皇城为皇家禁地,"民间不得出入"。其内除紫禁城、西苑、南内等宫苑外,绝大部分为内府各监司衙门、作坊及仓库等宫廷服务机构。清代改革了宫廷内府的服务机构,裁撤明代二十四衙门,于是皇城东北部大部分用地改为庙宇或胡同民居,西苑以西用地除保留少数皇家建筑以外,亦多半改为胡同民居。皇城东南角为明朝南内旧址,建有重华宫等宫阙,清初仅保留了皇史宬、缎库及嘛哈噶喇庙(即普度寺),余地也均改为民居。因此有清一代,皇城之名虽存,城墙城门也俱在,然而皇城作为皇家禁地的功能已不复存在——皇家宫苑以外的地方已

是一派胡同、四合院密布的市井气象。

民国时期对皇城进行了进一步改造,沿紫禁城东西两侧开辟了南北池子、南北长街两条贯通南北的大街,皇城城墙被陆续拆除:除南墙及西墙少部分以外,东、西、北三面城墙几乎被全部拆除,仅留下东安、西安和地安三座城门,南墙在南长街、南池子辟出两座券门。同时用拆下的城砖修砌玉河的沟渠,并改明

沟为暗渠,上辟马路,即今天的南、北沿大街。此外,紫禁城神武门外的北上门及东西角门被拆除,还拆除了北海前的东、西三座门,从而打通了朝阳门至阜成门之间的东西向道路(今天通常称作"朝阜大街")。上述的改造固然大大改善了北京内城的交通,然而皇城城墙的拆除、玉河的填平却使得北京皇城极富代表性的"红墙黄瓦玉河柳"的优美景象消失殆

端门

尽——这是民国时期北京"近代化"的一大代价。

新中国成立以来，皇城内的文物古迹也受到了一定程度的破坏，如地安门、大高玄殿牌楼、金鳌玉蝀桥牌楼均在拓宽马路的过程中被拆除，金鳌玉蝀桥也被拆除改建（即今天的北海大桥）；同时有许多重要文物建筑被一些单位占用，维护不佳，如大高玄殿、嵩祝寺及智珠寺等；一些文物建筑为民居大杂院，如万寿兴隆寺、毛主席故居、陈独秀故居等；还有许多历史街区中插入了严重破坏传统风貌的现代建筑群……但总体看来，皇城仍是北京古城中规模最大、传统风貌

维持最好的历史文化区域，同时由于拥有紫禁城这一世界文化遗产，加上整个皇城范围均被

列为北京历史文化保护区——这些都将十分有利于皇城历史街区和古建筑群的进一步保护。

明代紫禁城图
（位于天安门与长安左门之间穿官服者是故宫的木作总匠师蒯祥）

康熙时期北京皇城图

■ 明、清皇城小异

明、清两代对于皇城和宫城（即紫禁城）大门的定义略有不同——明代皇城包含天安门前的"T"字形宫廷广场，皇城共设六门，为大明门（清代改称大清门）、长安左门、长安右门、东安门、西安门、北安门（清代改称地安门）；清代皇城则不含天安门前广场，皇城设四门，为天安门、东安门、西安门、地安门。明代紫禁城包含天安门至午门之间的两个广庭，设八门，即承天门（清代改称天安门）、端门、午门、左掖门、右掖门、东华门、西华门、玄武门（清代改称神武门）；清代紫禁城不含天安门至午门之间部分，设四门（即午门、东华门、西华门、神武门）。本书依照清代的定义进行叙述。

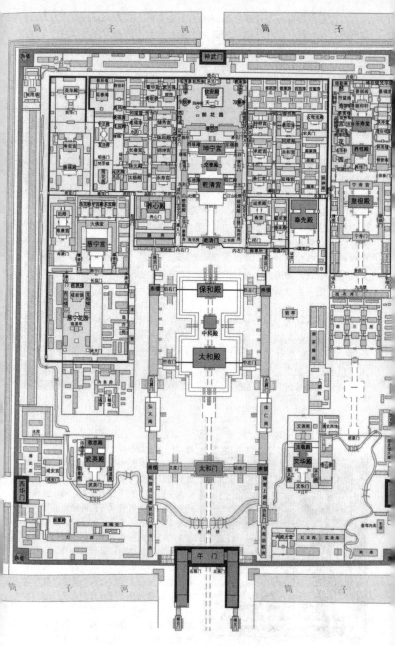

故宫（紫禁城）平面图

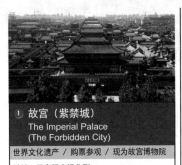

① 故宫（紫禁城）
The Imperial Palace
(The Forbidden City)

世界文化遗产 / 购票参观 / 现为故宫博物院
地址：天安门广场北侧
<M1> 天安门西、天安门东 ／ TIAN'ANMEN WEST, TIAN'ANMEN EAST　<B> 天安门西、天安门东、故宫
年代：明－清

故宫为明、清两代皇宫，称紫禁城（因古代以紫微星垣即北极星象征帝王居所，宫殿历来属禁地，故名"紫禁城"）。明永乐十五年（1417年）始建，永乐十八年（1420年）建成，明、清两代陆续有过多次重建、改建及扩建。

紫禁城南北长961米，东西宽753米，占地面积达72公顷，总建筑面积为17万平方米。建筑群四周环以城墙，城墙外侧还有宽52米的护城河，绕紫禁城一周，形状方整，俗称"筒子河"。

建筑群以一道贯穿南北的中轴线为骨干，沿中轴线依照中国古代宫殿"前朝后寝"的模式进行规划布局："前朝"即"外朝"，为皇帝举行礼仪活动和颁布政令之所；"后寝"即"内廷"，为皇帝及其家属的居住之所。

其中"外朝"主要包括中轴线上的"三大殿"（即太和殿、中和殿与保和殿）和左辅右弼的文华、武英二殿及其附属建筑，此外还有少量府库。外朝部分占据了紫禁城的大半面积，建筑群规模宏大，布局舒朗，是最能体现皇权威严和紫禁城建筑艺术的部分。

"内廷"部分布局紧凑，庭院众多，富于生活气息。其布置大致可分为中轴线上的"后三宫"（即乾清宫、交泰殿与坤宁宫，为帝后寝宫）、御花园以及对称分布于中轴线两侧的"东西六宫"（妃嫔宫室）、"乾东西五所"（皇子宫室），此外还包括清雍正朝以后的帝后寝宫"养心殿"、"外东路"（乾隆改建的太上皇宫殿宁寿宫）、"外西路"（太后、太妃宫殿）等等。据记载，紫禁城内廷在规划设计时，是以乾清宫和坤宁宫象征"天地"，以乾清宫左右的日精、月华二门象征"日月"，以东、西六宫象征"十二辰"，以东、西五所象征"众星"，以"仰法天象"来表示帝王的统治是"上应天命"。

紫禁城宫殿经明末战争，所剩无几，清代在其原址上复建的宫阙基本遵照原制。此外，清代帝王也对紫禁城进行了不少改建——最重要的改变包括养心殿、宁寿宫的改建及一系列园林式建筑群（如建福宫花园、乾隆花园等）的增建。可以说清代恢复与改建的紫禁城，既保留了明代宫廷固有的"壮美"之美学特征，又新增了许多"优美"的审美情趣，更好地实现了壮美与优美、阳刚与阴柔的统一，可谓是对明代紫禁城规划设计的"锦上添花"，十分难能可贵。

以下依次略述紫禁城的城墙、城门以及外朝、内廷的主要建筑。

民国时期的紫禁城城墙、角楼及筒子河

■ 故宫城墙 ／（明）

紫禁城的城墙高7.9米，比明北京外城城墙略高，但不及内城城墙高大。底宽8.62米，顶宽6.66米，外有雉堞、内有女墙。采用夯土墙外包城砖的做法，不过与内、外城城墙外皮城砖如梯磴般垒砌不同，紫禁城城墙先用三层城砖作挡土墙，面层的城砖则干摆灌浆、磨砖对缝，显得平整光滑，精细坚实。

■ 故宫午门 ／（明—清）

午门是紫禁城正门，极其雄伟壮观。墩台呈"凹"字形，台高12米，台下正中三道券门。文武百官从左门出入，皇室王公从右门入，中央券门只有皇帝祭祀、大婚或亲征等重大仪式时才开启。墩台的两翼还各有掖门一座，因而午门的门洞被称作"明三暗五"。正中的门楼面阔九间（长60米余），进深五间（长25米），象征"九五之尊"，为最高等级；重檐庑殿顶（也是屋顶的最高形制），自地面至正脊鸱吻高达37.95米，是整个紫禁城最高的建筑（甚至超过太和殿）。城台两侧，各设有廊庑十三间，在门楼两翼向南排开，俗称"雁翅楼"。在雁翅楼的两端，各设有一座重檐攒尖顶的阙亭。整个城台上的建筑，三面环抱、五峰突出、高低错落、气势宏大，俗称"五凤楼"。

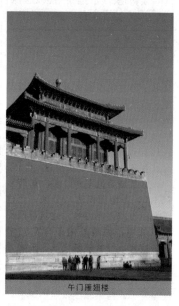
午门雁翅楼

午门是由中国古代的"双阙"演变而来，经由唐大明宫含元殿、北宋皇宫正门丹凤门、金中都皇宫应天门、元大都皇宫崇天门以及明中都、南京宫城正门（同样名为午门）代代沿袭并不断发展而成的最后一个作品，并且也是这诸多皇宫正门中唯一一个完整保留下来的实物（明中都、南京午门尚存遗址），可谓是中国古代双阙楼观的"最后结晶"。

午门全景

午门前有宽阔的广场，每遇皇帝颁朔（每年十月初一颁发第二年的历书）宣旨及百官常朝，都聚集于此。国家征讨、凯旋还朝、觐献战俘时，皇帝还亲临午门接受献俘。明代承袭元旧制，实行"廷杖"制度，在午门前对触犯皇帝的大臣施以廷杖，时有大臣被当场打死。午门的空间、造型威严肃杀，在举行这些仪典时充分体现出皇权的"至高无上"。

■ 故宫东华门、西华门、神武门 ／（明—清）

东华门

西华门

紫禁城城墙上开设四门，除了南门午门之外，东、西分别为东华门、西华门，北门玄武门（清代康熙朝因避康熙"玄烨"之讳，改称神武）。其中神武门面阔五间，周回廊，重檐庑殿顶，城台开设三座门洞，内设钟鼓以报时，此外清代选秀女亦在神武门内进行。东华门、西华门形制与玄武门一致，东华门为朝臣和内阁官员进出宫城之门；西华门为皇帝、后妃由西苑（详见本节"北海"、"中南海"部分）或京西苑围回宫进出之门。

■ 故宫角楼 ／（明—清）

角楼

紫禁城四角各矗立一座角楼。与内城、外城角楼形如箭楼、主要起防御作用不同，紫禁城角楼造型轻巧玲珑，极富装饰意味：角楼中央是三开间的方形亭楼，四面各出抱厦一座，并且顺城墙方向的两座抱厦比城墙尽端两座抱厦要伸长、舒展一些，整个平面呈现不对称的"十"字形（整座建筑平面沿45°对角线方向对称）。从立面造型上看，角楼有意模仿宋画中的黄鹤楼、滕王阁等楼阙，结构精巧，从最顶部的十字脊镀金宝顶以下，共三檐、七十二脊，上下重叠，纵横交错，堪称鬼斧神工、美轮美奂。整个紫禁城建筑群中，角楼可谓是造型最为精巧、轮廓最为优美者，其华丽的金色屋顶、玲珑的朱红殿身，配上长长的灰色宫墙以及护城河畔绿柳青青，可谓是老北京的经典一景。

■ 故宫太和门 /（明—清）

太和门

太和门为紫禁城三大殿的序幕。进入午门即是宽阔的太和门广场，面积达26000平方米。内金水河从广场中部蜿蜒流过，五座汉白玉石桥跨河而建，为午门与太和门之间壮丽的广场增添了几分柔媚。太和门面阔九间，进深四间，重檐歇山顶。穿过太和门即抵三大殿。其左右列昭德、贞度两个侧门；东西庑有协和、熙和二门，可通文华、武英二殿。

■ 故宫三大殿（太和殿、中和殿、保和殿）/（明—清）

太和殿

紫禁城三大殿明初建成时分别称奉天殿、华盖殿、谨身殿；明末称皇极殿、中极殿、建极殿，清代改为今名。三殿共同坐落在"干"字形布局的汉白玉台基之上（从皇位坐北朝南看则为"土"字形，代表五行中的"土"，象征中央最尊贵的方位），台基总面积25000平方米，高8.13米，分成三层，俗称"三台"。每层皆作须弥座形式，周以汉白玉栏杆。

中和殿

保和殿

每根望柱头上都雕有精美的云龙和云凤纹饰。每根望柱下的地栿外侧伸出一枚称作"螭首"的兽头吐水口，每到雨天，三台上数以千计的螭首即呈现"千龙喷水"的壮观奇景。

太和殿是整个紫禁城最重要的殿宇，明、清两代皇帝即位、大朝会等最隆重的大典都在这里举行。殿面阔九间（外加侧廊共十一间）、进深五间，仍取"九五之尊"之意，上覆重檐庑殿顶，为中国古代建筑屋顶的最高等级。今天的太和殿是清康熙时重建，建筑面积2377平方米（按台基算），由台基下地面至鸱吻总高35.05米，是中国现存木构建筑规模最大者。太和殿前的台基上陈设有日晷、嘉量、铜龟、铜鹤等雕刻，以象征江山永固、万寿无疆等愿望。龟、鹤腹中还可焚香，举行仪典时，太和殿前香烟缭绕，更增加神秘庄重的气氛。太和殿内正中是镂空透雕的金漆基台与宝座。正对宝座上方，是雕着口衔宝珠的蟠龙的藻井，其余全是金龙图案的井口天花。宝座后面有屏风和鼍翟，宝座两侧有六根盘龙大金柱，更衬托出大殿的金碧辉煌。

中和殿为皇帝入太和殿举行典礼前的休息之所，平面为正方形，各面均为五间，单檐攒尖顶，上安镏金宝顶。

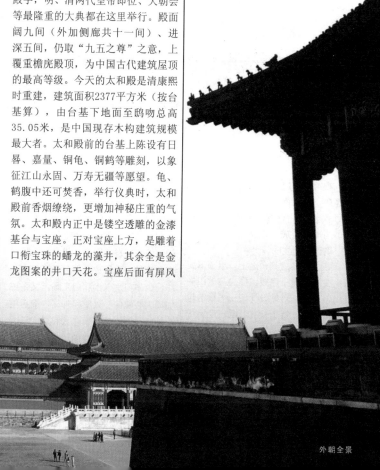
外朝全景

三大殿全景

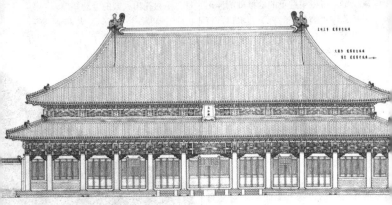

太和殿立面图

保和殿为皇帝宴番臣和举行殿试之所，阔九间、深四间，重檐歇山顶。保和殿北台基中央有一雕龙御路，为整石雕成，系故宫中最大的石雕，镌刻极为生动精美。

三大殿共居崇台之上，屋顶形式依重要程度而呈庑殿、攒尖与歇山的变化，这样的巧妙设计使三大殿的轮廓错落有致，富于变化，既庄严又带有韵律感。三殿四周都用廊庑环绕，形成一个封闭的院落，四角是重檐歇山顶的崇楼（类似紫禁城的角楼），东、西庑的南段分立文楼（明末称文昭阁，清称体仁阁）、武楼（明末称武成阁，清称弘义阁）。太和门与三大殿之间围合成紫禁城内同时也是整个北京城最大的广场，浩阔的广场与高峻的三台共同烘托出三大殿尤其是太和殿君临天下的庄重地位。内城中轴线的空间自正阳门过棋盘街，先在宫廷广场一收一放，继而经天安门、端门、午门进入太和门广场，又是更加动人心魄的一处空间抑扬，最后整个轴线空间序列终于在太和殿广场、三台和太和殿达到高潮。"建筑是凝固的音乐"——如果说北京城的中轴线是一阙宏大华丽的交响乐，那么由正阳门到太和殿的这一段空间序列的演绎就是这曲交响乐的华彩乐章！

三大殿四角崇楼

保和殿御路石雕

■ 清代三大殿改建

明代和清初，紫禁城中轴线的主体建筑群采取"廊院制"布局，采用廊庑环绕主建筑并以左右斜廊通达主要殿堂（如太和殿、保和殿、乾清宫、坤宁宫两侧皆由斜廊与周围廊庑相连）；明代紫禁城建成不久，三大殿即为火焚，清初恢复三大殿建筑群后又屡遭火灾。廊院式布局使失火之际主体建筑群往往相互延烧，难于救济。康熙十八年（1679）火灾后，在三十四年（1695）重建时，一改明代以来的"廊院制"布局，取消了主殿两翼的斜廊，代之以阶梯状的封火墙；此外，三大殿东西侧原本一气呵成的廊庑也均以若

干道封火山墙分隔成相对独立的段落。后两宫也做了类似的改造。这个出于防火考虑的改造大大改变了中轴线建筑群的空间效果：原来环廊相属的院落之间，空间互相渗透，显得层次丰富、轻盈通透；改造之后各重殿庭之间隔以高大的红墙（封火墙），通透性消失殆尽，不过换来的是庭院空间的完整性，尤其太和殿前的广庭围合感更强，空间的凝聚力和庄严效果有所提升。此外，由太和殿、保和殿两侧红墙上的四个小小的门洞北望，可以遥见内廷建筑群以及景山万春亭，可谓"小中见大"，有杜甫诗句"窗含西岭千秋雪"之意境。

■ 故宫文华殿、武英殿 /（明—清）

文华殿在外朝东路，为"工"字形平面，前后殿之间连以廊庑。主殿为单檐歇山顶。文华殿是皇帝举行"经筵"的地方。清乾隆年间更于文华殿北建造了著名的文渊阁。

武英殿

文华殿

武英殿在外朝西路，明代时为皇帝斋居和召见大臣的宫殿。明末农民起义领袖李自成进京后曾在此办理政务。清乾隆年间这里成为宫廷修书、印书的地方，所印书籍称为殿本书。建筑形制与文华殿类似。内金水河从殿前流过，河上架汉白玉石桥三座。

■ 故宫文渊阁 /（1776年）

乾隆三十八年（1773年）开《四库全书》馆，以纪昀（晓岚）为总裁，编制《四库全书》，翌年新建文渊阁于外朝东路文华殿北，以备庋藏《四库全书》，至四十一年（1776年）建成。文渊阁建筑在紫禁城内属形制至为特殊者：首层面阔五间，进深三间并前后出廊，西端又增出一小间作楼梯间，两层楼中有夹层；下层中央三间为广厅，置宝座，为经筵礼毕赐茶之处，两侧以书橱隔为东西暖室；中间夹层为"Π"形平面，中空部分与首层大厅成为共享空间，此层

文渊阁

全列书橱；顶层亦全列书橱，仅明间正中设书楄，书楄两面置御榻；屋顶为黑琉璃绿剪边歇山顶，柱及栏杆作深绿色，格扇槛窗为黑色，额枋彩绘为青绿为主的苏式彩画，色彩以冷色为主，与紫禁城建筑群的暖色调大相径庭，因此成为紫禁城中一道独特的风景。其建筑形制乃仿照明代宁波著名藏书家范钦的"天一阁"建造，书籍最怕失火，因此阁名天一，面阔共六间，是取《易经》"大衍"郑注"天一生水，地六成之"之义，欲以水克火。天一阁色彩取冷色，屋顶施黑琉璃瓦（黑色代表五行中的水），正脊、垂脊皆为云龙雕饰，皆取此意。因此文渊阁成为紫禁城中难得的一座地地道道的南方式建筑。阁前更设有水池、石桥，阁后假山环布，阁东御碑亭内立乾隆御制《文渊阁纪》碑。阁中藏《四库全书》36000册，并另藏《四库荟要》（12000册）、《古今图书集成》、《四库全书总目》、《四库全书考证》等，成为紫禁城中最大的一座图书馆。

■ 故宫乾清门／（明—清）

乾清门

乾清门为内廷正门，其与后三宫的关系一如太和门与前三殿的关系。门面阔五间，单檐歇山顶，两旁有镏金铜狮，门左右有八字琉璃影壁，十分华丽。明、清两朝皇帝都曾在此设座接见臣下。门内有高甬道（亦称丹陛），直通乾清宫前月台。

门前为一座东西横长的广场，作

为外朝与内廷之过渡。门左右为左、右内门，通东、西六宫；广场东西两端为景运、隆宗二门，通外东路宁寿宫和外西路慈宁宫。

乾清门铜狮

■ 故宫后三宫（乾清宫、交泰殿、坤宁宫）／（明—清）

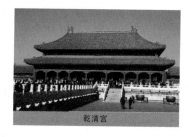

乾清宫

位于中轴线上的后三宫是内廷的主体建筑，可谓前三殿之"具体而微者"——除体量较小之外，乾清、交泰、坤宁三殿分别与太和、中和、保和三殿建筑形制一一对应（明永乐时前三殿后是乾清宫、坤宁宫，分别为帝、后寝宫，与前三殿并称"三殿两宫"；嘉靖年间在两宫之间加建交泰殿，遂成后三宫）。乾清宫面阔九间，重檐庑殿顶，为皇帝日常办公、接见大臣和外国使臣、受贺、赐宴之

所；殿前月台东西侧有石台，台上陈设一对镏金铜殿，称"社稷江山金殿"。交泰殿为单檐攒尖顶方殿，为存放皇帝玺印之所。坤宁宫面阔九间，东面二间为皇帝大婚时寝室。清代在中间几间按满族习俗设炕及灶，作为崇奉萨满教的祭祀场所——整个故宫最能反映满族生活习惯者当属此殿及外东路宁寿宫。

在规划布局上后三宫也一如前三殿，以乾清门为导引，三宫共立于"干"字形崇台之上，四周环以廊庑

交泰殿

自左上至右下分别为：铜鹤、香炉、嘉量、社稷江山金殿及铜龟

（不过省略了双阁和角楼），形成封闭的内城。最为意味深长的是：前三殿建筑群总平面的长与宽恰为后三宫建筑群总平面长与宽的2倍，于是前三殿总面积为后三宫总面积的4倍。学者研究指出：整个紫禁城建筑群是以后三宫建筑群总平面的长与宽作为基本"模数"规划设计的——充分体现了中国古代帝王"化家为国"的基本理念。

后三宫全景

■ 故宫御花园 / （明—清）

御花园在坤宁门以北，居于紫禁城中轴线末端——它是庄严肃穆的禁宫之中难得的一处轻松活泼的所在。其面积仅1.2公顷，不足紫禁城面积的2%。园中建筑密度很高，依照轴线对称的格局来安排，园路布设也呈纵横交错的几何式，山池花木仅作为建筑群的陪衬和庭院的点缀——这与一般的中国古典园林大相径庭，但却极好地配合了紫禁城的气氛，没有因为园林的自然形态而破坏紫禁城中轴线一以贯之的庄严氛围。

全园按中、东、西三路布置，中路偏北为主殿"钦安殿"，面阔五间前出抱厦五间，重檐黄琉璃盝顶，内供元天上帝像——明代皇帝多崇道，钦安殿为宫中最主要的道教建筑。东、西两路采取对称手法布局景观建筑物，其中最妙的是处于东、西路轴线中点的万春、千秋二亭，平面皆为十字形，屋顶首层檐为十字形，顶部则变为圆形攒尖，台基四面出陛，周以白石栏杆，两亭造型玲珑曼妙，婷婷对立，为园内最优美别致的景色。此外，御花园北门承光门东侧，为太湖石堆叠的假山——"堆秀山"，山下有洞穴，沿左右可登上山顶的"御景亭"，这是帝后重阳登高、眺望紫禁城的佳处。与之相呼应，西南端养性斋东北亦设大假山一座，山前建"石台"，

御花园钦安殿

御花园堆秀山及御景亭

登台俯瞰园景也是赏心乐事。

虽然二十余处建筑在园中布置基本对称，但是工匠却极尽巧思，令其造型各异（共十几种不同类型），在严整中力求变化，加上假山、树木、水池、花卉的配合，足以令这座布局严谨的禁宫花园也趣味盎然。梁思成评价道：

"禁中千门万户，阁道连云，虽庄严崇闳，不无枯涩之感。独御花园幽深窈窕，与宁寿宫之乾隆花园及慈宁宫花园，并称胜境。"

■ 故宫东六宫、西六宫／（明—清）

后三宫左右为东、西六宫。东、西六宫各分两行，每行由南至北各三宫，共十二宫。这十二宫是一些可称作"标准单元"的独立院落，每座庭院占地约2000平方米，环以围墙，由前殿、配殿和寝殿组成，外门为琉璃门。各院落之间有纵横街巷联系：南北向的"一长街"宽9米，"二长街"宽7米，东西向的"巷"宽4米，街的两端设宫门和警卫值房。各个院落除了自身的宫门外，还设有东西巷门、南北街门，规划整齐、井井有条——东西六宫的道路和住宅布局与北京城的大街—胡同—四合院体系如出一辙，只是尺度比城市街区略小而已。

清代对西六宫改建较多，东六宫较多地保持了明代格局。东六宫之南

东六宫之景仁宫

有皇帝家庙奉先殿、祭祀前斋戒之所斋宫和毓庆宫。与之相对称，西六宫之南为著名的养心殿。

东六宫横街

东西六宫重重门阙

东六宫之延禧宫西洋式殿宇

奉先殿

斋宫

西六宫之长春宫太极殿

西六宫之咸福宫

西六宫纵街

■ 故宫养心殿 /（明—清）

养心殿

雍正帝即位后将内廷中心由乾清宫移至紫禁城西路的养心殿，并对其进行了改建。养心殿外门（养心门）为精致的琉璃门，主体建筑平面为"工"字形，前殿七间，前出抱厦三间；后殿五间，中间以穿堂相连，亦为五间。后殿东西朵殿各三间。东西配殿各五间。

前殿内明间设宝座，上有藻井天花，左右各二间是东西暖阁，西暖阁是皇帝起居和召见亲近大臣的地方，西梢间隔出一小室，即著名的"三希堂"，以乾隆珍藏的晋人王羲之《快雪时晴帖》、王献之《中秋帖》和王珣《伯远帖》得名，装饰极为精雅。东暖阁在同治以后改为召见大臣之所——慈安与慈禧"垂帘听政"即在此处。后殿为皇后住所。

养心殿建筑群尺度宜人，空间小巧而富于变化，生活气氛浓厚，远远有别于中轴线上肃穆压迫的氛围。

■ 故宫乾东五所、乾西五所（明—清）

东、西六宫的北侧分别是乾东、西五所，为皇太子居所。乾隆时期先后将乾西五所改建为重华宫、漱芳斋、建福宫及西花园等园林化的建筑群。嘉庆时期又在宁寿宫南面建南三所作为皇太子居所，乾东五所改为库房。

■ 故宫宁寿宫（外东路）/（清）

宁寿宫

乾隆三十七年（1772年）在紫禁城东北隅大规模改建宁寿宫，预备作为自己归政后的"太上皇宫"，因而宁寿宫可谓清代兴建的宫廷建筑群之代表，其建筑艺术也充分体现了乾隆朝鼎盛时期的风格。

宁寿宫实为紫禁城之"具体而微者"，一处"城中城"。宫殿分前后两部分：前半部分是对康熙年间宁寿宫的改建，以三间七楼琉璃券门皇极门为正门，其南正对五色琉璃九龙壁一座。门内沿中轴线布置宁寿门、皇极殿（形制如保和殿）、宁寿宫（内部布置依照坤宁宫，为祭神之所），与周围附属建筑共同组成宁寿宫的"前朝"。

后半部分即宁寿宫之"后寝"，分作中、东、西三路。中路为寝宫主体，依轴线布置养性门、前殿养性殿、后殿乐寿堂，其后为颐和轩与景祺阁，二者以穿廊相连成"工"字形布局。养性殿平面布置全部模仿养心

宁寿宫鸟瞰

殿。乐寿堂之规制则模仿圆明园中的长春园淳化轩，面阔七间带回廊，室内以装修将进深方向分作前后两部，东西又隔出暖阁，平面灵活自由，其有江南园林"鸳鸯厅"的风格；其内檐装修之碧纱橱、落地罩、仙楼等皆硬木制作，并以玉石、景泰蓝装饰，天花全部为楠木井口天花，天花板雕刻卷叶草，完全体现了乾隆时代的装饰风格，是清宫廷室内装修的经典。

东路主体建筑为五间三层的大戏台"畅音阁"，此戏台也是紫禁城最大的戏台。戏台北面为阅是楼，为帝后观戏处，周围有转角楼32间（群臣看戏房），戏台、楼阁与转角楼共同围合成院落——成为禁宫内的一处"戏园子"。戏园之北为寻沿书屋、庆寿堂等小型建筑群，最北端为景福宫及供佛的梵华、佛日二楼。

西路即著名的宁寿宫花园，俗称"乾隆花园"，在南北狭长的空间中布置四进院落，极尽园林妙趣。

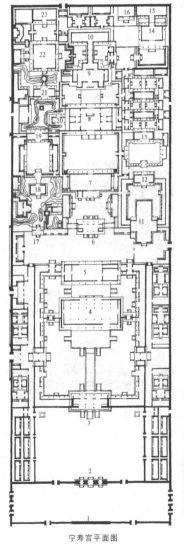

宁寿宫平面图

宁寿宫皇极殿

宁寿门

宁寿宫畅音阁之一

宁寿宫乐寿堂

宁寿宫乐寿堂仙楼

宁寿宫畅音阁之二

乾隆花园

■ 故宫外西路 / （明—清）

西六宫西侧为太后、太妃们的宫室，俗称"外西路"，包括慈宁宫、寿安宫、寿康宫等。慈宁宫正殿在乾隆年间重建时建为重檐庑殿顶，很像坐朝用的大殿。后殿供满佛像，又叫大佛堂。慈宁宫花园是紫禁城重要的园林之一。

■ 故宫雨华阁 ／（1749年）

雨华阁是紫禁城"外西路"延庆殿与寿安宫之间一组藏传佛教建筑群的主体建筑，是乾隆年间在明代隆德殿旧址改建的——隆德殿原为明代宫廷的道教建筑中心，清代将之改作佛教重地，足见清代"扬佛抑道"的宗教倾向。

雨华阁建于乾隆十四年（1749年），平面呈南北纵长的矩形，阁分三层，下层四面出抱厦，中层为歇山顶黄琉璃瓦蓝剪边屋面，上层为正方形四角攒尖顶，并以镀金铜瓦覆盖，四条垂脊各饰以金龙，以金色宝塔作为顶部结束，建筑轮廓极为精巧华丽。阁外观三层，内部加上暗层实为四层，每层供奉不同佛祖坛城，其中底层安置有三座珐琅制作的坛城模型，称大曼荼罗，是甚为华美的工艺品。

紫禁城建筑群千万重屋宇皆以黄琉璃瓦覆盖，屋顶造型和谐整一——而雨华阁（包括上文提到的文渊阁）独特的造型轮廓与屋瓦色泽在这片金色的海洋之中即显得格外突出，大大增加了整组建筑群的生机；同时由于这类特殊建筑数量的稀少，又保证了紫禁城的整体气魄不受破坏。

雨华阁

总观紫禁城，庞大复杂的建筑群沿中轴线分为"前朝后寝"，并于东西两侧辅以"东路"、"西路"两道次要轴线，布局井井有条、至为严谨。其美感特征体现为高度和谐统一的整体美。梁思成称赞故宫建筑群道：

"清宫建筑之所予人印象最深处，在其一贯之雄伟气魄，在其毫不畏惧之单调。其建筑一律以黄瓦、红墙碧绘为标准样式（仅有极少数用绿瓦者），其更重要庄严者，则衬以白玉阶陛。在紫禁城中万数千间，凡目之所及，莫不如是，整齐严肃，气象雄伟，为世上任何一组建筑所不及。"

观赏紫禁城这种"整体美"的最佳位置莫过于景山万春亭，由此鸟瞰紫禁城全景，能深刻体察这一古代北京乃至中国最壮丽的建筑群之真正魅力所在（详见本节"景山"部分）。

禁城宫阙

❷ 天安门
Tian'anmen

国家级 / 购票参观

地址：天安门广场北端

<M1> 天安门西、天安门东 / TIAN'ANMEN WEST, TIAN'ANMEN EAST　　<B>天安门东、天安门西

年代：明-清

国徽

　　天安门是北京皇城正门，始建于明永乐十五年（1417年），原名"承天门"，取"承天启运"、"受命于天"之意。明天顺元年（1457年）被焚，明成化元年（1465年）重建。清朝定鼎之初仍沿用旧称，顺治八年（1651年）重建后改称"天安门"。1900年"八国联军"入侵时天安门受到极大破坏。此后天安门见证了中国近代史上的许多重大事件：如1919年的"五四运动"；1926年的"三一八"惨案；1935年的"一二·九"运动……

　　1949年10月1日中华人民共和国开国大典在天安门及天安门广场举行，这使得天安门成了首都北京的最重要象征。此后，天安门的正立面形象又被清华大学营建系梁思成领导下的国徽设计小组安排在国徽的正中，这就进一步强化了天安门作为新中国象征的含义。现在，天安门城楼上原先悬挂"天安门"匾额的位置被一枚巨大的国徽所取代——天安门作为共和国的象征被放在国徽上，国徽又挂在天安门上，这是一个具有重要意义的景象。1949年至1970年间，天安门经历了多次修缮，在城台上加设了毛主席像和两幅标语"中华人民共和国万岁"、"世界人民大团结万岁"。1970年的修缮工程规模较大，为落架重修，为了安装国徽，抬高了上层檐下的高度，因此天安门城楼比原状升高了87厘米。

　　天安门是皇城四门中形制最高的，下有城台，上有城楼。城台底面东西宽120米，南北深40米，占地4800平方米，两侧与皇城南墙相连。城台设五道券门，中央为御路门，御路门两侧为王公门，最外侧为品级门。御路门宽5.48米，王公门宽4.58米，品级门宽3.54米，举行大型礼仪活动时，帝王、王公及官员分别对应

颁诏图

《康熙南巡图》中的天安门

不同的券门进出。城台北侧两端有马道可以登台。城台立面分为三段，下为1.59米高的石须弥座，中段为红墙，顶部为1米高的灰色女墙，上覆黄琉璃瓦的墙帽。城台墙面有明显收分，台顶距地面12.3米。

天安门城楼面阔九间，进深五间，重檐歇山黄琉璃瓦顶。其台基面阔61.48米，约为城台宽度的一半；城楼高22.4米，约为城台高度的两倍——城楼与城台共同形成一纵一横的平衡构图，总体壮丽和谐。

天安门南侧有外金水河蜿蜒而过，与故宫内太和门前的内金水河遥相呼应。河上跨五座汉白玉石桥，分别与城台上五座券门相对，为御路桥、王公桥和品级桥。此外，在今天

劳动人民文化宫和中山公园南门前还各有石桥一座，为乾隆年间建成的公生桥。此外，天安门内外还立有华表四座，其中门内的一对坐南朝北称"望君出"，门外的一对坐北朝南称"望君归"。1950年拓宽长安街时天安门外侧华表整体向北迁移6米。除华表之外，金水桥内、外还各有石狮一对。华表、石狮、金水桥共同形成天安门城楼前庄严肃穆的前奏。

现在城台东西两侧加建电梯间，出城台处设计为两座卷棚小殿。城楼内部按照1949年10月1日开国大典时的情景布置。西尽间有董希文的巨幅油画《开国大典》。

天安门侧影

民国时期的天安门

华表

■ 端门

天安门城台东西各有朝房11间，其北为太庙街门、社稷街门东西对峙（详见本节"太庙、社稷坛"部分），再北又为朝房11间，然后与端门城台相接。端门与天安门形制完全一致。

③ 太庙
Imperial Ancestral Temple

国家级 / 购票参观 / 现为劳动人民文化宫
地址: 天安门东侧 / 电话: 010-65252189
<M1> 天安门东 / TIAN'ANMEN EAST <B> 劳动人民文化宫
年代: 明-清

③ 社稷坛
Altar of Land and Grain

国家级 / 购票参观 / 现为中山公园
地址: 天安门西侧 / 电话: 010-65252189
<M1> 天安门西 / TIAN'ANMEN WEST <B> 中山公园
年代: 明-清

依照《周礼·考工记》中的"左祖右社"之制，太庙与社稷坛分立天安门与午门之间御道的东、西两侧，由天安门北东、西对峙的太庙街门与社稷街门进入。太庙与社稷坛共同组成皇城中轴线两侧"一实一虚"的空间格局（太庙以巍峨的三大殿建筑为核心，而社稷坛则以低矮的祭坛空间为核心）。

■ 太庙

为明清两代皇室的祖庙，是国家祭祀设施中"庙"的最高等级的建筑群。太庙始建于明永乐十八年（1420年），嘉靖二十年（1541年）毁于雷击，二十四年（1545年）重建。清顺治六年（1649年）重修，乾隆元年（1736年）再次大修，四年（1739年）完工。辛亥革命后太庙仍归清室所有。民国十三年（1924年）由北洋政府接管，改为和平公园。新中国成立后改为北京市劳动人民文化宫。

太庙共设三重墙垣，均为红墙黄瓦顶。外垣东西294米，南北475米。南墙有民国时开辟的太庙南门（现为劳动人民文化宫大门），门外金水河上架有汉白玉石桥一座。西墙开三门，南端为原来太庙的正门——太庙街门，面阔五间；中部为太庙右门，又称神厨门；北端为太庙西北门。三门均坐东朝西，与社稷坛东墙三门相对。外垣内为太庙外院，院内绝大部分面积被柏林覆盖，参天古柏树龄多在五百年以上。院南东偏为牺牲所、奉祀署等附属建筑。

第二重墙垣东西208米，南北272米，其内为太庙主体建筑群。其南门为正门，辟琉璃花门三道。两侧又各设一座旁门。门内东、西隅则有神库、神厨等附属建筑。

最内一重墙垣环绕太庙的核心建筑群。以下略述内垣以内的重要建筑。

太庙宫阙

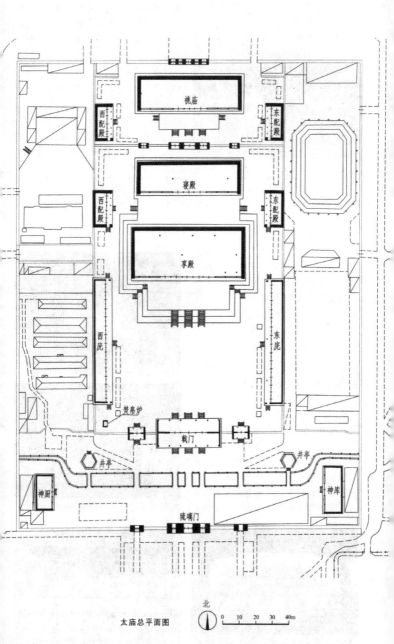

太庙总平面图

北

0 10 20 30 40m

■ **太庙戟门 /（明）**

戟门

内垣南门称"戟门"，面阔五间，中启三门。台基石栏环绕，正中为汉白玉雕御路。门前更有七座汉白玉石桥跨在小河之上（类似紫禁城内金水河之制）。最外面两座石桥之北各有一座黄琉璃瓦六角形盝顶井亭。门内外原各列朱漆戟架四座，每架插镀金银铁戟，故名"戟门"。戟门屋顶曲线优美，出檐较大，梁架简洁，天花华丽而不伤于纤巧，表现出典型明代殿宇的特征，是永乐时期的重要遗存。

■ **太庙祭殿（享殿）/（明—清）**

戟门内是中轴线上的前、中、后三殿，为太庙主体建筑。前殿为祭殿，亦称"享殿"，是皇帝祭祀时行礼之所。面阔九间，进深四间（清乾隆年间加建周回廊成为面阔十一间），黄琉璃瓦重檐庑殿顶，立于三重汉白玉石基之上，为紫禁城太和殿的"具体而微者"。该殿各柱都是外镶沉香木，其余木构件也都以金丝楠木为料。殿内空间高大，彩画色调凝重，中央三间的柱梁略作赭黄色，在殿内微弱的光线中闪耀，气氛神秘庄重。

殿前有极其宽广的庭院，中央为石铺御路，两侧满用条砖墁地，平整空阔，与墙外古柏森森的气氛形成鲜明的对比。祭殿两庑各有十五间，皆为黄琉璃瓦歇山顶，东庑供有功的皇族神位，西庑供功臣神位。大殿东南方存有一座黄琉璃砖砌的焚帛炉，供焚烧祭品之用。

祭殿内景

祭殿斗栱

祭殿

祭殿台基

祭殿丹陛

祭殿红墙

■ **太庙寝殿** /（明）

寝殿

祭殿之后为寝殿，面阔九间，黄琉璃瓦单檐庑殿顶，与祭殿共处在"工"字形的高台之上，呈"前朝后寝"的格局。

清代在此供奉太祖（天命）、太宗（天聪）、世祖（顺治）、圣祖（康熙）、世宗（雍正）、高宗（乾隆）、仁宗（嘉庆）、宣宗（道光）、文宗（咸丰）、穆宗（同治）等帝后的神主。寝殿两庑各五间，贮存祭器。

■ **太庙祧庙** /（明）

祧庙

后殿称祧庙，规制一如寝殿。东西庑各五间，为祭器库。祧庙为供奉皇帝远祖之所。清代供奉了清称帝以前的四个追封皇帝（肇祖、兴祖、景祖、显祖）的神位。因是祧庙，故用一道红墙与前、中殿隔开，自成院落。墙上辟五座琉璃花门，中间三座，两端各一座。殿后的北墙也辟琉璃砖门。

综观太庙全局，布局严谨，形制尊贵，红墙、黄瓦、汉白玉阶基——为皇城内仅次于紫禁城外朝三大殿的建筑群，规模甚至在后三宫之上。建筑群环以柏林，林间古柏参天蔽日，增添了太庙作为皇家最尊贵的祭祀建筑群的庄严沉穆之气。

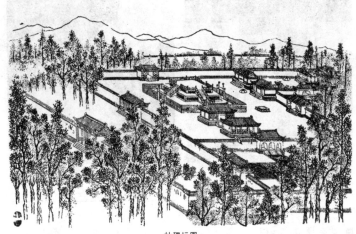

社稷坛图

■ 社稷坛

为明清两代祭祀社、稷神祇的祭坛——社稷是"太社"和"太稷"的合称，社是土地神，稷是五谷神，二者是农业社会的重要根基。

社稷坛址辽金时期为城市东北郊的兴国寺，元代扩入元大都城内，改名为万寿兴国寺。今社稷坛南侧数株参天古柏可能为辽金古木，有近千年历史。明永乐定都北京，在此建社稷坛，清代因之。坛始建于永乐十八年（1420年）。民国三年（1914年）内务总长朱启钤将社稷坛开放，并改建为中央公园。1915年将礼部的"习礼亭"迁建于园内；1917年从圆明园遗址移来始建于乾隆年间的"兰亭八柱"和"兰亭碑"。1925年孙中山逝世后，曾在坛北的拜殿停灵，1928年拜殿名为"中山堂"，同时公园改名为"中山公园"。公园中添建了一些小品建筑，东有松柏交翠亭、投壶亭、来今雨轩，西有迎晖亭、春明馆、绘影楼、唐花坞、水榭、四宜

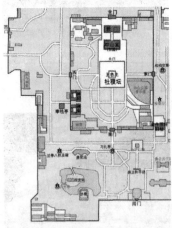

中山公园平面图

轩，北有格言亭（为西洋式）。中山公园特别是来今雨轩一带成为民国时期备受北京市民特别是知识分子喜爱的休憩、聚会之所。1929年在中山公园内成立中国营造学社。1942年7月建中山音乐堂于社稷坛东南，1957—1999年多次改扩建，破坏了建筑群的历史格局。

社稷坛主体建筑群为双重墙垣环绕（其规模与太庙内两重墙垣所环绕的面积相当）。外垣称"垣墙"，东西205.6米，南北266.8米，为红墙黄瓦顶。各面正中辟门，其中北门为社稷坛正门——因"祖"为阳，"社"为阴，尊天南地北之制，由北向南设祭。北门以南中轴线上由北向南分别设"拜殿"（清代改为戟门）、"祭殿"及社稷坛。以下略述此三处主要建筑。

■ 社稷坛拜殿（戟门）/（明—清）

拜殿与祭殿均为雨天行礼之所。拜殿清代改为戟门。面阔五间，黄琉璃瓦歇山顶。室内彩画为旧物。门内两侧原有七十二支镀金银铁戟，1900年被八国联军掠走。

拜殿（戟门）

■ 社稷坛祭殿（享殿）/（明）

戟门以南为祭殿，现为中山堂。建筑始建于明，面阔五间，进深三间，黄琉璃瓦歇山顶，重昂七踩斗栱。殿内为彻上露明造，内部梁架结构具有显著的明代特征。祭殿与拜殿同位于"工"字形汉白玉台基之上。

祭殿（中山堂）

■ 社稷坛 /（明—清）

社稷坛棂星门

祭殿以南则为内垣所环绕的社稷坛，也是整个建筑群的核心所在。内垣称"壝墙"，为琉璃砖砌筑的矮墙（高1.7米），各面墙垣长度一致（均为62米），并按五行方位选用不同色彩的琉璃砖：东为青、南为朱、西为白、北为黑，色彩鲜艳夺目。壝墙四面各设一座汉白玉棂星门。

墙内中央的社稷坛为正方形三层平台，四出陛。上层边长15米，中层边长约16.8米，下层边长约17.8米。坛上层铺"五色土"——中黄、东青、南朱、西白、北黑。以五色之土象征普天之下的国土，皇权居于中央并控制四方，从而永葆江山社稷——这个图案是北京最富于象征意

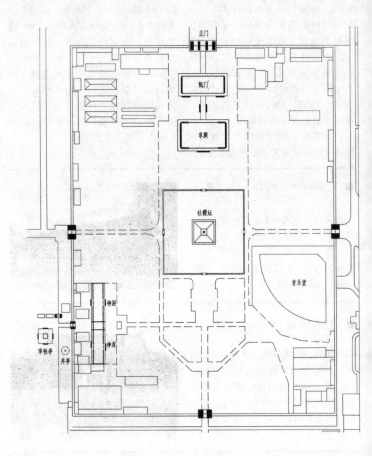

正门

戟门

享殿

社稷坛

音乐堂

神厨

神库

宰牲亭

井亭

社稷坛平面图

北

0 10 20 30 40m

义（尤其是色彩的象征意义）的设计之一。坛中央有一根方形石柱，为"社主"，又名"江山石"，象征江山永固。原坛中还有一根木制的"稷主"，后无存。

此外，坛西南还有神库、神厨、宰牲亭等附属建筑。

社稷坛宰牲亭

社稷坛北门

■ 社稷坛层数

众多明清历史文献均记载社稷坛为二层方坛，但现状为三层方坛，至于何时由二层改建为三层并基于何种原因尚待考。

■ 中国营造学社旧址

今中山公园东南隅、天安门西北侧朝房为中国营造学社旧址。中国营造学社是中国近代第一个研究中国古建筑的学术机构，创办者朱启钤，主要研究人员包括梁思成、刘敦桢、林徽因、刘致平、莫宗江、陈明达等，后来都成为中国古建筑研究领域的专家。

■ "保卫和平"坊

外坛墙新辟南门（今中山公园大门）内有一座蓝琉璃顶汉白玉石牌坊。此坊原在东单北大街，为清廷向1900年被杀死的德国公使克林德赔罪而建。1918年第一次世界大战德国战败，1919年被市民砸毁。后民国政府命德国重建于此，改名"公理战胜"坊。1950年改为"保卫和平"坊。

中山公园保卫和平坊

社稷坛全景

④ 景山
Jingshan Hill

国家级 / 购票参观 / 现为景山公园

地址：北京市景山西街44号 电话：010－64044071

\<B\> 故宫、景山西街

年代：明－清

景山明代称万岁山，俗称煤山，清代改称景山。位于紫禁城北面，是明清北京内城的几何中心，其位置相当于元代皇宫后寝延春阁之所在，明代在此堆山，意欲镇压前朝之"王气"，故为紫禁城之"镇山"。

景山是用挖掘紫禁城筒子河的泥土人工堆筑而成，呈五峰东西并列之势：中峰最高（约49米），为京城揽胜最佳处；两侧诸峰高度依次递减。明时山上嘉树葱郁，鹤鹿成群，中峰之顶设石刻御座，两株古松覆荫其上

景山西侧全景现状

民国时期的景山西侧全景

紫禁城遥望景山

有如华盖，为重阳节皇帝登高之所在。乾隆十六年（1751年）于此立万春亭，这里更是成为体验北京城市之壮伟、山川之明媚的最佳驻足点。

景山如同紫禁城御花园一样采取对称布局，四周缭以宫墙，山南麓五亭环列，山北平地上布置主要殿宇。出紫禁城北门神武门为"北上门"，左右为"北上东门"（亦称"山左里门"）、"北上西门"（亦称"山右里门"，此三门现已不存）。其北为景山正门"景山门"，再北为绮望楼，楼后即景山五峰。五峰之巅各建一亭，中曰万春，东曰观妙、周赏，西曰辑芳、富览。其中，最外侧二亭为圆亭，蓝琉璃瓦灰剪边；中间二亭为八角亭，黄琉璃瓦绿剪边；中峰万春亭为四方亭，屋顶为三重檐黄琉璃瓦攒尖顶，为全北京城建筑屋顶之最为独特者，其顶部距山下地面62米，成为北京"城市中心"的象征。

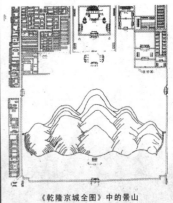

《乾隆京城全图》中的景山

自上至下分别为：万春亭东、南、西、北望全景

景山北面是寿皇殿。寿皇殿原在景山东北，乾隆十四年（1749年）移建到景山以北、京城中轴线上。建筑群仿太庙之制，正殿奉祀清历代帝王之御容。建筑群之前设三座牌楼，与正门（三座琉璃花门）共同围合成一个前广场——形制与大高玄殿建筑群入口相同。门前石狮二座，门内为戟门五间，戟门内为大殿九间，形制同太庙祭殿，左右山殿各三间，东西配殿各五间，碑亭、井亭各二，神厨、神库各五间。寿皇殿后东北曰集祥阁，西北曰兴庆阁；殿东为永思门，内为永思殿。永思殿东为观德殿。再东有护国忠义庙。

景山东坡的一株槐树传说是明思宗崇祯皇帝上吊之所在，今立有"明思宗殉国处"石碑。

寿皇殿前三牌楼全景

寿皇殿

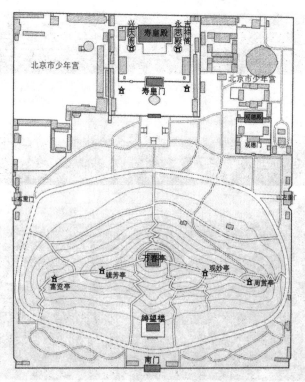

景山平面图

⑥ 北海、团城
Beihai Lake、Round City

国家级 / 购票参观 / 现为北海公园

地址：文津街1号（故宫西北面）
电话：010－64033225

<B> 北海南门

年代：金－清

今天北京的"三海"（即北海、中海和南海）原为明清北京最主要的皇家园林——西苑的主体。西苑由金代大宁宫、元代太液池逐步发展而来，历经金、元、明、清历朝不断添建，愈趋成熟，成为北京皇家园林的代表。

三海所在地原为金中都东北郊的湖泊"白莲潭"。金世宗大定十九

年（1179年）开始在此营建离宫"大宁宫"（后改孝宁、寿安、万宁等名），以湖泊中央之"琼华岛"为中心，一派水乡风光，金人史学《宫词》有"薰风十里琼华岛，一派歌声唱采莲"之句。

元代这里成为元大都的中心，湖水更名为"太液池"（包括今天的北海和中海，南海为明代开挖），中央岛屿"琼华岛"改称"万岁山"。太液池中三座岛屿呈南北一线布列，沿袭了历代皇家园林"一池三山"的规划模式：南面岛屿名为"犀山台"；中部岛屿称作"圆坻"，即今天北海团城之前身；北面即琼华岛（万岁山），是太液池的中心，其上建有广寒殿等建筑群。太液池遍植荷花，沿岸没有殿堂建置，一片林木蓊郁的自然气息。

明、清两代的西苑由元代太液池增建而成：明代开挖南海，进一步扩大了太液池水面，奠定了后世北、

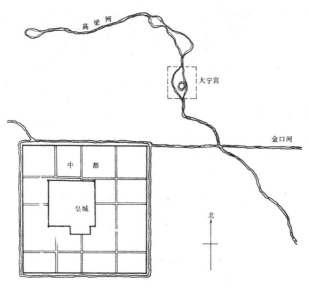

金中都大宁宫示意图

中、南三海纵列的格局。明清北京的三海依然保持了"一池三山"的格局，不过"三山"略有变化：由于将"圆坻"建成团城并与陆地相连，就少了一座岛屿，于是在南海中新筑"南台"岛（清代改称"瀛台"），自此形成三海中各立一岛（北海琼华岛、中海水云榭、南海瀛台）的总体格局，直至今天。

白塔剪影

现今北海成为一座独立的公园——北海公园：南端为团城，中部为琼华岛（清代更名白塔山），岛上有白塔耸立山巅，成为北海的标志；环湖布列明清两代增建的诸多寺观亭台以及园中之园，最著名的包括东岸的濠濮间、画舫斋；北岸的小西天、五龙亭、阐福寺、快雪堂、大西天、静心斋等，蔚为大观。

以下略述北海中的重要园林建筑群。

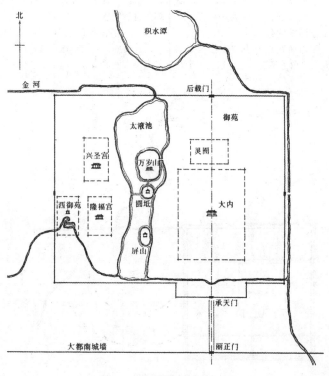

元大都太液池

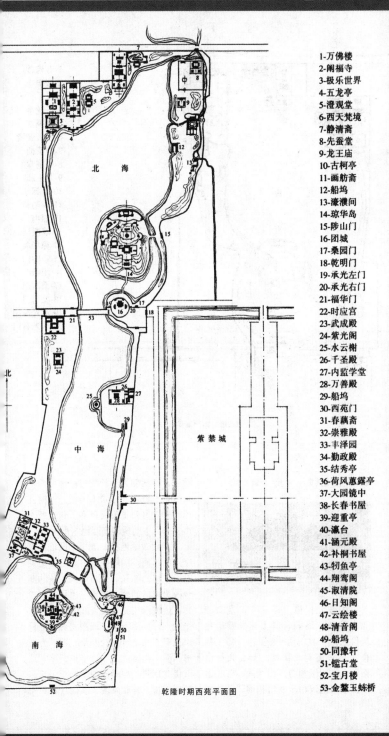

乾隆时期西苑平面图

1-万佛楼
2-阐福寺
3-极乐世界
4-五龙亭
5-澄观堂
6-西天梵境
7-静清斋
8-先蚕堂
9-龙王庙
10-古柯亭
11-画舫斋
12-船坞
13-濠濮间
14-琼华岛
15-陟山门
16-团城
17-桑园门
18-乾明门
19-承光左门
20-承光右门
21-福华门
22-时应宫
23-武成殿
24-紫光阁
25-水云榭
26-千圣殿
27-内监学堂
28-万善殿
29-船坞
30-西苑门
31-春藕斋
32-崇雅殿
33-丰泽园
34-勤政殿
35-结秀亭
36-荷风蕙露亭
37-大园镜中
38-长春书屋
39-迎重亭
40-瀛台
41-涵元殿
42-补桐书屋
43-钓鱼亭
44-翔鸾阁
45-淑清院
46-日知阁
47-云绘楼
48-清音阁
49-船坞
50-同豫轩
51-鉴古堂
52-宝月楼
53-金鳌玉蝀桥

北海　北海
紫禁城
中海
南海
北

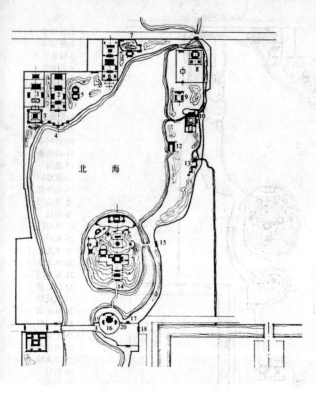

1-万佛楼
2-阐福寺
3-极乐世界
4-五龙亭
5-澄观堂
6-西天梵境
7-静清斋
8-先蚕堂
9-龙王庙
10-古柯亭
11-画舫斋
12-船坞
13-濠濮间
14-琼华岛
15-陟山门
16-团城
17-桑园门
18-乾明门
19-承光左门
20-承光右门

北　海

清乾隆时期北海平面图

■ 北海团城／（元—清）

团城外观

　　团城元代称"圆坻"，是太液池中的独立岛屿，其上建有圆形建筑仪天殿。据马可·波罗称，岛上栽有"北京最美之松树，如白裹松之类"。在圆坻和万岁山之间，有长达二百余尺的汉白玉石桥相连，此外圆坻东、西两侧另有长桥与陆地相通，东边是木桥，西边是木吊桥——柯九思诗句"何处蓬莱通弱水，仪天殿在画桥东"中的桥即岛西侧木吊桥。

　　明代改建西苑，填平了圆坻与东岸间的水面，圆坻由水中岛屿变为突出于东岸的半岛，并将原来土筑的高台改为包砖的城台，更名"团城"。又在团城中央元代仪天殿旧址建"承光殿"，平面圆形，周围出廊，亦称"圆殿"。清代重建承光殿，为方形四面出抱厦的"十"字形殿宇，造型优美别致。自承光殿"北望山峰，嶙峋峻嶻。俯瞰池波，荡漾澄澈。而

团城金鳌玉蝀桥

团城承光殿

团城白袍将军

山水之间，千姿万态，莫不呈奇献秀于几窗之前"——足见团城承光殿是观赏北海琼华岛的绝佳地点。元代横跨圆坻与北海西岸间的木吊桥改建为大型石桥，桥东、西两端各建精美牌楼一座，牌楼上分别书"玉蝀"、"金鳌"，故此桥称"金鳌玉蝀桥"。团城、金鳌玉蝀桥共同组成西苑的一大美景。《日下旧闻考》引《戴司成集》描绘道：

"太液池中驾长桥，两端立二坊，西曰金鳌，东曰玉蝀。天气清明，日光混漾，清彻可爱。"

团城、承光殿至今保存完好，为中国传统皇家苑囿中"台榭"的难得实例。城台上更有姿态优美的白皮松"白袍将军"、古松"遮阴侯"等古树；而元代置于琼华岛广寒殿的巨型玉瓮"渎山大玉海"清代流落至西安门外真武庙，最终被乾隆皇帝安放于承光殿前亭中，为团城增添了历史的趣味。可惜"金鳌玉蝀桥"及牌楼在1950年代被拆除，改建为现在的北海大桥，不复昔日之旖旎风光。

团城渎山大玉海

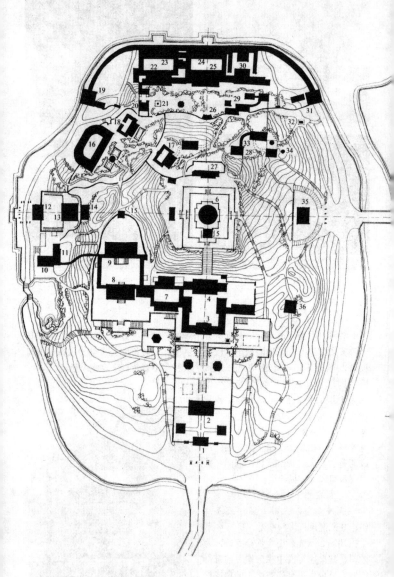

1-永安寺山门　2-法轮殿　3-正觉殿　4-普安殿　5-善因殿　6-白塔　7-静憩轩　8-悦心殿　9-庆霄楼
10-蟠青室　11-一房山　12-琳光殿　13-甘露殿　14-水精域　15-揖山亭　16-阅古楼　17-酣古堂
18-甬鉴室　19-分凉阁　20-得性楼　21-承露盘　22-道宁斋　23-远帆阁　24-碧照楼　25-漪澜堂
26-延南薰　27-揽翠轩　28-交翠亭　29-环碧楼　30-晴栏花韵　31-倚晴楼　32-琼岛春阴碑
33-看画廊　34-见春亭　35-智珠殿　36-迎旭亭

清乾隆时期琼华岛（白塔山）平面图

■ 北海琼华岛（万岁山、白塔山）（金一清）

琼华岛西面全貌

金代大宁宫中央岛称"琼华岛"，岛上堆叠大量玲珑石，据称是金人由北宋汴梁皇家苑囿"艮岳"移来。

元代称"琼华岛"为"万岁山"，为太液池中心，元人陶宗仪《辍耕录》描绘该山景致曰：

"其山皆叠玲珑石为之，峰峦隐映，松桧隆郁，秀若天成。"

山顶为广寒殿，坐落于元大都的制高点，四望空阔，既可以远眺西山，也可以俯瞰街衢。太液池、万岁山的美景曾令西方人马可•波罗受到极大震撼：

"北方距皇宫一箭之地，有一山丘（指万岁山），人力所筑。高百步，周围约一哩。山顶平，满植树木，树叶不落，四季常青。汗（指忽必烈）闻某地有美树，则遣人取之，连根带土拔起，植此山中，不论树之大小。树大则命象负而来，由是世界最美之树皆聚于此。君主并命人以琉璃矿石满盖此山。其色甚碧，由是不特树绿，其山亦绿，竟成一色。故人称此山曰绿山，此名诚不虚也。"

明代在琼华岛上重修广寒殿，为一座面阔七间的大殿，四周有"方壶"、"瀛洲"、"玉虹"、"金露"四亭环列，由此"徘徊周览，则都城万雉，烟火万家，市廛官府寺僧浮图之高杰者，举集目前。近而太液晴波，天光云影，上下流动；远而西山居庸，叠翠西北，带以白云。东而山海，南而中原，皆一望无际，诚天下奇观也"。

清顺治八年（1651年）拆毁广寒殿改建藏传佛教寺庙"白塔寺"（乾隆年间更名永安寺），并于山颠

琼华岛南面全貌

琼岛春阴碑

建白塔一座——琼华岛也从此得名"白塔山"。新建成的白塔顶部距城市地平面67米，成为清代全北京城的最高点。白塔与白塔山南麓的永安寺建筑群构成了一条南北贯穿的中轴线，并通过白塔山南端的"积翠堆云桥"（桥之南北两端各建牌楼曰"积翠"、"堆云"，因而得名，与"金鳌玉蝀桥"相呼应）延续至团城——特别富有趣味的是：团城承光殿的中轴线比白塔的中轴线要略为偏西，不在一条直线上，乾隆八年（1743年）建成的积翠堆云桥呈折线形，南段对团城，中段折而东行，北段正对白塔，可谓园林轴线设计中的杰作。白塔山中轴线南起"堆云"牌楼，经山门至法轮殿，其后拾级而上，至一平台，左右引胜、涤霭二亭对峙，其后一组大假山为屏，中为石级，左右为洞，皆可登临上一层平台——此处山石"玲珑窈窕，刻削崔巍，各极其致，盖即所谓移昆岳者也"。第二层平台上为正觉、普安二殿所形成的院落，其后可直抵琉璃佛殿善因殿及殿

北之白塔，平台东南、西南隅又各设一亭，名云依、意远，可南望团城、中海之景。

乾隆时期进一步大力经营白塔山的东、西、北三面景观，使得琼岛四面呈现出四方之景各不相同的全新气象。乾隆为此专门撰写了一篇《塔山四面记》，阐述白塔山的造园意匠。

白塔山西面：通过临水码头、琳光殿、甘露殿及半山的揖山亭构成一条正对白塔的东西轴线，其余小型楼台轩馆皆遵循"因山构室"之主旨，追求高下曲折的情致，与山南面气度迥异。

白塔山北面：地势下缓上陡，故分上下两部分营建：上部陡峻处以造型极其丰富的叠石造就层峦叠嶂、峰谷丘壑、洞穴岩壁的山地景象，并

白塔

白塔细部

有大量的亭台廊庑依山就势攀附其间（山石西北隅的平台上更伫立一座造型别致的"承露盘"，以仿汉代上林苑"仙人承露"之意），为全山最富空间趣味之地带；下部平缓处则建道宁斋、漪澜堂两处主体建筑，并围绕这两处中心厅堂、沿琼岛北岸环太液池布置环廊六十楹，称作延楼，东、西两端分立倚晴、分凉二楼阁，并有碧照楼、远帆阁对峙其间——这样的构图灵感来自镇江临长江构筑的金山江天寺。

白塔山东面：布置最为疏朗，除与白塔共同构成东西轴线的智珠殿外，其余仅依山势点缀数亭廊而已。东北隅立有乾隆所书"琼岛春阴"石碑，作为琼岛景色的最佳注脚，为"燕京八景"之一。这座石碑本身造型古朴庄重、比例匀称，后来成为人民英雄纪念碑设计的"原型"之一。

综观白塔山四面，南、北、东、西可分别以旷、密、疏、奥概括之，环北海以观，各具妙境，真是"横看成岭侧成峰"，堪称西苑园林设计之精髓。至此由金代开始经营的琼华岛终于在乾隆朝达到纯熟圆满之境。

琼华岛仙人承露盘

濠濮间全景

■ 北海濠濮间、画舫斋 / （清）

画舫斋

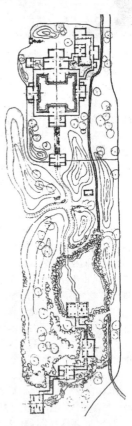

清乾隆年间对北海东岸有不少营建，沿着什刹海入北海的一股支流布置了一连串因水造景的"园中之园"，由白塔山东面渡桥折而北，过陟山门，于人工堆筑、蜿蜒起伏的丘陵东侧，"隐藏"着沿南北向展开的濠濮间——画舫斋两组主要园林，十分幽僻，为北海东岸之精华所在。

由南而北先依土丘而上建云岫厂、崇淑室并由爬山廊串连，继而下至水榭濠濮间，豁然开朗。水上架曲折石桥，桥北设石坊。若换一方向，由北部濠濮间与画舫斋之间的山路曲折南行，于峰回路转之际蓦然抬首，发现山径中忽现石坊曲桥、幽池亭榭，意境更妙——此处园林设计极为隐蔽，深得曲径通幽、濠濮冥思之

1-大门 2-云岫厂 3-崇淑室 4-濠濮间
5-春雨林塘 6-画舫斋 7-古柯庭

濠濮间-画舫斋平面图

趣。由此北上，两山对峙，过山口即为画舫斋。画舫斋为一处园墙围绕的多进庭园，主庭院为一方形水院，四面廊庑环绕，与濠濮间的不规则水池形成鲜明对照。主院之前院以院外丘陵余脉造景，形状方正；后院竹石玲珑，造型自由；最精彩的则是东北方一处偏院——古柯庭，与画舫斋水院似分而合，其内古柯苍劲，亭廊错落，东南隅更筑曲廊一段，庭园虽小，空间却极尽变化之能事：由主院东北处游廊入古柯庭之曲廊或由后院经画舫斋东墙入古柯庭之折廊，两处入口所见之景截然不同，各备其妙。

■ 北海先蚕坛 ／（清）

先蚕坛

先蚕坛为皇后、妃嫔养蚕、祭祀蚕神之所，与先农坛相对，明代原建在安定门外，后移至西苑仁寿宫侧。乾隆七年（1742年）移建北海东北隅。南面稍西正门三间，左右门各一。入门为坛一层，方四丈，高四尺，四面出陛，各十级。北、东、西三面环植桑柘。坛东为观桑台，台前为桑园，台后为亲蚕门，入门为亲蚕殿，殿后为浴蚕池，池北为后殿。此外还有先蚕神殿、神厨、神库、蚕署等建筑。

北海北岸的建置更加恢宏，共六组建筑群，由西而东依次为：极乐世界（小西天）、五龙亭、阐福寺、澄观堂、西天梵境（大西天）与镜清斋（静心斋）。建筑群依北岸地域形状，规模各异：既有宏伟钜丽之梵刹，也有幽雅别致之林园。

北海北岸建筑群

■ 北海极乐世界（小西天）（清）

小西天万佛楼

小西天

　　极乐世界（小西天）依照密宗
"曼荼罗"（Mandala）形制建造：
中央主殿为正方形，面阔、进深均
七间，殿四周环以水池，跨四座汉
白玉石桥，周围一道矮墙，正对四
座石桥为四座琉璃牌楼，四角更
建有重檐歇山角亭，若紫禁城角
楼——整组布局呈中心对称，神秘
而庄严，体现了密宗的宇宙图示，
为北海建筑群中之最特殊者。

小西天

■ 北海五龙亭 / （明－清）

　　明嘉靖间，于北海北岸西侧临水建五龙亭——中为"龙潭"，左为"澄祥"、"滋香"，右为"涌瑞"、"浮翠"，五座亭子一字排开，踞于北海西北端，倒影成十亭，极富意境。

五龙亭

■ 北海澄观堂（快雪堂）/（清）

澄观堂（松坡图书馆）

澄观堂假山

　　澄观堂（快雪堂）原为明先蚕坛东值房，共两进院落。乾隆间改作游幸时休憩处，内有移自艮岳的名石"云起"，大门前立元代铁影壁一座。乾隆四十四年（1779年），收得赵孟𫖯的快雪堂帖，摹刻成石镶嵌在两廊壁上，改澄观堂为快雪堂。

■ 北海阐福寺／（清）

阐福寺大殿

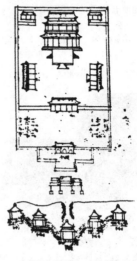
《乾隆京城全图》中的阐福寺

阐福寺即明代太素殿、先蚕坛旧址，建筑群布置于高台之上，为三进院落，与五龙亭形成南北中轴线。正殿大佛殿规制仿河北正定隆兴寺大佛阁，为三层楼阁，内供巨型释迦佛站像，为当时皇城诸迦蓝中最壮丽者，惜于1970年代"文革"期间被拆毁。

■ 北海西天梵境（大西天）（清）

大西天琉璃牌楼

西天梵境（大西天）中轴线南起临水码头，水滨为琉璃牌楼，往北依次为山门、天王殿及钟鼓楼、正殿大慈真如殿、二层高的"华严清界"大琉璃宝殿，殿四面回廊六十七楹，四隅各有楼相接，最后一进为九层琉璃塔，与玉泉山玉峰塔形制一般，刚完工不久即毁于大火。其中主殿大慈真如殿为西苑平面最大之殿宇，木构架为金丝楠木造，不施彩绘，朴素中犹显结构权衡之美，为北岸建筑中之上乘之作。主轴线建筑群西侧另有跨院，主殿大圆镜智宝殿，殿后建亭，亭后为藏经楼。殿前正对大型影壁——九龙壁，影壁正反两面均以五色琉璃作九龙浮雕，工艺卓绝。

大西天楠木大殿

九龙壁

静心斋全景

■ 北海镜清斋（静心斋）/（清）

　　梁思成《中国建筑史》称北海北岸"布置精巧清秀者，莫如镜清斋。"镜清斋（光绪年间改名静心斋）为一处园中之园，全园占地广110余米，深70余米，面积不大，尤其进深较为促狭，然而通过造园者的精心设计，"予人之印象，似面积广大且纯属天然"，造就了空间层次极为丰富的一组庭园。

静心斋后院

静心斋前院

静心斋西院

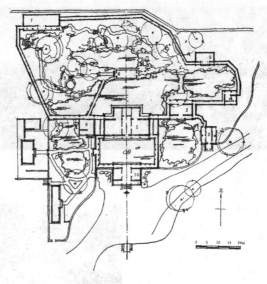

1-静心斋 2-抱素书屋 3-韵琴斋 4-焙茶坞 5-笔画轩
6-沁泉廊 7-叠翠楼 8-枕峦亭 9-画峰室 10-阄门

静心斋平面图

园林正门南向，正对烟波浩淼的太液池，入门则为一座面阔约30米进深约15米的长方形水院——荷沼，由宏敞的北海北岸骤然进入这处幽闭的小水院，空间对比至为强烈，人的心理一下子收束从而获得"静心"的效果；整个方形水池中满植荷藻，仅水中央立小巧湖石一峰，顿成视觉焦点，进一步让人精神为之集中：这是全园设计的序幕。荷沼北面为全园正厅"镜清斋"，阔五间，北面出抱厦三间临水。斋北水面呈东西宽、南北窄之态，为园林主体，并分别向东、东南、西南三个方向延伸，环绕主体水面和三处支流筑山构屋，形成一大三小四处庭园，似分还连，加上入口荷沼水院，五院环抱镜清斋厅舍。主庭院为全园精华所在——北面堆筑大型山石，由西北自东南逐渐降低，并将余脉伸入东部笔画轩所在小园；山石以南为东西横贯

的水池，为了增加水池南北向的进深感与空间层次，于水中央筑"沁泉廊"水榭，两翼叠以低矮山石并逐渐与池北大假山相接，于是呈现前低后高的两重峰峦环抱水榭之态，也将水域分割作南宽北狭的两处，从而在40米左右的进深方向，由南而北造成斋—水—榭（山）—水—山的丰富空间层次，令观者顿觉空间深远。水榭、主厅以及正门共同构成一条全园的主轴线；另于主庭院西部山颠设"枕峦亭"，它与庭院东部的石拱桥遥相呼应，并构成一条东西轴线，从而控制住全园的构图。主体山石高踞园林北面，将园外嘈杂屏蔽一空，即使在今天，园外即为车流熙攘的平安大街，园内在游人稀少时依旧呈现出昔日的宁静祥和。主院以外，以笔画轩、抱素书屋以及画峰室为主体的三座自由式院落也分别环水布局，各富幽致。

⑥ 中南海
Zhongnanhai

国家级 / 不开放 / 现为党中央和国务院所在地
地址：故宫西侧
<M1> 天安门西 / TIAN'ANMEN WEST <B> 天安门西、府右街
年代：金－清

中南海明清时期与北海一同属于西苑。民国初年，袁世凯以中南海为总统府，将乾隆时期修建的南海南端的宝月楼改建为新华门，作为总统府大门。1929年中南海辟为公园。1949年以后成为党中央和国务院所在地。

中海：与北海的壮美繁盛相比，中海布局十分疏朗，风景格外幽丽。明北京西苑正门——西苑门位于中海东岸，与紫禁城西华门正对。入西苑门可见中海全景，明人韩雍《赐游西苑记》描绘道：

"烟霏苍莽，蒲荻丛茂，水禽飞鸣，游戏于其间。隔岸林树阴森，苍翠可爱。"

民国时由北海琼华岛鸟瞰北海与中海（近处为金鳌玉蝀桥）

民国时南海全景

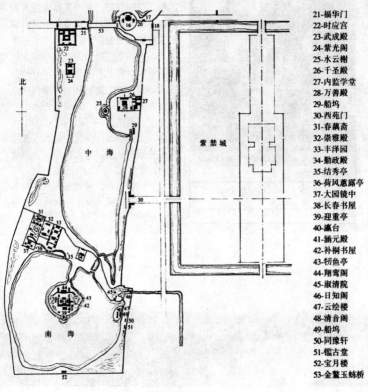

21-福华门
22-时应宫
23-武成殿
24-紫光阁
25-水云榭
26-千圣殿
27-内监学堂
28-万善殿
29-船坞
30-西苑门
31-春藕斋
32-崇雅殿
33-丰泽园
34-勤政殿
35-结秀亭
36-荷风蕙露亭
37-大园镜中
38-长春书屋
39-迎重亭
40-瀛台
41-涵元殿
42-补桐书屋
43-轫鱼亭
44-翔鸾阁
45-淑清院
46-日知阁
47-云绘楼
48-清音阁
49-船坞
50-同豫轩
51-鉴古堂
52-宝月楼
53-金鳌玉蝀桥

清乾隆时期中南海平面图

　　明代中海东岸往北为蕉园，亦名椒园。正殿崇智殿平面为圆形，屋顶覆绿琉璃瓦并饰以黄金双龙。殿西有临水小亭"临漪亭"，再西为一小岛，岛上建"水云榭"，婷婷玉立于中海浩阔水面之中，意境绝佳。清康熙年间蕉园主体建筑崇智殿废，新建主殿万善殿为二层方形楼阁。

　　西岸大片平地明代为宫中跑马射箭的"射苑"，中有"平台"高数丈，下临射苑，是皇帝观骑射之处。后废台，改建为紫光阁，每年端午节皇帝于阁前观赏龙舟戏水等活动。从清代宫廷画家绘制的《紫光阁设宴图》可以看到清代中海西岸紫光阁一带风光之盛。另一幅更富趣味的画卷是《冰嬉图》，描绘了清代帝王冬日观赏中海滑冰表演的盛况：画卷东起紫禁城西华门，西止于皇城西墙，画中西华门、西苑门、"临漪亭"、水云榭、金鳌玉蝀桥、紫光阁（屋顶）等建筑历历在目，可谓难得的中海全景图——宫中训练有素的滑冰高手列队在冰面上划出优美的"S"形弧线，为中海园林更添佳趣。

　　值得一提的是，乾隆将"燕京八景"之一的"太液秋风"御碑置于中海东岸的水云榭中——这一选址体现

中海紫光阁

中海万善殿

了乾隆园林鉴赏的独到眼光：从三海整体构图来看，水云榭所在位置适居整个太液池的中心，可谓四面环水、八面来风，北对金鳌玉蝀桥、团城及琼岛白塔，并与北海北岸五龙亭遥相呼应；南望南海瀛台，西与紫光阁互为对景，东以万善殿为依托——实在是品味"太液秋风"之最佳处。而水云榭本身的十字形平面、歇山屋顶、四出歇山卷棚抱厦的奇特造型也极好地吻合了太液秋风的意境：可以饱览太液四面之美景、吸纳八方徐来之秋风。

南海： 明代南海为三海中最僻静幽深、富于田园风光之所在。水中筑大岛曰"南台"，南台一带林木深茂，沙鸥水禽如在镜中，宛若村舍田野之风光。皇帝在此亲自耕种"御田"，以示劝农之意。文徵明有诗曰：

"西林迤逦转回塘，南去高台对苑墙。暖日旌旗春欲动，薰风殿阁昼生凉。别开水榭亲鱼鸟，下见平田熟稻粱。圣主一游还一豫，居然清禁有江乡。"

南海东岸设闸门泻水往东流入御河，闸门之北别有一小池，池中九岛三亭，构成格外幽僻的一处"园中园"。

清代康熙选中南海作为日常处理政务、接见臣僚、御前进讲以及耕作御田之所，于是大加营建，并聘请江南著名叠石匠师张然主持叠山。改建后的南台改名"瀛台"，其北堤上新建一组宫殿曰"勤政殿"。瀛台上为另一组更大的宫殿建筑群：共四进院落，由北而南呈轴线布局。第一进院前殿翔鸾殿，北临大石台阶蹬道，东、西各翼以延楼十五间；第二进院正殿涵元殿，东西有配楼、配殿；第三进院为后殿香扆殿；第四进为临水的"南台"旧址，台之东西为湛虚、春明二楼，台南面为伸入水中的迎薰亭，与中海水云榭造型相类。乾隆年间又于瀛台南面建宝月楼（今中南海新华门），进一步强化了瀛台岛的中轴线。主轴线东西两侧另有长春书屋、补桐书屋以及假山叠石、亭台轩

中海水云榭

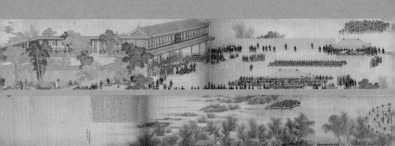

馆环衬。岛上建筑群红墙黄瓦、金碧辉煌，东西两侧叠石为假山，其间散布若干亭榭、种植各类花木，隔水望去，宛如仙境，故曰"瀛台"。

此外，勤政殿西侧又布列丰泽园、崇雅殿、春藕斋、大圆镜中（佛寺）等几组建筑群；勤政殿迤东，位于南海东北角的三海出水口一带，别有小池，极为幽僻，并布署有大大小小十余处园亭楼台，极尽江南园林之致，为南海最佳处。

综观西苑林园：三海南北纵列如银河倒挂，北海壮美、中海疏朗、南海华丽而不失幽雅，各尽其妙又一气呵成，与东面左祖右社、紫禁城和景山形成的中轴线建筑群一刚一柔，互为因借而互相衬托，实为整个北京城设计的精髓所在。

自上至下分别为：南海宾竹室、南海云绘楼、南海湛虚楼

南海翔鸾阁

上图《紫光阁赐宴图》中的中海紫光阁一带景象
下图《冰嬉图》中的中海全景

自左上至右下分别为：南海香扆殿、南海㸬鱼亭、南海瀛台全景、南海迎熏亭望宝月楼

三海现状鸟瞰

① **大高玄殿**
Dagaoxuandian Hall

国家级 / 不开放 / 现为总参谋部占用

地址：景山西侧、景山西街21、23号

<B> 故宫

年代：明－清

大高玄殿是明、清两代皇家道观，始建于明嘉靖二十一年（1542年），嘉靖二十六年（1547年）毁于火，万历二十八年（1600年）重修，

牌楼及习礼亭

牌楼及习礼亭（远处为景山万春亭）

大门

牌楼

清雍正八年（1730年）、乾隆十一年（1746年）和嘉庆二十三年（1818年）连续有过重修。

建筑群坐北朝南，大门为琉璃花门三间。门前东、西、南三面原各有精美牌楼一座，东面牌楼两面匾额分别书"先天明境"、"太极仙林"；西面牌楼两面匾额分别书"孔绥皇祚"、"弘佑天民"；南面牌楼临紫禁城筒子河，匾额书"乾元资始"、"大德曰生"。三座牌楼与黄瓦红墙共同在大门前围合成一个狭长前院，院东南、西南角各立一座习礼亭。大高玄殿由三座牌楼与琉璃花门围合而成的前院与景山寿皇殿极为相似（详见本节"景山"部分）；而院中两座习礼亭更可谓紫禁城角楼的"具体而微者"，并且隔着筒子河与紫禁城西北角楼相呼应，据称是建造紫禁城角楼之前建造的"模型"。由紫禁城西北角望大高玄殿：前景为窈窕的紫禁城角楼及清澈的护城河（河中种植荷花），中间是大高玄殿三座金碧辉煌的牌楼加上两座造型玲珑的习礼亭，背景为景山五峰五亭，特别是万春亭巍峨屹立于山巅——这可谓是老北京

最优美的景致之一。可惜1950年代大
高玄殿牌楼与习礼亭相继拆除，人们
再难见到如此美景。最近沿河的一座
牌楼得以复建。

大高玄殿现存主要建筑为外垣
琉璃花门、大高玄门、钟鼓楼、正殿
大高玄殿、后殿九天万法雷坛及乾元
阁。其中乾元阁为两层楼阁，造型特
殊，上圆下方，上额曰"乾元阁"，
覆蓝琉璃瓦圆攒尖顶，象征天；下额
曰"坤贞宇"，覆以黄琉璃瓦坡檐，
象征地——颇似天坛祈年殿之"具体
而微者"，然而上圆下方的造型更为
特殊。大高玄殿建筑群规模宏大，建
筑形制特殊，门前牌楼、习礼亭造型
优美，一直是皇城内一道重要的风
景。《长安客话》载明人杨四知《高
玄殿诗》：

"高玄宫殿五云横，先帝祈灵礼
太清。凤辇不来钟鼓静，月明童子自
吹笙。"

可惜现在该建筑为部队单位占
用，不对外开放，文物建筑也未能得
到好的保护，不过乾元阁近来进行了
一次修缮。

后殿

乾元阁

西什库教堂（北堂）
Xishiku Catholic Church

国家级 / 免费 / 现为北京市天主教爱国会使用
地址：西城区西什库大街33号
⟨B⟩府右街、北大口腔医院
年代：清

北堂最初建在中海西侧蚕池口
的"黄金地段"，康熙四十二年
（1703年）落成，并御题"万有
真原"，其址在紫光阁以西、羊房
夹道以南，俗称蚕池口教堂。咸丰
十年（1860年）重建。光绪十二年
（1886年）慈禧太后大规模整修西
苑，将蚕池口救世堂也纳入苑中，
作为交换，将西什库（原为明北京
皇室内府所辖的十个库房，因地处
皇城西北隅故得其名）三分之二的
面积供新堂使用，所以新的北堂也
称"西什库教堂"。次年落成。

　　该堂"轮焕崇闳，可为中国第一"：教堂坐北朝南，堂前设三排铁栅栏，每道铁栏中设铁门，为巴黎巧匠制作；教堂建在中式汉白玉台基之上，前面更设宽敞月台，环以汉白玉栏杆——最奇妙的景象还在于教堂继承了救世堂的哥特式风格，然而其月台东、西两侧各建一座纯正中国式黄琉璃瓦重檐歇山顶碑亭——高耸入云的哥特式双塔与翘角翼然的传统碑亭形成了全北京城（乃至全世界）绝无仅有的奇观。这是中西方建筑文化交流的有趣一幕，二者以并置的方式出现在同一作品中，与北堂类似，教堂的灰砖与红色木门窗以至室内装修的红、绿油彩也可说是对北京建筑传统的借鉴与融合。北堂为北京天主堂中最大的一座，也是哥特式教堂在北京

内景

的代表。北堂平面呈十字架形，尖拱大门，穹隆顶，钟楼塔尖高约31米。大堂北侧有正祭台和配台，后为苦难堂，南侧建有唱经楼。

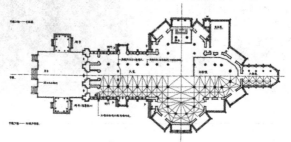

西什库教堂平面图

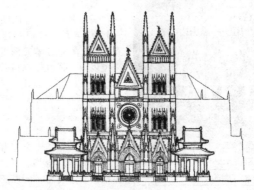

西什库教堂立面图

建于1915年，民国政府陆军部测地局主持建造。它是北京地区乃至华北地区建设最早的水准原点，对城市建设、工农业发展、国防、科技、市政规划、交通运输、天文地理、地震气象以及历史文化等都具有重要参照价值。水准原点建筑形制为仿古希腊建筑风格造型，其平面呈正方形，边长4.5米，坐北朝南。正面是由两根花岗岩石柱支撑的三角山花组成的门头，下置"水准原点"石刻匾额及观察窗，观察窗内花岗岩台石上面镶嵌水晶标尺，零分划在中间，上下各注记8个厘米16个分划。北京水准原点是当时专业人员利用精密水准仪及配套水准标尺，以我国黄河平均海平面为基点，一段段导测至此。水准原点高程，即水晶标尺"0"刻度线，就是北京海拔的高度。

❾ 北京水准原点旧址
Site of Beijing Leveling Origin

市级 ／ 要许可 ／ 现为北京大学第一医院妇产儿童医院
地址：西安门大街1号 电话：010－66551122（总）
<B>府右街、西安门、西黄城根
年代：1915年

❿ 北平图书馆旧址
Site of Peiping Library

国家级 ／ 免费 ／ 现为国家图书馆古籍馆
地址：西城区文津街7号 电话：010－66175947
<B> 北海、府右街
年代：1929－1931年

国立北平图书馆前身为1909年清学部主持设立的"京师图书馆"，1925年择定北海西墙外御马园及公府操场拟建新馆，1931年7月，新馆正式对外开放。新中国成立后该馆改称"北京图书馆"。后来以该图书馆为基础建立的国家图书馆，是全国最大的图书馆。1986年后，这里为国家图书馆善本部。

大门

1929年3月开工，1931年6月落成，建筑师莫律兰（V. Leth-Moller），中西合璧的设计风格。

外观

建筑师莫律兰的设计方案很好地结合了图书馆的功能与中国传统建筑的形式——不仅仅是造型特征，还包括富于灵活性、可以"随意布置"的平面布局，这正是中国传统建筑使用"框架结构"所带来的特征之一。新馆正门为三间琉璃门座式，气势宏伟；门内庭院开阔，环境疏朗，主楼前矗立石碑（刻《国立北平图书馆记》，蔡元培撰文，钱玄同书）、华表、石狮（由圆明园安佑宫迁来），富于庄严气氛；主楼二层，重檐庑殿顶，上层带回廊；配楼为单层庑殿，二者以廊相连；书库兼办公楼在主楼后部，二者以过街楼连接，布局简洁

明朗。造型仿清式大殿、楼阁，端严凝重；而色彩则颇为明快，屋顶覆绿琉璃瓦，柱身漆绿色、斗栱梁枋施青绿彩画（仿自故宫文渊阁），基座为汉白玉须弥座——整体气质庄重而明丽，富有传统意蕴和文化气息。该建筑摒弃了以往传统复兴式建筑在西洋楼宇上直接加盖中国屋顶（如协和医学院建筑群，详见"皇城外东片"一节）的弊病，开始探索中国传统柱网梁架与现代建筑的结合，不失为一大进步。

室内

过街楼

细部

现存教室楼二栋，礼堂一座。砖木结构，欧洲折衷主义建筑风格。立面三段划分，红瓦坡屋顶，灰砖清水墙嵌以石料装饰。比例严谨，工艺精致，是二三十年代北京城内典型的教会学校建筑。

⑪ 盛新中学与佑贞女中旧址
Site of Shengxin High School and Youzhen Girl's School

市级 / 要许可 / 现为北海中学、北京市艺术与体育职业学校
地址：教场胡同2、4号，北海公园北门西侧 电话：010 – 66176369
<B>景山后街、地安门内、北海北门
年代：1917 – 1923年

原为法国天主教仁爱遣使会所属两所中学。西侧为佑贞女师教学楼，建于1917年，不久改为佑贞女中。1923年在其东侧又建了另一栋教学楼，即盛新中学。1952年两校由政府接管，合并为和平中学，不久又改名为四十中学，现为两所职业学校。

盛新中学与佑贞女中旧址

据《大清会典》记载，清廷在京城共分四处设冰窖十八座，由工部都水司掌管，统称"官窖"，特供宫廷和官府用冰。恭俭冰窖为宫廷御用冰窖，共二座，坐西朝东，屋顶为双勾连搭合瓦顶，其下为半地下建筑，由城砖砌筑，墙厚一米左右，内部为砖拱结构。建筑面积450平方米。

⑫ 恭俭冰窖
Gongjian Icehouse

市级 / 要许可 / 现为皇家冰窖私房菜馆
地址：西城区恭俭五巷5号
<B>景山后街、地安门内、北海北门
年代：清

⑬ 雪池冰窖
Xuechi Icehouse

市级 / 要许可 / 现为北海公园所闲置
地址：西城区雪池胡同10号 电话：010-64033225
<B>北海、景山后街、故宫
年代：清

是专供皇宫御用的冰窖，每年腊月从太液池、什刹海、筒子河及护城河中取冰贮存，经陟山门运出存入冰窖，用于坛庙祭祀及宫廷生活。雪池冰窖原有六座，沿北海东墙东西排列五座，东部尽头处横列一座，均为半地下建筑，由城砖砌筑，两端山墙上开有宽1米、高2米的拱门，有台阶通往窖底。冰窖内部为砖砌拱券顶，外部上覆琉璃筒瓦。为隔热保温，墙体和拱顶与屋瓦间填有很厚的夯土。现存两栋建筑，建筑面积497.50平方米。

清雍正九年（1731年）建，祀皇城城隍，为皇城内八庙之一。庙坐北朝南，外垣门东向。中轴线上依次为：照壁，长22.20米，高约3.50米；山门三间，歇山调大脊，黄琉璃瓦绿剪边，五踩重昂斗栱，旋子彩画；影壁，长11.10米，高约4.50米，硬山调大脊，绿琉璃瓦顶；钟鼓楼，歇山重檐，绿琉璃瓦，上檐斗栱为三踩单昂斗栱，旋子彩画；前殿三间，通面阔10.10米，通进深6米，歇山调大脊，吻垂兽，五小兽，三踩单昂斗栱，旋子彩画；中殿三间，通面阔14.40米，通进深11.80米，歇山调大脊，黄琉璃瓦绿剪边，大式做法，五踩单昂斗栱，旋子彩画，殿前有御路，雕二龙戏珠，五级踏步；后殿五间，通面阔19.60米，通进深12米，歇山调大脊，黄琉璃瓦绿剪边，三踩昂斗栱，旋子彩画，殿东有耳房三间。以上属原来规制的布局，现已大部改观，仅存照壁及后殿，为小学使用。

永佑庙细部

⑭ 永佑庙
Eternal Blessing Temple

区级 / 要许可 / 现为北京自忠小学分校
地址：西城区府右街1、3号 电话：010-66011158
<B>府右街、西安门
年代：1731年

⑮ 张自忠故居
Former Residence of Zhang Zizhong

区级 / 要许可 / 现为北京自忠小学分校
地址：城区府右街丙27号 电话：010－6601645
<B> 府右街、西安门
年代：清

张自忠　1890－1940年，字荩忱，山东省临清县人，抗日将领。先在冯玉祥的西北军中任营长、团长。1931年任二十九军三十八师师长兼张家口警备司令。1935年任察哈尔省主席、冀察政务委员会委员兼天津市市长。后任三十三集团军总司令兼五十九军军长，参加著名的"台儿庄战役"，1938年10月武汉失守后，率部驻防在湖北省襄阳、樊城一带。1940年5月16日在对日本侵略者作战中牺牲于宜城长山西麓的南瓜店的东山岗，时年50岁。故居是1934年购买的，张自忠于1935年至1937年在此居住。

张自忠故居

故居坐北朝南，当时张自忠住在中院北房的东屋，东西厢房为客厅。1948年其子女遵乃父遗愿在此开办"自忠小学"。1950年并入北京小学。现由北京自忠小学管理使用。

原为明兵仗局佛堂。清康熙二十年（1681年）及二十八年（1689年）两次重修，康熙三十九年（1700年）敕改为万寿兴隆寺。寺内有米汉雯重修碑记、康熙三十二年（1693年）兴隆寺碑、乾隆二十六年（1761年）万寿兴隆寺养老义会碑记、乾隆三十二年（1767年）献花会题名碑、乾隆四十八年（1783年）养老义会题名碑以及同治、光绪、宣统年间碑多方。

寺坐西朝东，规模较大。西至中南海，北至庆丰司，南临后宅胡同。有房舍200余间。内有东向殿二进，南向大殿四进，每殿各有配殿。山门石额题万寿兴隆寺，前殿外额曰显灵尘世，殿中额曰摩利支天，中殿额曰兴隆寺，皆康熙御书。现匾额不存，建筑尚可窥原貌。解放后曾为老年太监的集中住所，由政府供养，其中不乏有学识的太监，留传了有关宫中轶事的笔记。

⑯ 万寿兴隆寺
Longevity and Prosperity Temple

区级 / 要许可 / 现为民居
地址：北京市西城区北长街39号
<B> 北海、西华门
年代：明－清

⑰ 福佑寺
Fortune Blessing Temple

区级 / 不开放 / 现为中国民族博物馆
地址：西城区北长街20号 电话：010－66068100、010－82684717
<B> 北海
年代：清

　　始建于清顺治朝，初为康熙帝避痘之处。雍正元年（1723年）分给宝亲王弘历（后来的乾隆帝）为邸，弘历即位后遂改为喇嘛庙，名福佑寺。1919年12月，毛泽东率湖南驱逐军阀张敬尧的代表团来北平时曾在此暂住。1927年曾作过班禅驻北平办事处。1949年后改为班禅驻京办事处。

　　寺坐北朝南，外垣门西向。中轴线上自南而北为照壁、东西牌楼、山门、钟鼓楼、天王殿、大雄宝殿、后殿及后罩房。后殿内供奉"圣祖仁皇帝大成功德佛"牌位。山门外东、西两座牌楼十分精美，东侧牌楼两面匾额分书"佛光普照"、"圣德永垂"，西侧牌楼书"泽流九有"、"慈育群生"。

福佑寺

⑱ 昭显庙
Zhaoxian Temple

市级 / 要许可 / 现为北长街小学
地址：西城区北长街71号 电话：010－66057717
<B> 北海、西华门
年代：清

　　建于清雍正十年（1732年），用以祭祀雷神，俗名雷神庙，皇城内八庙之一。庙坐北朝南。中轴线上为影壁、山门、钟鼓楼、前殿、中殿、后殿及配殿。钟鼓楼、中殿、后殿屋面为黄琉璃瓦，其余为绿琉璃瓦。民国后曾在这里建立北京教育会。1925年3月10日至4月15日在此召开了"国民会议促成会全国代表大会"。解放后至今为北长街小学，现仅存影壁及后殿。

昭显庙

⑲ 升平署戏楼
Shengpingshu Theater

市级 / 要许可 / 现为北京市第一六一中学
地址：西长安街1号 电话：010－66020591、010－66055627
<M1> 天门门西 / TIAN'ANMEN WEST <B> 天安门西、南长街、石碑胡同
年代：清

升平署是清代承应宫廷奏乐演戏事务的机构。清乾隆五年（1740年）设南府于南花园（在今南长街南口），令太监在此排戏，属内务府管辖。为有别于西华门内之内务府，故称为南府。道光七年（1827年）改南府为升平署。升平署珍藏的剧本、档案、剧装、道具、剧照等，至今保存在故宫博物院，是我国戏剧史上珍贵的实物资料。当年宫内演戏，先由升平署缮写进呈皇太后、皇帝阅览的"安殿戏单"，上列演出地点、日期、开戏时间、剧目及主要演员等。现存的清代戏楼及四合院保存完整。戏楼院是一组四合院，内有北向戏楼一座，四合院北房前出轩，适合观赏演出。

⑳ 皇城墙遗址
Imperial Palace Wall Relics

市级 / 免费 / 现部分辟为皇城墙遗址公园
地址：天安门东、西侧，地安门内大街两侧，北京市东城区王府井步行街西侧
<M1> 天安门西、天安门东 / TIAN'ANMEN WEST, TIAN'ANMEN EAST <B> 天安门西、天安门东、地安门内
年代：明

皇城墙距今已有500多年历史。明永乐朝修建北京城时为加强防御在紫禁城外修筑了皇城，南北东西各设一门，南曰承天，北曰北安，东曰东安，西曰西安。清代将承天门和北安门改称天安门和地安门，东西两门沿用旧名。按形制要求皇城墙由大城砖砌成，略带收分（通高6米，墙基厚2米，顶厚1.73米）顶砌冰盘檐，上覆黄琉璃瓦，墙身刷为红色。据《大清会典》载：

皇城墙身

皇城墙上开辟的南池子、南长街门洞

"皇城广袤三千六百五十六丈五尺，高一丈八尺，下广六尺，上广五尺二寸。"

民国元年（1912年）打通长安街，拆除了长安左右门两侧围墙；1913年南皇城墙被拆出"南长街"和"南池子"两处豁口；以后又拆出南河沿豁口。东安门于1912年被焚毁，只保留三座门式的东安里门。至1927年，除皇城南墙和千步廊东西墙外，皇城墙全部拆完。1950年西安门意外被焚毁，1955年为解决交通拆除地安门，1959年拆除中华门及千步廊东西墙。

皇城墙现仅存天安门东西两侧的部分皇城南墙。南墙东端与东墙南端相交于今北京饭店"贵宾楼"前，转折处的角柱石尚在。现存皇城墙约1900米。它是皇城变迁的见证和皇城保护范围的重要依据。此外，明代皇城北安门（即清代地安门）以内大街两侧尚有两道"黄瓦墙"，是当时区隔库署的墙，俗称"内皇城"，墙东西各有门，称"黄瓦门"，后来讹传为"黄华门"、"黄化门"。现在沿地安门内大街两侧的黄瓦墙尚保存较完整。2001年东城区修建东皇城遗址公园，发掘出明代东安门和门内石桥局部遗址，对其进行了妥善保护并公开展示，又在北部原址上复建了一段皇城墙，以标示其原来的位置和形制。

21 **毛主席故居**
Former Residence of Chairman Mao

市级 / 要许可 / 现为民居
地址：东城区景山东街三眼井胡同吉安所左巷8号
＜B＞景山东街、景山东门、亮果厂
年代：清－民国

毛泽东1918年第一次来京的住处，离北大红楼很近。在此居住期间，毛泽东组织了湖南留法勤工俭学并开始研读马列主义。斯诺在《西行漫记》中记载了毛泽东对当时的回忆："我自己在北京的生活条件很可怜，我住在一个叫三眼井的地方，同另外七个人住在一间小屋子里，我们大家都睡在炕上的时候，挤得几乎透不过气来。每逢我要翻身，得先同两旁的人打招呼。"

除了三眼井，青年时代的毛泽东在北京还住过豆腐池胡同15号、沙滩北大红楼、北长街99号福佑寺以及烂缦胡同的湖南会馆。

㉒ 吉安所遗址
Historical site of Ji'ansuo

区级 / 不开放 / 现为保密单位	
地址：东城区景山东街吉安所右巷10号	
<B> 景山东街、景山东门、亮果厂	
年代：明－清	

据《京师坊巷志稿》载："吉祥所：凡宫眷逝，殡于此。"

现存院落两进，头进仪门三间，东西各有顺山房五间。原有东西配房各五间，现仅存东配房。以上各房均有前廊、雀替。北房现为新式建筑。二进院为建筑群主体——停梊大殿，绿琉璃瓦黄剪边歇山顶，面阔五间，前后带抱厦。前后均有围廊、雀替。现大殿内装修全部更换。大殿西侧有值房三间。殿西南有一四耳水缸，当是旧物。

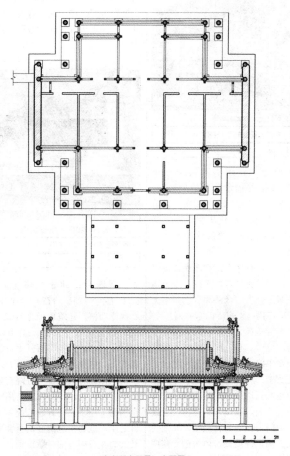

吉安所大殿平、立面图

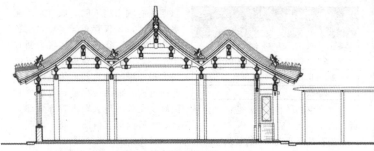

吉安所大殿剖面图

23 嵩祝寺
Songzhu Temple

市级 / 要许可 / 现为单位及公司占用
地址：东城区北河沿大街25号
<B> 景山东街、景山东门、亮果厂
年代：1733年

嵩祝寺：建于清雍正十一年（1733年），是清帝为蒙古活佛章嘉胡图克图在京修建的宗教场所，自第二世章嘉开始，历代胡图克图（活佛）均以嵩祝寺为主要驻地。

据《日下旧闻考》卷二十九载："法渊寺在嵩祝寺东，智珠寺在嵩祝寺西"；"明番经厂、汉经厂今为嵩祝、法渊三寺"。今法渊寺已基本无存，智珠寺仍与嵩祝寺东西并列。

嵩祝寺规模宏伟，建筑轩昂，坐北朝南，分中、东、西三路，主要殿宇集中在中路，东路为寮房、配房、佛堂、经堂等，西路主要为喇嘛住宅。中路共五层殿宇，由南向北依次有：山门三间，硬山顶，室内彻上露明造；山门内左右为钟鼓楼，北面为天王殿三间，硬山顶，内为彻上露明造。现山门至天王殿全部拆除。天王

殿北为正殿五间，硬山顶，前后廊，明间匾额曰"妙明宗镜"。再北为宝座殿五间，硬山顶，殿前出抱厦三间，东西耳房各三间。殿后为藏经楼七间。

23 智珠寺
Zhizhu Temple

市级 / 要许可 / 现为单位及公司占用
地址：东城区景山后街嵩祝院23号
<B> 景山东街、景山东门、亮果厂
年代：1751－1774年

智珠寺：建于乾隆十六年至三十九年（1751－1774年）间，位于嵩祝寺西侧。建筑群坐北朝南，四进院落、五层殿宇。最南端为山门三间，硬山顶，门楣有石额"敕建智珠寺"。二进院北为天王殿三间，硬山顶，东西为钟鼓楼。三进院有方形正殿，面阔、进深均为三间，周围廊，重檐攒尖屋顶高高耸起，凌驾于建筑群之上，成为附近街区的重要地标。其北为净身殿五间，歇山顶；最北为后殿五间，硬山顶。

㉔ 京师大学堂建筑遗存
Remains of Imperial University of Peking

市级 / 要许可 / 现为人民教育出版社
地址：东城区沙滩后街45号、47号 电话：010－58758077
<B>沙滩路口西、景山东街、景山东门
年代：清

京师大学堂创办于清光绪二十四年（1898年），其校址原为乾隆帝第四女和嘉公主府空闲府第。当年，光绪帝在维新派推动下，接受康、梁的变法主张，实行新政，开办京师大学堂为新政措施之一。民国成立后，京师大学堂改为北京大学。

文科教室楼细部

大学堂成立时，一方面是全国最高学府，同时也是主管全国教育的中央衙署，原公主府的中路即为衙署部分。当时共修复了府中房间三百四十余间，新建一百三十余间，1900年以后又扩建校舍一百二十余间，1904年又在西侧新建斋舍。原公主府为中、东、西三路布局，虽经多次改扩建，其基本格局依然可辨。主轴线上尚存一座五间大殿（后寝殿），另有配殿、后罩楼，但都经过改建，已非原貌。西路还保留有五进四合院，此外北部和东部尚存部分府墙。东路大部分经过改建，成为西式教学建筑，有三座主要教学楼：北为"工字楼"，中为教学楼，均已翻建失去原貌，唯有南端的文科教室楼基本保持原状——平面为正方形，二层砖木结构，四面中央各设一入口，十字交叉的走廊将平面划分为每层四间方形教室。立面四周环绕外廊，造型采用简化的罗马券柱式。壁柱上部无柱头，嵌有长方形砖雕装饰。西路建筑群以西有平房十五排，是1904年新建的斋舍（即学生宿舍）。

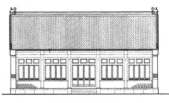

原和嘉公主府后殿

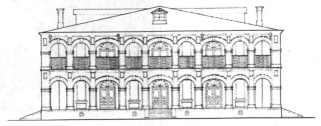

文科教室楼立面图

25 北京大学地质馆旧址
Site of the geology museum of Peking University

市级 / 要许可 / 现为中国社会科学院法学研究所
地址：东城区沙滩北街路西的15号院内 电话：010－64035493
<B> 沙滩路口南、景山东街
年代：1935年

原是清乾隆朝大学士傅恒的家庙。院内原有傅恒征伐金川的功绩碑（《乾隆敕建碑》），1986年移至北京石刻博物馆。1931年北京大学购得此处房产，筹建地质馆。

此楼是我国著名建筑学家梁思成、林徽因少数设计作品之一，于1934年设计，1935年8月建成，是我国最早引进西方现代主义建筑的优秀作品之一，在中国近、现代建筑史上具有重要地位。建筑平面、立面均为不对称式，体形随功能要求变化，总体造型明快简洁。平面为曲尺形，三层砖混结构，是"形式服从功能"的产物，既不刻意追求宏伟壮丽，也没有特别的装饰。体形只做微量的曲折，打破立面的平直感，大玻璃窗使外形清新、轻巧。主入口在东南角，宽大内凹的门廊，简洁的混凝土挑檐，门洞两侧墙的线脚、灯箱做了精致的细部处理，配合台阶与花池，强调出入口的重要性。入口立面左上方女儿墙局部高起并安有旗杆，进一步强化了入口的标志

性。外墙全部用灰砖砌筑，并在窗间墙上用灰砖砌出富有韵律的凹凸横线，强调了墙面的水平伸展效果。门窗的比例、楼梯扶手的细部处理、墙角的弧形设计

北京大学地质馆旧址入口

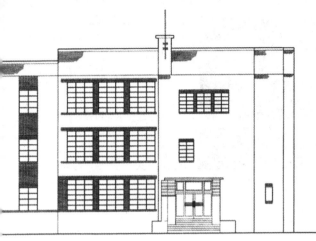

北京大学地质馆旧址立面图

等，形成明快简洁、和谐统一的现代建筑风格。建筑保存较好，只是1976年在外部增加了混凝土的抗震框架，破坏了原有外观。

北京大学地质馆旧址细部

北京大学地质馆旧址细部

北京大学地质馆旧址楼梯

㉖ 北京大学女生宿舍旧址
Site of girl's dormitory of Peking University

市级 / 要许可 / 现为民居
地址：东城区沙滩北街乙2号
⟨B⟩ 沙滩路口南、美术馆
年代：1935年

同为梁思成、林徽因设计，与北京大学地质馆同时建成，风格完全一致。建筑平面呈"U"字形，北翼和西翼为三层（两翼局部设有地下室），南翼四层，东端敞开，形成一个宽大的三合院。在南翼中部设主入口。主入口采用券洞，穿过主入口可进入内院。整栋建筑分成八个大的居住单元，分别按《千字文》"天、地、玄、黄、宇、宙、洪、荒"排序。每个居住单元内设有楼梯，每层用内走廊联系各居室。各居住单元的大门多朝向内院。砖混结构，立面设计简洁，灰砖清水墙，窗间作水平凹凸线脚细部。与北大地质馆一样是北京建成最早的现代主义建筑。

这两座现代主义建筑作品有助于我们了解20世纪30年代中国建筑师的创作心态，更有助于我们理解梁思成早期的建筑设计思想，特别有助于我们正确、全面地评价一直被错误地视为"复古主义"领军人物的梁思成及其建筑创作理念。

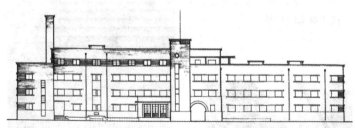

北京大学女生宿舍立面

北京大学女生宿舍庭院

27 子民堂
Jiemin Hall

市级 / 要许可 / 现为文化部办公用房
地址：东城区北河沿大街83号西侧南端大院内，南依原北大红楼 电话：010－64010827
\<B\> 沙滩路口南、美术馆
年代：1947年

28 北京大学红楼
Red building of Peking University

国家级 / 购票参观 / 现为新文化运动纪念馆
地址：东城区五四大街29号 电话：010－64020957
\<MS\> 东四 / DONGSI \<B\> 沙滩路口南、美术馆
年代：1916－1918年

子民堂全称子民纪念堂，系北京大学于1947年为纪念蔡元培（号子民）而建。原为清乾隆时大学士傅恒之宅第旧址。该宅面积之广，建筑之壮丽居当时京城宅第之冠。清末，裔孙松椿承袭公爵，该府遂称"松公府"。民国初年，此宅归属北京大学。蔡元培逝世后，此宅的西部一组内院改为"子民纪念堂"。

子民堂共两进院落，坐北朝南，最南端为垂花门，院内正房五间，前有月台，三面出阶；东西耳房各一间，东西厢房各三间，全院周以围廊。后院有七间后房，东侧耳房一间，东西有配廊。全院花木扶疏，环境幽雅。

原为北京大学一院。1912年5月，北京临时政府改京师大学堂为北京大学，设一院、二院、三院。这是民国时期北京第一所国立大学。严复以大学堂总监继任大学校长。1917年初，蔡元培出任校长，提出"循自由思想原则，取兼容并包主义"，并进行了大学组织机构改革，对全国高等教育产生了深远影响。原属京师大学堂的分科大学，由于军队占用无法收回，于是向比利时贷款建了这座标志性建筑，并定为一院。原京师大学堂为二院（详见本节❷），北河沿原译学馆为三院。一院建筑因外墙由红砖砌成，故俗称"红楼"。

子民堂

北大红楼南面全景

红楼位于五四大街与北河沿大街交叉口的西北侧，成为城市街道上的一处重要景观。建筑坐北朝南，平面呈工字形，地上四层地下一层，红瓦坡顶，体量高大，东西面宽100米，主体部分进深14米，东西两翼南北均长34.34米，总面积10000平方米。砖木结构，造型为简化的西洋古典风格。底层青砖墙，水平腰线以下，以宽大的水平凹线强调其厚重感。二层至四层为红砖墙，青砖窗套，角部以"五出五进"青砖作隅石处理。檐部以西式托檐石挑出。南立面中央部分墙体微向前凸，顶部上折成西式三角形山花，窗户为一大二窄的三联窗。底层入口为塔司干柱式的门廊。门厅北部为主楼梯。两翼各有一部楼梯。

北大红楼细部

■ 北大红楼的历史地位

北大红楼是近代文化和民主运动的发源地。许多著名学者和思想家如蔡元培、胡适、陈独秀、李大钊、鲁迅、钱玄同、刘半农、杨昌济、马叙伦、马寅初、李四光等都在此工作过。中国共产党的创始人之一李大钊任北大图书馆主任兼经济学教授时，在红楼创立了马克思主义研究会，并在此建立了北方第一个共产主义小组。鲁迅曾在此讲授中国小说史。陈独秀1916年起任该校文科学长（文学院院长）及教授。毛泽东1918年8月至次年3月曾在图书馆工作。1919年"五四"运动，北大师生勇为先锋，红楼后的大操场是五四大游行的出发地（1947年定名为民主广场）。

北大红楼立面图

29 宣仁庙（风神庙）
Xuanren Temple (Wind God Temple)

市级 / 不开放 / 现为施工中
地址：东城区北池子大街2、4号
<B> 北京妇产医院、沙滩路口南、景山东门
年代：清

自上至下分别为：享殿及寝殿

清雍正六年（1728年）敕建，祭祀风神，俗称风神庙。嘉庆九年（1804年）重修，其规制仿中南海时应宫（祭祀雨神之所），庙四周环以院墙，南端为影壁，东西墙南侧各有一座牌楼。影壁北为庙门，入庙门东西为钟鼓楼，北为献殿、享殿及寝殿。

钟楼

现状主体建筑保存完整。庙街门坐东朝西，为后来改建；庙门前有一字形琉璃砖大影壁。庙门三间，黄琉璃瓦绿剪边歇山屋顶，中为石券，门上悬"敕建宣仁庙"石额，两侧开石券窗。庙门东西两侧有琉璃八字墙。钟鼓楼出腰檐，屋顶为黄琉璃瓦绿剪边歇山顶，一层辟石券门，二层用障日板开云形窗。献殿三间，黄琉璃瓦绿剪边歇山顶。享殿三间，黄琉璃瓦绿剪边歇山顶，殿前石级中为御路，汉白玉石雕龙纹；殿内为井口盘龙天花。寝殿五间，黄琉璃瓦绿剪边歇山顶。寝殿两侧有三开间的朵殿，西朵殿已改建，东朵殿尚存。

目前正在施工，即将开放参观。

30 凝和庙（云神庙）
Ninghe Temple (Cloud God Temple)

市级 / 要许可 / 现为北池子小学
地址：东城区北池子大街46号 电话：010－65253049
<B> 锡拉胡同、北京妇产医院、沙滩路口南
年代：清

清雍正八年（1730年）建，用以祭祀云神，俗称"云神庙"。该庙形制与宣仁庙类似：四周庙墙，南端东西两侧各有一座牌楼，入东西牌楼，南墙有影壁一座，北为庙门，入庙门东西为钟鼓楼，北面依次为献殿、享殿及寝殿。

现在原建筑基本完整。庙街门坐东朝西，为后改建。原牌楼及影壁无存。庙门三间，明间开券门，次间为券窗，黄琉璃瓦绿剪边歇山屋顶。钟鼓楼已拆除。献殿三间，黑琉璃瓦绿剪边歇山屋顶。享殿三间，黄琉璃瓦绿剪边歇山屋顶，室内井口天花，殿前设雕龙丹陛。寝殿五间，黄琉璃瓦绿剪边歇山屋顶，室内井口天花。寝殿东西朵殿各三间。

凝和庙庙门南立面

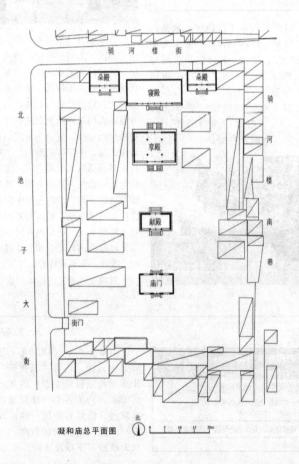

凝和庙总平面图

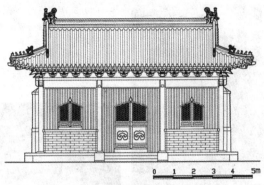

献殿南立面

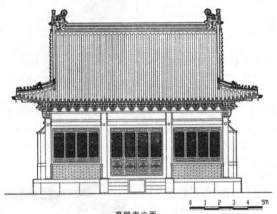

享殿南立面

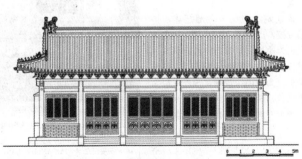

寝殿南立面

31 陈独秀旧居
Former Residence of Chen Duxiu

市级 / 要许可 / 现为民居
地址：东城区北池子大街箭杆胡同20号
`<B>` 锡拉胡同、北京妇产医院
年代：民国

该院坐北朝南，占地17米见方，入口在东北角，为蛮子门一间，坐南朝北，合瓦清水脊。院内有北房三间，前出廊，东耳房两间（连同门道共三间）；南房三间，东耳房一间；东厢房两间。院内房屋均为合瓦硬山式，过垄脊。

1917至1919年，陈独秀在此居住，并在此继续从事编辑《新青年》等革命活动。

陈独秀旧居石狮

建于20世纪30年代，原为日本侵略者建造的高级招待所，名翠明庄。日本投降后归国民党政府励志社使用，后又为总部设在南京的美军后勤部北京分部。1946年1月10日，周恩来代表中国共产党和国民党政府签订"停战协定"时，该处曾是中共代表团驻地。

该建筑20世纪末全部翻建，扩大了规模，改变了大门，但临街主体样式仍为原貌。建筑为中西合璧式，四周有绿琉璃瓦顶灰砖围墙。大门坐西朝东，为硬山绿琉璃瓦顶。主楼为灰砖砌筑，砖混结构。坐西朝东，南北面阔十三间，长约49米，东西进深约10米。中部三开间为三层半，上为四角攒尖顶，入口大门位于正中，大门上与二层上部都覆以中式屋顶。大楼梯厅位于门厅两侧。两侧翼楼是客房，屋顶为庑殿式，覆以绿琉璃瓦，檐下饰以青绿彩画。

32 军调部1946年中共代表团驻地（翠明庄）
Station of the deputies of the CPC in 1946, Troop Arrangement Department (Cuiming village)

市级 / 要许可 / 现为翠明庄宾馆
地址：东城区南河沿（东华门）大街1号 电话：010－65136622
`<M1>` 天安门东 / TIAN'ANMEN EAST
`<B>` 东华门、锡拉胡同
年代：民国

㉝ 普度寺大殿
Pudu Temple

市级 / 免费 / 现为小区公共活动场所		

地址：东城区南池子大街东侧、普度寺前巷35号

\<M1> 天安门东 / TIAN'ANMEN EAST
\<B> 东华门、南河沿、锡拉胡同

年代：明-清

　　明代为皇城东苑（又称南城、小南城）中之重华宫。明末被毁，清顺治初年改建为摄政王睿亲王多尔衮府第。多尔衮死后追夺王爵，王府上缴。康熙三十三年（1694年）将其南部改建为缎匹库，北部改建为玛哈噶喇庙，供奉护法神大黑天。乾隆四十年（1775年）重修，改名普度寺。

　　全寺现存山门、大殿及方丈院北房，建筑均建于砖砌高台之上，平均高约3米，周围建女墙，此台即明重华宫寝宫的基座。砖台正中有台阶，正对山门。山门面阔三间，硬山绿琉璃瓦顶，正面明间辟砖雕拱门，两次间设砖雕拱窗，背面出廊。室内彩画保存良好，为金龙和玺式，应是睿亲王府时期遗物。大殿（慈济殿）建筑宏伟，形式特异。建于石须弥座上，但殿身并未占满全座，座之比例及雕刻均有明代特征，可证此基座仍是明重华宫原物，清代所建的大殿缩小了规模。殿身面阔七间，进深三间，前出抱厦三间，进深一间，全殿外加周围廊。主殿单檐歇山顶，灰瓦绿琉璃剪边；抱厦卷棚歇山顶，绿琉璃瓦黄剪边。全殿廊内砌砖墙，正面、山面开大支窗，下肩饰六方绿琉璃砖。殿内东部隔出两间内室。外檐出檐为三层椽，无斗栱，在柱头装饰兽面木雕，雀替形式特殊，室内彩画还有不少博古题材，整个建筑具有明显的关外满族宫室特征，可断定此殿是顺治初年新建的王府大殿，抱厦用瓦等级高于主殿，可能是乾隆时新加的。大殿之西尚存方丈院北房五间，硬山顶。

大殿立面图

普度寺大殿

34 皇史
Imperial Archives

国家级 / 购票参观 / 现为博物馆

地址：东城区南池子大街16号

<M1> 天安门东 / TIAN'ANMEN EAST
<B> 天安门东、南河沿

年代：明

　　皇史宬又名表章库，是明清两代皇家藏圣训、实录、玉牒、《永乐大典》副本及《大清会典》、《朔漠方略》内阁副本等重要书籍和档案的地方。皇史宬的使用功能、建筑形式和设计意匠都反映了我国汉代便有记载的"金匮石室"的做法，就是"以金为匮，以石为室，重缄封之，保慎之义"。

　　皇史宬始建于明嘉靖十三年（1534年），历史上也屡经修缮，有记载的包括明隆庆和清嘉庆时期的修缮工程。建筑群坐北朝南，主要建筑包括两座随墙琉璃外门、一座琉璃三券式大门、正殿、东西配殿及清代的御碑亭。

　　建筑群共两进院落，前院为狭长的通道，外门在东西侧，为过梁式琉璃随墙门。大门位于院内中央北面，是位于石须弥座上的三券式、顺向券组合的琉璃大门，大门琉璃构件上的花纹带有明显的明代嘉靖时期的风格特征，同时石须弥座和栏杆的设置也是明代皇家重要建筑前琉璃大门的典型形式。

　　门内为一长方形庭院，正殿"皇史宬"建在石须弥座殿基上，殿前有月台，周围环以汉白玉石栏。殿身面阔九间，上覆黄琉璃单檐庑殿瓦顶，墙身由灰色水磨砖砌筑，其檐下枋、柱、檩、斗栱、椽子及窗棂，全为砖石制成，整个大殿均为砖石复合券结构，故堪称"石室"。该殿正面开五个券门，门分两层，外层为实踏大门，内层为朱红槅扇门。殿的顶部为进深方向拱券，不用梁架结构故又称"无梁殿"。正殿南墙厚达6米，东西墙各有对开的大窗户。殿内东西长42米多，南北进深10米多。地面铺设一高1.2米、几乎与殿同样大的汉白玉石须弥座，座上雕刻着精美的海水、行龙等图案。石座上陈设152个镏金铜皮樟木柜，即"金匮"。柜高1.31米，宽1.34米，厚0.71米，铜皮表面有敲铜工艺錾成的云龙纹。该殿及柜合称"金匮石室"。整个大殿体

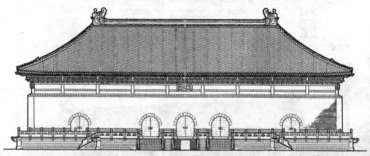

南立面

形宏大，色调雅致，在黄灰色墙身和黄琉璃瓦顶之间有青绿点金的斗栱额枋彩画，衬着下部的汉白玉栏杆、台基，给人明朗、庄重之感。

皇史宬的东西配殿，形制相同，为前后封护檐的硬山建筑。二殿非无梁殿做法，虽然正面辟三券门，上安棋盘大门，但其内部实际是面阔五间，进深三间的大木结构。在配殿正立面屋檐下，设有石雕金钱气孔二十一个，南北山墙各设石砌方窗。采用这样的建筑形式处理方法，目的便是使整个院落的建筑取得和谐统一。配殿的内室也存放着一些雕琢精美的大木柜，内贮明清两朝有关皇家档案。

皇史宬正殿的东侧，有一重檐四角攒尖碑亭，面阔三间，是清代御碑亭的普通形制。亭内为清嘉庆十二年

（1807年）御制重修皇史宬碑一通。

皇史宬不仅对于研究"金匮石室"制度具有重要的意义，而且是研究中国古代砖石建筑装饰、构造、功能的重要实例。

■ 今日皇史宬

今天的皇史宬成了展览馆，辟有两个展室，展品以从中国第一历史档案馆所藏一千万件明清档案中精选出来的珍品为主。除原藏于皇史宬的史册外，其中包括皇帝登基的诏书、秘密立储的朱谕及密匣、封赠大员的诏敕、大臣的奏章、皇帝的朱批、殿试的试卷及大小金榜和外国来往的文件、各种精绘的舆图等。

室内

大门

山面

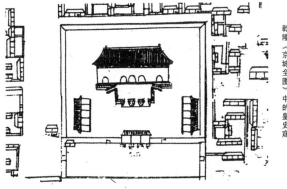

乾隆《京城全图》中的皇史宬

欧美同学会

㉟ 普胜寺（欧美同学会）
Pusheng Temple (Alumni Association
for Students Studying in Europe and
the US)

区级 / 不开放 / 现施工中

地址：东城区南河沿大街111号
电话：010-65254313 / 010-65257867

<M1> 天安门东 / TIAN'ANMEN EAST
<B> 天安门东、南河沿

年代：清-民国

普胜寺的前身是明朝皇城东苑的崇质宫，俗称黑瓦殿。明英宗在"土木之变"中被蒙古瓦剌部俘获，放回后即居此地，明末毁废。普胜寺又名十达子庙，清顺治八年（1651年）敕建，为清初所建三大寺之一。乾隆九年（1744年）重修，四十一年（1776年）又重修。此寺为清初蒙古高僧恼木汗在北京的驻处。民国时改建为欧美同学会。

普胜寺主体格局有大殿三间，东西配殿各三间，山门三间。临街向东有大门一间，门前设栅栏。现状之临街大门为民国时所建，主院仍保存原建筑，但增加了转角廊庑和抱厦。现状大门三间，坐西朝东，黄琉璃瓦绿边剪边硬山顶。二门三间，坐北朝南，后出廊，前出抱厦，左右各有一座石狮。门内正殿三间，黄琉璃瓦顶，前出廊，带月台。东西配殿各三间，黄琉璃瓦顶，出抱厦前廊。院中原有两座大卧碑，后移至五塔寺石刻博物馆。

■ 欧美同学会

是1910年代著名的留学生颜惠庆、周诒春、顾维钧、梁敦彦、王正廷、詹天佑、叶景莘等人发起并资助，在1913年将京津两地的同学会合并成为欧美同学会，以修学、游艺、敦谊、励行为宗旨，输入西方科学文化。1915年同学会集资购得破旧的普胜寺，翻修后建立会所，又于1918年、1922年、1925年三次扩建。扩建后除设大会议厅外，还有餐厅、图书馆、游艺室以及浴室、招待所等服务设施。

■ 皇城地区其他文物建筑列表如下：

名称	地址	年代	现状
安乐堂	安乐堂胡同12号	清	现仅存正堂
静默寺	北长街81号	明—清	保存尚好
北池子大街23号	北池子大街23号	清	现为单位宿舍宅院
玄真观	北河沿1号	清	保存尚好
南池子大街	北起北池子，南至东长安街	明—清	现为北京市历史文化保护区
景山东街	北起景山后街，南至景山前街	明—清	现为北京市历史文化保护区
北池子大街	北起五四大街，南至南池子大街	明—清	现为北京市历史文化保护区
慈慧寺	北月牙胡同11号	清	现存正殿、配殿
兴隆寺	东板桥东巷6号	清	保存尚好
东安门遗址	东华门大街	明	有砖砌墩台、砖基、砖墙遗迹等尚存
东华门大街	东起北河沿大街，西至东华门大街	明—清	现为北京市历史文化保护区
景山后街	东起景山东街，西止景山西街	明—清	现为北京市历史文化保护区
五四大街	东起王府井大街，西止北池子大街	元—清	现为北京市历史文化保护区
飞龙桥胡同5号宅院	飞龙桥胡同5号	清	现为民居
三官庙	恭俭胡同43号	民国	现主要建筑仍存
大马关帝庙	恭俭胡同58号	清	现存正殿、后殿
帝子库	黄化门大街路北	清	现为民居
景山东街关帝庙	景山东街4号	清	现为民居
三眼井关帝庙	景山东街三眼井胡同72号	清	现主要建筑仍存
西板桥	景山后街西口	明	埋于路面以下，仅存石拱券
庆云寺	景山西街10号	民国	现存后殿、配殿
南池子大街32号宅院	南池子大街32号	清	现为单位宿舍
门神库	南池子大街71号	清	现为中国人民外交学会

续表

名称	地址	年代	现状
中国政治学会图书馆	南池子大街71号	民国	现为外交学会接待处
普度寺西巷11号宅院	普度寺西巷11号	明	现已分割为两个宅院，均为民居
骑河楼关帝庙	骑河楼胡同5号	清	现主要建筑仍存
沙滩关帝庙	五四大街35号	清	现存正殿、配殿
掌关防处	西华门大街4号	清	保存尚好
崇圣寺	西黄城根北街45号	清	保存尚好
顺天中学堂旧址	西黄城根北街甲2号	1909年	已改建，现为北京市第四中学
祇园寺	西楼巷19号	清	现仅存正殿
天主教北京教区若瑟总院	西什库大街76、78号	清	保存尚好
庄士敦旧居	油漆作胡同21、23号	民国	现为卫生系统宿舍
清内务府御史衙门	陟山门街5号	清	保存尚好

【2】皇城外东片
East Region Outside Imperial City

皇城外东片概述
Introduction of East Region outside Imperial City

东单牌楼

　　本地区位于北京皇城的东侧，东起东四南大街－东单北大街，西至东黄城根大街－南河沿大街，南起东长安街，北至平安大街（张自忠路），内有十余处文物建筑群，其中包括全国重点文物保护单位1处——协和医学院旧址，它是民国时期北京第一座中西合璧式的教会学校建筑群，被誉为"中国式宫殿里的西方医学学府"。该地区北部为"张自忠路南历史文化保护区"。

　　本地区北部有传统北京著名的私家园林半亩园和马辉堂花园，二者都是北京私家园林的代表作；此外也不乏王公府第和权贵大宅，诸如美术馆东街25号四合院、俊启宅、惠王府等。

此外，在明、清直至民国时期，本地区一直以东四牌楼、东单牌楼及皇城东墙（包括皇城东门东安门）作为重要的城市地标。东四大街与张自忠路、朝阳门内大街交汇处为东四路口，因十字路口设有四座过街牌楼而称"东四牌楼"，简称"东四"。其中南北向的两座牌楼，挂有匾额曰"大市街"，东西向的两座牌楼则分别书"履仁"、"行义"。东四牌楼周边是东城最重要的繁华商业地带之一。东单大街与长安街交会处为东单路口，东单北大街南口原立有一座单牌楼，故该路口称"东单牌楼"，简称"东单"。东单牌楼上匾额

东安里门

书"就日"二字（西单牌楼上匾额书"瞻云"二字，袁世凯称帝后东单牌楼匾额改为"景星"二字）。东单牌楼一带也是传统北京重要的商业中心之一，老北京俗语有"东单、西四、鼓楼前"之说（即东单、西四及地安门外大街一带是北京三处重要的商业街区）。

民国以后，本地区的南北主干道王府井大街逐渐取代传统的东单、东四地带，成为东城最繁华热闹的商业地带，位于王府井大街东北端的东安市场更是盛极一时，今天该处建成了新东安市场。在王府井大街两侧分别有天主教东堂、北京饭店初期建筑、中华圣经会旧址等近代建筑，充分体现了这一带浓厚的近代化特征。

1950年代的东四牌楼

① 马辉堂花园
Ma Huitang's Garden

区级 / 要许可 / 现为民居
地址：东城区魏家胡同18号
<M5> 张自忠路 / ZHANGZIZHONGLU <B> 魏家胡同、张自忠路
年代：1920年

　　此宅建于民国九年（1920年），为清末营造家马辉堂设计并督造的一组带花园的私人宅第。军阀吴佩孚、军统特务戴笠都曾在此居住。

　　原宅占地约7000平方米，建筑分东西两部分，东为住宅，西为花园，别称"马辉堂花园"。院落坐南朝北，大门一间已封堵，于院落西北角、东北角各辟一小门。东部住宅为一组并联式二进四合院。西北角处辟有月亮门通西部花园。两院南部另有一组四合院，现为小细管胡同15号。

　　西部花园东南部有曲折游廊与东部住宅连接。花园中部有戏楼一座，面阔三间，两卷勾连搭屋面。戏楼东南有敞轩一座，坐东朝西，原为佛堂。戏楼西北假山上有三间歇山敞轩，其西侧有爬山廊与南面房舍相连。廊西一座北房，为供奉鲁班及财神之殿。花园西南部一座三卷勾连搭建筑，西带两间两卷勾连搭耳房，原为马辉堂本人居住。

　　现东部宅院尚存完整，西部花园不复旧貌，敞轩、戏楼、廊庑均被住户挤占、改建，园林气息荡然无存，至为可惜。

马辉堂花园

② 什锦花园19号四合院
Courtyard at No.19, Shijinhuayuan

区级 / 不开放 / 现为民居
地址：东城区什锦花园19号
<M5> 张自忠路 / ZHANGZIZHONGLU <B> 魏家胡同、张自忠路
年代：清

什锦花园19号四合院垂花门

游廊

　　此宅曾为国民党军统特务戴笠在北京的住宅。坐北朝南，前后三进院落。广亮大门一间，大门两侧有八字墙，门内有照壁。西侧四扇屏门，内为一进院。有倒座房六间，院内四周有围廊。北面过厅五间，明间北出抱厦一间，两侧带耳房，东二间，西一间，门窗上均有铜包页。二进院正房五间，带前廊，左右耳房各一间，东西厢房各三间，抄手游廊连接各屋。

正房内木装修有碧纱橱、花罩，均为高浮雕丹凤牡丹图案螺钿镶嵌，颇为精美。第三进院有后罩房五间。

穿堂

中法大学主楼立面图

③ 原中法大学
Former Sino-French University

市级 / 要许可 / 现为北京市光电技术研究所
地址：东城区东黄城根北街甲20号
电话：010-84024528　　010-64045440 <B> 东黄城根北口、亮果厂
年代：民国

中法大学大门

中法大学成立于1920年，它是在民国初年蔡元培发起组织的留法俭学会与法文预备学校和孔德学校的基础上组建的。该校园坐东朝西，由北部校部和南部教学主楼两部分组成，主楼是民国初年兴建的中西结合式楼房建筑，礼堂及其他中式建筑物均保存完整。

北面的校部是清末理藩部旧址。改为大学后，大门、配殿、主殿及个别附属建筑仍保存原状，大门带八字墙，面阔三间，硬山顶。正对大门的礼堂（图书馆）为二层楼房，清水砖墙，硬山屋顶。西山墙为主入口，前接面阔十一间的连房，正中三间加抱厦——此建筑是在原理蕃部衙署大堂的基础上改扩建而成。

南部教学主楼沿街展开，地上三层，地下一层，砖混结构，南北总长78.48米，东西总宽21.54米，建筑面积5414平方米。平面呈对称式布局，西立面中央有沿街大门，进入大门厅后有平行双分式楼梯，在中央走廊两侧布置教学与办公用房。走廊南北尽端有次入口，南北入口东侧为次要楼梯间。该楼的立面造型是西方古典主义之后流行的公共建筑处理手法，即立面横向展开，纵向分为五段，而上下则为三段式。由于紧邻大街，入口大门两侧凸出体之间接以围墙。门头与两端顶部都采用中式影壁墙的形式。中央凸出部分最高处近20米，垂直划分为三部分，两侧塔形上部冠

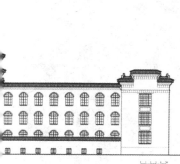

④ 麟庆宅（半亩园）
Residence of Linqing (Banmu Garden)

区级 / 要许可 / 现为民居
地址：东城区黄米胡同5、7、9号
<B> 亮果厂、大佛寺、美术馆
年代：清

此宅始建于清初，为贾汉复建造。麟庆《鸿雪因缘图记》载：

"半亩营园，紫禁城外东北隅，弓弦胡同内，延禧观对过。园本贾胶侯中丞宅，李笠翁客贾幕时，为茸斯园，垒石成山，引水作沼，平台曲室，奥如旷如。"

道光二十一年（1841年）为麟庆所得，并对此宅大加修葺，取名"半亩园"。民国时归瞿宣颖所有，更名为"止园"。

该宅院占地半亩余，坐北朝南，原为三路五进四合院，西路为花园，中、东两路为居住的庭院，现西路花园已荡然无存，仅存中、东路庭院。东路为黄米胡同5号、7号、9号院，5号、7号院门开在建筑群东墙上，南端为广亮大门一间，后改为如意门

中法大学礼堂

以盝顶式小披檐，增加了该建筑的中式风貌。南北两侧门处，做成中式卷棚抱厦式。总体观之是西式造型与中式细部结合的近代折衷风格。中法大学校舍改建和新建教学主楼的时间约为20世纪30年代初，其主要设计人为时任法文系主任的汪申伯。汪氏留学法国，同时还任当时北平市工务局长。

园林旧景

三羊开泰砖雕

（即现9号院门），两侧八字影壁，门对面一座一字影壁。门楣处四个雕花门簪，门旁一对精美的抱鼓石。大门内倒座房东三间、西五间。北房三间为过厅，前后廊；二进院北房三间，前后廊，为双卷勾连搭，东西耳房各两间，东西厢房各三间；三进院为主院，正房三间带东西耳房各两间，东西厢房各三间。四进院与三进院类似。此路建筑群东侧各带一偏院，二进东侧三间南房，其北为坐东朝西二层绣楼。

中路为13号院，广亮大门，倒座房七间，北为过厅五间，东西各带顺山房三间。入过厅二进院北为垂花门，门内抄手游廊通三进院各房。三进院正房三间，东西耳房各三间，均为双卷勾连搭，东西厢房各三间。四进院为两排各九间的后罩房。中、东路建筑群最北为后罩房十一间。

该宅房屋建筑精良，疏密相间，清水脊屋面和廊心的门楣上的砖雕

"狮子滚绣球"、"福禄寿"、"八仙过海"、"马上封侯"、"三羊开泰"、"梅花"、"牡丹"、"喜鹊"、"鼠鹿"等主题雕刻十分细腻；室内木装修也保存完好，特别是三进院正房明间一槽红木雕花落地罩，更为精美，具有较高艺术价值。

正房象眼石刻

狮子滚绣球砖雕

⑤ 美术馆东街25号四合院
Courtyard at No.25 Meishuguan
East Street

| 市级 / 要许可 / 现为民居 |
| 地址：东城区美术馆东街25号 |
| <M5> 东四 / DONG SI　<B> 亮果厂、大佛寺、美术馆 |
| 年代：清 |

由垂花门望正房

该院原为一组带花园的住宅，1958年建中国美术馆时，拆除该院西部的花园部分，仅存东半部的住宅部分。此院原为慈禧太后侄女的私宅。民国初年卖给一德国商人，抗战后被买办吴信才购得，不久作为敌产没收，后为国民党将领杜聿明之宅。

该院坐北朝南，共有四进。大门一间，倒座房九间，一进院十分宽阔疏朗，仅有树木若干。北为过厅九间，前后廊，过厅门前一对上马石。过厅以北庭院空间颇有曲径通幽之感，是整组建筑群的精华部分。过厅北面二进院为一小庭院，仅有东西配房两座，甬路通向一座造型精美的垂花门（现甬路两侧被加建围墙，二进院更显空间狭小）。垂花门前两座抱鼓石并一对小石狮。门内两旁另有一对抱鼓石，似从它处移来，现被房主人"改造"为花池，颇富意趣。由二进院入垂花门到达三进院，顿觉豁然开朗。院子宽敞方正，正房三间，前后廊，前有月台及垂带踏步，两侧耳房各三间；东西厢房各三间，南带耳房各两间；抄手游廊连接各房。正、厢房的明间槅扇均有精致的木雕花饰。正房室内明间有一硬木雕花落地罩，中为月亮门，四周刻有梅竹，十

正房墀头砖雕

垂花门旁抱鼓石及石狮

分精美。正房墀头、正脊的砖雕也极为精致，尤其是墀头砖雕，描绘状元郎衣锦还乡场面，造型生动，栩栩如生，为北京四合院砖雕中之精品。第四进院有后罩房五间，左右耳房各两间，院内游廊环绕。该宅院西侧有一南北向通廊连接各进院落，廊子西侧跨院现存北房五间，前后廊。院中颇有一些园林遗韵。

综观此宅，院落规整，空间丰富，建筑精致，木雕、砖雕极为雅致，加之主人勤于种植，院中花木扶疏，幽雅宜人，为北京四合院中的佳品。

美术馆东街25号四合院垂花门

俊启宅
Junqi's Residence

区级 / 要许可 / 现为民居
地址：东城区东黄城根南街32号
<M5> 灯市口 / DENGSHIKOU ＜B＞ 北京妇产医院、灯市西口、锡拉胡同
年代：清－民国

该宅院是清光绪年间内务大臣、曾任粤海关监督的俊启的宅第。因为逾制被参奏，查抄后赐予慈禧太后之弟照祥居住。民国时期，其后人售于京汉铁路参赞、华北银行经理柯贞贤为宅，将其改造一番，名曰"澹园"。20世纪50年代至今作为单位宿舍使用。

该宅院是一组极恢宏的建筑群（以至于逾制），全院宽百余米，进深七八十米，东部是住宅，西北部为花园。大门在小草厂胡同，坐东朝西，面阔三间，对面设八字影壁。院

内东部住宅区分为东西两路院落。

西部院落内由东路花园和西路戏楼两部分组成。东路为花园，内有假山、叠石、高大古木若干，院东南侧有一敞轩，坐东朝西；南北两侧游廊连接花园北部的一组院落，该院前为垂花门，院内一条甬路通向面阔五间的北房。

花园西侧为戏楼，坐西朝东，面阔五间，勾连搭悬山顶，两侧附有扮戏房，戏楼后面沿西院墙有附属用房八间，北侧有北房三间，带东西耳房各一间，东西各有游廊，北房西有转角房九间。

综观该院，屋宇楼阁宏敞，亭台廊厦曲折，院落布局自然，假山、树石、池沼穿插其间，颇富幽趣（北院假山已拆除，移至东单公园内），是北京现存少有的大型四合院组群。

小楼

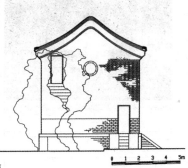

小楼立面

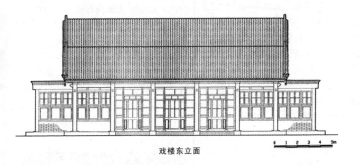

戏楼东立面

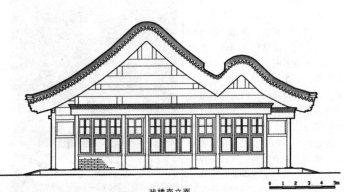

戏楼南立面

⑦ 东四清真寺
Dongsi Mosque

市级 / 不开放 / 现为北京伊斯兰教协会
地址：东城区东四南大街13号
<M5> 东四 / DONGSI　<B> 东四路口东、灯市口东口、美术馆东
年代：元－民国

东四清真寺又名法明寺，始建于元至正六年（1346年），明正统十二年（1447年）由后军都督同知陈友捐资重建，并由明景泰帝敕题"清真寺"门额。据载，当时清真寺门前有坊，坊前有白石桥，石桥外大街东立有照壁。万历七年（1579年）重建。

建筑群坐西朝东，有三进院落。现存清真寺大门为民国三年（1914年，一说民国九年即1920年）改建，面阔三间，硬山顶，前后廊。门内为一纵长形院落，左右为砖砌的近代厢房，带壁柱和女儿墙，南北两厢各一小间、六大间。浴室在北厢房。二门为过厅，面阔五间，前后廊，廊子为砖砌拱廊。二门内为一小院，北有三间平房，西为垂花门，门南北有带漏窗的平顶走廊。此处原为邦克楼（宣礼楼）部位。邦克楼是一座二层方形攒尖顶建筑，为招呼回民群众做礼拜而设，其铜宝顶直径约二尺，现存于大殿前厦内。该楼建于明成化二十二年（1486年），于清光绪年间毁于地震（一说毁于火灾）。垂花门内为一座开阔的方形大院，为该寺主庭院。主要建筑为礼拜殿，坐西朝东，面阔五间，进深四间，四角设擎檐柱，灰瓦庑殿顶。殿前带卷棚式抱厦，面阔三间。殿内为彻上露明造，遍施旋子彩画，柱子满饰贴金缠枝西番莲图案，殿内可容纳500人同时礼拜。大殿的前半部为木结构，后半部为穹窿顶结构的无梁殿。无梁殿面阔三间，外形为歇山顶，内部以三座拱门与大殿相通。无梁殿各间之间有厚重的隔墙，隔墙上各开有券门两座连通三座拱门。此殿共有大小券门七座，正面的三座券门门额上刻有精致的《古兰经》经文，为国内其他清真寺所少见。主院内南北各有五间配殿和三间配房。大殿及配殿均为明代建筑。在南配殿的资料室里，保存有珍贵的伊斯兰教经书和文物，包括各种版本的《古兰经》，其中最为珍贵的是一本元代时的手抄本，文字精美，保存完好，被视为国宝。

礼拜殿内景

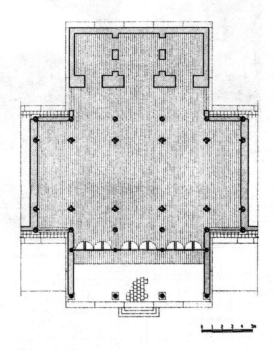

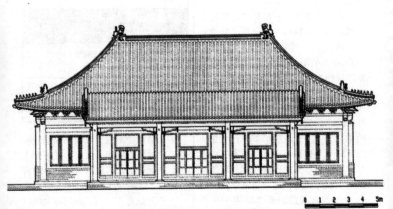

东四清真寺礼拜殿平(上)、立(下)面图

现故居靠近灯市口西街的屋子开设为老舍书店，除了老舍作品之外，还出售不少关于北京的书籍，是家颇具文化气息的书店。

❽ 老舍故居
Former Residence of Laoshe

市级 / 免费 / 现为老舍纪念馆
地址：东城区灯市口西街丰富胡同19号 电话：010－65599218　010－65142612
\<M5\> 灯市口 / DENGSHIKOU　\<B\> 北京妇产医院、灯市西口、锡拉胡同
年代：清

老舍故居

老舍1949年12月从美国返回北京后，用版税换成一百匹布，在东城买下该处小三合院。老舍在院中种了两棵柿子树，并种了许多菊花，因此该院被老舍夫人胡絜青称为"丹柿百花小院"。

此宅占地500平方米，为坐北朝南两进小院。院门在东南角，坐西朝东，馒头门。迎门一座一字影壁。门内为一小院，有两间南房。北面穿过屏门为二进院，有北房三间，左右各带耳房一间，东西厢房各三间，南房两间。院内北房明间和西次间为客厅，东次间为卧室，西耳房为老舍的书房。老舍在这里写下了《龙须沟》、《茶馆》等作品。硬木书桌上有一枚齐白石刻的印章；一只冯玉祥送的玉石印泥盒；清戏曲家李渔的砚台。白石老人的国画"蛙声十里出泉"也收藏于此。

❾ 惠王府
Prince Hui's Mansion

区级 / 不开放 / 现为保密单位
地址：东城区富强胡同3号
\<M5\>灯市口/ DENGSHIKOU　\<B\>北京妇产医院、灯市西口、沙滩路口南
年代：清

为嘉庆帝第五子惠亲王绵愉的府邸。此处原为明代礼仪房（俗称奶子府）之所在地，清代为贝子弘升的府邸，后来转赐予惠王府。

王府原有中、东、西三路大院，东路原为不甚规整的服务用房，现早

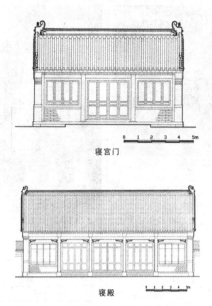

寝宫门

寝殿

已拆改；中路的主要建筑保存基本完整；西路原有建筑也不太规整，现仍保留一个小院。

中路原有大门两重。正门五间，硬山顶，东西各带倒座房四间和五间。二门已拆除，在原址建造一座六层的宿舍楼。现存正殿五间，前后廊硬山顶，覆绿色琉璃瓦，两侧带转角房各六间，原有东西配殿各五间，现仅存西配殿。东配殿原址建起一座锅炉房。正殿之北为穿堂门三间，左右耳房也被改建。门内寝殿五间，前后廊硬山顶，覆绿色琉璃瓦。左右顺山房各三间，东西配殿各五间，带南耳房各一间。西路院尚存一正两厢，正房五间，东西厢房各三间。

总体观之，惠王府由贝子府改建而成，等级不高，规模亦狭，其主要殿宇均为硬山顶，不施斗栱，无翼楼，整体上逊于其他亲王府，仅在正殿、寝殿用绿色琉璃瓦以示升级为亲王府而已。

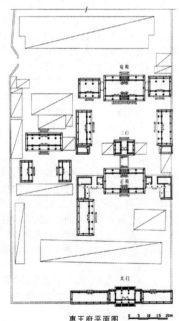

惠王府平面图

⑩ 富强胡同6号、甲6号、23号宅院
Residential yards at No.6, No.A6,
No.23 Fuqiang Hutong

区级 / 要许可 / 现为民居

地址：东城区富强胡同6号、甲6号、23号

<M5>灯市口／DENGSHIKOU <B>北京妇产医院、灯市西口、沙滩路口南

年代：清

富强胡同为南北向胡同，6号、甲6号为胡同西侧一组四进院落，坐北朝南。6号院广亮大门一间，坐西朝东。门内有影壁，左右顺山房各一间。一进院南房三间，两侧耳房各两间。西房三间。北房三间为过厅，前后廊，廊下带倒挂楣子。东耳房两间，西耳房三间。二进院原有东西厢房各三间，现拆改。院内树木茂密。穿过北侧一殿一卷式垂花门为三进院。院内有正房三间，东耳房两间，西耳房三间，东西厢房各三间。院内抄手游廊环绕。第四进院有后罩房七间，东西厢房各三间，现与前三进院隔开，于东墙辟门为甲6号。

23号院在胡同东侧，大门开在院西墙南端，坐东朝西。广亮大门一间，两侧顺山房各一间。院内房屋坐北朝南。一进院北面过厅五间，前后廊，左右耳房各两间。院内树木繁盛。二进院有北房五间，左右耳房各两间，东西厢房各五间，抄手游廊连接各房。三进院有后罩房九间，西配房三间。

这两组四合院体现了北京四合院位于南北向胡同时的典型布局模式。

⑪ 东堂（天主教圣若瑟堂）
East Church

市级 / 免费

地址：东城区王府井大街74号 电话：010-65240634

<M1>王府井／WANGFUJING <B>新东安市场、灯市西口、灯市东口

年代：1904年重建

东堂全称为天主教圣若瑟堂，北京四大天主教堂之一。为顺治十二年（1655年）利用王府井民宅建造，为北京城内继南堂之后的第二座教堂。七年后即康熙元年（1662年）改建为西洋式。康熙五十九年（1720年）京师大地震

东堂内景

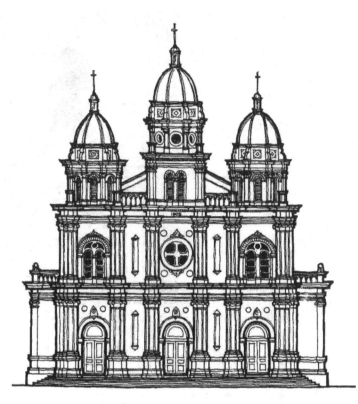

东堂立面

时塌毁。次年重建，由利博明修士（F. Maggi）设计，在后堂内保存有多幅意大利传教士郎世宁绘制的圣像。嘉庆十二年（1807年）毁于大火。两次鸦片战争后重建的东堂（1884年建成）为罗马式，形制与现状较接近：

"堂前钟楼三座。正中一座，至地高九丈有余。其正面圆牖框，与它牖各框，及其层檐，与檐下之方柱，皆大理石雕成。堂之全身，皆以上用之城砖砌成。每砖重可五六十斤。堂前阶除，长阔相等，俱十丈有余。又

东堂大门

起洋式大门一座，达于通衢"。

光绪二十六年（1900年）东堂被义和团焚毁，1904年重建的东堂除各钟塔及穹隆稍作压缩以外，基本保持旧貌。由西面王府井大街的院门拾级而上，进入前院。教堂位于距大门55米处的青石台基上，坐东朝西，符合天主教堂的形制规定。堂面阔24米，东西总长约64米，门前有宽广的平台。主立面（西立面）由三部分垂直体量组成，有两条水平腰线将其连为整体。底部三座半圆券式大门洞，形成大门廊，廊后为三个大门。中央大门上部为十字形大圆窗，两侧各有一个半圆券式双联长窗。立面用组合式壁柱作垂直划分，为罗马柱式，每层基座、柱础、柱身、柱头及檐部齐全。正立面柱头为变形的爱奥尼式，其他立面的壁柱为罗马塔司干式。西立面上部三座塔体顶部为双重鼓座，覆以肋形穹隆顶，其上各有带小穹顶的采光亭，亭顶部为十字架。中部穹顶略高起于两侧穹顶之上。整个立面是文艺复兴与巴洛克风格的结合，既雄伟又注重曲折变化。建筑立面檐口高约13米，屋顶高约18米，中部穹顶高约25米，十字架顶高约27.2米。由于明清北京的内城东部缺少高大地标，因此在1949年新中国成立之前，东堂一直

东堂入口

东堂玫瑰窗

是北京东城的重要地标建筑。

教堂平面为巴西利卡式，直径0.65米的18根圆柱将教堂内部分为中厅与侧廊。柱头与檐部之上立拱券，其上再覆以木屋架的坡顶。西部大门上有唱经楼。东部祭坛后有向外凸出的小圣经堂及两侧的更衣所，形成十字形。教堂外立面为灰砖清水墙体，基座、檐部等处重点饰以青石。墙面砌工考究，在总体为西方古典样式的基础上，融入中国传统纹样。

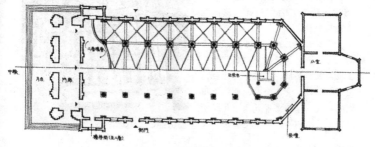

东堂平面图

⑫ 西堂子胡同25－35号四合院 （左宗棠故居）
Courtyard at No.25-35 Xitangzi Hutong, Dongcheng District
(Former Residence of Zuo Zongtang)

市级／不开放：25号院现为中国京安进出口公司，33号院现为北京基督教女青年会，其余院落为民居
地址：东城区西堂子胡同25－35号
<M5> 灯市口／DENGSHIKOU <B> 新东安市场、灯市西口、灯市东口
年代：清

此宅为清雍正年间总管内务府大臣德保宅第，其子英和于道光二年任户部尚书、协办大学士，对此宅进行了扩建。光绪七年（1881年），左宗棠入京授军机大臣，兼管总理各国事务衙门，原宅主将其宅之东部，即今之25号、27号、29号院让与左宗棠居住，所以近人将此宅视为左宗棠故居。

此宅为多组院落构成的四合院建筑群，格局基本完整，院落中间穿插有长廊、假山、花园等。

29号院广亮大门一间（后改如意门），门内有影壁。一进院倒座房五间，正中垂花门已拆。二进院北房五间，左右游廊通三进院。三进院垂花门已拆，北房三间，东西耳房各二间，东西厢房各三间，抄手游廊连接各房。此院东侧原为本宅偏院（原27号院），已拆改。29号院东为25号院，原是此宅的书斋休闲区，20世纪20年代中期，国画家、清宗室傅雪斋曾购得此斋，在此居住，并进行改建。大门设在东侧南端，一进院倒座房六间，北房五间为过厅。二进院正房五间，两侧游廊与过厅相连。三进院有正房五间。傅雪斋改建时，亲自设计、选料，由小木作高手在室内做了几槽楠木装修，有八方罩、圆光罩、花罩、栏杆罩和碧纱橱，古朴精美，保存完好。31号院为四进院落。33号院为二进院落。再西35号院为此宅西花园，拆改较多，现为民居。

29号大门

31号大门

29号庭院

33号庭院

⑬ 中华圣经会旧址
Site of Chinese Bible Society

市级 / 不开放
地址：东城区东单北大街21号
<M1> <M5> 东单 / DONGDAN <B> 东单路口北、协和医院、米市大街
年代：民国

圣经会是一个专门印刷发行基督教圣经的机构。1928年在此处建成圣经会会所，一座中西合璧的建筑物，也是基督教会的代表性建筑。民国年间曾是基督教会青年活动的场所。现存建筑仍保持原貌。

建筑占地1826平方米，平面为矩形，坐西朝东。建筑下部为1米高的台基，周围有中国传统样式的石栏杆。一、二层主要房间都是一个大厅，南北两侧为辅助用房，三层层高较低，是较小的办公室和库房。外墙为灰砖清水墙，南墙有一入口，小门厅西侧为楼梯间。东西立面中央都为三开间、二层通高之柱廊，海棠角方石柱，横梁处有雀替，檐下梁头做成石兽形向外伸出。柱廊两端墙面一、二层都开有大窗，全楼纱窗都是钢框铜丝纱网，金属窗框外安有安全铁栅。南北入口处都做成中式卷棚檐。屋顶为简瓦屋面。

中华圣经会旧址

助用房；医院建筑群沿东西方向另外形成一条横轴，医院的主入口设在西面，正对校尉胡同。医学院所有14栋建筑用英文字母A－N进行了编号。

以下略述该建筑群主体建筑。

⑭ 协和医学院旧址
Site of Peking Union Medical College

国家级 / 要许可 / 现为北京协和医学院（清华大学医学部）及北京协和医院
地址：东城区东单三条9号、王府井帅府园1号
<M1> <M5> 东单 / DONGDAN <B> 东单路口北、协和医院、米市大街
年代：1921年

北京协和医学院早期为北京协和医学堂（1906－1916年），当时校园建筑及住宅区为典型的西洋式建筑。1917年成立的北京协和医学院新校园则是西方建筑师设计的中国"传统复兴式"（也称"宫殿式"）建筑的第一个成熟作品。新校舍建筑群被设计成一片中国宫殿式建筑，包括教学、办公、医院、礼堂、辅助用房等，北京协和医学院也因此被称为"中国式宫殿里的西方医学学府"。

新校舍的建筑设计由库利奇（Charles Coolidge）、赫西（Harry Hussey）、安那（C. W. Anner）等建筑师完成，其中建成于1919－1921年的第一期工程为一组完整的校园建筑群，也是协和医学院的核心建筑群，由沙特克与赫西建筑师事务所（Shattuck & Hussey. Architects.）设计。其用地原为东单三条胡同豫王府，为一南北长、东西短的矩形地段，主体建筑群沿一条南北中轴线对称布置，南部为礼堂与教学楼群，中部为医院建筑群，西部、东部分别设置其他医院用房及辅

■ 协和医学院礼堂（A楼）（1921年）

协和医学院礼堂（A楼）

礼堂（A楼）位于中轴线最南端，与北部建筑群由东单三条隔开，自成一组独立院落。平面为"工"字形，包括能容纳350人的礼堂及其附属建筑。主体部分设计为重檐庑殿建筑，绿琉璃瓦屋面、灰砖墙体、红漆柱子、梁枋施以彩绘。如今整个礼堂建筑群被南侧高大的东方广场大楼遮挡，长期位于阴影之中，环境较差。

■ 医学院建筑群（B、C、D楼）（1921年）

医学院建筑群（B、C、D楼）

医学院建筑群包括B、C、D三座教学楼，围合成向南的三合院。校办公室及生物化学楼（C楼）坐北朝南，解剖学楼（B楼）在西，生理学、药理学楼在东。南面为一座三开间校门，屋顶为西方建筑师在继承中国传统基础上的新创造：庑殿顶上再加一座一开间的歇山顶，全部覆以绿琉璃瓦。B、C、D三楼全部用绿琉璃瓦庑殿顶，建筑外墙均用灰砖，柱子刷红漆、梁枋施彩绘。各楼入口均为一座歇山顶小门廊，一层带绿琉璃小坡檐。三楼均立于汉白玉台基之上，台基相互连接。庭院铺十字甬路，四隅种植花木，与周围的二、三层的中西合璧式教学楼共同形成较为宜人的尺度。可惜这座庭院现在同样由于南面东方广场高楼的遮挡较为阴冷。

带天桥的内庭院

■ 医院建筑群（E－N楼）（1921年）

医院的主入口朝西，由F、K、L三座楼围合成另一处三合院。其中妇产科、儿科病房楼（K楼）坐东朝西，护士楼（L楼）居北，医院行政及住院医生宿舍楼（F楼）居南（该楼南接特别病房楼即E楼）。这组三合院的布局、建筑形制与南面校门处十分相似，不同之处在于，在入口层之下带有地下一层，于是十字甬路转变为十字形汉白玉石桥（中部为一圆形小广场），由石桥通往各楼入口，石桥之下为地下一层下沉庭院，较为新颖，可惜与南入口庭院疏朗的布局相比，西入口三合院略显促狭。位于东西轴线上的K楼屋顶为庑殿顶上再加一座庑殿顶。

此外，J、G、H三座楼又围合成一个坐北朝南的狭长三合院，与南部医学院建筑群相对。其中门诊楼（J楼）坐北朝南，内科病房楼（H楼）在东，外科病房及部分妇科病房（G楼）在西。这座庭院的特点在于中轴线上建造了一座将北部的医院区与南部教学区相连的位于二层的天桥——让人不禁想起天坛的丹陛桥（详见外城"天坛"部分）。

此外，在G、H、I、J、K各楼之间还有一些天井，不过相对而言光

上下图为西入口庭院

协和医学院西门

线、环境不够理想。

小结：协和医学院是北京近代第一座大型的中国传统复兴式建筑群。其对于中国传统的继承与创新体现在两方面。

第一是院落式布局：在校园南入口与医院西入口各形成一组三合院。此外，南部教学区与北部医院区以二层的天桥相连，形成一座狭长庭院。这两座三合院以及中轴线上狭长的、带天桥的庭院，继承了中国传统建筑的庭院空间营造传统，虽然西入口合院略显局促，但带有天桥、平台、下沉庭院等处理的"新型庭院"不失为良好的创新。

第二是摹仿中国传统建筑（特别是宫殿建筑）的外形：建筑师主要是通过在西洋式楼房之上加上中国式屋顶，下面辅以汉白玉台基栏杆——不过由于对中国传统建筑的"形制"和结构缺乏了解，一方面把几乎所有建筑都冠以形制最高的庑殿顶；另一方面将作为中国木结构建筑精华的"构架"（包括柱网、梁架乃至斗拱）予以抛弃。

综观此建筑群的规划设计，尽管建筑师对于中国传统建筑的摹仿尚停留在一知半解的阶段，但这种努力融合中西方建筑文化的尝试，无论在当时还是在今天无疑都是值得肯定和借鉴的。

协和医学院模型鸟瞰

⑮ 北京饭店初期建筑
Primary building of Beijing Hotel

市级 / 要许可 / 现为北京饭店中楼

地址：东城区东长安街33号
电话：010-65137766

<M1> 王府井 / WANGFUJING <B> 王府井路口北、王府井路口南、南河沿

年代：民国

北京饭店中楼及东、西楼现状

　　北京饭店的前身原是位于崇文门大街东面于光绪二十六年（1900年）开设的三间铺面的小酒馆。次年迁到东单菜市场西，始用"北京饭店"之名。光绪二十九年（1903年）饭店迁到东长安街，建造五层楼房。1917年饭店再度扩充，向西发展，在清理藩院旧址上兴建了七层大楼，由 Brossard Mopin & Cie 设计，是当时北京最高的近代建筑，也是民国时期北京城内规模最大、设备最好的大型旅馆。

　　其中1903年建成的老楼已于20世纪70年代拆除，在其原址（包括京汉铁路局）建造了北京饭店东楼高层建筑。而1917年建成的七层大楼现在称为北京饭店中楼，被列为文物建筑。该建筑为砖混结构，具有欧洲近代折衷主义风格。其底层层高为7.75米，柱上立有拱券，北部正对大门为左右双分式大楼梯。室内装修朴素大方。立面的凸窗，二层、五层的水平长阳台以及水平挑檐构成为立面造型的突出要素。宽窄窗洞的交替处理及浅米黄色调，使建筑显得轻巧而富有活力。第七层两翼弧形山墙及中部拱形窗为1931年增加，处理得颇有水平。该楼与1954年兴建的西楼、1974年兴建的东楼和1988年兴建的贵宾楼，既有风格上的差异，在总体构图上又有所呼应，带有典型的时代风格。

北京饭店中楼立面

北京饭店中楼舞厅

北京饭店中楼及东、西楼远景

■ 皇城外东片地区其他文物建筑列表如下：

名称	地址	年代	现状
翠花胡同23号宅院	翠花胡同23号宅院	清	现为民居
翠花胡同27号、29号宅院	翠花胡同27、29号	清	现为民居
博氏幼稚园	大鹁鸽胡同14号	1906年	现为东华门幼儿园
承恩公志钧宅	大佛寺东街6号	清	基本格局完整，尚保留许多精致的砖雕
大学士宝鋆宅	大佛寺东街9-15号	清	现为民居
镇国公浦荟宅	大佛寺东街17号、甲23号	清	现为民居

名称	地址	年代	现状
贝子弘昿府	大取灯胡同9号	清	现为单位使用
基督教公理会住宅	灯市口北巷15号	1933年	现为民居
北极圣境	灯市口北巷7号	明—清	现为民居
私立育英中学旧址	灯市口大街55号	1927年	现为北京市第25中学
基督教米市教堂	东单北大街43号	民国	现为燕京神学院
法华寺	多福巷44号	明	仅存大悲坛及西朵殿等少量建筑，内有清代《德悟和尚行实碑记》为区级保护文物
元极观	甘雨胡同73号	明—清	现括王庙（前殿）为服装厂，真武殿为民居，其余建筑变动不大
兴盛寺	连丰胡同24号	清	现主要建筑仍存
隆福寺	隆福寺街	明—清	已改建
美术馆后街关帝庙	美术馆后街25号	清	不详
大佛寺	美术馆大街60、76号	清	原貌已不存
南阳胡同1号宅院	南阳胡同1号	清	现为民居
贝勒载涛府	山老胡同7号、9号	清	现为民居，保存较差
延福殿	什锦花园胡同4号	清	现已分成两院
吴佩孚旧居	什锦花园胡同23号	民国	现大部改建为楼房，余少量建筑
什锦花园胡同43号宅院	什锦花园胡同43号	清	西路为某单位办公楼，东路为民居
私立贝满女子中学旧址	同福夹道3号	1927年	现为北京市第166中学，仅余部分建筑遗存
境灵寺	汪芝麻胡同9号	清	现仅存后殿
汪芝麻街胡同28号宅院	汪芝麻街胡同28号	清	现西路为办公用房，东路为宾馆。
王府井大街27号	王府井大街27号	明—民国	明魏忠贤所建，清瑞麟、沈桂芬、荣禄等在此居住，民国为黎元洪宅第，现为中国社会科学院考古研究所
东方广场遗址	王府井大街南口东侧	旧石器时代	建成"北京王府井古人类文化遗址博物馆"，原地保护
何思源旧居	锡拉胡同19号	1946年	现为东城区第一幼儿园
细管胡同11号宅院	细管胡同11号	清	现为民居
小细管胡同关帝庙	小细管胡同13号	清	现为民居
育群胡同17号宅院	育群胡同17号	清	保存较好，现为民居
清静宏恩观	张旺胡同4号	清	仅存部分建筑
华严寺	织染局胡同5号	清	现仅存一殿

UNION MEDICAL COLLEGE

北京协和医学院

【3】皇城外西片
West Region outside Imperial City

地 安 门 西 大 街

盛新中学与佑贞女

西
四
北
大
街

西
黄
城
根
北

西
什
库
大

傅增湘故居

圣祚隆长寺
西四北三条11号四合院

护国双关帝庙

西什库天主教堂

广济寺
西四转角楼

西四东大街
西四牌楼

西城区阜成门内
大街93号四合院

元大都下水道

北京水准原点旧址   北京图书馆主楼

地 安 门 大 街

万松老人塔

西
四
南
大
街

胡
同
西

西安门

赏
颐

黄
城
根

永佑庙

檔
案
馆

西
红
门

府

礼王府 ❶

羊
皮
胡
同

东

府右街派出所

府
右
街
胡
同

张自忠故居

小
酱
坊
胡
同

南

后
宅
胡
同

天主教崇昌舍小学
法文学校旧址

斜
街

西
单

北京市市政管理委员会

西
南
灵
境

大
街

淘贝勒府
❷

背
阴
胡
同

新
文
化
胡
同

府右街宾馆旧址

府
右
街

郑王府

西单商场

太

北

仆

国立蒙藏学校旧址
(镇国公绵德府)
❸

力

兴
隆

西
安

北安胡同
北安里胡同庆寿寺经幢

大秤钩胡同庆寿寺经幢

钟

邮电部

仪亲王府
❹

街

北京图书大厦

西单牌楼   西单文化广场

市文化局

西 MI 长 安 街

中南

皇城外西片概述
Introduction of West Region outside Imperial City

　　本地区位于北京皇城的西侧，东起西黄城根北街－西黄城根南街－灵镜胡同－府右街，西至西四大街－西单北大街，南起西长安街，北至平安大街（地安门西大街），共有4处文物建筑群，全部为王公府第——礼王府、洵贝勒府、镇国公绵德府和仪亲王府，是内城西部王府较为集中的区域。其中礼王府、洵贝勒府、镇国公绵德府都保留有颇具规模的建筑群，是研究王公府第的典型实例。尤其镇国公绵德府（国立蒙藏学校旧址）曾先后设立清右翼宗学、国立蒙藏学校、松坡图书馆第二馆、新月社等著名机构，具有极其丰富的历史价值和文化内涵。

① 礼王府
Prince Li's Mansion

市级 / 不开放 / 现为国家经委
地址：西城区西黄城根南街7号、9号
<M1>西单 / XIDAN　<B> 缸瓦市、西四路口南、西安门
年代：清

　　礼亲王名代善，清太祖努尔哈赤次子，清初"八大铁帽子王"之一。此处府邸并非最初的礼亲王代善之府，而是代善之孙杰书袭封后择址新建的王府。杰书时称康亲王，故此府亦称康王府。乾隆四十三年（1778年）恢复礼王的封号，改称礼王府。嘉庆十二年（1807年）毁于火灾，由

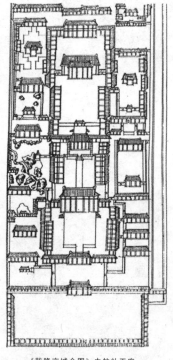

《乾隆京城全图》中的礼王府

当时的礼亲王昭槤集资于原址重建，即现存之邸。1927年礼王府售出，为华北学院校舍。解放后改为国家机关办公使用。

礼王府规模雄伟、占地广阔（约30公顷）、重门叠户、院落深邃，分中、东、西三路。中路为主体建筑，有府门五间、正殿七间（即银安殿，殿前有丹墀，两侧有翼楼各七间）、后殿（后寝门）三间、神殿（寝殿）九间（前出抱厦七间、两侧配殿）、遗念殿（后罩楼）七间，共有房屋五重、院七进。东路由十二进院落组成，西路由花园、屋宇等十一进院落组成，整个王府共有房屋、廊庑等480余间。老北京有俗谚曰"礼王的房，豫王的墙"，形容礼亲王府的房多、豫亲王府（详见皇城东侧"协和学医院旧址"）的墙高，号称"京城王府之最"。

现中路主体建筑大多保存，东路北部有几个院落尚存，西路大部分建筑已拆除，总体保存尚好，是研究清代王府建制的重要实物。

礼王府清音斋

礼王府兰亭书室

② 洵贝勒府
Prince Xun's Mansion

区级 / 不开放 / 现为中央组织部
地址：西城区西单北大街110号
<M1> 西单 / XIDAN　<B> 甘石桥、缸瓦市、西单商场
年代：清

宅第坐北朝南，占地很广，西界临西单北大街。现宅院北的垣墙和一组四合院均保存完整。原宅西侧地建孔教大学。解放后，中央组织部全部占用，大部建筑均拆改。并于原孔教大学地基建大楼；辟门西向，成现存状况。

现东部、南部的部分府墙犹存。东路三进院有前厅、中厅、后厅和配房、耳房，垂花门和游廊与后厅相连。中路有正房两栋和前院东西厢房、耳房。西路两进院落有正房、东西厢房和耳房，均有廊相连。现存文物建筑72间，部分主体建筑内仍保存较精美的木质装饰，建筑面积约为2407平方米。尽管建筑群不对外开放，不过可由西单商场顶层窗户鸟瞰其全貌。

洵贝勒　即载洵，本醇亲王奕譞第六子，出继给瑞郡王奕志为嗣，先是载漪为奕志嗣子，载漪即端郡王，为义和团事以祸首革职，光绪二十八年（1902年）又以载洵为嗣，袭贝勒，光绪三十四年（1908年）加郡王衔。宣统皇帝即位后，协助其兄摄政王参赞中枢出任海军大臣。

3 国立蒙藏学校旧址
（镇国公绵德府）
Site of Official Mongolian and
Tibetan School
(Duke Miande's Mansion)

国家级 ／ 免费 ／ 现为民族大世界商场

地址：西城区小石虎胡同33号
电话：010-68689967

<M1> 西单 / XIDAN <B> 西单商场、西单路
口东、西单路口西

年代：清

国立蒙藏学校旧址位于西城区小石虎胡同33号，分为东西两路建筑。西路有三进院落，建筑高大，主要由府门、正厅、过厅、后厅、东西朵殿、东西配殿等建筑组成。东路有四进院落，建筑相对较小，包括大门、正殿、北房、东西配殿、东西耳殿。

旧址明初为常州会馆，是京城最早的会馆之一。清初为吴三桂之子吴应熊的府邸，因清太宗皇太极的十四女恪纯公主下嫁吴应熊，所以人们一直称这里为驸马府。此后这里曾先后成为清右翼宗学、大学士裘曰修宅、镇国公绵德府、国立蒙藏学校、松坡图书馆第二馆、新月社等著名所在，具有极其丰富的历史价值和文化内涵。

以下略述其历史变迁：

清右翼宗学：雍正二年（1724年）清政府分设左右两翼宗学，培养宗室弟子，右翼宗学即设于小石虎胡同33号东路院落。乾隆九年（1744年）宗学迁至绒线胡同，宗学旧址赏赐大学士裘曰修为宅。曹雪芹曾经在宗学供职，因此这里还留下了这位大作家的足迹。

镇国公绵德府：绵德是清高宗第一子定亲王永璜之长子，乾隆十五年（1750年）袭王爵，乾隆四十二年（1777年）封镇国公，小石虎胡同33号西路院落即绵德封镇国公以后的住宅。府坐北朝南，三进院落。

国立蒙藏学校：1913年蒙藏院在小石虎胡同33号西院开办蒙藏专门学校。1923年秋，李大钊、邓中夏等来校开展革命工作。1924年乌兰夫、奎璧、吉雅泰等一批青年学生成为中国共产党历史上第一批蒙古族党员，并在此组建了蒙古族的第一个党支部。

松坡图书馆第二馆：1922年，梁启超等在清右翼宗学旧址（即小石虎胡同33号东院）筹建松坡图书馆第二馆，专门收藏外文书刊（第一馆位于北海快雪堂），于1924年6月开放，梁启超任馆长。徐志摩留学归国曾工作和暂居于此，并在此成立了"新月沙龙"。据称"新月沙龙"就是"好春轩"的旧址。诗人专门为这所院子赋诗一首，诗名就叫《石虎胡同七号》。

国立蒙藏学校旧址现在建筑格局完整，内有600年古枣树一株。然而全部建筑、庭院均被民族大世界商城拥挤不堪的店面占据，古建筑正立面、室内均被改造成商铺，所幸建筑结构、墙体、屋顶尚完好。

国立蒙藏学校旧址内景

徐志摩《石虎胡同七号》诗

我们的小园庭，有时荡漾着无限温柔：
善笑的藤萝，袒酥怀任团团的柿掌绸摩，
百尺的槐翁，在微风中俯身将襁姑抱摸，
黄狗在篱边，守候睡熟的珀儿，它的小友
小雀儿新制求婚的艳曲，在媚唱无休——
我们的小园庭，有时荡漾着无限温柔。

我们的小园庭，有时淡描着依稀的梦景：
雨过的苍茫与满庭荫绿，织成无声幽冥，
小蛙独坐在残兰的胸前，听隔院蚶鸣，
一片化不尽的雨云，倦展在老槐树顶，
掠檐前作圆形的舞旋，是蝙蝠，还是蜻蜓？
我们的小园庭，有时淡描着依稀的梦景。

我们的小园庭，有时轻喟着一声奈何：
奈何在暮雨时，雨槌下捣烂鲜红无数，
奈何在新秋时，未凋的青叶惆怅地辞树，
奈何在深夜里，月儿桑云艇归去，西墙已度，
远巷蔷露的乐音，一阵阵被冷风吹过——
我们的小园庭，有时轻喟着一声奈何。

我们的小园庭，有时沉浸在快乐之中：
雨后的黄昏，满院只美荫，清香与凉风，
大量的寨樽，巨樽在手，寨是直指天空，
一斤，两斤，杯底喝尽，满怀酒波，满面酒红，
连珠的笑响中，浮沉着神仙似的酒翁——
我们的小园庭，有时沉浸在快乐之中。

4 仪亲王府
Prince Yi's Mansion

| 区级 / 要许可 | 现为北京市文化局 |

地址：西城区府右街137号、西长安街7号
电话：010-62216688(文化局)

<M1> 西单 / XIDAN <B> 西单路口东、六部口、力学胡同

年代：清

仪亲王永璇，乾隆帝第八子，乾隆四十四年（1779年）封仪亲王，嘉庆四年（1799年）去世。府坐北朝南，东为府邸，西为花园。《啸亭续录》载："仪亲王府在长安街，系耿仲明宅。"《京师坊巷志稿》载："王讳永璇，高宗八子，谥曰慎。今其孙贝勒奕绲袭封，府在街北，院宇宏邃，林亭尤美。"王府花园早已拆除。现存府邸部分建筑。

■ 皇城外西片地区其他文物建筑列表如下：

名称	地址	年代	现状
奎公府	背阴胡同	清	保存尚好
张文襄公祠	背阴胡同	清	保存尚好
良弼旧居	大红罗厂南巷1号	清	现主要建筑仍存
法政大学旧址（进士馆）	力学胡同47号	民国	现仅存大门
普恩寺	羊皮市胡同7号	明—清	保存尚好

【4】内城南片（一）
South Part of Inner City 1

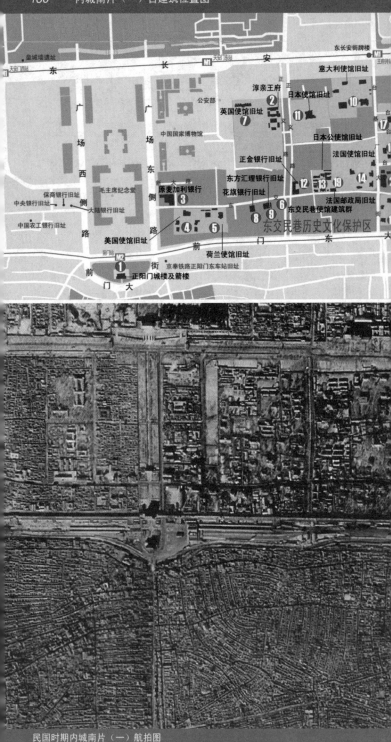

民国时期内城南片（一）航拍图

内城南片（一）概述
Introduction of South Part of Inner City 1

1959年改建后的天安门广场鸟瞰全景

　　本地区位于明清北京内城的东南部，东起东二环路，西至天安门广场西路，南起崇文门东、西大街－前门东、西大街，北至建国门内大街－东长安街，内有二十余处文物建筑群，其中包括4处全国重点文物保护单位：正阳门（包括城楼和箭楼）、东交民巷使馆建筑群、古观象台、内城东南角楼。

　　该地区的最西端是当代北京的城市中心——天安门广场。明清北京的天安门广场由大明门（清代称大清门）、千步廊、长安左门、长安右门以及天安门（明代称承天门）共同围合而成（清乾隆年间又在长安左、右门外加设东、西三座门），形状呈"T"字形，占地11公顷。其中大明门、长安左门和长安右门均为单层的红墙黄琉璃瓦歇山顶门楼，开设三座

券门。千步廊为大明门
两侧东西两排共144间
联檐通脊的朝房，在长
安街处分别向东西方向
延伸，在千步廊中兵部
和吏部选拔官吏，礼部
审阅会试考卷，刑部
举行"秋审"和"朝
审"。明代在千步廊两
侧的宫墙之外，集中布
置了大量重要衙署，东
侧有宗人府、吏部、户
部、礼部、兵部、工
部以及鸿胪寺、钦天
监等，西侧为五军都
督府和太常寺、锦衣
卫等——这样就将中
央机关与皇城联成一
体，以烘托"皇权至
上"的规划理念。

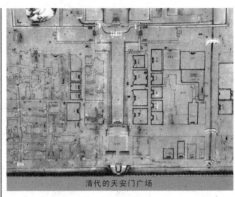

清代的天安门广场

　　1912年拆除了长
安左右门两侧红墙，改
变了广场的封闭形态，
长安街得以贯通。1913
年拆除了千步廊（拆下
来的木料建造了中央公
园的来今雨轩、投壶亭、
绘影楼、春明馆、上林

春一带的廊舍及东西
长廊等建筑）。千步
廊两侧红墙的内侧种
植了大量树木。1914
年，中华门也向市民
开放。原本禁卫森严
的宫廷前广场变为宽
阔的林荫市民广场。

1980年代天安门广场鸟瞰

崇文门城楼

场改建时将中华门也拆除——自此明清北京城的"T"字形宫廷前广场彻底消失。

1959年完成改、扩建的天安门广场，东西宽500米，南北长860米，总面积43公顷——约为原天安门宫廷广场的4倍。人民大会堂与革命历史博物馆分列广场两侧。人民大会堂是天安门广场上仅次于天安门、人民英雄纪念碑的标志性建筑。占地15公顷，总建筑面积171800平方米。建筑平面南北长336米，东西宽174（最宽处206米），由万人大会堂、

1949年9月，为了迎接开国大典，对天安门广场进行了修整。除了清理垃圾杂草，整修古建筑之外，还修建了高22.5米的旗杆和基座。此外，1949年9月30日为人民英雄纪念碑奠基。纪念碑后由梁思成主持设计，1952年8月开工，1958年4月建成。纪念碑位于北京中轴线上，北距天安门城楼436米，碑身高37.94米，基座面积3000平方米。新落成的纪念碑成为天安门广场的中心地标，造型上表现出中国古代石碑的神韵，体现了梁思成主张的"新而中"的建筑设计理念。1950、1952年北京市先后拆除了东、西三座门和长安左、右门；1955、1957年又陆续拆除了原来"T"字形广场外围的红墙；1959年天安门广

东交民巷牌楼

1959年改建之前的天安门广场及人民英雄纪念碑

东三座门（远处对景为长安左门）

5000人宴会厅和全国人大常委会办公楼三部分组成，三者以中央大厅联系。中国革命和中国历史博物馆占地面积与大会堂接近（西面面宽313米，南北立面面宽149米），虽然总建筑面积仅为65152平方米，不到大会堂的一半，但是通过设置巨大的内院与空廊，达到了体量上与大会堂的呼应，二者呈一实一虚之势。1976—1978年在天安门广场建设毛主席纪念堂，建筑选址位于纪念碑与正阳门的中点处，占地5.72公顷，建筑面积28200平方米，总高33.6米。建筑坐南朝北（主入口在北侧，南侧有次入口），主体为正方形，坐落在两重红色花岗石台基之上，周围环以浅色花岗石柱廊，每面11间，屋檐采取两重平屋顶加琉璃瓦檐口的造型，与天安门及人民大会堂、革命历史博物馆取得呼应。建造纪念堂的同时，将天安门广场扩至50公顷。至此天安门广场改扩建划上了完整的句号，直至今天格局基本保持不变。

中华门

长安右门

长安左门

条空间宜人的街道。

此外，在明、清直至民国时期，本地区一直以正阳门、大明门、天安门、崇文门、内城东南角楼、东长安街牌楼、东交民巷牌楼为重要的城市地标。东长安街牌楼大致位于王府井大街南口以西，东、西交民巷口各有一座牌楼（明代分别书"德文"、"功武"，后来改为"敷文"、"振武"）。今天，正阳门城楼、箭楼和内城东南角楼依旧巍峨屹立，成为明清北京城墙与城门楼的最重要遗存。

天安门广场以东是"东交民巷历史文化保护区"。该区域有北京规模最大的近代西洋古典建筑群——使馆区。其东西主干道为东交民巷，南北主干道为正义路、台基厂路。其中，正义路原为玉河，上接皇城东侧，下出内城南墙东流入通惠河。《日下旧闻考》记载玉河上有石桥三座，"两岸杨柳郁葱可观"。玉河在民国时期被改造为暗沟，其上修建马路（即现在的正义路），平均宽度50米，中央有21米宽的绿化带，林木蓊郁，阴翳蔽日，成为一

1950年代初北京中轴线鸟瞰

《康熙南巡图》中的天安门广场

建国门豁口

民国时期拆除千步廊之后的天安门广场

东长安街牌楼

天安门广场现状

民国时期的天安门广场

正阳门及箭楼
Tower and embrasured watchtower of Zhengyang Gate

国家级 / 购票参观
地址：天安门广场南端 电话：010 – 65229386
<M2> 前门 / QIANMEN　<B> 前门、前门东、前门西
年代：明–清

正阳门是明清北京内城的正门（南门），俗称"前门"。始建于明代，明永乐十七年（1419年）将元大都南城墙和正南门"丽正门"向南移建0.8公里，仍沿元代旧称。明正统四年（1439年）城门完工，改丽正门为正阳门。清代沿用明代城门名称和形制，并在乾隆、道光年间进行过修缮。光绪二十六年（1900年）正阳门城楼被"八国联军"所毁，箭楼上部亦遭焚毁。从1902年起，大约五年时间才依原样修复。1915年，为改善内外城间的交通，在当时内务总长、京

都市政督办朱启钤的主持下，聘请德国建筑师Curt Rothkegl对正阳门进行改造，拆除了瓮城及闸楼，在城楼两侧城墙上各开两座券门，增建了箭楼北侧的平台、楼梯，还加设平坐栏杆、箭窗楣饰及城台侧面装饰。1928年于正阳门箭楼设国货陈列所。20世纪60年代因修建地铁，拆除了正阳门两侧的城墙和瓮城内的关帝庙、观音庙，城楼和箭楼在周总理的指示下得以保留。1977年结合建设毛主席纪念

正阳门城楼

堂进行了全面维修。

　　城楼：正阳门城楼为歇山重檐三滴水楼阁，坐落在宽95米，深31.45米，高14.7米的城台之上。城楼通高42米，为北京诸城楼中之最高者。城楼有上下两层外加中间一个夹层支撑上层平坐。两层均为面阔七间，进深三间，周围廊。上层四角立擎檐柱。屋顶为灰筒瓦绿琉璃剪边。上层前后

正阳门

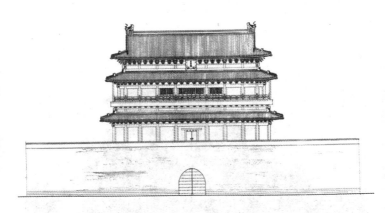

正阳门城楼正立面图

装修为菱花槅扇门，下层明间及两侧山面各有实踏大门一座。城台门洞为五伏五券顺向拱券式，内券高9.49米，宽7.08米，外券高6.29米，宽6米。楼两端沿城墙内侧设斜坡马道以通上下。

　　箭楼： 正阳门箭楼城台高约12米，箭楼面阔七间，宽62米，进深20米，北侧加三层抱厦，面阔五间，宽42米，进深12米。楼身高24米，通高约38米，低于城楼，但为北京箭楼中之最高者。屋顶同为灰筒瓦绿琉璃剪边重檐歇山顶，上层檐向北出悬山坡，下层檐出歇山北抱厦。箭楼南面

箭楼

辟箭窗52个，两侧（包括抱厦）各开21个。门洞为拱券式，券用三券三伏。门洞南侧宽10米，北侧宽12.4米。门为吊落闸门。

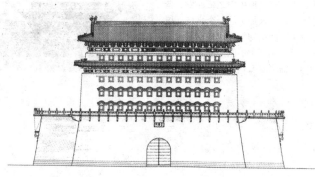

箭楼立面图

箭楼

自上至下分别为：改建前后的正阳门及现状

② 淳亲王府
Prince Chun's Mansion

市级 / 不开放 / 现为公安部	
地址：东城区东长安街14号	
`<M1>` 天安门东 / TIAN'ANMEN EAST	
`<B>` 南河沿、天安门东、正义路南口	
年代：清	

五开间前后廊歇山顶。门内为王府大殿，五开间，周围廊，歇山顶，覆绿琉璃瓦，檐下用单翘重昂七踩斗栱，大殿内为井口天花，中绘团龙图案，非常精致。东西翼楼各一座，五开间带前廊。大殿之北为二门，二者间连以月台。二门三间，歇山顶，左右各带顺山房三间。在东顺山房之东，建有一座二层砖木结构楼房，采用传统式样的屋顶，檐下施以五踩重昂斗栱，为原英国使馆时期所建官邸。寝殿五间，前后廊，歇山顶，覆绿琉璃瓦，用五踩重昂斗栱。左右各带顺山房三间。东西配殿各三间。其总体格局与东单北极阁的宁郡王府极为相似，代表了清代王府的一种典型布局形式。

原为康熙帝七子淳亲王允佑府邸，俗称"梁公府"，1861年以后被英国使馆占据。

王府主要建筑至今保存较好，分前殿后寝两个院落。有大门一座，

其北侧原为清翰林院址，南有一御碑，原有嘉庆新皇帝临幸翰林院题诗碑。

其用地在光绪二十六年（1900年）前为礼部衙署所在地。《辛丑条约》划定使馆去西界至户部街，此地在使馆区西边界之外。英商麦加利银行，又称渣打银行，是最早在华开业的外国银行之一。北京麦加利银行建于1919年，主体建筑三至四层，沿原户部街（民国后改称公安部街），西侧至东交民巷西端。建筑平面布局曲折，主入口位于东南角，临东交民巷，进入宽大的门厅后，可由楼梯间上楼，或进入西边的二层楼，或进入面积达177平方米的大营业厅。

银行外部造型为西方近代折衷主义风格。整体红砖清水墙面，在底层壁柱、挑局台、门窗套、挑檐等处用灰白石装饰。高大的底层大窗上半部为半圆形拱，二层长阳台由卷涡式牛腿挑出，饰以精美的铁花栏杆，成为立面的重要装饰。二、三层窗套与窗下墙用白石连成整体，形成立面的垂直划分。其中二层窗上饰以三角形山花装饰，三层窗上为简单的平直线脚。屋顶由挑檐石支撑的水平挑檐及砖花式女儿墙构成。

③ 原麦加利银行
Former Chartered Bank of India, Australia and China

市级 / 要许可 / 现为天安宾馆、北京市团河地区人民检察院等单位	
地址：东城区东交民巷39号	
`<M2>` 前门 / QIANMEN `<B>` 前门、前门东、天安门广场东	
年代：1919年	

原麦加利银行立面图

原麦加利银行入口

原使馆大门位于东交民巷路南，为仿古罗马的单拱券凯旋门式，于1989年拆除。使馆位于使馆区西南角，东邻荷兰使馆，西至棋盘街东侧，南至内城南墙，其中东侧为使馆建筑群，西侧为兵营。现兵营早已改建为天安门广场的一部分，东侧建筑群现存主楼一栋，官邸四栋。

主楼建于1903年，设计者Sidh Nealy。该建筑东西长33.54米，南北宽17.39米，地上两层，地下一层，内部木结构，外墙为清水灰砖，墙角以花岗石做隅石。门窗以石材做门窗套，窗下墙亦用石饰。楼前砌有平台，南面主入口大门用爱奥尼柱子和三角山花作门罩。主楼的东侧门设三开间门廊，上为阳台，面向东侧的小花园。中央大厅内由两根高大的爱奥尼柱子支撑楼板大梁，厅北侧的双分式木楼梯及木栏杆仍是原物。主楼南面的大花园东西两侧为四栋官邸，都是独立二层小楼，风格近似。

④ 美国使馆旧址
Site of The United States Embassy

市级 / 要许可 / 现为"前门23号"会馆
地址：东城区前门东大街23号 电话：010 - 58591188
<M2> 前门 / QIANMEN <B> 前门、前门东、天安门广场东
年代：1903年

主楼

美国使馆兵营

⑤ 荷兰使馆旧址
Site of Netherlands Embassy

市级 / 要许可 / 现为天安门管理处等单位使用

地址：东城区前门东大街11号 电话：010—65131130
<M2> 前门 / QIANMEN <B> 前门
年代：清

原荷兰使馆大门位于东交民巷路南40号。现大门改在前门东大街路北。现存原有建筑包括原大门和两栋楼。

大门：门洞以上为三角山墙，顶部为圆弧形，与使馆内官邸入口造型相呼应。门洞上覆盖平弧形砖拱，拱中央是白色拱心石，其上为石雕装饰。拱脚处立石倚柱，为塔司干柱式，整个大门由红色清水砖砌筑。现门洞北侧被封堵，山墙面的装饰被剔除，受到破坏。院内现存两栋楼房均是1909年建造的。

西楼：大门西南部的西楼为使馆办公楼：地上两层，地下一层，砖石结构，坐落在85公分高的平台上。建筑平面近于方形，东、西、南三面皆有入口，东面为主入口。使馆外貌为16世纪尼德兰地区荷兰风格，即以红砖砌墙，以白石做墙角隅石和门窗套及水平线脚。东、西、南三面中央入口都做成凹入的券廊，上下层均采用罗马多立克柱式，但柱身亦为红砖，柱础和柱头用石材，平缓的弧形券也用砖石相间。东西门廊为三开间，南入口门廊为两开间，中间为叠柱式方形扁壁柱，两侧开间较大的券廊采用意大利文艺复兴时的"帕拉第奥母题"式处理手法。

东楼：原为大使官邸，地上两层，地下一层，砖木结构。平面近似方形，主入口朝西，与使馆办公楼相对。立面中部内凹，并用白石重点装饰大门及二层中央大窗。其上部水平檐口采用与使馆大门相似的半圆拱形装饰。南立面中部外凸，上为居室，下为空廊，支柱为塔司干式石柱。底层大门通至半圆形平台，并可下台阶至花园。顶部檐口呈折线形凸出体，并高出水平檐部，中央有圆形盾徽装饰。2001年此建筑全部拆除，在原址按原状重建。

荷兰使馆旧址大门

大使官邸

原美国使馆兵营

⑧ 东交民巷使馆建筑群
Building complex of Former
Legation Quarter in Beijing

国家级

地址：东城区东交民巷两侧

<M2> 前门 / QIANMEN，崇文门/
CHONGWENMEN <B> 台基厂路口东、台基
厂路口西、正义路

年代：清－民国

东交民巷一带原名江米巷，早在元初就已形成，当时这里位于大都南城墙外，出售江南运来的粮米（南方的糯米北方人称江米），这条街巷因而得名。明代开拓大都南城，江米巷被圈入内城，并被棋盘街分作东、西江米巷。明清时东江米巷这一区域为"五府六部"之所在，有大量衙署、府第，清代更有不少王府与祠庙（清代萨满教的"堂子"也在此）。自明以来，这一带一直是朝廷对外交往的中心：礼部与鸿胪寺是专门主管对外关系和民族事务的机构，外国使节及各族代表来京大都住在东江米巷。明永乐年间在玉河桥西设"四夷馆"，正统年间建"会同馆"，清乾隆年间将二者合并扩建为"会同四译馆"，这些都可谓是使馆的前身。

两次鸦片战争后，英法强迫清政府签署《天津条约》，正式提出了"进京长住"的要求；咸丰十年（1860年）英法侵入北京、焚烧圆明园之后，与清政府签订了《北京条约》，次年分别强行"租借"了玉河西岸的淳王府（亦称梁公府）、台基厂南口的纯公府，正式作为二国使馆——这是近代史上北京设立使馆之

始。其后俄、美、荷、西、比、意、日、德、奥各国纷至沓来，以"利益均沾"为由，强行在东江米巷圈地设立公使馆。光绪二十三年（1897年）朱一新编纂的《京师坊巷志稿》中已有"东江米巷，亦称东交民巷"的记载，从这个变化中似乎可以看出东交民巷一带已经正式成为"各国人交往之地"。由于庚子之变，义和团围攻各国使馆，使馆建筑几乎全部毁于一旦，对于庚子前各国使馆的形貌，只能从老照片与铜版画中一窥原貌：庚子前各国使馆大体沿用其占用的王府、官邸、庙宇以至民宅的原有建筑，只是根据西方生活方式的需要，改造了室内装修与陈设，一些使馆如英国使馆还建造了洋式的大门以及一些一、二层的洋楼，法国公使馆修建有洋式楼房与花园。

1900年以后东交民巷使馆区的建设是北京城自明清以来城市形态最大的一次变化：在紧邻正阳门、占地约100公顷（几乎为紫禁城的1.5倍）的广袤范围内，西方列强依照各自的规划设计理念加以布署，不顾北京城原有的格局特点，最终建成西方列国的大型"建筑博览会"，成为北京城中的一座殖民地式的"城中之城"。整个使馆区由围墙团团包住，外设沟濠：

"周界有八堡，各置铁门。八堡位置，一在大城根东头，二在交民巷东口大和街南口外，三在台基厂北口，四在明治路北口外，五在西河沿北口，六在东公安街中间新大路口外，七在交民巷西口美兵营北墙外，俯瞰'敷文'牌楼，八在大城根西头，美兵粮库西方。除此八堡外，使馆界之界墙，高几两丈，雉堞连绵，枪孔不断。复有红漆之钢顶炮塔，点缀其间。纵目望之，实文明都市中之奇观也。"

除了规划建设各国使馆之外，使馆区宽敞的用地尚有许多富余，各使馆纷纷将剩下的那些"黄金用地"租赁给洋行、百货公司、教堂等。到民初时东交民巷地区的各国银行、洋行、饭店、医院等已达九十余家，其中尤以银行最多——著名者有英国麦加利银行、汇丰银行，法国东方汇理银行、俄国华俄道胜银行、美国花旗银行、德国德华银行、日本横滨正金银行，成为各国建筑艺术风格的重要代表。

最终规划设计完成后的使馆区以高墙为界，以东交民巷和玉河为其"十"字形骨架，各国使馆分列其间，南倚北京内城南墙，其余三面环以大量空旷的场地，整个区域以二、三层的各式洋楼为主体，点缀以高耸的教堂钟塔（如圣米厄尔教堂的哥特式双塔）及一些洋行的高楼。

"一战"结束后，作为战败国的德、奥首先放弃了其使馆；俄国在十月革命后也主动放弃使馆区；1928年民国政府首都南迁，各国使馆也随之南迁，不过剩余列强依旧不肯放弃其到手的领地；1941年太平洋战争爆发后，美、英、比、荷使馆及兵营尽数被日军占用，原使馆界内尚存日、意、法、西四国；至1945年日本投降后，中国政府陆续收回使馆区之主权；1950年1月19日《人民日报》报道称"北京市军管会维护国家主权，收回外国兵营地产，并征用各该地面上兵营及其他建筑"——自此东交民巷使馆区长达50年之久的历史彻底结束。解放后这一带成为中央各机关单位及北京市委市政府所在地，兼有一部分居住、商业内容。不少原有的使馆区西式建筑被留存下来，可惜的是许多新的建设与原使馆区建筑尺度差

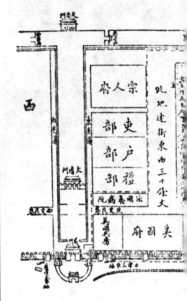

庚子后北京使馆界图

异巨大，致使东交民巷整体街道轮廓线凌乱不堪，缺乏美感，诸如首都宾馆、外交部宿舍等现代大楼更在很大程度上破坏了该地区的整体风貌。

现在保留下来的使馆建筑群中被列为全国文物保护单位的建筑包括本节7～18各项，此外，3～5、19、20各项被列为北京市文物保护单位，这些原使馆区的建筑构成北京城内规模最大的近代西洋古典式建筑群。

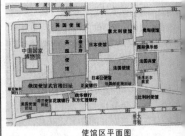

使馆区平面图

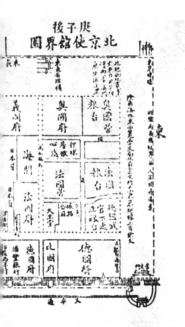

7 英国使馆旧址
Site of the British Embassy

国家级 / 不开放 / 现为公安部		
地址：东城区东长安街14号		
<M1> 天安门东 / TIAN'ANMEN EAST <B> 南河沿、天安门东、正义路南口		
年代：清		

清咸丰十年（1860年），"英法联军"攻占北京后，十月签订《北京条约》。英国租用东交民巷北、御河西岸的梁公府（淳亲王府）为英国使馆，这是外国在京建立的第一个使馆。光绪二十六年（1900年）义和团攻打使馆区时英使馆部分平房被毁。《辛丑条约》签订之后，英使馆在原址大加扩建，将其北面的翰林院、銮驾库及其西边的兵部署、工部署（包括存料场）、蒙古内馆、鸿胪寺之一部等都包括在内，比原址扩大了两倍多。西界直至兵部街，四周空地很多，便将西北部作为兵营，北部作为操场。其保留至今的建筑有大门、淳亲王府（见本节第2项）、兵营（武官楼）及少数平房。

英国使馆旧址武官楼

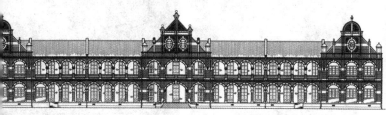

武官楼正立面

现存英国使馆大门为灰砖砌筑的两层三间凯旋门式，中部有水平腰线，上部为半圆拱形龛，上有凸出的徽式雕塑，两侧边跨上下各有长方形与长拱形龛，顶部为中央高起的女儿墙；墙面有砖砌凸起的水平装饰性划分。使馆西北部为兵营及武官处，原有官邸一座，兵营两座，现存一座兵营质量较高，称武官楼。楼为二层砖木结构，坐北朝南。中央大厅两侧是两个楼梯间，大厅东西两侧各有三组套间。其外部造型为西方古典折衷式。南面两层均为连续拱廊，拱券立于石质短柱上，柱头为爱奥尼变体。底层半圆拱立于砖砌方柱之上，柱头仿塔司干式。连廊柱间为花瓶式栏杆。中央部分由直抵山花顶的壁柱划分为三开间，采用一大两小的券柱式构图。山花中央又有壁柱，其两侧开圆窗。东西两端顶部立有圆拱山墙，中央为圆窗。外立面全部为清水灰砖墙，并用红砖在拱券等处作装饰。一些细部采用中式卷草花纹。

英国使馆旧址大门

武官楼现状

❽ 花旗银行旧址
Site of Citibank

国家级 / 购票参观 / 现为北京警察博物馆

| 地址：东城区东交民巷36号 |
| 电话：010－85225018 |

| <M2> 前门 / QIANMEN <B> 前门东、台基厂路口西、正义路 |

| 年代：1917－1920年 |

　　1917－1920年建成，建筑师为墨菲（Henry Killiam Murphy，清华大学与北京大学校园规划设计者）。

　　建筑物地上三层，地下一层，砖石结构。正立面朝北，临东交民巷。立面全部用花岗石砌筑，三层楼由水平檐线划分为上下两部分，约为一与三之比。一、二层处理为整体柱廊，四根罗马爱奥尼式柱子高大有力，立于七步台阶之上，纵贯两层。柱廊两端以宽大的扁平壁柱结束，其柱头为一组复合水平线脚。柱廊之上是通长的檐部，檐壁简洁无装饰，但檐壁比例宽大，额枋窄细，并以一组线脚划分。水平檐口由一排托檐石挑出。柱廊内底层中央为入口大门，两侧各两个大窗，窗洞上部皆为半圆拱券。金属的门窗框制作精良，外加金属的防护栏。二层为五个高大的巨形窗，顶层檐口由多层线脚形成横向腰线组，墙面有与下层对应的五个长窗。檐口上为女儿墙，中部做出巴洛克曲线涡卷形装饰，正中为高大的盾徽，上面刻有花旗银行的标志，徽后设旗杆。该楼比例良好，外观厚重稳定，是典型的近代古典主义银行建筑。

东方汇理银行旧址
Site of Banque de l'IndoChine

国家级	
地址：	东城区东交民巷34号
<M2> 前门 / QIANMEN <B> 前门东、台基厂路口西、正义路	
年代：1917年	

1917年建成，由英国通和洋行设计、施工。建筑物地上三层，地下一层，砖石结构。外观具有西欧近代流行的折衷主义风格，但又有尼德兰古典主义的影响。整体墙面为红砖砌筑，用灰白石材做柱子和分层线脚、檐口、门窗套等。立面划分为三段式：其地下层高出地面约3米，地面以上开有明窗，增大了作为基座的底层高度；二、三层做整体处理，顶部挑檐，下有一排古典式托檐石；挑檐之上的女儿墙除在立面中部用实墙外，两侧皆用瓶式立柱栏杆。

对外主入口位于北面和西面。北立面沿街，造型最为丰富。五开间中央以贯通二、三层的罗马爱奥尼柱式划分墙面。立柱并非独立圆柱，而是四分之三圆的壁柱凸出墙面，柱头涡卷45°外伸。柱间二层窗套用石材做成巴洛克风格的小柱与折断的檐部拱形山花，小柱为罗马塔司干式，柱身中间又夹以方形块石。中央部分两侧红砖墙以块石作为隅石包角。二层窗套上部为三角形，三层窗套则为简单的直线形。底层大门与上层对应，中央三开间做成外凸的重石块门套。

东方汇理银行立面图

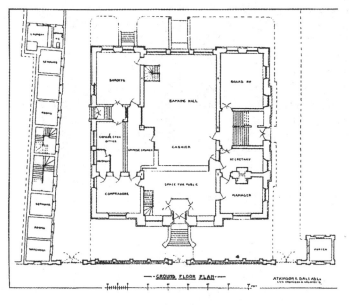

东方汇理银行平面图

同治八年（1869年），意大利继英法之后在东交民巷建立使馆，位置在东交民巷与台基厂交叉口的东北角。光绪二十六年（1900年）义和团围攻使馆时意大利使馆被毁。《辛丑条约》后意大利趁机要求扩大用地另建使馆，便占据东起台基厂、西抵御河、北临长安街的大片地区，包括堂子全部及总税务司以北、肃王府之一部及其东部之民宅。新使馆在东部，西部为兵营。现存大门、原办公主楼、教堂、官邸等几处建筑。

10　意大利使馆旧址
Site of Italian Embassy

国家级 / 不开放 / 现为中国人民对外友好协会、中国国际友好城市联合会等
地址：东城区台基厂大街1号
<M2> 前门 / QIANMEN <B> 前门东、台基厂路口西、正义路
年代：清

使馆主楼：地上二层，地下一层，坐南朝北，东西37米，南北27米。外墙红砖砌筑，水平腰线，窗套墙转角檐部及基座处皆为石材。地下室在基座处有弧形窗，并施以精美的铁花。北部主立面被划分为三部分，中央三开间微向前凸出，大门之外，罩以石材大门廊，正面与侧面券洞上部有金属花饰及吊灯。二层中央三开间与大门廊作整体处理，墙面饰以科林斯式壁柱，三个窗套上部为弧形山花。屋顶女儿墙也做成镂空栏杆。南立面的中部六开间为敞廊，柱子为方形塔司干柱式，柱身有水平凹槽划分，中间两开间为大门，前有四开间长的水平大台阶通往花园。但现在南面这两层外廊已被封装窗户，遭到破坏。室内格局基本保持原貌：由北部大门进入门厅，其左右各有前室进入东西侧房间。穿过门厅是大楼梯厅，并可继续进入南部房间。三跑式大楼梯位于大厅东侧，大楼梯厅西侧设有封闭楼梯间。二楼大厅为跑马廊式，顶部为玻璃顶棚，可直接采自然光。所有栏杆铁花具有西方新艺术运动风格。门厅及楼梯厅内地面及墙裙为大理石。粉色墙面用镏金线框划分，门为精致的意大利式门套装饰。厅内立柱为罗马爱奥尼柱式。全部房间为连列厅式，各房间可全部贯通。各厅室有装修精美的壁炉。各敞廊的地面为彩色马赛克铺砌。

大门：位于台基厂大街西侧，南北两座门房相距13米。红砖墙，四坡锥形屋顶挑檐深远。檐下有精美的金属花式支撑。两门房间有造型优美的曲线形墙，墙高4米，红砖墙身上有石材镶边和大涡卷等曲线装饰；内侧有石柱墩，其上部有华丽的盾徽形装饰，石墩内侧为曲线矮墙，上有金属栅栏与宽3.7米的两扇大铁花门连为整体，其上高高挑起的铁花灯架，使大门显得十分华丽。此门为典型的欧洲"新艺术运动"风格，但在20世纪70年代初期被拆除，改建为现在的两个门柱及铁栅墙。大门内北侧为两幢二层官邸建筑；南侧为一层接待用房，其中一间中有一樘伊斯兰风格的室内装修，雕塑精致，彩绘细腻，刻有大量阿拉伯祈祷经文，保存十分完整。顶部四周绘有花鸟，是当时流行的世俗油画风格。使馆院内还有圆明园的一对铜狮和一些石雕构件。

位于使馆院内东北部的官邸，

意大利使馆旧址主楼

平面"U"字形，二层砖木结构，长31米，宽17.1米，坐北朝南，前有敞廊。外形简洁，灰砖清水墙面，一、二层间以腰线划分，腰线饰以卷草纹样。墙装饰扁方壁柱，窗外饰以窗套。坡顶檐下有卷草装饰带。该邸1949年以后成为著名国际主义人士路易·艾黎的住所，艾黎逝世后辟为纪念馆。

使馆院内西侧为教堂。坐西朝东，单层，砖木结构，主要供使馆人员与兵营士兵使用。平面东西26米，南北14米，东面主入口，半圆弧形祭坛在西。墙面为红色清水砖砌筑，檐部和门窗套用灰白色石材。四根简化的科林斯式壁柱将立面分为三部分，宽大的中央部分有三个大门，门过梁之上又做三个半圆形联拱窗。两侧开间墙面上设狭长小窗。侧墙开长方形窗。壁柱上的简洁檐壁环绕整个建筑。室内现改造为礼堂，祭坛部分改为舞台，门窗更换，已无原貌。

意大利使馆旧址官邸

意大利使馆旧址门房

11 日本使馆旧址
Site of Japanese Embassy

国家级 / 不开放 / 现为北京市人民政府使用
地址：东城区正义路2号
<M2> 前门 / QIANMEN <B> 前门东、台基厂路口西、正义路
年代：清

光绪二十六年（1900年）义和团围攻使馆区，日本公使馆（详见本节第13项）虽未被破坏，但《辛丑条约》后，日本却借口原址狭小，不敷使用，迫使清政府将西面的詹事府、肃王府及部分民宅划为新使馆用地。南部建造使馆，北部为兵营。

现存建筑有使馆办公主楼及大门等，设计者为日本近代著名建筑师真水英夫。使馆修建时保留利用了肃王府花园的部分山石、树木与围墙。

大门：使馆大门开在御河路（今正义路），坐东朝西，与英国使馆隔御河相对。面阔三间，进深一间，大门楼两侧有弧形墙。门楼为二层，两侧门房皆有小楼梯可登二层。总体风格为西方近代折中风格。立面由三部分组成，两侧为灰砖砌筑的碉楼式墩体，三段式处理，古典檐部，女儿墙带巴洛克式涡卷装饰，上为方锥形铁皮屋顶。两楼间大拱门洞中部腰线以上为石墙，拱券之上再套山花。

日本使馆旧址大门

日本使馆旧址大门

办公主楼： 二层砖木结构，东北部有局部地下室。平面为不规则矩形，南面主立面长约46米，南北进深约34米，四面都有出入口，主入口在南面。立面处理不追求轴线对称，而注重多样性的变化组合，重点部分偏东。入口大门部分微向前突，门前台阶上的一对爱奥尼式矮柱上支撑一半圆筒拱作为门罩，两侧有扶壁式厚侧墙。二层中央门前有牛腿挑出阳台，门两侧为壁柱，上层墙上有盾徽式装饰。门套之上有花形装饰，檐部壁柱头上有巴洛克式反正涡卷。古典檐口之上，立有高耸的方锥顶，正面开有西洋古典细部的老虎窗。入口西翼主体有六开间，底层为连续的罗马券柱式，以瓶式栏杆相连，二层为双圆式柱廊，上以简化水平的檐部结束，双柱间连以新艺术运动风格的铁花栏杆。西翼结束端是一个约7米见方的碉楼式突出体量，上部退后，四角细柱支撑一四锥顶。入口东翼有两开间的实墙开窗，屋顶檐口上面立栏杆式女儿墙。东翼结束端底层为半圆形突出体，四根扁平塔司干式壁柱间开长窗，以立于小型塔司干壁柱上的半圆券为窗套。檐部之上伸出弧形大挑檐，上面突起为弧形护墙。二层墙面开有并联一体的两窗夹一门，并以完整的一套罗马柱式做门窗套，其上又有半圆形券石装饰，顶部三角形山墙高出屋檐。

总体观之，日本使馆主楼与大门造型是西方古典主义与巴洛克和中世纪多种要素的混合体，其特点是不讲究古典比例，而追求多种要素的结合，它是近代西欧折衷主义的风格，更是近代日本模仿欧洲风格的典型。

12）正金银行旧址
Site of Specie Bank

国家级 / 要许可 / 现为某银行使用
地址：东城区正义路4号
<M2> 前门 / QIANMEN <B> 前门东、台基厂路口西、正义路
年代：1910年

建筑坐落于御河东岸，地处御河路（今正义路）与东交民巷交叉口的东北角，西南侧为原御河桥，位置显要。设计者是日本建筑师妻木赖黄。

该楼位于街道转角处，平面为曲尺形，西部较长，南部较短。建筑地上两层，地下一层，砖石结构。转角部位设计成三层弧形塔楼，顶部冠以半圆形铁皮穹顶，上置旗杆，穹顶底部设弧形老虎窗——整个塔楼成为东交民巷、御河地带的标志性建筑。

主入口设在转角塔楼的南侧，在沿御河路的楼段中部开有通往内院的大门洞，设有精致的铁花大门。

其外部造型，属于欧洲19世纪流行的折衷主义风格，但还具有明显的荷兰古典主义风格。因为自江户时代中期，日本吸取西洋文化，首先是向荷兰学习，当时称为兰学，所以荷兰的红砖清水墙饰以白石材的做法在日本近代建筑中颇为流行。正金银行外立面以红砖与石材交替砌筑，并将立面作三段式处理。石砌的基座层和一层以石为主的做法，增加了建筑的稳定感。而二层则以红白相间的横向划分，产生自下而上的轻巧感。窗间墙以巨柱式壁柱贯通两层，爱奥尼式的涡卷柱头增加其华丽感。檐部之上以石质挑檐与女儿墙栏杆作为顶部有力的结束。底层的大窗用金属柱式与三角形山花分为上下两部分，用金属既可作为安全护栏又增加了窗户的装饰性，而半圆拱券的石砌窗套增加了其整体力度感。二层则在壁柱间开每

组两个的长方形窄窗，与底层大窗形成对比。转角塔楼立面虽作水平腰线划分，但石砌壁柱自基座直贯顶部使塔楼连贯完整，整体建筑显得稳定有力。

总体观之，该建筑造型完整，比例严谨，作工精细，为一银行建筑佳作；此外就城市设计角度看，其成为使馆区核心地带的重要地标。

正金银行旧址塔楼

正金银行旧址细部

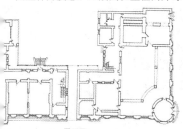

平面图

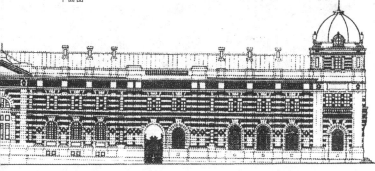

立面图

⑬ 日本公使馆旧址
Site of Japanese Legation

国家级 / 不开放
地址：东城区东交民巷21、23号
<M2> 前门 / QIANMEN <B> 前门东、台基厂路口西、正义路
年代：1886年建成

光绪十年（1884年），日本外务省雇请片山东熊担任公使馆的设计和工程监督。于1885年5月开工，1886年8月竣工。公使馆由办公用的本馆及其后面的宿舍两部分组成，均为砖墙承重木屋架的平房。

日本公使馆本馆是东交民巷地区现存最早的使馆建筑，也是使馆区19世纪建造并保留下来的唯一建筑。

其设计人片山东熊是日本最早接受近代建筑高等教育的四位建筑师之一。本馆由南、北、西三栋房子围合成"U"字形，东侧由木构走廊相连。其中南房为新建，西房和北房为原有民宅改建。南房南侧为外廊，为当时流行于东南亚的"殖民地式"风格。本馆正立面为七开间，以南面入口为中心，左右对称，两侧各为三间连续拱券，当初均是柱间设栏杆的外廊，正中入口略向外突出，上立半圆拱，上部三角山花有砖雕，两侧角柱上有砖雕菊花图案。正立面角柱上的砖雕是鹿与牡丹等图案，出自中国匠人之手。

公使馆临街大门仅有西侧门房，大门西侧有一幢二层带局部地下室的西式小楼，是后期建造的外交官员住宅，每层两户。原外墙为红砖砌筑，带有荷兰风格，现被刷成灰色。后期营房位于东交民巷23号，共有五幢二层楼房，建于日本侵略军占领北京时期，都是合居式住宅。全部建筑为砖木结构，红砖墙欧式风格。

透视图及立面图

国家级 / 不开放	
地址：东城区东交民巷15号	
<M2> 前门 / QIANMEN <B> 前门东、台基厂路口西、正义路	
年代：清	

此处原是纯公府（景崇府），咸丰十年（1860年）《北京条约》签订之后，法国"租"此府建使馆。光绪二十六年（1900年）义和团运动中使馆部分建筑被毁。《辛丑条约》签订后，使馆范围进一步扩展，现使馆占地东西约122米，南北约217米。

现存原有建筑包括大门、四栋配楼以及院中央的汉白玉莲花喷水池。大门为单拱券凯旋门式，两侧有弧形侧墙拱卫，由青砖砌筑，局部线脚用青石装饰。门洞两侧墙，砖墙向外凸出呈墩状，下部基座，上部以长方形外凸线脚与洞孔点缀。中央大门洞上部为半圆券，拱角下的拱脚石支在两个砖砌圆柱上，柱头仿爱奥尼式。门前有两座石狮，疑为纯公府原物。作出壁柱和。四栋配楼对称排列，为法国乡村别墅式，木构两层，有木外廊，也有砖作连续券廊。院内四栋官邸，皆为二层楼，灰砖清水砖墙，配以石材装饰。其中三栋位于花园东侧，一栋在西侧。这些建筑保存较好，但室内重新装修，门窗换为铝合金，破坏了原貌。

原兵营总体布局为对称式，大门位于台基厂三条路北，进门后左右有两栋二层楼房，练兵场东西两侧各有一幢独立别墅式军官楼。两栋二层法军宿舍分别列中轴线两侧，其后为食堂等单层建筑，另一些辅助用房在场地西侧。现存大门、法军宿舍和西南部军官楼。

原兵营大门为单拱券凯旋门式的变体，两侧为窄而高的柱墩，扁壁柱柱身为砖砌重块石式，檐部之上为方锥形顶。中央券洞上部为三角形墙，内嵌曲线白石，刻有法文。门现已被改造，非原貌。兵营主建筑为两栋士兵宿舍，彼此相距约10米，每栋十四开间，长约52米，进深12米多，地上二层，砖木结构，灰砖砌筑。底层原为通廊，每两开间由扁壁柱直通两层，两壁柱间的底层砌有扶壁，底层券洞为平缓的曲线券。一、二层之间砖砌水平腰线，并由立砖砌成齿状。二层每开间则为双联窗，并以窗上拱过梁曲线连成整体。室内走道两侧是相同的房间，楼梯间位于东西两侧。外观整体是西洋式，但屋顶是中式四坡顶，前后通廊则覆以披檐顶。西南部军官楼二层砖木结构，南北坡屋顶，南侧上下为通廊，南立面拱形窗，下层与上层单双相配，北立面为砖墙带小拱券窗，楼两端为向北突出的砖楼。

国家级 / 不开放	
地址：东城区台基厂三条3号	
<M2> 前门 / QIANMEN <B> 前门东、台基厂路口西、正义路	
年代：清	

⑯ 奥地利使馆旧址
Site of Austrian Embassy

国家级 / 不开放 / 现为中国国际问题研究所、中国太平洋经济合作全国委员会等单位使用	
地址：东城区台基厂头条6号	
<M2> 前门 / QIANMEN <B> 前门东、台基厂路口西、正义路	
年代：清	

原奥地利使馆北邻长安街，西临台基厂，南抵台基厂头条。现存使馆主楼与大门保存较完好。主楼两层，带外廊，东西约52米，南北约23米，整体造型简洁，为法国古典主义风格。南立面分为五部分，中央与两侧翼顶部均冠以三角山花，并都略向前凸。中央入口部分为三开间，两侧翼

为两开间。柱廊底层为方柱，二层为圆柱，皆为塔司干柱式。檐部简洁无装饰，只有二层采用瓶式花栏杆具有装饰效果。主入口三开间大门廊，两侧有弧形坡道，其上为二层大厅之阳台。室内门窗、金属栏杆、天花仍未原来样式。门廊的柱子及檐部被贴上了瓷砖，破坏了原有风貌。使馆大门与主楼风格一致，主体为三间，下有基座，上立塔司干式双圆柱，檐部施以三垅板，上以三角山花结束。中央一间为大门，两侧间开窗，门楼两侧带有弧形侧墙，形成门前小广场。

奥地利使馆旧址主楼

为东交民巷使馆区洋人休息、娱乐、社交之所，又名"西绅总会"、"万国俱乐部"，德国建筑师罗克格（Curt Rothkegel）设计。

主体建筑坐东朝西，二层砖木结构。平面布局很不规则，主入口在西

⑰ 国际俱乐部旧址
Site of International Club

国家级 / 不开放	
地址：东城区台基厂大街8号	
<M2> 前门 / QIANMEN <B> 前门东、台基厂路口西、正义路	
年代：1912年建成	

面，南面有次入口。入西门后，经前厅和走道进入楼梯厅。根据使用功能不同，设有大、中、小不同规模的活动室。立面为近代简化的折衷样式，以水平腰线划分为两层，底层大门为较宽大的拱券式，两侧各有一对半圆拱式外窗。二层为三组矩形双联大窗，每两窗间为简化的西方柱式。四坡形屋顶的西立面处设局部阁楼，曲线山花形的山墙面上有两方窗、一圆窗，并饰以装饰花纹和线脚，形成立面构图的重点。南立面底层为连续拱廊，以券柱式构图加强了南立面的光影效果。

18 比利时使馆旧址
Site of Belgian Embassy

国家级 / 要许可 / 现为紫金宾馆
地址：**东城区崇文门西大街9号**
<M2> 前门 / QIANMEN <B> 前门东、台基厂路口西、正义路
年代：清

比利时使馆位于台基厂大街与东交民巷交叉口东南角，在原大学士徐桐故宅的基础上扩建而成。现存使馆建筑有使馆办公楼和四栋官邸。办公主楼坐北朝南，官邸分列东西，中央为大片绿地。

办公主楼平面为东西41.5米、南北19.85米的长方形，东北端和西北端各有一配房凸出。主楼地上三层，地下一层，砖石结构。原建筑首层门

厅南端东西两侧为外廊，各向北环绕与东西两侧配房相连，后将外廊砌砖墙并开半圆大窗。其上为二层室外平台。主楼南立面三间外凸，强调中央入口的轴线感，高耸的屋顶阁楼做成比利时典型的阶梯状三角山花。这是自中世纪后，尼德兰地区商业城市（诸如布鲁塞尔、阿姆斯特丹等）的建筑传统，其特点是正面很窄，进深很大，山墙临街，山花彼此连接，里面为阁楼，并以哥特式小尖墙等作为装饰，形成华丽而复杂的轮廓。主楼在中央两侧及东西两侧墙都做成阶梯状山墙，山墙端部有碉楼式竖向装饰。外墙用暖色清水砖砌筑，并以石材做门窗套及墙转角处隅石。入口大门廊进深较大，采用壁柱为塔司干式三个等开间同高的券柱式，增强了建筑立面的气势。正面大台阶两侧有宽大的坡道。

院内除东南角的4号楼为后加建，其余四幢均为原有建筑。西北侧2号楼两层，其余3号、5号、6号楼皆为二层半。全部为绿色金属坡顶。

使馆现状鸟瞰

18 法国邮政局旧址
Site of French Post Office

市级 / 要许可 / 现为某餐厅
地址：东城区东交民巷19号
<M2> 前门 / QIANMEN <B> 前门东、台基厂路口西、正义路
年代：清

建筑为砖木结构平房，面宽26米，进深13米，坐北朝南，东北部有地下室。南立面设东西两个门，形成对称式构图。门两侧贴重块石式的壁柱，虽做出宽大的横缝划分，增加其沉重坚固感，但柱身上又塑出垂直壁面，上部以西式檐壁额枋形式结束，再以盾徽作装饰，使两个入口明显突出。大门之间为四个连续券窗，大门外侧又各有一个同样的券窗。除门套外，墙体全部用灰砖砌筑出线脚，刻划出圆券及其锁石、窗间墙券脚处的凸线。木门窗框漆成红色，而窗台板则用灰白色石板。屋顶女儿墙对应窗间墙位置处采用三角山花，并在东西两端做成转折形。三角山花之间的檐壁上嵌有中式砖雕。窗下墙处间隔交替地嵌有相似的砖雕花饰。总体观之，该建筑是含有东方色彩的折衷的"殖民地式"建筑。

20 圣米厄尔教堂
St. Michael's Church

市级 / 免费
地址：东城区东交民巷13号
<M2> 前门 / QIANMEN、崇文门 / CHONGWENMEN <B> 前门东、台基厂路口西、正义路
年代：清

该地原为意大利使馆用地，《辛丑条约》后此处改属法国使馆，因信徒众多，要求建堂，于光绪二十七年（1901年）始建，1904年建成。创建者为法国传教士高司铎。该教堂是外国人在北京修建的最后一座天主堂。

建筑物为哥特式风格，坐北朝南。临东交民巷的院门及南院墙基本保持原貌。教堂平面为巴西利卡式，南面主立面前有五步台阶上至门前平台。北部祭坛部分为半圆形，外加单层环廊。南立面宽约14.75米，南北长约54.3米，高耸的哥特式钟塔距十字架距地面26.1米。室内两排列柱之间的中厅宽6.4米，净高13.2米。立柱下有古典式柱础，上有科林斯柱头，其上立有两圆心尖拱，再上为木屋架，覆以灰色坡屋顶。两侧廊外墙每柱间开有5.5米×0.8米的尖拱长窗，嵌以彩色玻璃。教堂外墙由灰色清水砖砌筑，南立面由两座钟塔和中部入口组成。中部大门上方常规的大玫瑰窗处，改成两联尖拱窗与一圆形花窗的组合。立面扶壁顶部皆做成尖券与小尖塔，造成立面之升腾感。

于谦（1398－1457年）是拥戴明景泰皇帝保卫北京挫败瓦剌也先进犯的杰出政治家、军事家。英宗复辟后惨遭杀害。成化二年（1466年）宪宗皇帝特诏追认复官，将其生前在京故居改为"忠节祠"。万历十八年（1590年）改"忠肃祠"，并于祠中立于谦塑像。清末思想家、史学家魏源曾为于谦祠做一联：

"砥柱中流，独挽朱明残祚；庙容永奂，长赢史笔芳名。"

现存建筑为晚清时重建。该祠坐北朝南，入口为广亮大门，东跨院内原有奎光院，为二层小楼，上为奎星阁，悬"热血千秋"匾。1976年，阁因地震被毁。前院有倒座房五间，北房五间为过厅。二进院正房五间为享堂，内供于谦塑像。1900年义和团曾在此设神坛（于谦祠当时是义和团重要坛址）。此院还有东西厢房各两间。在正院西侧，另有两路跨院，各有正房三间，倒座房三间，西端有西厢房三间。东跨院东北端有东厢房两间。

现在该祠正在维修，估计不久将对外开放。

21) 于谦祠 Yu Qian Memorial		
市级 / 不开放 / 现在维修中		
地址：东城区西裱褙胡同23号		
\<M2\> 北京站 / BEIJING RAILWAY STATION \<B\> 东单路口东、北京站前街		
年代：明－清		

22) 清代邮局旧址 Site of Post Office in Qing Dynasty		
市级 / 不开放 / 现在维修中		
区级 / 购票参观 / 现为北京邮政博物馆		
\<M1\> \<M5\> 东单 / DONGDAN \<B\> 东单路口南、崇文门内		
年代：清		

光绪二十一年（1895年）张之洞疏请举办国家邮政，次年三月二十日获皇帝谕允。光绪二十三年（1897年）二月二十日正式成立大清邮政局，此后我国邮政事业才独立发展。起初，大清邮局仍设于总税务司署内，后迁到崇文门大街，光绪三十一年（1905年）迁到小报房胡同。光绪三十三年（1907年）大清邮局迁到东长安街。报房胡同内的大清邮政邮政总局办公地（1905－1907年）于1914年改为北京第一邮务支局，1920年更名为崇文门大街邮局。新中国成立后曾是营业处、邮亭、邮政支局、邮电所。1955年后成为民宅。1996年北京市邮政管理局对旧址修复，建立北京邮政博物馆。主要建筑是一排五开间平房，在小报房胡同西口立有一座邮局的牌楼。营业大门设于平房西侧北端。东侧有窄内院，由南侧街门进入。现馆内陈列北京邮政百年历程的历史照片及邮政文物。

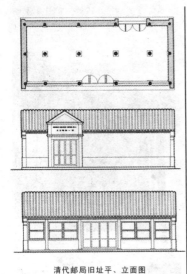

清代邮局旧址平、立面图

23 亚斯立堂
Asbury Church

市级 / 要许可
地址：东城区崇文门路口东北的后沟胡同丁2号
<M2> 崇文门/CHONGWENMEN <B> 崇文门
年代：清

基督教美国卫理公会的中心教堂，为纪念其创始人，故名亚斯立堂，也称崇文门教堂。同治九年（1870年），美国美以美会在崇文门内孝顺胡同购买房产布道，同年兴建北京基督教亚斯立堂，1882年新堂落成。1900年教堂在义和团运动中被大火焚毁，后重建。重建的教堂为近代折衷主义风格，现存两组建筑，即教堂及大门。

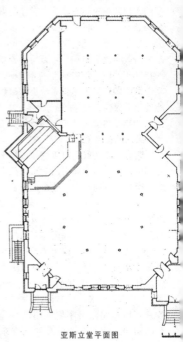

亚斯立堂平面图

大门：坐东朝西，立面3间，中间一间为门道，门道外立面用方壁柱和拱券装饰，门道两侧为警卫室和门房，仅留一拱券窗。檐部用砖砌出突出椽头和线脚，檐部以上为女儿墙，用突出的方柱头和雉堞造型装饰，建筑灰砖清水墙面，现保存完好。

教堂：地上一层，半地下一层，坐北朝南。平面为两部分组成，形成两个独立空间，分成正、副两堂，正堂可容500人，副堂可容300人。中间以活动木墙相隔，当教友众多时，二堂可合二为一使用。主立面和东西立面均置雉堞女儿墙，铁皮屋顶，装饰不多但工艺考究。主立面向南，由三大部分组成：中部三角形山墙两边做成台阶状，中央部分平直高起，水平檐以上做成雉堞形女儿墙。立面中心是个巨大拱券窗，两边附两个小券窗。大门在两边布置，均为拱券大门。西部入口上有三角山花，东部为主门廊，为凯旋门式方形，带雉堞的女儿墙后突起方锥形尖顶。墙体以灰色清水砖砌筑，饰以砖砌线脚。教堂内部是木结构，木柱支撑三角桁架，主教堂上一座八角采光亭，亭檐下为采光窗，旁附有一个小八角采光亭。室内墙壁木装修、地板、天窗四周的木板皆为深褐色，宗教气氛很浓。

亚斯立堂原为教区主堂，教区于1903—1909年形成。除教堂现仍保存有同仁医院、慕贞女中部分建筑，是近代教会文化的实物遗存。

细部

室内

室内

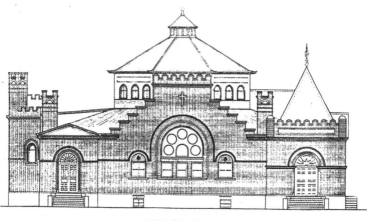

亚斯立堂立面图

古观象台1990年代鸟瞰

24 **古观象台**
Ancient Observatory

国家级 / 购票参观 / 现为北京天文馆使用

地址：东城区建国门立交桥西南侧
电话：010－65242202

\<M1\> \<M2\> \<M13\> 建国门 / JIANGUOMEN
\<B\> 北京站东、建国门南

年代：元－清

北京古观象台是现今世界上使用时间最长的观象台，其保存的大型古天文仪器不仅数量最多而且最为完整，在过去的五百多年中，保持了不间断地天文观测记录，积累了大量的资料和数据。古观象台不仅进行天文观测，也进行气象观测。它保存了自清雍正二年（1724年）至光绪二十八年（1902年）近180年中每天的气象资料，是世界上现存最早的气象观测记录。

观象台建于明正统七年（1442年），利用元大都城东南角楼改建，清代沿袭明制。北京地区设有天文台的历史很长，金代即袭宋制，设太史局、候台。元初仍沿用金旧制，元世祖至元十六年（1279年）由王恂、郭守敬等人制造了更新的天文仪器，又建了一座司天台。元末明初，司天台毁于战乱。明成祖迁都到北京后，在皇城西部建宫廷观象台——灵台。直到正统七年（1442年）才建了新观星台，这就是古观象台的前身。弘治十四年（1501年）改造观星台浑仪及简仪。崇祯三年至八年（1630－1635年）徐光启等人制造了象限仪、纪限仪、平悬浑仪、交食仪、列宿经纬天球、五国经纬地球、平面日晷、候时钟、望远镜等仪器，使天文观测水平大大提高。清代，观星台改称为观象台，隶属钦天监。康熙十二年（1673年）比利时传教士南怀仁受命采用西方制度设计督造了天体仪、赤道仪、地平经仪、地平纬仪、黄道仪、纪限仪等六件大型仪器，置于台上。康熙五十四年（1715年）造地平经纬仪，乾隆九年（1744年）造玑衡抚辰仪，改刻度制式。清代所铸铜制仪器造型高大美观，雕饰细腻流畅，形象生动，是我国古代天文技术与铸造技术的完美结合。此时，由于大型天文仪器的增多，观象台又向东接约五米。1900年，"八国联军"洗劫观象台，后迫于舆论压力和我国人民的要求，陆续归还劫掠的仪器。我国又将清制八件仪器全部按原布局安于台上，而明制两件则安置于台下紫微宫两侧，左为浑仪，右为简仪。1911年辛亥革命后，观象台改称中央观象台，隶属教育部。1929年改称国立天文陈列馆，只做气象工作，结束了近五百年连续观测天文工作的历史，于1933年将部分仪器迁到南京紫金山天文台。新中国成立后，有关部门对古观象台进行多次修缮，1955年交北京天文馆使用。1956年5月1日辟为"北京古代天文仪器陈列馆"，对外开放。1979年，古观象台东半部发生坍方，1980年国家投资进行大规模修缮。

现存观象台为一砖砌高台建筑，系1980年重新修复，台内改为二层空间，外形仍保持原状，总高度为14米，东西长约24米，南北宽20余米。拾级而上，正对台阶有新建悬山房三间，台上架起铁制台子，在南、西、北三面陈列八件大型铜制仪器，每件仪器又有汉白玉雕石座，纹式各不同。台下西部为一组灰瓦大式建筑群，通名紫微殿。主殿面阔五间，悬山顶，前有月台，月台东南角安放简

仪，西南角安放浑仪。主殿之东西各有悬山耳房三间，东耳房为"壶房"，名浮漏堂，内设测时之铜壶滴漏。主殿之东西各有悬山厢房五间，东厢房为测量所。正南悬山大门三间，两侧硬山耳房各三间，又接顺山房各三间。院外东南角另有三间悬山小殿为晷影堂，原来有铜圭铜表，是测量夏至、冬至日射角的场所。从紫微殿各主要建筑的比例、式样分析，仍属明代建筑，在清乾隆九年（1744年）重修。

天文气象仪器

古观象台现状

25 北京内城东南角楼
Watchtower at Southeast Corner of
the Original Inner City Wall, Beijing

国家级 / 购票参观
地址：东城区建国门南大街南端、北京火车站东南
⟨M2⟩ 北京站 / BEIJING RAILWAY STATION ⟨B⟩ 东便门、北京站东、建国门南
年代：明

北京内城东南角楼为明清北京城墙角楼中唯一保留者。明正统二年（1437年）施工，正统四年（1439年）完工。明《英宗实录》载：

"（正统）四年四月丙午，修造京师门楼、城濠、桥闸完。……城四隅立角楼。"

角楼自建成后历代均有修缮。1935年大修，曾将内部的大木结构之彩绘改为满堂红油饰。新中国成立后东南城角一带则因1958年新建北京火车站受到影响，只保留了角楼，而将迤北城墙拆除。"文革"期间角楼更遭到人为毁坏。1981年修缮，恢复了1935年间修缮后的旧貌。

角楼建于突出城墙外缘的方形城台之上，台高12米，楼高17米，通高29米，整座建筑面积达701.3平方米。角楼平面呈两翼对称并带曲尺形后抱厦的曲尺形，具有显著的对外防御的设计意图。角楼形体类似箭楼，如同两座垂直方向箭楼相交而成。屋顶为灰筒瓦绿琉璃剪边重檐歇山顶。墙身对外侧共设箭窗144个，后抱厦向北、西各开一座大门，门上方设直棂窗。内部结构采取彻上露明造，全部结构一览无余。

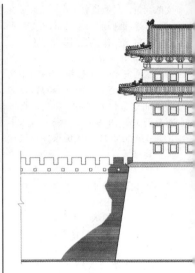

■ "蟠桃宫"

角楼东南有道教宫观"蟠桃宫"，始建于明，清代称"护国太平蟠桃宫"，为京城著名庙宇。自明末形成庙会，有"三月三蟠桃会"之美誉。自崇文门迤东三里之遥庙市最盛。

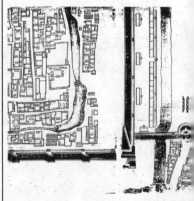

《乾隆京城全图》中的东南角楼和东便门

内城东南角楼立面图

26 明城墙遗址（东部）
Ming Dynasty Wall Relics (Eastern part)

市级 / 免费 / 现为明城墙遗址公园
地址：东城区建国门南大街南端、北京火车站南侧
\<M2> 北京站 / BEIJING RAILWAY STATION \<B> 东便门、北京站东、建国门南
年代：明

此段明城墙遗存，自东南角楼至崇文门以东，原为内城南墙。明成祖于永乐十四年（1416年）决定定都北京，次年大举营建新都，至十八年（1420年）完成。其东墙利用元大都旧墙，南墙为新筑，当时只在城墙外侧包砌小砖。正统二年至八年（1437－1443年）筑城楼、箭楼，并在城墙内外包砖，其后及清代又多次重修加固。1915年修筑环城铁路，在东南角楼东北两面城墙上拆出铁路豁口，加上券顶。至20世纪60年代因地铁工程大规模拆除内城城墙，由于地铁线路在内城东南角呈弧线而将小段城墙留下并长期被包裹于无序建造的房屋之中，从而得以留存。

南城墙原高11.36米，底宽约19.84米，顶宽约16米，外侧砌雉堞，高约1.8米，内侧砌女墙，高约1.25米。城墙下垫三合土，厚2～3米，上砌条石三层，上部白灰砌城砖。砖墙最厚处约4米，最薄处约1.7米，大部分为2.3～2.6米，一顺一丁砌筑，中填三合土。墙顶向城内方向泛水，设石制吐水口。

城墙遗址

现存南墙残址长约1245米，包括十一座马面和1915年修筑的铁路穿城券洞。墙体大部分残破，约有200余米尚存原高度，雉堞、女墙、水口全部无存。2002—2003年，拆除了城墙内外围挡的房屋，修整残址，适当补砌修复，建成"明城墙遗址公园"。

此外，此段城墙北侧原有位于内城东南角的一处水域——泡子河，为元代通惠河故道，积水成潭。自北向南，自内城东南角楼下西折，出崇文门以东的水关入护城河。明代泡子河两岸高槐垂柳，建有大量私家园林。每到中元节市民多于河中放灯，热闹非常。至20世纪40年代已无水面，1989年在旧址建成公共绿地"百花深处"。

■ 内城南片(一)地区其他文物建筑列表如下：

名称	地址	年代	现状
基督教美以美会住宅	北京站西街2号	1870年	现为某机关宿舍
同仁医院	崇文门内大街2号	清	20世纪50年代进行大规模扩建，原建筑已拆除
慕贞女子中学旧址	崇文门内后沟胡同乙2号	1923年	现为北京市第125中学
私立汇文中学旧址	船板胡同1号、丁香胡同7号	1927年	现为北京市第126中学、127中学、丁香胡同小学，仅存西、北楼于丁香小学中
俄国使馆武官楼旧址	东交民巷27号	清	现为最高人民法院
吕公祠	泡子河东巷16号	明—清	现祠已改建为厂房，仅存西配殿三间
法国洋行旧址	兴华路3号	清	保存较好

【5】内城南片（二）
South Part of Inner City 2

民国时期内城南片（二）航拍图

内城南片（二）概述
Introduction of South Part of Inner City 2

内城西南角楼

本地区位于明清北京城内城的西南部：东起天安门广场西路，西至西二环路，南起前门西大街－宣武门东、西大街，北至西长安街－复兴门内大街，内有十余处文物建筑群，其中包括三处全国重点文物保护单位：南堂、京师女子师范学堂旧址及北京国会旧址，这三处建筑群都是近代西洋式建筑，它们与本地区的其他一些重要近代建筑群（包括中华圣公会教堂、天主教圣母会法文学校旧址以及西交民巷的一批银行）共同谱写出该地区浓郁的近代特征。

此外，该地区中部以佟麟阁路和新文化街为南北、东西主干道的一片街区被列为"南闹市口历史文化保护区"。该保护区的南部地带是历史上金中都的东北角，不少胡同可谓是金中都时代街巷的遗存，具有极其悠久的历史。此外，保护区中的街道尺度宜人，胡同古迹丰富，是现代化的西长安街以南一片难得的富有老北京特色的街区。

在明、清直至民国时期，本地区一直以宣武门、内城西南角楼、西单牌楼、西长安街牌楼为重要地标，今天宣武门、西单的名称还得以保留，内城西南城墙南端更是保留了一小段城墙，是明北京城墙珍贵的遗存。

上图从上至下分别为：宣武门城楼、西长安街牌楼、和平门及复兴门

南闹市口历史文化保护区中的老宅门

民国时期的西交民巷

解放初期的西交民巷景象

内城西南角楼

宣武门箭楼

① 明城墙遗址（西部）
Ming Dynasty Wall Relics
(Western part)

市级 / 免费 / 现为明城墙遗址公园
地址：复兴门南大街
〈M1〉〈M2〉复兴门 / FUXINGMEN 〈B〉复兴门南
年代：明

此处明代北京城城墙残段位于复兴门南大街（另一处位于北京火车站东南侧），为明北京城内城西墙南端，全长约360米，包括三座马面，只留存少数地面残迹和长约200米、残高约6米的墙体。是研究北京城市

变迁重要的地理坐标和建筑遗存。

明永乐元年（1403年）改北平为北京，永乐四年迁都后在元大都城的基础上加以改造。由于北城空旷难于防守，遂将北城墙自今土城一线南迁至今安定门、德胜门一线；南城墙由今东西长安街一线迁至今崇文门、正阳门、宣武门一线，对旧有的东西城墙加以整修。明嘉靖三十二年（1553年）又增筑南侧外城，北京城的"凸"形城廓即成于此时。1949年后对原有的城墙、城门、城楼予以大规模的拆除。20世纪60年代末，在修建环城地铁时，陆续拆除内城城墙，由于地铁环线在转角处的线路需要一定弧度，内城西南角和东南角的小段城墙得以幸存。1988年西城区人民政府对此段城墙残迹进行复原整修并向社会开放，自2002年起，结合环境整治陆续整修城墙遗迹。

② 醇亲王府（南府）
Prince Chun's Mansion
(Southern Mansion)

区级 / 要许可 / 现为中央音乐学院占用
地址：西城区鲍家街43号中央音乐学院内 电话：010－66425702
〈M1〉〈M2〉复兴门/FUXINGMEN 〈B〉复兴门南
年代：清

原为荣亲王府。荣亲王永琪是高宗第五子，乾隆三十年（1765年）封荣亲王。道光三十年（1850年）封宣宗第七子奕譞为醇郡王。咸丰九年（1864年）分府出宫，居太平湖。同治三年（1864年）加封亲王衔，同治十一年（1872年）晋醇亲王。府称醇亲王府，俗称七爷府。同治十三年

（1874年）同治帝载淳逝世，奕譞的次子载湉嗣位，年号光绪。因奕譞次子载湉即光绪帝诞生在这里，是为"潜龙邸"。根据清制，皇帝的出生地应"升为宫殿"，因此光绪十四年（1889年）将什刹海后海北岸原櫙贝子府赐予奕譞，这就是后来的醇亲王府，亦俗称北府、摄政王府。原醇亲王府则称为南府。奕譞死后太平湖的醇亲王府前半部改建为醇亲王祠，后半部仍作为"潜龙邸"。民国时，王府成为民国大学校舍，抗战时改为民大附中。现为中央音乐学院和北京电子电器职业高中使用。

府坐北朝南，分中、东、西三路及花园。现中路府门三间，两侧有八字影壁，内有东西二门至东西院。中路新建礼堂一座，以原王府大宫门为礼堂入口。尚保存二进四合院。东路院落保存较好，西路古建筑大都拆除，花园亦无存。

3 李大钊故居
Former Residence of Li Dazhao

市级 / 购票参观
地址：西城区佟麟阁路西侧文华胡同24号 电话：010－66089208
<M1> 西单 / XIDAN <B> 佟麟阁路、新文化街西口、民族文化宫
年代：民国

故居坐南朝北，分为南北两个院落，总占地约1000平方米。李大钊一家租住在北院，有正房三间，东西耳房各两间，东西厢房各三

间。正房东间是卧室，中间餐室，西间为子女读书处。西厢房三间作书房和会客厅，东厢房三间为长子李葆华的卧室及客房。东西耳房为其余子女的卧室。

李大钊　1889－1927年，河北乐亭人，是中国共产主义运动的先驱、中国共产党的主要创始人之一。北京是李大钊的第二故乡，在其不满38岁的一生中，有10年在北京度过。故居为李大钊1920年春至1924年1月间的居所，是李大钊在故乡之外生活时间最长的居所。李大钊在此居住期间，与邓中夏、陈独秀等秘密组建了"马克思学说研究会"，成立北京共产党小组宣传马克思主义。中国共产党成立之后，李大钊担任北方区党委书记、中国劳工组合书记。2006年，西城区政府组织对李大钊故居进行腾退修缮，现已正式开放。

清雍正朝之前，八旗各旗都统办公均在各自家宅中。直至雍正元年（1723年），为了适应统一王朝的统治需要，正式在京师设立八旗都统公所衙门，统领各地的八旗军民。镶红旗满洲、蒙古、汉军都统衙门，于雍正元年（1723年）设立，最初位于石

4 镶红旗满洲都统衙门
Yamun of Bordered Red Banner Manzhu Commander-in-chief

区级 / 要许可 / 现为民居
地址：西城区新文化街137号
<M1> 西单 / XIDAN <B> 佟麟阁路、新文化街西口、民族文化宫
年代：清

驸马街南侧。雍正六年（1728年），三旗都统衙门迁至石驸马街北，即今新文化街137号处，当时计有官房一所，共104间。光绪中期，蒙古和汉军衙门迁出，此处只余满洲衙门。民国时期，此处曾为"八旗王公世爵清理京兆旗产代办处"，后又改为文兴小学。1936年，镶红旗满洲都统衙门的档案流入社会，被日本东洋文库收购，共计2400余件，辑成《镶红旗档》藏于东洋文库。新中国成立后，文兴小学并入新文化街二小，改为民居。

建筑群坐北朝南，正门中开，二进院落。有前厅、后厅前后东西厢房。后厅因存放粮食，体量高大。1995年，前厅因破损严重翻建，样式已改，后厅挑顶，屋面改为板瓦。修缮时后厅正脊处曾发现乾隆铜钱。目前加盖房屋较多，建筑格局及风貌已失，部分房屋换了新瓦，而且改造了室内外的装修。

**5 中华圣公会教堂
（南沟沿天主堂）**

**Chinese Episcopal Church
(Catholic Church at Nangouyan)**

市级 / 要许可	现为某杂志社办公用房
地址：西城区佟麟阁路85号	
<M1> 西单 / XIDAN <B> 佟麟阁路、宣武门西、长椿街路口东	
年代：1907年	

中华圣公会教堂（也称南沟沿天主堂）建于1907年，是北京最早的一座中国"宫殿式"教堂。教堂平面为十字形，坐东朝西（这些保留了西方教堂传统）；教堂主体部分为两座硬山屋顶的大厅相互交叉；南北两侧廊作单坡硬山顶，比中央大厅低矮，侧廊中部更设南北两侧门；屋顶十字交叉处西方教堂往往设尖塔，这里则改为建造八角形的中国亭阁，兼作钟楼与天窗；建筑使用青砖灰瓦，不过内部结构则使用木桁架结构，并未采用中国的"抬梁式"构架；室内家具、装饰使用中国样式；而中央祭坛上方则以英国哥特式造型建造了一座中国八角形藻井，其上即八角钟亭，可谓是十足的"中西合璧"。这座建筑采用了大量中国建筑的造型元素（如屋顶、外墙、亭阁等），然而其结构骨架则是西洋式的，可谓"外中内西"或披着中式外衣的西方建筑。正是这种"中西合璧"的设计理念，使得这座教堂得以更加和谐地融入北京传统城市环境之中，成为一座真正"本土化"的西式建筑。

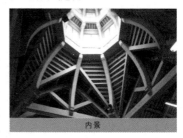

内景

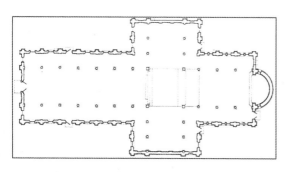

平面图及剖面图

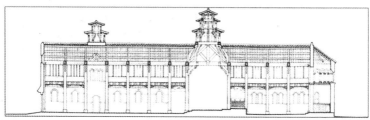

❻ 克勤郡王府
Prince Keqin's Mansion

市级 / 要许可 / 现为北京市第二实验小学
地址：西城区新文化街53号 电话：010－66022180
<M1> 西单 / XIDAN <B> 佟麟阁路、民族文化宫、西单路口西
年代：清

清初"八大铁帽子王"王府之一。克勤郡王名岳托，礼亲王代善长子。崇德元年（1636年）封为亲王，

不久缘事降为贝勒，去世后追封为克勤郡王，为清初"八大铁帽子王"之一。此府于顺治年间由岳托的子孙创建，初称衍禧郡王府，继称平郡王府，乾隆四十三年（1778年）后称克勤郡王府。宣统元年（1909年），末代克勤郡王晏森袭爵。民国后，晏森将此王府售给熊希龄为宅，后熊氏将宅捐与北京救济会以收容孤儿和兴办慈善事业。现为北京市第二实验小学。

府占地不大，布局紧凑，分中、东、西三路。主要建筑在中路，依次为：府门三间，正殿五间、东西翼楼各五间，后寝门三间，神殿（寝殿）五间，东西配殿，后罩楼七间。东路为东西比列的两组院落，共五个小院；西路为前后三进院落。现在王府后半部的后寝门、后寝和后罩房等建筑物尚完整。

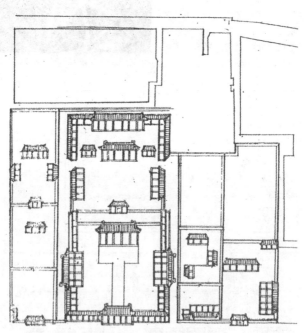

乾隆《京城全图》中的克勤郡王府

小说史。"三·一八惨案"中牺牲的刘和珍、杨德群即为该校学生。1931年北平大学师范学院师生筹资在校园的西跨院为刘和珍、杨德群烈士立纪念碑。

学堂坐北朝南，由六栋二层楼房组成，从南向北依次为1号楼、2号楼、3号楼和4号楼（一栋四合式围楼），4号楼西侧为5号楼，2号楼西侧是一栋称为文化苑的二层楼。整组建筑为清末西洋古典折中主义风格，在西洋柱式和拱券做法中夹杂了许多中国传统砖雕花饰。

7 京师女子师范学堂旧址
Site of Capital Women's Normal School

国家级 / 要许可 / 现为北京市鲁迅中学
地址：西城区新文化街45号
电话：010－66013317，010－66079416
<M1> 西单 / XIDAN <B> 佟麟阁路、宣武门内、西绒线胡同西
年代：1909年

清光绪三十四年（1908年）七月，御史黄瑞麟奏请设立京师女子师范学堂。清学部在石驸马大街（今新文化街）斗公府旧址建筑校舍，清宣统元年(1909年)建成。民国后，京师女子师范学堂改称北平女子师范学校。1928年7月改为北平大学女子师范学院。1923年7月至1926年8月鲁迅先生在校兼任国文系讲师，讲授中国

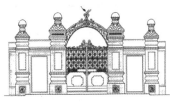

京师女子师范学堂大门立面图

京师女子师范学堂主楼

京师女子师范学堂主楼立面图

① 清学部
Board of Education in Qing Dynasty

区级 / 要许可 / 现为外事职高实习饭店使用
地址：西城区教育部街1、3号
<M1> 西单 / XIDAN <B> 教育部、西单商场、辟才胡同东口
年代：清

这里原是敬谨亲王府，敬谨亲王名尼堪，是清太祖第一子褚英之第三子。清顺治六年（1649年）晋敬谨亲

王。清光绪三十一年（1905年）设学部在此。学部是清末为取消科举而建立的主持全国学政的机构。学部设尚书一人、左右侍郎各一人、左右参议各一人、参事官四人，分设五司（总务、专门、普通、实业、会计）十二科。辛亥革命后改学部为教育部，1912年鲁迅曾在北洋政府教育部社会教育司工作，职务是佥事兼第一科科长，主管博物馆、图书馆、美术馆、美术展览会、动植物园以及文艺、音乐、戏剧、古物等事项。1915年鲁迅又任教育部通俗教育研究会小说股主任。3号院现有府门和后寝、绣楼建筑尚存，西院有一四角攒尖方亭和一座四合院。1号院有三进院落。原有建筑主要集中在1号。

① 北京国会旧址
Site of Peking Congress

国家级 / 不开放 / 现为新华社使用
地址：西城区佟麟阁路52号
<M2> 宣武门 / XUANWUMEN <B> 佟麟阁路、宣武门西、长椿街路口东
年代：民国

民国元年（1912年）4月，北京临时政府开始筹建国会建筑：参议院设在清末作为资政院使用的法律学堂老建筑中；其东边南沟沿路东为明清"象房"旧址，当时为财政学堂，众议院则选定此地作为基址。后来众议院东侧的胡同改称"众议院夹道"，参、众议院南侧的街道改名"国会街"，南沟沿改名佟麟阁路。

众议院由东、西两组建筑群组成，东部为财政学堂旧有建筑工字楼、仁义楼、礼智楼、信字斋等；西部新建了众议院议场，通称"国会议场"。国会议场建成于民国二年（1913年），建筑师为德国人罗克格（Curt Rothkegel，曾主持正阳门改造工程，详见天安门广场东侧部分内容）。国会议场平面呈正方形，高三层，东、西、南三面都有狭长的门厅。穿过门厅即为会议大厅，建筑外表较简陋，外墙全部用手工灰砖砌筑，只有简单的线脚，没什么装饰。国会议场议会大厅北侧为"圆楼"，为大总统休息室，因楼内会议厅平面为椭圆形而得名。圆楼地上二层，灰砖砌筑，三角桁架，楼内南部为三间休息室，北部为一半圆门厅围合一椭圆形会议室。国会议场东侧为两排二层带前廊的楼房，当时用作议员起草宪法办公场所，为灰砖清水墙建筑，三角桁架坡屋顶。现存建筑有国会议场、圆楼、原仁义楼、礼智楼及两栋二层带前廊的楼房等。

■ 北京国会旧址历史沿革

辛亥革命后，1912年在南京成立中华民国参议院，作为南京临时政府的最高立法机构。4月5日，临时参议院随临时政府迁至北京。1913年4月8日正式国会（参众两院）成立，临时参议院解散。1924年10月北京政变后，国会解散。1925年改为北京法政大学。1927年后合并为京师大学法学科。1949年后原众议院建筑成为新华社办公楼，原参议院建筑已经辗转改设新华社印刷厂。

国会内景

办公楼

圆楼入口

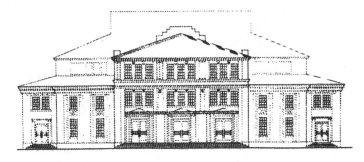

国会立面图

⑩ 南堂
Southern Church

国家级 / 免费 / 现为北京市天主教爱国会使用

地址：西城区前门西大街141号
电话：010－66057841，010－66184302

<M2> 宣武门 / XUANWUMEN <B> 和平门
东、和平门内

年代：1904年

　　南堂是北京最古老的天主教堂，因地近宣武门而称宣武门教堂，与西什库教堂南北相对，故亦称南堂。

　　明万历三十三年（1605年）意大利人利马窦（Matthieu Ricci）在宣武门建礼拜堂——即著名的"南堂"之前身，当时由于利马窦采取尊重中国传统文化以获得士大夫接纳的传教策略，教堂建筑遂使用中国传统建筑样式（内部装修为西方样式）。清顺治七年（1650年）由当时掌钦天监事的耶稣会传教士汤若望重建，仍为中国式外观。直至康熙五十一年（1712年）才易为"洋式"。康熙六十年（1721年）南堂再次重建，由利博明修士（Ferdinando Bonaventura Moggi）建造，华丽异常，"系当时欧洲盛行之巴罗克（Baroque）式。全部地基作十字形，长八十尺，宽四十五尺。教堂内部，赖立柱行列，分教堂顶格为三部，各部作穹隆形，若三艘下覆之船身"——"此一建筑物使北京居民无不惊奇不止，前来瞻仰者，势如潮涌。"足见当时北京市民深为西洋建筑之高峻崇丽所震撼。雍、乾年间，南堂又经两次重建，乾隆年间重建后的南堂仍为巴洛克风格，《宸垣识略》载：

　　"堂制狭以深实，正面向外，而宛若侧面；其顶如中国卷棚式，而

内景

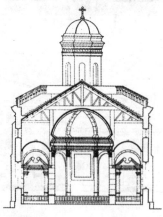

南堂立面、剖面图

覆以瓦；正面止启一门，窗则设于东西两壁之巅。……左右两砖楼夹堂而立，左贮天琴……右圣母堂……"

可见出西方教堂窄面阔、大进深的布局与中国建筑迥异，其屋顶、门窗、钟楼等建筑形象都令时人觉得新奇；不过教堂一反西方教堂东西向布局，呈坐北朝南的姿态，倒是颇有"入乡随俗"之意。1900年在义和团运动中被毁，光绪三十年（1904年）复建。重建的南堂基本就是今天见到的格局，气势大不如前，正面由五间变成三间，钟楼移至后部，然其立面突出的巴洛克风格还是一目了然，不同的是新建后使用的青砖（饰以精美的砖雕）、青瓦等材料体现了与北京地方建筑传统的交融。

南堂全景

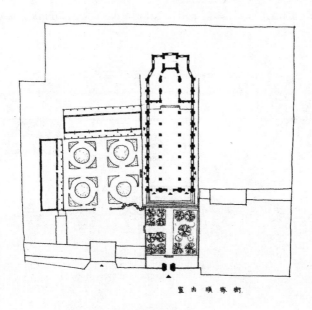

北京　宣内顺城街

南堂总平面佈置图　　比尺

南堂平面图

11 天主教圣母会法文学校旧址
Site of French School of Catholic
Church of Our Lady

市级 ／ 要许可 ／ 现为北京市外事学校
地址：西城区前门西大街137号
<M2> 宣武门 ／ XUANWUMEN ＜B＞ 和平门西、宣武门东
年代：清

12 霭公府
Sir Yu's Mansion

区级 ／ 要许可 ／ 现为北京中国会
地址：西城区西绒线胡同51号 电话：010-66038855　010-66058428
<M1> 西单 ／ XIDAN ＜B＞ 西绒线胡同西、西单路口南
年代：清

建于清末，是一组中西合璧的二层楼建筑，代表了清末民初中西合璧的建筑风格。曾为南堂中学。其西侧原为南堂小学，都是天主教圣母会建筑遗存。

霭公即溥霭，诚恪亲王允秘之六世孙。光绪二十八年(1902年)袭爵，封镇国公。溥霭是贝子绵勋之曾孙，霭公府就是贝子绵勋自安定门内宽街于同治八年(1869年)迁出后之新府。

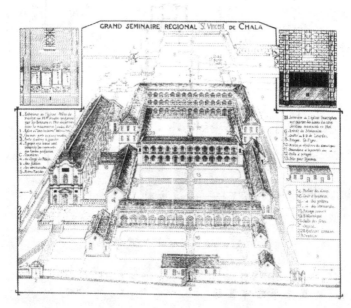

天主教圣母会法文专门学校鸟瞰图

辛亥革命后售与著名爱国人士、银行家周作民(1884—1955年)作为寓所。1950年中华人民共和国监察部曾在此办公。1959年在此开办四川饭店至今。

建筑群坐北朝南，现有建筑面积近2000平方米。是现存较完整的贝子级府第。府分中路和东、西两路。在中路南北纵轴线上有府门，由五进院落组成。中路上前后有两座垂花门，垂花门作为内宅的宅门，显示主人的社会经济地位，又象征吉祥平安。垂花门在住宅建筑中成为分隔内外宅的标志。垂花门是五檩单卷垂花门，在垂花门的前后两排柱上，分别装有檐框。安装有攒边门和屏门。屏门一般为四扇。前檐伸出，左右下垂木雕倒垂莲柱等花饰。在正面额枋下，饰以雕镂的花罩，枋檩之间安有花板，折柱、荷叶墩等装饰构件。垂花门两侧有抄手游廊，有坐凳栏杆和倒挂横楣子，墙上开什锦灯窗。

原为双合盛五星啤酒厂创办人的住宅。东院（西交民巷87号）是住宅部分，西院（北新华街112号）是花园部分。宅院内叠石成山，构成一道屏障，间有洞可穿行，替代了传统四合院中垂花门及隔墙。山石上镌有乾隆癸卯御题诗，字迹依稀可见。花园假山青石叠砌，嵌有乾隆御题"普香界"、嘉庆御题"护松庵"、"翠潋"、"排青幌"等刻石为圆明园遗物。花园敞厅等建筑多中西合璧的民国建筑风格。

⑬ 西交民巷87号、北新华街112号四合院
Courtyard at No.87 Xijiaominxiang and Beixinhua Street

市级 / 不开放 / 现为国家石油与化学工业局
地址：西城区西交民巷87号、北新华街112号
<M2> 和平门 / HEPINGMEN　<B> 和平门内、六部口、西绒线胡同东
年代：清-民国

抱鼓石

民国小楼

⒁ 大陆银行旧址
Site of Continental Bank

市级 / 要许可 / 现为中国银行使用
地址：西城区西交民巷17号 电话：010 – 66036020
<M2> 前门 / QIANMEN <B> 天安门广场 西、前门西
年代：1924年

大陆银行建于民国十三年（1924年），位于今西交民巷东口，邻近中华门，位置显要。《北京近代建筑史》称之为北京的"中国建筑师设计的西方古典建筑中质量最高的一座"：

"大楼主体地下一层，地上四层（局部二层），正中又突起四面钟楼二层。立面为古典主义样式，三段划分，基座以大尺度方整花岗石砌造，上层檐口出挑较大。入口为重点装饰部位，在高达三层的拱门内嵌以'帕拉第奥母题'（Palladian motive）券柱、陶立克（Doric）柱式，两侧又镶贴科林斯（Corinth）壁柱。正中的方形钟楼上覆以穹顶，比例适度，造型准确。"

银行建筑不仅外观设计精当，内部也极富匠心：

"大楼营业厅有壮观的大理石及汉白玉柜台、梁柱、楼梯、台阶；楼顶镶嵌彩色玻璃，室内所有各种设备、家具均系特定制做，并带有大陆银行英文缩写标记；许多立柜、角柜、酒柜等都是按照楼房及室内面积、体积特制的。大门和门外的装修更是独具匠心，两扇黄铜大门是在国外定做的，每扇门和门梁上都铸有醒目的'行徽'。"

建筑师朱彬在美国宾夕法尼亚大学获得建筑硕士学位，受过严格的"巴黎美术学院"式的西方古典建筑教育。其作品足以与周围任何一座外国事务所（洋行）设计的建筑物比肩。并且由于其重要的选址，大陆银行高耸的穹顶成为民国时期天安门广场西侧的醒目标志之一，今天依然是北京城市中心景象的一个重要组成部分。

大厅

首层回廊

原为户部银行，是中国历史上第一家政府级国家银行。始建于1905年（光绪三十一年）9月。1908年（光绪三十四年）7月改称"大清银行"。辛亥革命后，民国政府于1912年8月将大清银行改组为"中国银行"。

中央银行为中西合璧式建筑，入口作半圆外廊，檐外作女儿墙。为早期公共建筑所特有，门窗栏杆铁艺造型亦精致考究。

中央银行

15 中央银行旧址
Site of Central Bank

市级 / 要许可 / 现为中国人民银行金融出版社使用
地址：西城区西交民巷17号
\<M2\> 前门 / QIANMEN \<B\> 天安门广场西、前门西
年代：1905年

16 中国农工银行旧址
Site of China Agriculture and Industry Bank

市级 / 要许可 / 现为中华全国新闻工作者协会使用
地址：西城区西交民巷50号
\<M2\> 前门 / QIANMEN \<B\> 天安门广场西、前门西
年代：1922年

中国农工银行原为1918年北洋政府财政部在大兴、宛平县设立的大宛农工银行。1927年大宛农工银行改名为中国农工银行，并在北平设立分行。中国农工银行以"融通资财，辅助农工业"为宗旨，营业上以接济农工为要，兼营普通银行业务，是一家官商合办的地方银行。1950年2月分行停业清理。中国农工银行旧址建于1922年，地上二层，立面用花岗石装饰，大门入口作柱廊。

保商银行创办于1910年，原为清理天津商人积欠洋商款项、维持天津华洋商务而设立，故名"保商"。1920年改组为普通商业银行，在西交民巷重建新楼。保商银行地上三层，立面用花岗石作希腊柱廊，檐口突出，坚固感强。

⑰ 保商银行旧址
Site of Commercial Guarantee Bank of China

市级 / 要许可 / 现为中国钱币博物馆使用

地址：西交民巷17号
电话：010 － 66081385

\<M2\> 前门 / QIANMEN \<B\> 天安门广场西、前门西

年代：民国

■ 内城南片(二)地区其他文物建筑列表如下：

名称	地址	年代	现状
倒座关帝庙	安福胡同58、60号	明—清	保存尚好
承恩寺	承恩胡同8号	明—清	现仅存大殿
天仙关帝庙	东太平街38号	1852年	保存尚好
马神庙	南文昌胡同8号	清	保存尚好
天安胡同关帝庙	平安胡同5号	清	现存大殿及北配殿
博济庵	前细瓦厂17号	清	保存尚好
石灯胡同吉祥寺	石灯胡同25号	元—清	仅存部分建筑
双栅栏清真寺	双栅栏胡同2号	清	现存寺门、大殿等
弥勒院	双栅栏胡同15号	清	现仅存正殿三间
地藏禅林	未英胡同39号	清	现存部分建筑
回子营清真寺	西长安街10号	清	现仅存大殿，保存较差
伪华北建设总署	西长安街10号	1940年	保存尚好
大清户部银行旧址	西交民巷甲23号	1905年	现为中国工商银行西交民巷储蓄所
龙泉寺下院观音寺	宣武门西大街93、95号	1846年	保存尚好

【6】内城北片（一）
North Part of Inner City 1

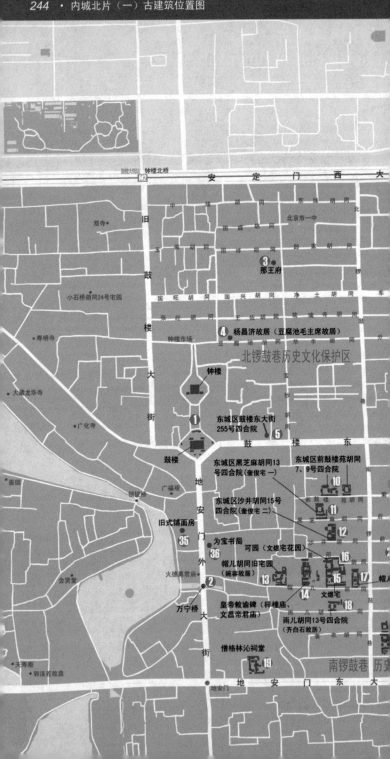

别楼大院 钟楼北桥
M2
安 定 门 西 大

双奇

旧

北京市一中

国 鼓 胡 同

东绦胡同
北

那王府 ③

小石桥胡同24号宅园

鼓 国旺胡同 国兴胡同 净 土 胡 同

海潮寺

旺胡同 王佐胡同

楼 钟楼市场 杨昌济故居（豆腐池毛主席故居）④

北锣鼓巷历史文化保护区

钟楼

大 大藏龙华寺

街 东城区鼓楼东大街
255号四合院
广化寺 ①

⑤ 鼓 楼 东

鼓楼

东城区黑芝麻胡同13
号四合院（奎俊宅一） 东城区前鼓楼苑胡同
7、9号四合院
广福观 ⑩

鉴园

银锭桥

地 东城区沙井胡同15号
四合院（奎俊宅二） ⑪

旧式铺面房 安 ⑫

门 为宝书局

③⑤ 外 可园（文煜宅花园） ⑯

⑯ ㉖ 帽儿胡同旧宅园（婉容故居） ⑮

会贤堂 火德真君庙 ⑬ ⑰

② 文煜宅

天海庵 万宁桥 大 皇帝敕谕碑
（梓檀庙、 雨儿胡同13号四合院
（齐白石故居） ⑱
文昌帝君庙）

郭沫若故居 街 僧格林沁祠堂

㉖ ⑲

南锣鼓巷 历史

地 安 门 东 大
地安门

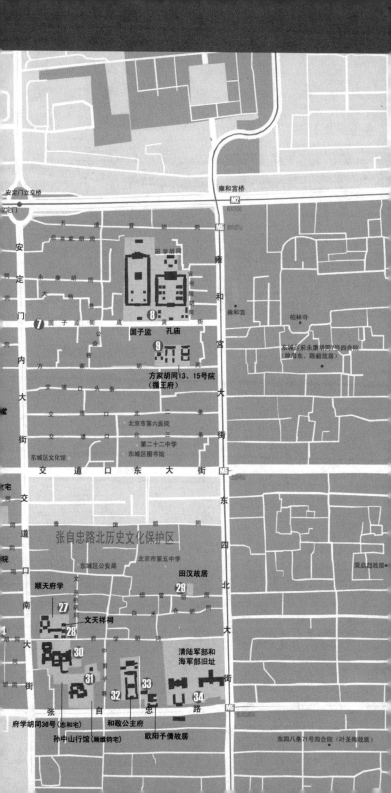

安定门立交桥
雍和宫桥
M2
安定门
M5 雍和宫站
后肖家胡同
五道营胡同
国学胡同
青年湖胡同
永康胡同
安定门内大街
国子监街 成贤街
⑦
公益巷
国子监 孔庙
⑧
柏林寺
雍和宫
东城区前永康胡同7号四合院
(徐悲鸿、陈毅故居)
⑨
方家胡同13、15号院
(循王府)
文丞相胡同
头条
文昌宫口
交道口南大街
交道口
交道口东大街
北京市第六医院
第二十二中学
东城区图书馆
东城区文化馆
东四北大街
M5 北新桥站

张自忠路北历史文化保护区

菜厂题故居

东城区公安局
北京市第五中学
田汉故居
29
顺天府学
27
文天祥祠
28
30
31
32
33
清陆军部和
海军部旧址
34
府学胡同36号(志和宅)
和敬公主府
张自忠路
孙中山行馆(顾维钧宅)
欧阳予倩故居
东四八条71号四合院(叶圣陶故居)

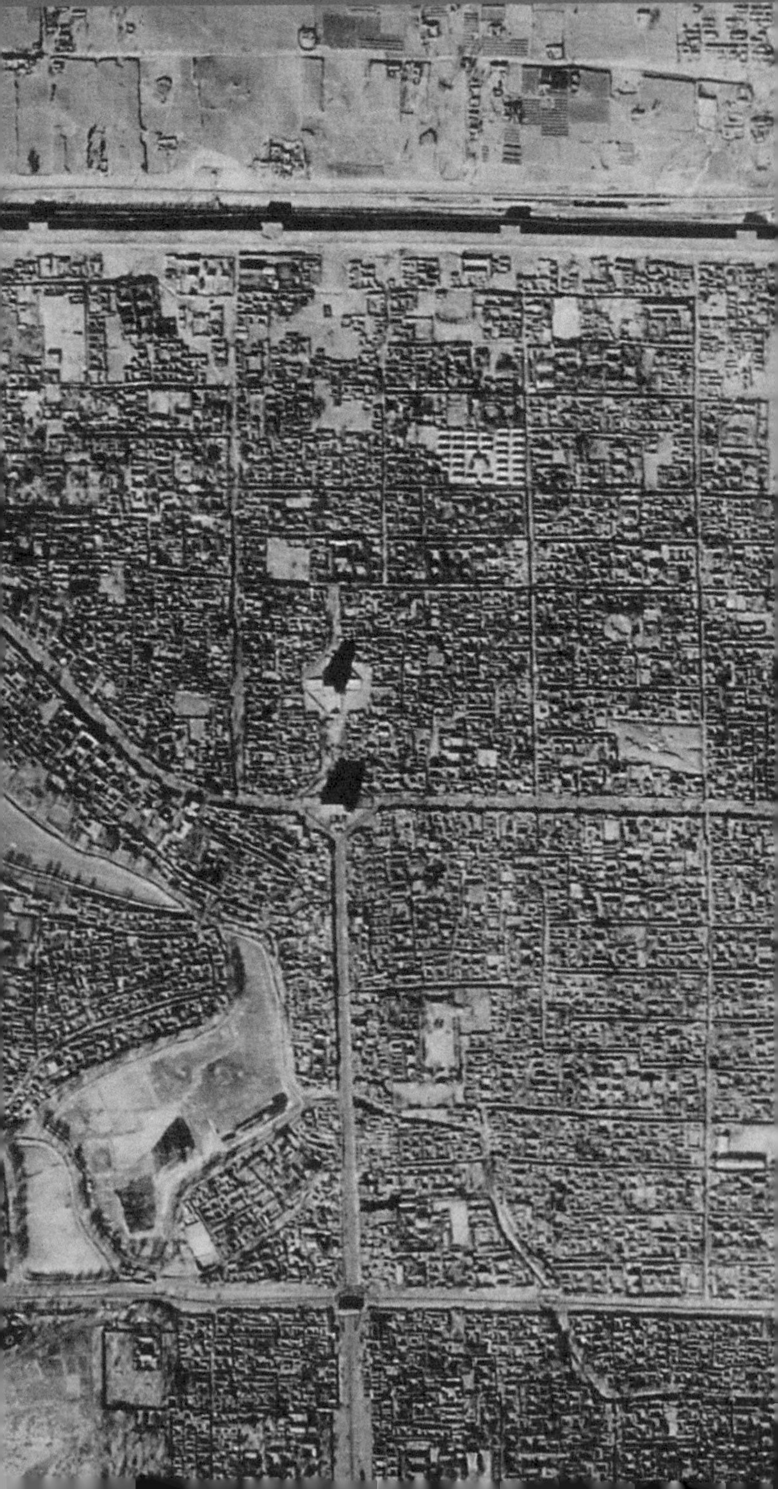

内城北片（一）概述
Introduction of North Part of Inner City 1

1920年代的地安门外大街

本地区位于明清北京内城的北部，东起雍和宫大街－东四北大街，西至旧鼓楼大街－鼓楼西大街－地安门外大街，南起平安大街（地安门东大街－张自忠路），北至北二环路，内有30余处文物建筑群，其中包括全国重点文物保护单位6处：钟鼓楼、孔庙、国子监、可园（文煜宅花园）、孙中山行馆及陆军部海军部旧址。

该地区全部位于历史文化保护区中，包括什刹海保护区东部、南锣鼓巷保护区、北锣鼓巷保护区、国子监－雍和宫保护区西部、张自忠路北保护区，可谓是北京历史文化街区的精华地带。

在明、清直至民国时期，本地区一直以钟鼓楼、万宁桥（俗称后门桥）、安定门、成贤街－国子监牌楼作为重要的城市地标，可喜的是这些城市地标除了安定门以外，其余的至今都得以保存，殊为不易。

《乾隆京城全图》中的地安门外大街

安定门箭楼及城楼

民国时期的钟楼

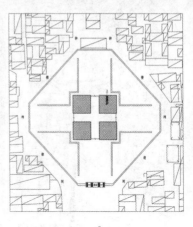

钟楼平面图 北

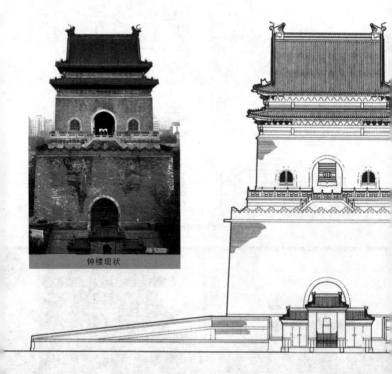

钟楼现状

① 北京钟鼓楼
Beijing Bell and Drum Towers

国家级／购票参观

地址：地安门外大街北端
电话：010-84027869

<M2> 鼓楼大街／GULOUDAJIE <B> 铸钟
厂、鼓楼

年代：明－清

北京钟鼓楼位于城市中轴线的北端，二者相距约百米，与明北京城同时建成于永乐十八年（1420年）。清乾隆《御制重建钟楼碑记》称：

"皇城地安门之北，有飞檐杰阁翼如焕如者，为鼓楼。楼稍北，崇基并峙者，为钟楼……二楼相望，为紫禁后护。"

钟楼：建成不久即遭焚毁。清乾隆十年（1745年）重建，十二年（1747年）落成。钟楼原为木结构，重建时全部改为砖石结构——一方面可以起到防火作用；一方面在造型上与木结构的鼓楼形成鲜明对照。

钟楼下部为四方而高耸的砖台，四面各辟一座巨大拱门，台顶围以城堞。台上钟楼单层，环绕汉白玉栏杆，暖灰色墙身，四面各辟拱门一座及拱窗两扇，覆以重檐歇山灰瓦绿琉璃剪边屋顶。全楼通高47.9米，造型峻秀挺拔，色彩明快大方。砖台内设有十分陡峻的楼梯可登上钟楼，钟楼正中悬挂巨大铜钟，明永乐年间铸造，通高5.55米，底部直径3.4米，顶部直径2.52米，重约63吨，为我国形体最大、重量最重的报时铜钟，其声庄严洪亮，悠远绵长。在铸造该铜钟之前，钟楼曾悬挂一口铁钟，因声不够洪亮，不久便被铜钟取代——铁钟现在北京大钟寺收藏。

钟楼正南为一座与围墙相连的三联大门，中门内为清乾隆十二年（1747年）重建钟楼碑。

鼓楼：在钟楼南侧，与中轴线上的景山万春亭遥对，俯瞰车水马龙的鼓楼大街（今地安门外大街）。明嘉靖十八年（1539年）遭雷击被毁，后重修。明末又被毁，后重修。此后清嘉庆五年（1800年）、光绪二十年（1894年）及1941年均进行过修缮。解放后又多次修整。

民国时期的钟楼

钟楼南立面图   0 5 10 15 20 25m

鼓楼形象与城楼相似，下有城台——与北京城楼城台以灰砖为外表不同，鼓楼的城台涂作朱红色，更显庄严雍容。城台南北各设券门3座，东西各设券门1座。台上两层楼阁，"三滴水"屋顶，灰瓦绿琉璃剪边，通高46.7米。鼓楼城台内同样

鼓楼

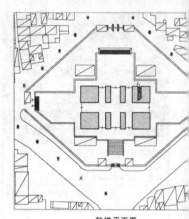

鼓楼平面图

有陡峭之楼梯通顶，楼内原有宋代遗物铜刻漏和漏壶，明末已失。原置有象征24节气的群鼓24面和主鼓一面。现仅存主鼓，鼓高2.22米，直径1.4米，腰径1.71米，由整张牛皮蒙制而成。鼓面上有八国联军侵入北京时留下的刀痕。如今重制更鼓25面，每日定时有击鼓表演。

在明清时期，每晚起更（晚8时）和亮更（晨5时）皆先击鼓后撞钟以报时。鼓和钟都是先快击18响再慢击18响，俗称"紧十八、慢十八"，如此重复6次，各撞108响。起更时，钟声响起，城门关闭，交通断绝。

钟鼓楼在造型、质感、色彩等多方面都大异其趣，然而最终却共同呈现出和谐的构图，是中国古代建筑通过对比产生和谐的经典实例——梁思成曾经指出：

"鼓楼是一个横放的形体，上部是木构楼屋，下部是雄厚的砖筑……钟楼的上部是发券砖筑，比较呈现沉重，所以下面用更高厚的台，高高耸起……它们一横一直，互相衬托出对方的优点，配合得恰到好处。"

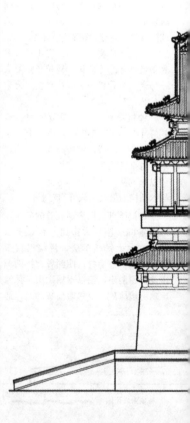

民国时期的鼓楼

鼓楼室内

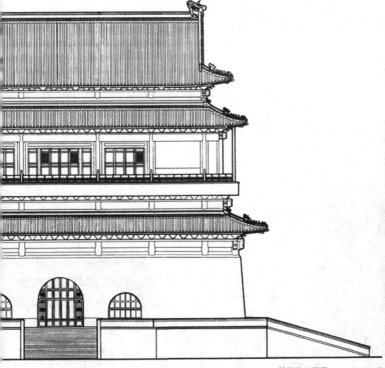

鼓楼南立面图

此外梁思成还在钟鼓楼的启示下，将同样位于中轴线上的人民英雄纪念碑设计为高耸的纵向碑体，与横长的天安门城楼共同形成对比而和谐的构图：

"天安门是在雄厚的横亘的台上横列着的，本身是玲珑的木构殿楼。所以英雄碑就必须用另一种完全不同的形体：矗立峋峙，坚实，根基稳固地立在地上。"

可见北京钟鼓楼可谓是中国古代城市设计的绝佳手笔，并且被著名建筑学家梁思成加以继承、发扬，运用在天安门广场的核心纪念物人民英雄纪念碑的设计之中。

除此以外，钟鼓楼以其悠久的历史、晨钟暮鼓的深远意境，成为老北京极具文化内涵的一个象征——以钟鼓楼为题材的艺术作品不计其数，从诗歌、小说到绘画、音乐，无所不包。

■ 元大都的钟鼓楼与中心阁

元大都亦建有钟鼓楼，应当位于明清钟鼓楼西侧、今旧鼓楼大街一线。元大都城市中心还建有中心阁，有学者认为今之鼓楼形制较为古老，可能是元代遗物，并极有可能就是在元大都中心阁的基础上建成的。

■ 一个美丽的传说

关于钟楼铜钟的铸造，有个美丽的"铸钟娘娘"之传说——相传，当年铸钟时，总达不到理想效果，眼看期限将至，如再铸不成，工匠们将面临杀身之祸。此事被工匠华严师傅的女儿华仙得知，乘他人不备跃入炉中，铜钟于是铸成，声音洪亮绵长，都城内外，十有余里，莫不耸听。为纪念舍己救父的华仙姑娘，人们在钟楼之西建立一座金炉圣母铸钟娘娘庙，今庙已不存，其址改作民居。

钟鼓楼远望

② 万宁桥
Wanning Bridge

市级 / 免费

地址：鼓楼南侧、地安门外大街中部，西临什刹海，西北角为火神庙

◁M2▷ 鼓楼大街 / GULOUDAJIE ◁B▷ 万宁桥

年代：元

　　元大都的城市中心有一处看似不起眼却意义重大的标志物——万宁桥。万宁桥位于皇城后门与中心阁之间的大街上，恰在积水潭（海子）与城市中轴线相切的"切点"上，因而也称"海子桥"。原为木桥，后改石造，桥下设闸，称作"澄清闸"——这是元大都积水潭水系的第一处孔道，控制了舟行与水流，保证着通惠河漕运的通畅，因而在元代漕运交通上具有举足轻重的枢纽作用。故而万宁桥虽规模不大（桥面宽与大街同，约17米，桥长约34.6米），然而由于其特殊的位置与作用，成为元大都的一个重要地标。

　　最为难得的是，该桥至今尚存：明清之际，由于皇城北门为地安门，因此万宁桥改称地安门桥，俗称"后门桥"；1955年扩建道路时，桥身被埋入地下，桥面被改作沥青马路，桥两侧尚残存石栏及望柱，元代古桥就此遭到"埋没"，直至1999年方才被修复。今日万宁桥的容颜可谓"新旧并存"，其元代旧构件与1955年补缀的构件、新修的汉白玉栏板连成一体，清晰可辨，这是依据了现在通行的文物修复的"可识别性"原则。此外，修复工作中还清理出古桥东西两侧、南北两岸6尊镇水石兽，雕刻精美、造型传神，为元、明石刻的上品。这些镇水石兽与桥拱心处的石刻兽头相映成趣，令桥梁与湖面风光大大增色。

镇水兽

③ **那王府**
Prince Na's Mansion

市级 / 不开放 / 现为中国工商银行北京市分行幼儿园
地址：东城区东城区宝钞胡同甲19号 电话：64041624
◁M2▷ 鼓楼大街 / GULOUDAJIE ◁B▷ 鼓楼桥南
年代：清

现存的两座四合院建筑是清代那王府的一部分。那王府原规模很大，从国兴胡同中间一直到胡同东口都是，往北即通到国祥胡同，现在还保存着宝钞胡同甲19号（原国祥胡同甲2号）的两个院落，这是原王府中路最北边的两个并排的院子。

东院：最南头是一座垂花门，屏门上有彩绘吉词；院内正房为五间，东厢房三间，西厢房为一双卷勾连搭式过厅，西边通西院，院中有两座太湖石，石座高1.85米，座上刻海水江崖，整个院子被走廊围起，从垂花门处有走廊通向西院。后院为七间后罩房。

西院：最南部为花厅，三间带周围廊，歇山顶，院内有转角廊相通，西厢房三间，东间即为东院相连

的两卷勾连搭过厅，北房五间，双卷勾连搭，前出轩为悬山卷棚顶，面阔三间，前有月台，三出陛。此房明间原有"退洗斋"木匾，室内有碧纱橱、落地罩、博古架，西稍间原为佛堂。碧纱橱的槅扇心内都装裱了名人书画，上边的横披窗上还有雕嵌的玉石画以及镌刻成亲王所写的《湘灵古瑟》诗一首。院中两座太湖石。西北边跨院内还有一西式二层小楼。

那王府西院

那王府大门

■ **那王府兴衰**

那王府得名于它最后的府主，即最后一代世袭的蒙古喀尔喀赛图诺颜部扎萨克和硕亲王那彦图，他于同治十三年（1874年）袭亲王，辛亥革命后不定期当过一段北洋政府的国会议员，后因一夜之间赌场失利，将王府抵赌债，押给西什库天主教堂，本人也就穷困潦倒。1940年代后期，又转手给金城银行、精神病院等处。解放后，一部分归北京市人民银行，一部分为鼓楼中学、第七幼儿园等单位。原那王府内建筑，除此两院外，鼓楼中学内还有一栋，其余几乎拆光。

4 杨昌济故居
（豆腐池毛主席故居）
Former Residence of Yang Changji
(Former Residence of Chairman
Mao at Doufuchi)

区级 / 要许可	现为民居
地址：东城区旧鼓楼大街豆腐池胡同15号	
<M2> 鼓楼大街 / GULOUDAJIE <B> 宝钞胡同、鼓楼	
年代：民国	

这里是毛泽东老师杨昌济家。1918年杨昌济被蔡元培聘为北京大学教授，全家从湖南迁居至此，当时为

豆腐池9号，大门上挂"板仓杨寓"的铜制门牌。此院是一座不太规则的两进院落，坐北朝南，南北长约30米，东西宽约12米。如意大门一间，一进院倒座房三间，北房三间，为杨昌济自己居住；西厢房三间，为女儿杨开慧居住；东厢房已改建。后院有后罩房四间。

1918年8月，毛泽东和蔡和森办理湖南学生留法的事情借住在前院靠东的一间南房中。那时毛泽东晚上回来都要和杨先生及其女儿杨开慧等人纵谈国家大事及伟大的抱负。从此毛泽东与杨开慧结下了友谊，奠定了结成伉俪的基础。

杨昌济 1871－1920年，湖南人，杨开慧之父，毛泽东的老师。原为湖南省立第一师范学校教师，1918年被聘为北京大学教授。

该组建筑为三进院落，坐北朝南。原大门位于草厂胡同内，坐西朝东。现鼓楼东大街大门是后开的，位于最南端院墙中部，两侧为车库。大门内通道两侧值房各两间。一进院正房七间，东西厢房各三间，均为后改建。从正房东侧过道可入二

5 东城区鼓楼东大街255号四合院
Courtyard at No.255 Gulou East
Street, Dongcheng District

市级 / 要许可	现为私人会馆
地址：东城区鼓楼东大街255号	
<M2> 鼓楼大街 / GULOUDAJIE <B> 铸钟厂、鼓楼、宝钞胡同	
年代：民国	

进院。二进院北为一殿一卷式垂花门，两侧看面墙上辟有形态各异、雕刻精美的砖雕什锦窗。在与垂花门相对的南墙上，有一正方形汉白玉影壁，其上镌刻二龙戏珠图案。影壁两侧有东西厢房各三间。垂花门内为一宽敞的方形花园，中央设一座双层六边形汉白玉水池，每边角处均有一小石狮，池中有一汉白玉蟠龙柱，顶端有四个龙头作喷水口。院北部为一面阔七间正房，前带吞廊五间，两侧耳房各一间。室内有硬木上镶嵌大理石的槅扇、硬木雕花落地罩、博古架。北墙明间处有砖雕，刻有凤凰、牡丹图案。另北侧有一面墙，上镶嵌五块御座靠背石雕，似为陵墓中物。后院西北角有后罩房四间。该四合院内砖雕、石刻、室内装饰均十分精美，做工考究。

现为私人购买装修，准备改造为会馆，计划于2008年10月份开业。

⑧ 顺天府大堂
Hall of Shuntianfu

区级 / 要许可 / 现为东城教育学院
地址：东城区东公45号 / 电话：64043220
<M2> 安定门 / ANDINGMEN <B> 交通口东、交通口南、小经厂
年代：元－清

吏、户、礼、兵、刑、工六房。顺天府管理京畿，地位非常重要，被定为正三品衙门。民国时期，顺天府署改为北平市立小学、幼稚园、东北中山小学及河北省路局。日据时期又曾改作陆军司令部。新中国成立后，这里曾一度为河北北京中学、北京市第144中学，现为东城教育学院。原有建筑大多遭到拆除、改建。

据《王直重修顺天府记》、《乾隆京城全图》及光绪《顺天府志》等文献，可大致了解顺天府建筑群格局：在中路南北中轴线上依次设有三重大门、影壁、殿宇和监狱；在主轴线两侧则布置附属院落、廊庑和附属建筑，是一组宏大森严的衙署建筑群。现在唯一可看到的古迹便是一座面阔五间的顺天府大堂。大堂前后出廊，悬山顶，两端为五花山墙。清代该堂为提审犯人之所，上悬"肃清畿甸"匾额。现室内装修已遭改动。

该处为元代大都路总管府和明清两朝顺天府署。所谓顺天府署，就是包括京师以及附近州县的行政机构。以清乾隆朝为例，顺天府统管大兴、宛平二京县和另外二十二个州县。对应国家的六部机构，顺天府设立有

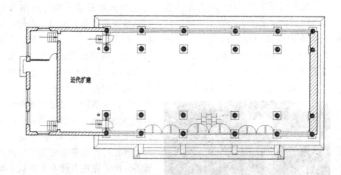

现状平面图及南立面图

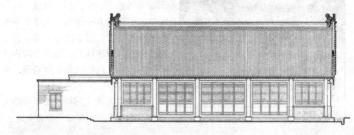

① 国子监街
Guozijian Street

市级 / 免费
地址：东城区雍和宫大街西侧国子监街
\<M5\> \<M2\> 雍和宫 / YONGHEGONG LAMA TEMPLE \<B\> 国子监
年代：元－清

　　国子监街东起雍和宫大街，西至安定门内大街，南依方家胡同，北与官书院、箭厂胡同、大格巷相通，东西680米，街宽12米。

　　国子监街为元大都旧街，当时孔庙、太学即设在此处，即明清时期的孔庙、国子监。明朝时属崇教坊，清朝时属镶黄旗，称国子监胡同，亦称"成贤街"，民国后仍称国子监胡同，1965年改为国子监街。

　　街道保留了旧北京朱坊重叠、青槐夹道的优美街景：街的东西口各有一座独特的"一间二柱三楼垂花柱出头悬山顶"样式的过街牌楼，匾额曰"成贤街"，系1935年重建，梁柱改为混凝土结构。牌楼东西两侧均有下马石碑，其上用满汉文字雕刻"文武官员到此下马"。街北侧东有孔庙，西有国子监，呈"左庙右学"的格局。国子监前东西也各有一座二柱三楼式过街牌楼，匾额曰"国子监"。由于明清北京的大多数街道牌楼都被拆除，仅余国子监街的四座，因此弥足珍贵。国子监路南有两座祠庙，东为灶君庙（国子监街40号），西为火神庙（国子监街78号），灶君庙由小学使用，建筑已拆除；火神庙现存大门、大殿、正殿及东西配殿，大殿内祭祀火神及关帝、财神、鲁班等。此外街两侧还保留有多处较为完整的四合院。

成贤街牌楼

国子监街

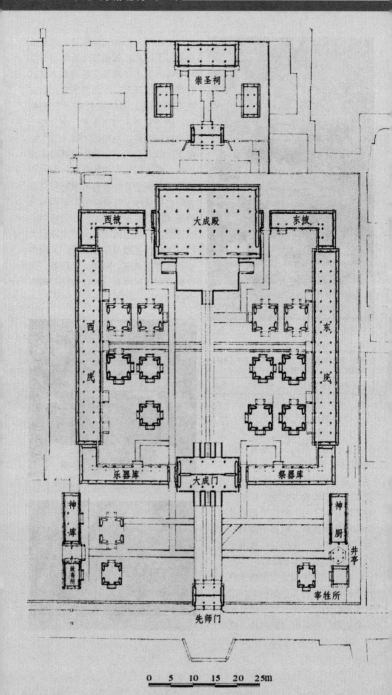

孔庙平面图

⑧ 孔庙
Confucian Temple

国家级 / 购票参观

地址：东城区雍和宫大街西侧国子监街3号
电话：64057214

<M5> <M2> 雍和宫 / YONGHEGONG LAMA
TEMPLE <B> 国子监

年代：元－清

⑧ 国子监
Imperial College

国家级 / 购票参观

地址：东城区雍和宫大街西侧国子监街15号
电话：64057214

<M5> <M2> 雍和宫 / YONGHEGONG LAMA
TEMPLE <B> 国子监

年代：元－清

　　孔庙、国子监位于国子监街北侧，东为孔庙，西为国子监，两组建筑群宏大庄严，左右比邻，呈"左庙右学"的格局，从元大都时期一直延续至今，为北京内城东北重要的标志性建筑群，并且具有极为丰富深厚的文化内涵。

■ 孔庙（文庙）

　　是国家性的祭孔建筑，规模仅次于山东曲阜孔庙。始建于元大德十年（1306年），明、清两代沿用，屡经重修。建筑群占地宏敞（约2.2公顷），布局疏朗，中轴线上依次有影壁、先师门、大成门、大成殿和崇圣祠，轴线两侧辅以配殿廊庑，庭院中对列碑亭、石碑及数百年之古柏，庄严肃穆，蔚为壮观。

　　以下略述中轴线上主体建筑。

■ 孔庙先师门 /（元）

　　孔庙外门为先师门（又称棂星门），面阔三间，单檐歇山黄琉璃瓦屋顶，梁架部分历经明、清改建，屋顶也是清乾隆二年（1737年）才改为黄琉璃瓦的。但其外檐斗栱却异常巨大，明间用两朵补间铺作，次间用一朵补间铺作，转角斗栱用两个大斗，宋式称为"缠柱造"。其做法比北京现存最古老的明代建筑如明长陵棱恩殿、社稷坛享殿（中山堂）等的斗栱都更早，是元代遗物。门南面隔街设琉璃影壁一座，左右有下马碑，镌刻"官员人等至此下马"。

　　门内东面有碑亭、宰牲所、井亭、神厨，西面有碑亭、致斋所、神库和通往西邻国子监的侧门。

孔庙先师门

■ 孔庙大成门 / (清)

孔庙大成门

■ 孔庙大成殿 / (1906年)

孔庙大成殿

孔庙第二重门为大成门。面阔五间，黄琉璃瓦歇山顶，建于高大台基之上，前后三出陛，中为御路，左右各十三级。

门外两侧有进士题名碑共188座。门殿内两侧原有石鼓十座，为乾隆时期的复制品，原鼓为公元前八世纪周宣王时遗物，鼓刻文字即著名的石鼓文，唐末出土于陕西，宋末移至汴梁，金时移至燕京（金中都），元代移至孔庙，现为故宫博物院保存。大成门内左右还各有一石碑，东为乾隆五十五年（1790年）御笔《集石鼓所有文成十章制鼓重刻序》碑，另一为清代书法家张照草书《韩愈石鼓歌》碑。

大成门内正中为甬道，甬道两侧有碑亭十一座、井亭一座，古柏蔽日参天，充满庄严肃穆的气氛。甬道北面尽头为孔庙的主体建筑大成殿，面阔九间，进深五间（取九五之尊的含义），重檐庑殿黄琉璃瓦顶，重建于清光绪三十二年（1906年）。内奉孔子牌位及清代一套完整的乐器与祭器。殿左右有配殿，原是祭祀七十二弟子之所。殿后还有崇圣祠，祭孔子的祖先，面阔三间，用绿琉璃瓦。

■ 孔庙碑亭 / (明一清)

孔庙碑亭

孔庙建筑群的一大特色是碑亭众多，共计十四座之多。碑亭为面阔三间、进深三间，黄琉璃瓦歇山顶建筑，四角为红墙，四面开券门，中央立巨大石碑。众多红墙黄瓦、造型挺秀的碑亭掩映于翠柏之间，为庄严肃穆的孔庙增添了许多幽丽之色。

北京孔庙虽历经修缮，正殿更建于近代，然而沿用元大都孔庙故址，而且外门先师门外檐斗拱为元代遗存，价值极高。此外，殿庭内古柏参天，也是四五百年以上之古木（更有"除奸柏"、"柏上桑"等奇观），许多古柏藤萝缠绕，意境高古。进士题名碑也有很高的历史价值。

■ 国子监

国子监在汉代称太学，属天子之学，即国家最高学府。晋称国子学，唐代贞观五年（631年）在西京长安设国子监，高宗龙朔二年（662年）在东都洛阳也设国子监，是"国子监"一名之始。北京国子监与孔庙同时创建于元大德十年（1306年），位于孔庙之西。清乾隆四十九年（1784年）重修扩建，是元、明、清三朝的国家最高学府。

国子监南面有两重门。外门集贤门南侧隔街设影壁一座，门内有井亭，东西庑有侧门。再北为太学门。门内有琉璃牌楼"圜桥教泽"坊，坊前有钟鼓二亭，坊后有御碑亭。坊北正中就是国子监的中心建筑辟雍。辟雍之北为彝伦堂。辟雍和彝伦堂两侧都有廊庑，围成纵长方形之庭院。彝伦堂后有敬一亭，最后为御书楼。

以下略述国子监的主要建筑。

■ 国子监琉璃牌楼 / （清）

国子监琉璃牌楼

该牌楼为砖石结构，三开间，发圆券，琉璃雕饰为蟠龙花心。南面匾额为乾隆御书"圜桥教泽"，北面匾额为御书"学海节观"。

■ 国子监辟雍 / （1784年）

国子监辟雍

辟雍为国子监的核心建筑。建于清乾隆四十九年（1784年）。它是一座面阔三间四周有回廊的黄琉璃瓦重檐攒尖顶正方形建筑，四面无墙，均装槅扇，以便讲学时敞开。辟雍建在一座圆形水池的中央，四面都有石桥，池之四周和桥上都有白石栏杆，护岸壁上有四个龙头。辟雍的平面形式十分特殊，是参考了古代关于辟雍方形圜以水的记载而建造的。建成后第二年（1785年），乾隆曾亲自来此讲学，举行所谓"临雍"之礼。南面两重屋檐之间有乾隆御书匾额"辟雍"二字。殿内全部为井口天花。皇帝"临雍"讲学时，由国子监祭酒讲经，皇帝作"御论"，全监职官、学生围辟雍观听。

国子监辟雍水池

■ 彝伦堂 / （元—清）

彝伦堂在辟雍之北，元代称崇文阁，为藏书之所。明代永乐年间重建，改名彝伦堂。正堂七间，灰瓦悬山顶，北接三间悬山卷棚抱厦。堂前有月台，三面出陛。辟雍未建时，皇帝讲学设在彝伦堂内。

十三经碑刻

■ 十三经碑

国子监东西庑中原有《十三经》碑，是清乾隆年间的蒋衡用了十二年时间写成的。全文八十余万字，刻成石碑一百九十座。1956年修缮国子监时将石经移到孔庙与国子监之间的夹道内，1981年又在夹道加盖了屋顶，现可由大成殿西北隅进入棚屋内观摩石经。

⑧ 方家胡同13号、15号四合院（循王府）
Courtyard at No.13, No.15, Fangjia Hutong, (Prince Xun's Mansion)

市级 / 要许可 / 现为民居
地址：东城区方家胡同13号、15号
<M5> <M2> 雍和宫 / YONGHEGONG LAMA TEMPLE <B> 方家胡同、国子监
年代：清

循王府为乾隆帝第三子永璋的府邸。清末状元洪钧曾携名妓赛金花在此居住。民国时期此宅还曾是汉奸、伪华北政务委员会委员长王揖唐的住所。

王府原由中、东、西三路组成，占地广阔，现已残毁过半，剩余部分也大多经过重修。

中路：有大门三间，左右带倒座房各三间，现西倒座房明间改为大门。大门之隔建有高大照壁一座。第一进院有正房五间，前后廊硬山顶，东西厢房各三间，各带南耳房一间。二进院与一进院格局类似。二进院之后的建筑面目全非。

西路：现存一座三进院落。从中路入口左侧拐入其倒座院，往西入狭长的二进院，再入垂花门进其主院。主院以北原有建筑无存。

东路：大门一间，位于东南角，东西各有倒座房一间和八间。入门有照壁，院北中央设垂花门，门前石狮雕刻精致。入垂花门为二进院，正房五间，左右耳房各两间，东西厢房各三间，各带南耳房一间，各房以抄手游廊连接。三进院与二进院形制接近，规模更大一些。再北的建筑基本无存，唯有最北端留有后罩房十间。

现存建筑群院落规整，特别是西院（15号）果木丰盛，可依稀隐见旧有风貌。

西路主院

西路垂花门

⑩ 前鼓楼苑胡同7号、9号四合院
Courtyard at No.7, No.9
Qianqulouyuan Hutong

市级 / 要许可 / 现为宾馆
地址：东城区前鼓楼苑胡同7、9号
‹M2› 鼓楼大街 ／ GULOUDAJIE, 安定门 ／ ANDINGMEN ‹B› 宝钞胡同、小经厂
年代：清

此院是一座原状保持较完整的三进院落的四合院。坐北朝南，大门为蛮子门一间，门内有一座随墙影壁。一进院倒座房七间。二门为一殿一卷式垂花门，两侧看面墙上有砖雕纹饰和福、寿字样。二进院正房五间，东西耳房各两间，东西厢各三间，各带南耳房两间。四周有抄手游廊相通。三进院有后罩房七间。该院结构严谨，建筑讲究，在京城中型四合院中颇具代表性，可谓典型的北京四合院。

---

⑪ 黑芝麻胡同13号四合院（奎俊宅之一）
Courtyard at No.13 Heizhima
Hutong,(Kui Jun's residence 1)

市级 / 要许可 / 现为宾馆
地址：东城区前鼓楼苑胡同7、9号
‹M2› 鼓楼大街 ／ GULOUDAJIE, 安定门 ／ ANDINGMEN ‹B› 宝钞胡同、小经厂
年代：清

该院为清光绪时期四川总督、邢部尚书奎俊宅邸，民国时期为外交总长顾孟余居所。

宅院原为一座带花园的建筑群，东西四路，南北五进，东部为花园，西部是住宅。宅院建在高台之上，七级台阶上为广亮大门一间，门前有一字影壁，上马石一对，门内也有一字影壁，西侧屏门通西路一进院，门东西各有倒座房二间与九间。一进院过道房八间，通过门道入二进院。一座

垂花门将二、三进院分割。三进院正房三间，东西耳房各一间，东西厢房各三间，抄手游廊连接各房。大门东侧为东路院，一进院倒座房七间，过垂花门为二进院，正房三间，左右耳房各一间，东西厢房各三间，抄手游廊连接各房。三进院北房七间，东西厢房各一间。东路院东侧还有一路两进小院。东西路院落之间过道现添建房舍。

院落形制保存完好，尤其是砖、石和木雕雕镂精细，独具特色。此宅院东部原为大面积花园，有假山、树木及亭榭、轩室、月牙河等，现已拆除殆尽。

影壁

庭院

⑫ 沙井胡同15号四合院
（奎俊宅之二）
Courtyard at No.15 Shajing Hutong
(Kui Jun's residence 2)

市级 / 不开放
地址：东城区沙井胡同15号
<M2> 鼓楼大街 / GULOUDAJIE, 安定门 / ANDINGMEN <B> 宝钞胡同、小经厂、交道口
年代：清

该院与17号、19号，为清末四川总督、刑部尚书奎俊的又一宅邸。大门原位于17号院，宅院分为中、东、西三路，15号院仅为其东路院。曾为北京市群众艺术馆，后归北京画院使用。

现存15号院是原住宅东路的三进四合院。广亮大门一间，街对面有一字影壁，大门内有随山影壁。一进院东西倒座房各四间；过垂花门为二进院，北房三间为过厅，有周围廊连接整个二进院，二进院东侧有一小跨院，内有北房三间；由过厅经垂花门入三进院，院中北房三间，东西耳房各二间，东西厢房各三间，抄手游廊连接各房。最后一进的后罩房现从黑芝麻胡同另辟一门出入。

从形制看该院是北京四合院中的典型，其布局是研究北京四合院的重要实物。

⑬ 帽儿胡同旧宅园（婉容故居）
Old residential yard at Mao'er Hutong
(Former Residence of Empress Wanrong)

市级 / 不开放 / 现为某单位家属占用
地址：东城区帽儿胡同35、37号
<M2> 鼓楼大街 / GULOUDAJIE <B> 地安门东、地安门外、锣鼓巷、鼓楼
年代：清

为清朝末代皇帝溥仪的皇后婉容婚前的住所，为其曾祖父郭布罗长顺所建。

旧居由东西两路组成，东为35号院，原为小型私家园林。西为37号院，原为居住区。两路院落原共用宣统年间的三间大门，现在原府门改为住房，在原倒座房处开二小门，分别为35号、37号院门。

原府门内有一字影壁，左右各四扇屏门，进西屏门即入西路院子（37号）。南为倒座房七间，北为垂花门，抄手游廊围合第二进院。北侧为带东西耳房的三间穿堂，再后为三进院，为主院。正房五间前后出廊，左右各带耳房一间。东西厢房各三间。正房室内装修精美，顶有井口天花，明间有一槽精致的栖凤牡丹落地花罩，西次间有一槽七扇椭圆形玻璃镜屏，西梢间北壁镶嵌整面水银玻璃镜，东次间、东梢间还有碧纱橱，为普通民居所罕见。经过东耳房外过道可进入第四进院，有后罩房七间。

进大门后过第一个院子西北侧的月亮门为东路院落。月亮门内的二进院为园林，绕假山、穿山洞，曲径通幽，可达山石、树木掩映下的三间正房。正房为双卷勾连搭，室内装修基本保存原状，明间迎面墙满嵌巨镜一方，传为婉容婚前演礼之处，此外还设碧纱橱等装修。后院还有后罩房三间。据称第三进院中原来也有假山、池沼，并于东侧建有家祠。

⑮ 文煜宅
Wenyu's Residence

市级 / 不开放 / 现为民居
地址：东城区帽儿胡同7－13号
<M2> 鼓楼大街 / GULOUDAJIE <B> 地安门东、锣鼓巷、东黄城根北口
年代：清

⑭ 皇帝敕谕碑（梓　庙、文昌帝君庙）
Stele commissioned by the emperor's order (Zitong Temple, Temple of God Wenchang)

区级 / 要许可 / 现为民居
地址：东城区帽儿胡同21号
<M2> 鼓楼大街 / GULOUDAJIE <B> 地安门东、地安门外、锣鼓巷、鼓楼
年代：明－清

文昌帝君庙又称梓橦庙，明成化年间建，清嘉庆六年（1801年）重修，为祭祀梓橦帝君或文昌司禄宏仁帝君之庙，旧时士人多祀之，以求保佑功名。原有山门三间，已拆除盖了小学教学楼。现存庙宇建筑尚完整，为居民大杂院。前殿为魁星殿，面阔三间，前后廊，殿前一座皇帝敕谕碑，已埋入地下；殿后有嘉庆六年（1801年）《御制护国文昌帝君庙旧碑》一通，螭首方座，通高3.98米，为清嘉庆皇帝撰文，大学士刘墉书，记载了文昌帝君庙的历史。该碑现夹在居民新建的小房中间，不易找到。中殿名敷文殿，面阔三间前出廊，后带抱厦一间。东西配殿各三间，顺东西配殿向北，环中殿有转角连房。北房中间为过厅，通后院。后殿五间，西耳殿三间。东侧有一组小跨院。

文煜宅是一处由五座院落并联而成的庞大宅第，占地面积共11000平方米，规模宏敞，布局严谨，山池亭榭俱全，在现存的私家宅院中非常少见。宅院中的私家园林"可园"更是全国重点文物保护单位。宅院共有五座院落，其中7号占两座，破坏最为严重；9号即著名的可园（详见下文）；11号和13号为狭长的大型四合院，彼此相连，共同构成了这座宏敞的显宦豪宅。

7号院大门内为一座大假山，上有三间歇山敞轩，与9号院可园东南侧的游廊相通。现敞轩尚存，假山则仅剩土堆，山石均失。7号院为东西两路院落，西院当有前后两进，以园林景色为主，而东院应为四进院落。现东院已面目全非，仅剩一座三开间的正房和七间后罩房。其余空间为1960年代以来搭建的简易房所充斥。西院情况较好，除假山、敞轩之外，大门与四间倒座房以及北端五间北房基本完好。西院假山之北原为一座两卷前后共十间的歇山大厅，后被冯国璋家拆除，另建了一座两层洋楼，使得园景大为减色。现洋楼尚存。

11号住宅为一座典型的四合院，共有五进院落。大门对面胡同之南原有大照壁，现已无存。门内正对砖砌影壁，倒座房七间。北面为垂花门一座，门前一对石狮，可惜头部残缺，垂花门雕饰精美，保存较好。第二进院有北房三间带东西耳房各两间，东西厢房各三间。抄手游廊连接各房。东西耳房之侧通三进院，东侧墙开门通可园。三进院正房三间带东西耳房各两间，环以游廊。第四进院与二进院类似，尺度略大。第五进院有后罩房七间。

13号院也是五进院落，布局与11号类似。大门已毁，两侧尚存五间倒座房。垂花门及两侧游廊也已被拆，在原址另建一座简陋的锅炉房。第二进院落有三间正房带东西耳房各两间，东西厢房各三间。第三进院落为五间正房带东西耳房一间与两间，东西厢房各三间，东厢房进深较小，实际为通往11号院的穿堂门。第四进院较大，并向西扩展，正房三间左右各带耳房，西厢位置现存一榭，前出一卷单间悬山抱厦，与东厢房相对。整个院落的游廊保存基本完好，并有一株枣树和三株桧柏，均为百年古木。此院原是后花园，池山竹树俱全，西厢房实为池上居，其中古树尤为珍贵，山石上还建有一座小亭，可惜今天亭、山、池均已无存。北廊偏西为井院，今水井已无，尚存两间小房。第五进院为后罩房十余间。

一殿一卷式垂花门

⓰ 可园（文煜宅花园）
Keyuan Garden
(Garden of Wenyu's Residence)

国家级 / 不开放 / 现为民居
地址：东城区帽儿胡同9号
<M2> 鼓楼大街 / GULOUDAJIE <B> 地安门东、锣鼓巷、东黄城根北口
年代：1861年

可园为文煜宅的私家园林，现为帽儿胡同9号，是北京私家园林的代表作。根据可园中文煜之侄志和所撰的园记石碑，可知此园落成于咸丰十一年（1861年）。园记中称，营建这座园林，"但可供游钓，备栖迟，足矣。命之曰'可'，亦窃比卫大夫'苟合苟完'之意云尔"，并称此园"拓地十方，筑室百堵，疏泉成沼，垒石为山，凡一花一木之栽培，一亭一榭之位置，皆着意经营，非复寻常。"

可园南北长约97米，东西宽约26米，面积约四亩左右，分为前后两院，前院以池沼为中心，后院中心为假山，各自独立，通过东部的长廊贯通。前后院的北端各一座正厅，坐北朝南，并在西厢的位置上各有一座小厅，与东部长廊相呼应。

进入东南角的大门之后，即垒有假山，起屏障作用，山上建有一座小巧玲珑的六角亭。向西洞穿假山，绕过西厅之前，可达水池石桥。水池面积虽小，但形状曲折，并引出两脉支流，一脉从石桥下穿过至西面院墙止；一脉一直穿过南面假山至六角亭之下，与山石相依，聊有山泉之意。

可园游廊

可园山亭

前院正厅面阔五间，带耳房、游廊。

从正厅东侧穿廊而过，再沿一条绿竹夹道的斜径至后院。院中山石蜿蜒，半开半闭，与松竹相间，颇为精巧。后院正房是五开间硬山带耳房和游廊，前出三开间歇山抱厦。在东部假山上建有一座三开间歇山顶轩馆，为全园最高处。此轩建筑最为精巧，直接临山对石，前有一株大槐树，坐凳为美人靠，极为别致。轩下以山石砌成浅壑，有雨为池，无雨为壑，为北方宅园的独特手法。

可园建筑均匀灰色筒瓦，墙面以清水灰砖墙为主，未刷白粉，较为质朴厚重。厅榭等均为红柱，长廊为绿柱，梁枋上作苏式彩画，但并未满铺，仅在箍头、枋心包袱位置加以装饰。值得一提的是建筑檐下的吊挂楣子均为木雕，细致繁复，主题包括松、竹、梅、荷花、葫芦等等，比寻常的步步锦图案显得更加精美清雅。

文煜 ？－1884年，清满洲正蓝旗人，费莫氏，字星岩，光绪七年授协办大学士，光绪十年复拜武英殿大学士。文煜身后，此宅被其后人售予北洋政府要人冯国璋，日伪时期又归伪军司令张兰峰。解放后此宅被分隔为不同单位的宿舍，其中9号、11号院还曾一度用作朝鲜驻华使馆。

可园鸟瞰图

17) 帽儿胡同5号四合院
Courtyard at No.5 Mao'er Hutong

市级 / 不开放 / 现为某部队宿舍	
地址：东城区帽儿胡同5号	
<M2> 鼓楼大街 / GULOUDAJIE <B> 地安门东、锣鼓巷、东黄城根北口	
年代：清	

此宅传说为荣禄家族房产。为一座保存完好的四进院落。坐北朝南，广亮大门一间，街南面有一字影壁，门内有一字随墙影壁。西有四扇屏门。一进院倒座房五间，经一座随墙式垂花门进二进院。二进院有花厅三间，前后廊，两侧东西配房各五间，东西厢房各三间。过厅后有甬路直通一座一殿一卷式垂花门入三进院。三进院内有带什锦窗的抄手游廊，正房三间带东西耳房各一间，东西厢房各三间，南侧各带耳房。东西夹道可达四进院。四进院有后罩房七间。房屋皆为硬山合瓦鞍子脊，额枋上绘有苏式彩画。墀头等处的砖雕十分精细，是一座结构严谨，布局合理，砖、石、木雕刻精美的典型四合院。

18) 雨儿胡同13号四合院（齐白石故居）
Courtyard at No.13 Yu'er Hutong (Former Residence of Qi Baishi)

区级 / 现为北京画院《中国画》编辑部和北京美术家协会	
地址：东城区雨儿胡同13号	
<M2> 鼓楼大街 / GULOUDAJIE <B> 地安门东、锣鼓巷、鼓楼	

据传此宅为清代中晚期内务府一总管大臣的宅邸，后分割出售。新中国成立后由文化部购得，作为画家齐白石的住所。由于老人思念在西城的旧居，在此住了不长时间便迁回西城，此地便改为齐白石纪念馆（于其生前成立）。"文革"期间，纪念馆

被撤销，现为北京画院《中国画》编辑部和北京美术家协会所在地。

·该宅为较完整的一进四合院。坐北朝南，大门一间，倒座房两间。院内东南西北各三间房屋，均带前廊，各房由转角廊相连。北房带东西耳房各三间，南房西接顺山倒座房三间。各房墀头处均有精美的砖雕图案，各廊间走马板处有书法篆刻砖雕，北房明间木槅扇有木刻楹联。西耳房南侧西墙上装饰"紫气东来"砖刻。

鸟瞰

庭院

⑱ 僧格林沁祠堂
Ancestral temple of Seng-ko-lin-ch'in

区级 / 不开放	现为东城区教育委员会房管所、宽街小学占用
地址：东城区地安门东大街47号	
<M2> 安定门 / ANDINGMEN <B> 北兵马司、锣鼓巷、宽街	
年代：清	

该祠坐北朝南，为二进四合院。最南端为前殿三间，硬山绿琉璃瓦顶。东西配房各五间。院中央有六角攒尖碑亭一座。碑侧雕龙极雄壮。院落北部为二门，为一砖砌门楼，绿

琉璃瓦歇山顶。二进院有享殿三间，绿琉璃瓦歇山顶，檐下有五踩重昂斗拱。前有月台三出陛。东西配殿各三间，均为绿琉璃瓦硬山顶。东配殿南侧有燎炉一座。民国时，该祠改为怀幼小学，后更名进步小学，今为宽街小学。原祠大门、二门及碑亭、燎炉均已拆除，石碑于1984年运往五塔寺石刻博物馆。

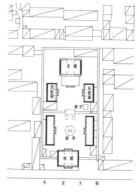

僧格林沁祠

⑳ 荣禄故宅
Former Residence of Ronglu

区级 / 要许可	现为北京同帮房地产经纪有限公司
地址：东城区菊儿胡同3号、甲5号、寿比胡同6号	
<M2> 鼓楼大街 / GULOUDAJIE、安定门 / ANDINGMEN <B> 宝钞胡同、小经厂、交道口南	
年代：清	

该院为晚清时期荣禄父亲的故宅，荣禄即出生于此。该宅院原规模很大，坐北朝南，大门设在菊儿胡同，东至胡同东口，西至胡同中部，北至寿比胡同。整个宅第分为三部分：西为西式楼房，中为花园，东为住宅。

荣禄迁到东厂胡同以后，此宅分割成多个院落出售，现已面目全非。西部已改建，中部花园盖楼成为单位宿舍，东部住宅即菊儿胡同3号院原有多进院落，现仅存四进。大门三间（已封堵），一进院有北房三间，已拆改，另开旁门辟为独立小院。二进院北房五间，前出月台，三面出阶。东西厢房各三间。北部为后两进院落，现在由寿比胡同6号辟门出入，前后均为正房五间，最后一排正房带东西耳房各三间，西耳房最西一间改为门。

21 茅盾故居
Former Residence of Mao Dun

市级 / 购票参观
地址：东城区后圆恩寺胡同13号 电话：64040520
<M2> 安定门 / ANDINGMEN <B> 宝钞胡同、小经厂、交道口南
年代：民国

南耳房一间。北房原是茅盾的工作室兼卧室，西厢房是会客室和藏书房，东厢房为饭厅，其余为家属和服务人员住房。三进院有正房五间带东耳房一间，西厢房一间，东有南房两间。北房左右各种一棵太平花。

庭院

故居是一座三进四合院，坐北朝南，占地约800平方米。如意大门一间，倒座房东一间、西三间。门内影壁上镶邓颖超题"茅盾故居"金字黑大理石横匾。二进院北房三间，东西耳房各一间，东西厢房各三间，各带

茅盾 1896－1981年，原名沈德鸿，字雁冰，浙江桐乡人，现代著名文学家。新中国成立后任文化部部长。1974年12月到1981年3月，茅盾在后圆恩寺胡同度过了最后的岁月，其间写下其最后一部长篇回忆录《我走过的路》。

22 后圆恩寺胡同7号、9号四合院
Courtyard at No.7, No.9 Houyuan'ensi Hutong

市级 / 许可 / 现为友好宾馆
地址：东城区后圆恩寺胡同7、9号 电话：010-64031114
<M2> 安定门 / ANDINGMEN <B> 宝钞胡同、小经厂、交道口南
年代：清

原为清代庆亲王次子府第，因赌博输给他人，后被一法国人购得，并在此建立中法企业的办公处。抗战胜利后，成为蒋介石的行辕。新中国成立后，为中国共产党华北局所在地，曾为南斯拉夫驻华使馆。现归友好宾馆使用。

该宅院为中西合璧式宅院，坐北朝南，由中部西式小楼、东部花园和西部中式四合院组成。原大门改建为宾馆大门，内有一字影壁。中部洋楼砖混结构，地下一层，地上两层半，门廊为爱奥尼柱式。楼前带一喷水池，池中叠石堆砌，池周点缀移自圆明园的石刻。池东南侧有一座混凝土结构的穹顶亭子，八根多立克式柱

中央庭院

子。亭与楼东侧有一道南北向假山为屏障，穿过假山即为东部花园区，面积宽阔。

花园有北房五间，南花厅三间，带周围廊。西侧廊西北为一勾连搭式敞轩。东南隅有六角攒尖亭。花园内游廊环绕。

西部为一座中式二进四合院，一进院倒座房西五间、东四间。东路北房三间，勾连搭悬山顶。西路穿过垂花门进入内宅。有北房三间带东西耳房各两间，东西厢房各三间，各带南耳房两间。各房由抄手游廊相连。

综观此宅，整体布局协调，是北京城难得的中、西结合的建筑佳作。

西式圆亭

中式庭院

大门

23 绮园花园
Qiyuan Garden

市级 / 不开放 / 现为单位使用

地址：东城区秦老胡同35号

电话：84020255

<M2> 安定门 / ANDINGMEN <B> 宝钞胡同、小经厂、交道口南

年代：清

该院曾是清末内务府总管大臣索家宅第的花园，名为"绮园"。园内除假山、水池、桥、亭之外，还有一幢仿江南园林建筑——画舫形敞轩，造型独特。索家后代将此府出售，买主将院中建筑全部拆除，重建房屋，仅留下大门东隅一组假山，用作影壁。

改建后的宅院为坐北朝南三进院落。如意大门一间，倒座房九间，西厢房三间，太湖石假山作影壁，"绮园"的刻石匾额仍存于上。北为过厅五间可达二进院。二进院正房五间，前廊后厦，两卷勾连搭屋顶，东西耳房各两间，东西厢房各三间带廊。三进院后罩房九间。

24 东棉花胡同15号院及拱门砖雕
Courtyard and brick carving on the archway at No.15, Dongmianhua Hutong

市级 / 要许可 / 现为民居

地址：东城区东棉花胡同15号

<M5> 张自忠路 / ZHANGZIZHONGLU
<B> 北兵马司、锣鼓巷、东黄城根北口

年代：清

细部

原大门已拆除。二门为砖雕拱门，金刚墙以上均为砖雕，上刻花卉走兽，顶部栏板雕有暗八仙图案。整个拱门上的砖雕，布局严谨，凹凸得当，其做工之细，刀法之精，实属罕见。

全貌

细部

25 板厂胡同27号四合院
Courtyard at No. 27 Banchang Hutong

区级 / 不开放 / 现为民居
地址：东城区板厂胡同27号
<M5> 张自忠路 / ZHANGZIZHONGLU <B> 北兵马司、锣鼓巷、东黄城根北口
年代：清

此组院落本为一座大宅，现分为27号、29号两部分。27号为三进四合院。广亮大门一间，门内有独立影壁。西侧有屏门四扇，一进院有倒座房东一、西六间，北为垂花门。二进院有正房三间带东西耳房各两间，东西厢房各三间各带南耳房一间。抄手游廊连接诸房。两侧角廊向北经耳房进第三进院。院内有后罩房七间。该院保存完整，墀头砖雕与垂花门木雕均较为精美。

板厂胡同27号

28 僧王府
Seng-ko-lin-ch'in's Mansion

市级 / 不开放 / 现为某单位家属院
地址：东城区南锣鼓巷炒豆胡同73号、75号、77号（北为板厂胡同30号、32号、34号）
<M5> 张自忠路 / ZHANGZIZHONGLU <B> 北兵马司、锣鼓巷、东黄城根北口
年代：清

僧王府为科尔沁亲王僧格林沁府邸，府门在炒豆胡同，全府几乎占满炒豆胡同一条街，规模相当可观。现公布为文物保护单位的仅为王府的一部分。73号、75号、77号院为东、中、西三路院落。

东路（73号）：广亮大门一间，倒座房五间，院内西配房三间；二进院北房五间，东西厢房各三间；三进院北房三间，全院环以围廊；四进院后罩房九间。

中路（75号）：广亮大门一间，门内影壁一座，倒座房六间，北为腰厅七间，明间为厅门；二进院现存双卷勾连搭垂花门一座，正房三间两侧均带耳房两间，东西厢房各三间，周匝抄手游廊连接；后院为板厂胡同32号，北房三间，东西耳房各两间，东西厢房各三间。

西路（77号）：广亮大门一间，倒座房东二间，西六间；院内西配房五间，北为过厅七间，明间为厅门；北出一间轩门，东西连廊，二进院北房三间，东西耳房各二间，东西厢房各三间，抄手游廊连接各房；三进院正房三间，东西耳房各两间，东西厢房各三间。

此外，77号西侧一路院落应当也是原王府的建筑。

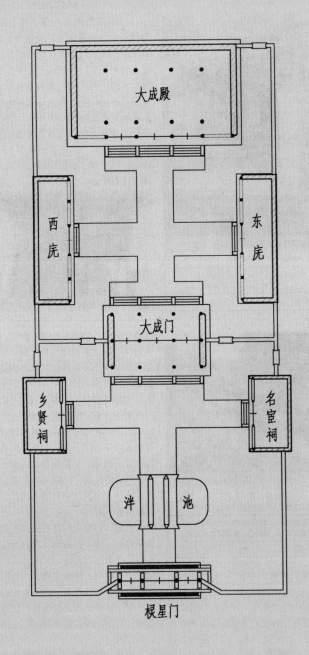

大成殿

西庑

东庑

大成门

乡贤祠

名宦祠

泮　池

棂星门

顺天府学平面图

27 顺天府学
Shuntianfu school

市级 / 要许可 / 现为府学小学
地址：东城区府学胡同65号 电话：010-64045995~8001
\<M5\> 张自忠路 / ZHANGZIZHONGLU \<B\> 交道口南、北兵马司、锣鼓巷
年代：明·清

　　为明清两代顺天府属学校和文庙。明初的大兴县学，永乐九年（1411年）改为顺天府学。原址为元代太和观，明清时期屡次重修。民国以后陆续破败，一直作为学校使用。新中国成立后府学为府学小学使用，文庙为少年宫及其他单位使用。现状建筑群分为东西两路，右庙左学（与孔庙国子监布局相反）。

　　西路：为文庙，正门为棂星门三间，四柱三楼木牌楼式。棂星门后为椭圆形泮池，池上架石桥三座。两庑为乡贤、名宦祠。再北为大成门，面阔三间，灰瓦绿琉璃剪边歇山顶。门内为正殿大成殿，面阔五间，灰瓦绿琉璃剪边庑殿顶，东西庑配殿各五间。文庙建筑除大成殿为清初遗构，乡贤、名宦祠为原状修复，其余建筑为2000年在原址复建。

　　东路：即顺天府学，大门三间，硬山顶。大门两旁原为科房、文昌殿，已倾毁，现改为三间勾连搭硬山房，作教室用。二门三间，硬山顶。左右官厅、祠殿各三间，均为原址复建。二门北为仪门一间，其内为明伦堂五间，两侧为斋舍。堂后有崇圣祠、尊经阁，东西配置满汉教授、训导署第及其他祠庙，现都无存。明伦

堂之东为奎星阁，2000年复建时据光绪《顺天府志》图建为六角二层楼阁。整组府学建筑群中，只有二门为原物，大门及二门两侧官厅、祠堂为原址重建，其他都是2000年新建的仿古建筑。府学和文庙前原有两座跨街木牌楼，向内额题"育贤"，向外额题"育德"，现均无存。

府学胡同育贤坊牌楼

府学明伦堂

大成门

文庙棂星门

28 文天祥祠
Wen Tianxiang Memorial

市级 / 购票参观

地址：东城区府学胡同63号
电话：010-64014968

<M5> 张自忠路 / ZHANGZIZHONGLU
<B> 交道口南、北兵马司、锣鼓巷

年代：明－清

过厅

享堂老照片

享堂现状

　　文天祥祠，又名文丞相祠，为明朝为南宋民族英雄文天祥而建立的专祠。明洪武九年（1376年），在文天祥被元人囚禁的府学胡同建文丞相祠。永乐六年（1408年）由朝廷正式重建并列入祀典。万历年间，顺天府督学商为正将祠堂由府学之西迁往府学之东，原祠改为怀忠会馆。清代、民国屡有修缮，原规模不可考。建国初，该祠尚存大门、前殿、享殿。1983年重修，保留了原大门、过厅和享堂，占地约600平方米。

　　整个祠堂坐北朝南，南端为牌楼式大门，内为过厅三间，带前后廊，硬山屋顶，内为彻上露明造。过厅以北为享堂三间，大小与过厅同，悬山顶，檐下出单昂一斗两升斗拱，为明代建筑。现在过厅与享堂分别为两处陈列室，享堂内还有唐代云麾将军断碑础二件，明代王逊刻元代刘岳申撰写的《文丞相传》和清代朱为弼《重修碑记》碑各一座。享堂前一株古枣树，传说为文天祥手植。前院东墙上刻石，为仿制明代文徵明手书文天祥诗文《正气歌》。

文天祥 1236－1283年，字宋瑞，号文山，江西人。南宋大臣、著名诗人、民族英雄，因抗元被俘，两次自杀未死，在押解途中写下名篇《过零丁洋》，有"人生自古谁无死，留取丹心照汗青"的千古名句。1297年文天祥被押至元大都（今北京），元世祖忽必烈多次对其劝降，均遭拒绝。文天祥最终于菜市口被杀，在刑场上写下了"天荒地老英雄丧，国破家亡业休"的诗句。而其在近四年的囚禁生活中写下大量诗文，其中《正气歌》成为后人传诵的名篇。

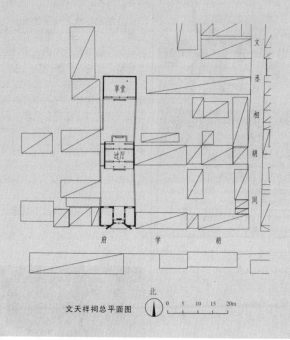

文天祥祠总平面图

北

0　5　10　15　20m

　　该院为一两进四合院，坐北朝南，金柱大门一间，门内原有一影壁，现仅存帽头部分。一进院倒座房四间，东厢房两间，西厢房已改建。北房五间，明间为过厅，通二进院。二进院北房三间带东西耳房各一间，东西厢房各三间。

28 田汉故居
Former Residence of Tian Han

市级 / 要许可 / 现为民居
地址：东城区细管胡同9号
<M5> 张自忠路 / ZHANGZIZHONGLU <B> 北新桥
年代：民国

田汉　1898－1968年，著名戏剧家、中国革命戏剧运动奠基人和戏曲改革运动先驱者。此院在20世纪20年代由迟氏兄弟建造，1949年售与法院。1953年中国戏剧家协会根据周恩来总理指示为田汉购得此宅。当时田汉一家住在里院，秘书住在外院。在此院中田汉完成了京剧《白蛇传》、《谢瑶环》和话剧《关汉卿》等作品的创作。

30 府学胡同36号四合院
（志和宅）

Courtyard at No.36 Fuxue Hutong
(Zhihe's Residence)

市级 / 要许可 / 东城区府学胡同36号

地址：东城区府学胡同36号（包括交道口南大街136号）/ 电话：64044077

\<M5\> 张自忠路 / ZHANGZIZHONGLU
\<B\> 交道口南、北兵马司、锣鼓巷

年代：清

清末兵部尚书志和的住宅。由花园和多组院落组成，是保存较完整的大型四合院。分为东宅（府学胡同36号）和西宅（交道口南大街136号）。

东宅院： 大门三间，坐东朝西，位于主轴线西南部，门外左右设上马石。门内现有东房五间，原为轿厅，北房三间，为通往内院的穿堂门。内院又分为中、东、西并列的组组院落。中路入穿堂门为面阔五间前后廊的过厅，再后有垂花门，过垂花门进入内宅。有北房三间带左右耳房各一间，东西厢房各三间。北房后有后罩房五间。院内两侧有配廊，可通东西两院。由西过廊罩门入西路院：第一进倒座房九间，北房一列，中为穿堂门殿三间，两侧顺山各三间；穿堂而过是主院，以一座垂花门为引导入内宅，有正堂七间带东西耳房各一间，东西厢房各三间，均有廊相通，后有十三间后罩房。东路院为花园，旧貌无存，只能依稀看出原来的游廊、敞厅、小山、轩室、叠石之类。此宅院

现辟后门于府学胡同36号。

西宅院： 建筑群坐北朝南，四进院落。原大门三间，中间启门（已经封堵），临街有倒座房。进门迎面为照壁墙，已无存，墙西侧开垂花门，入垂花门为二进院。二进院有北房五间，东西厢房各三间。通过两侧游廊入第三进院。三进院有北房五间，后带抱厦，勾连搭悬山式，周以抄手游廊与第四进院建筑相连，左右耳房各一间，东西厢房各三间。四进院有北房五间带东西耳房各二间，东厢房五间。最北端临府学胡同南侧有九间后罩房。现该宅院辟西门于交道口南大街136号。

垂花门

游廊

31 孙中山行馆（顾维钧宅）
Residence of Sun Yat-sen
(Residence of Gu Weijun)

国家级 / 不开放 / 现为部队单位使用
地址：东城区张自忠路23号
<M5> 张自忠路 / ZHANGZIZHONGLU <B> 东四十二条、宽街路口东、魏家胡同
年代：清

园内假山叠石，亭轩绿树，十分幽静。1924年12月31日，孙中山扶病抵京讨论国事，临时住在此宅西院第二进院的正房里。1925年3月12日上午9时25分，孙中山先生在此逝世。其治丧委员会决定在此宅孙中山先生居室门口悬挂"孙中山先生逝世纪念室"匾。该室为内外套间，中有雕刻精美之落地花罩。

孙中山行馆，原为民国外交总长顾维钧宅，经过较多改建。

建筑群坐北朝南，原为三路院落，东路为花园，西两路为住宅。花

牡丹厅

32 和敬公主府
Princess Hejing's Mansion

市级 / 要许可 / 现为中信证券公司及和敬宾馆占用
地址：东城区张自忠路7号
<M5> 张自忠路 / ZHANGZIZHONGLU <B> 东四十二条、宽街路口东、魏家胡同
年代：清

清乾隆皇帝第三女和敬公主及其额驸的赐第，光绪间此处为其后人辅国公那图苏所居，故又名那公府。

此府主体院落现尚存有四进。正

中大门三间，原为朝北的轿厅，前后廊硬山顶。左右各倒座房五间。北为府门，三间前后廊硬山顶，左右各有顺山房五间，东西设"阿斯门"各三间。二进院院内十字形甬路略高于地面，北为正殿，五开间，前后廊硬山顶。第三进院落甬路与二进院类似，有寝殿五间，亦为前后廊硬山顶。第四进院为一座七间二卷前后廊硬山顶的后罩楼，已改建。

和敬公主为公主中地位最高的固伦公主，其府邸等级应与亲王相同，但实际看来此府比亲王府形制要低。此府在民国时期为一政要之宅，曾经作过一些改动，最大的一处是在庭院正中加了平顶游廊和八角凉亭，使得和敬公主府的庭院别具特色。

现在该府前部为中信证券公司使用；后部改造为和敬宾馆。

③③ 欧阳予倩故居
Former Residence of Ouyang Yuqian

区级 / 要许可 / 现为民居
地址：东城区张自忠路5号 / 电话：010-64013957
\<M5\> 张自忠路 / ZHANGZIZHONGLU \<B\> 宽街路口东、魏家胡同、张自忠路
年代：民国

此院原为时子和医院。1949年应中国共产党邀请，欧阳予倩从香港回到北京参加第一届全国政协会议，同年11月携全家迁居于此。这里曾是一个文化名人荟萃的场所，著名作家曹禺、作曲家光未然等都曾寓居于此。

院内建筑为中西合璧式。大门一间为近代式砖拱门楼，东西两侧南房各四间，临街墙面辟拱窗，北面为平廊，接东西房各两间。院中部为一幢西式建筑，平面近似正方形，砖石结构，四坡顶，檐口有砖砌多层线脚装饰。西面辟有五个拱窗，东、南面居中一间为门。南面主入口有门廊一间，两坡顶，三角形门楣，四根爱奥尼式柱子支撑，东西两侧为瓶式廊凳。此楼东南角设有太阳房，八角攒尖式屋顶。楼东侧有北房一座，面阔三间，前后廊，再北有北房五间，前出廊。其西侧又有中式排子房五间。欧阳予倩曾居于西北部的宅院，北房三间，东耳房一间，西耳房两间。

欧阳予倩 1889－1962年，我国杰出的戏剧艺术家、戏剧教育家、中国戏剧奠基人之一，生前为中央戏剧学院院长。

③④ 清陆军部和海军部旧址
Site of Land Force and Navy in Qing Dynasty

国家级 / 要许可 / 现为人民大学清史研究中心后勤集团及中国社会科学院部分研究所使用
地址：东城区张自忠路3号
\<M5\> 张自忠路 / ZHANGZIZHONGLU \<B\> 宽街路口东、魏家胡同、张自忠路
年代：1906－1907年

清光绪三十二年（1906年），清政府实施"新政"，宣布变更官署，原兵部与练兵处合并为陆军部，同时新建陆军部办公楼群，陆军部新址原为清雍正帝第五子和亲王弘昼府和贝勒斐苏府。宣统二年（1910年）清政府成立海军部，选择光绪三十三年（1907年）陆军部东侧兴建的清贵胄学堂为办公楼，两部共用一座大门。1912年袁世凯任中华民国临时大总统时，总统府和国务院就设在这里。1924年段祺瑞任中华民国临时执政，这里又成为执政府所在地。1926年3月18日在执政府门前发生了震惊中外的"三一八惨案"。

大门为传统五开间悬山式衙署正门，正对陆军部主楼。陆军部主楼为西洋古典形式，坐北朝南，正中突起一座城堡形四层钟楼，用砖砌西洋柱式和拱券形成四周外廊；屋顶采用三角桁架、铁皮屋面；立面为灰砖砌筑，带有中国砖雕装饰。主楼后有东西配楼和后楼，外廊用白灰板壁与拱券组合。陆军部的设计师沈琪是中国近代一位杰出的工程师，被一些学者誉为"北京近代建筑第一人"。

海军部主楼为西洋古典形式，二层灰砖清水墙砌筑，木结构，三角桁架，铁皮屋顶，主楼、侧楼和后楼形成四合院式布局。

陆军部主楼

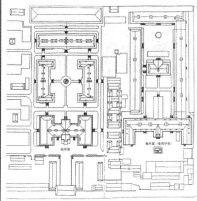

总平面图

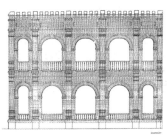

海军部主楼开间大样图

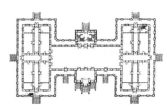

陆军部主楼一层平面图

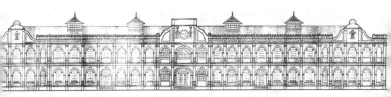

海军部主楼立面图

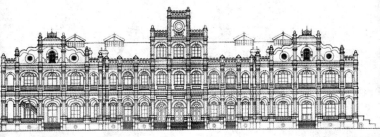

陆军部主楼正立面图

35 旧式铺面房
Old-style shop for renting

市级 / 免费 / 现为商店
地址：西城区地安门外大街50号
<M2> 鼓楼大街 / GULOUDAJIE　<B> 地安门外、铸钟厂、宝钞胡同
年代：清

36 为宝书局
Weibao Bookstore

区级 / 免费 / 现为新华书店
地址：西城区地安门外大街56号
<M2> 鼓楼大街 / GULOUDAJIE　<B> 地安门外、铸钟厂、宝钞胡同
年代：民国

为原谦祥益绸布店北号旧址。坐东朝西，五间单檐重楼式建筑，门面宽敞，通面阔15米，通进深15米，店堂宽阔，但不像新式商场内设二层围楼。屋面为硬山勾连搭灰筒瓦，二层有廊，雕镂细致，彩画新颖，是北京地区现存的旧铺面房中最典型、最完整的一处。还有后楼作为账房，北侧原有库房现已拆除。北京传统民族样式的铺面房形式很多，主要有三间二柱单檐一层牌楼式、单檐重楼栏杆转

原为为宝书局，民国时期建筑。坐西朝东，砖混结构二层楼房，建筑面积252平方米。

角式、三间单檐重楼式、两间带雨棚式、三间重楼朝天栏杆式、三间重楼带九龙头式、三间四柱重檐三层牌楼式等等，目前这些种类的铺面房已不多见。

■ 内城北片（一）地区其他文物建筑列表如下：

名称	地址	年代	现状
北锣鼓巷93号宅院	北锣鼓巷93号	清	现为民居
翠云仙院	草厂北巷8号	民国	现主要建筑仍存
城隍庙	大兴胡同18号	清	保存尚好
万善寺	大兴胡同28号	清	现存正殿、后殿
地安门东大街关帝庙	地安门东大街55号	清	现存关帝殿、菩萨殿及后殿
玉河庵	地安门东大街99号	清	现存大殿
太医院	地安门东大街113、115号	清	格局保存完整，现为餐厅和民居
私立中法大学分院旧址	地安门东大街117号	1924年	保存较好
药王庙	东不压桥6号	清	现存大殿
东棉花胡同17--27号住宅	东棉花胡同17--27号	民国	现为民居

续表

名称	地址	年代	现状
方家胡同白衣观音庵	方家胡同41号	清	现主要建筑仍存
通明寺	方砖厂胡同11号	清	现已分割成几个院落
方砖厂胡同67号宅院	方砖厂胡同67号	清	现为民居
延寿院	方砖厂胡同79号	清	现存山门、大殿
福祥胡同5号宅院	福祥胡同5号	清	现为民居
福祥寺	福祥寺胡同25号	明—清	天王殿及塔已拆除，其余建筑尚存
增福财神庙	鼓楼东大街117号	清	现仅存大殿
万灵寺	鼓楼东大街草厂胡同12号	元—清	原貌已无存
伏魔庵	官书院胡同15号	清	现存大殿
灵鹫庵	国旺胡同55号	清	保存较差
真武庙	国旺胡同西巷8号	民国	现存正殿、东西配殿
慈隆寺	国兴胡同1号	明—清	原貌已无存
韩文公祠	国学胡同31号	清	现仅存大殿
顺安里住宅	国子监街18、20、22、24号	民国	现为民居
皂君庙	国子监街40号	清	现除山门外均保存
火神庙	国子监街78号	明—清	现基本保存完好
镶黄旗官学	后圆恩寺胡同甲20号	清	现为黑芝麻胡同小学
法通寺	华丰胡同甲7号	元—清	保存较差
交道口北二条22号宅院	交道口北二条22号	清	不详
天圣禅林	交道口北三条23号	民国	现仅存一殿
龙王庙	交道口南大街79号	清	现为民居
景阳胡同1号宅院	景阳胡同1号	清	现为民居
宏德禅林	菊儿胡同41号	清	现存山门、大殿
琉璃寺	琉璃寺胡同10号	清	仅存部分建筑
洪承畴宅	南锣鼓巷59号	清	现大部分建筑已改建，仅存北房
南下洼子胡同22号宅院	南下洼子胡同22号	清	现为民居
前鼓楼苑胡同13号宅院	前鼓楼苑胡同13号	清	东路院只存东耳房，西路院现为某单位宿舍
前永康胡同36号宅院	前永康胡同36号	清	现为民居
前永康胡同39—43号宅院	前永康胡同39—43号	民国	现为民居
秦老胡同关帝庙	秦老胡同9号	清	现仅存大殿
蓑衣胡同13号宅院	蓑衣胡同13号	清	现为民居

续表

名称	地址	年代	现状
王佐胡同1号四合院	王佐胡同1号	清	保存尚好
永寿寺	王佐胡同25号	清	保存尚完整
五道营关帝庙	五道营1号	清	现存前殿、配殿
五道营观音庵	五道营103号	清	现存山门、前殿
南锣鼓巷	西起地安门外大街，东止交道口南大街，南起地安门东大街，北至鼓楼东大街	明一清	现为北京市人民政府历史文化保护区
西顺城街天仙庵	西顺城街18号	清	保存尚好
小厂胡同关帝庙	小厂胡同18号	清	现基本保持原建
通恩寺	雍和宫大街145号	清	现存山门、前后殿及南北配殿
娘娘庙	雍和宫大街175号	清	现已分割成几个院落，神像已不存
雍和宫大街白衣观音庵	雍和宫大街43号	清	现仅存一殿
布达拉寺	雍和宫大街51号	清	现为民居
永恒胡同极乐庵	永恒胡同29号	元一清	保存尚好

【7】内城北片（二）
North Part of Inner City 2

积水潭站

M2 西 大 街

德 胜 门

德

胜 门

新 街 口 北 大 街

新 街 口 南 大 街

1 德胜门箭楼

2

3 三官庙

4 净业寺

汇通祠（乾隆御制诗碑）

普济寺（高庙）

5

6

棍贝子府花园

真武庙

永泉庵

德胜桥

14

醇亲王府花园
（宋庆龄故居）

16

醇亲王府

什刹海地区历史文化

羊 房 胡 同

松 胡 同

正觉寺

7

西城区前公用胡同
15号四合院

新 航 空 胡 同

新 大 平 胡 同

花 胡 同

蒙锷故居

弘 善 祠 胡 同

刘 海 胡 同

内 大 街

梅兰芳故居

9

庆王府

涛贝

26

28

护国寺金刚殿

8

奎公府

护 国 寺 街

德 方 胡 同

雄勇祠

29

地

安

街

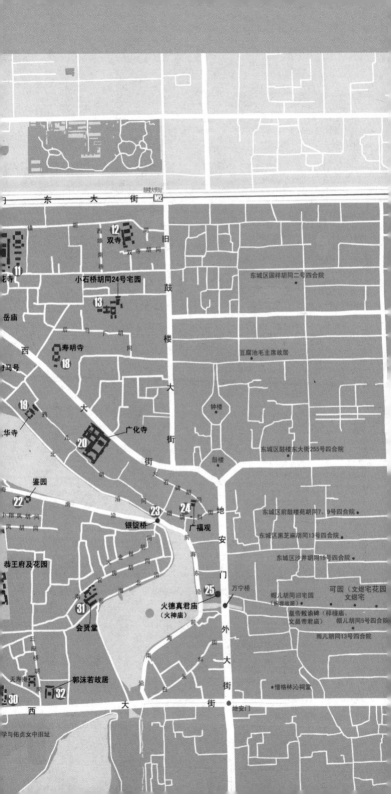

东 大 街 M2
胡同大街站

11
花寺
岳庙

12
双寺
小石桥胡同24号宅园

13

西绦胡同南街

旧

鼓

楼

东城区国祥胡同二号四合院

寿明寺
18
后马胡同

扫马号

西

豆腐池毛主席故居

19
华寺

20
广化寺

大

街

钟楼

鉴园
22

小菊胡同
西河胡同

23
银锭桥

24
广福观

大石碑胡同

地

东城区鼓楼东大街255号四合院

鼓楼

东城区前鼓楼苑胡同7、9号四合院

东城区黑芝麻胡同13号四合院

东城区沙井胡同15号四合院

恭王府及花园

31
会贤堂

25
火德真君庙
（火神庙）

万宁桥

安

门

外

大

街

可园（文煜宅花园）
文煜宅

帽儿胡同旧宅园
（冯国璋故居）

皇帝敕谕碑（梓樟庙、
文昌帝君庙）
帽儿胡同5号四合院

雨儿胡同13号四合院

天寿庵

郭沫若故居
32

30

西

大

街

地安门

学与佑贞女中旧址

僧格林沁祠堂

内城北片（二）概述
Introduction of North Part of Inner City 2

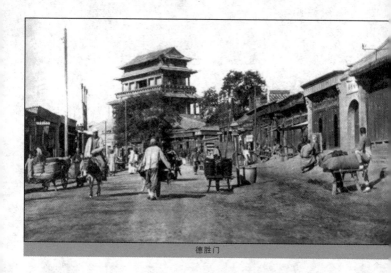

德胜门

本地区位于北京旧城的内城北部，东起旧鼓楼大街－鼓楼西大街－地安门外大街，西至新街口内大街－西四北大街，南起平安大街，北至北二环路，内有三十余处文物建筑群，其中包括全国重点文物保护单位6处：德胜门箭楼、关岳庙、醇亲王府（北府）、北京宋庆龄故居（醇亲王府花园）、恭王府及花园、郭沫若故居。

该地区的核心是什刹海，围绕这片浩阔的水域形成北京古城的又一精华地带。什刹海为北京内城皇城以外最浩瀚的水面，也是北京城最主要的园林风景区（类似于近代的城市公园）。

什刹海元代称"积水潭"，因其水面"汪洋如海"，元人亦称之为"海子"。宋本《海子》诗有"渡桥西望似江乡"之句，足见元代海子一派水乡景致。此外，由于元代积水潭为通惠河漕运之终点，于是又是一派舳舻蔽水、万桅千帆的繁华气象，成为元大都的商业中心所在。

明代积水潭不再是漕运码头，成为北京城最富盛名的风景区，并且以今什刹海西海四周最为繁盛——今之西海，明代称积水潭、水关、海子、北湖、净业湖、莲花池、什刹海等名，大量寺观、名园纷纷荟萃于此，为京城游赏之最佳去处。沿岸布置的寺观、园墅可以方便自如地引水造景，又可以巧妙地"借"园外之景；而积水潭的游人也能够尽阅周围寺观亭馆景致，可谓是互为因借、相得益彰。《帝京景物略》载：

烟袋斜街

"水一道入关，而方广即三四里，其深矣，鱼之，其浅矣，莲之，菱芡之，即不莲且菱也，水则全蒲苇之，水之才也。北水多卤，而关以入者甘，水鸟盛集焉。沿水而刹者、墅者、亭者，因水也，水亦因之。梵音钟磬，亭墅各声歌，而致乃在遥见遥闻，隔水相赏。立净业寺门，目存水南。坐太师圃、晾马厂、镜园、莲花庵、刘茂才圃，目存水北。东望之，方园也，宜夕。西望之，漫园、湜园、杨园、王园也，望西山，宜朝。深深之太平庵、虾菜亭、莲花

社，远远之金刚寺、兴德寺，或辞众眺，或谢群游矣。"

可见积水潭东西南北四面各有不同的寺观林园胜景。此外，由于永乐帝"靖难之变"的功臣之中以江南人士居多，因而朱棣赏赐他们大型宅第于积水潭周围，并将德胜桥以东即今之什刹海前海、后海皆辟为稻田，遣南人耕种，以慰官员们的"思乡之情"——《燕都游览志》载："积水潭水从德胜桥东下，桥东偏有公田若干顷，中贵引水为池，以灌禾黍"；《帝京景物略》载"（积水潭）东岸有桥，曰海子桥，曰月桥，曰三座桥。桥南北之稻田，倍于关东南之水面。"当时后海东岸有龙华寺，"寺门稻田千亩，南客秋思其乡者，数来过，闻稻香"。可见明朝时今之

前海、后海为广阔的稻田，一派田园风光。

积水潭的最佳景致为银锭观山：明代在积水潭建了德胜桥与银锭桥，将元代联成一体的海子一分为三，即成为清代及后世所谓的什刹海西海、后海、前海。德胜桥与银锭桥也随即成为什刹海中重要的景观与观景之所。其中造型小巧玲珑的银锭桥以"银锭观山"之景而声名远播，成为京城一大名胜。明代大学士李东阳一次游积水潭慈恩寺后登银锭桥观西山，吟成《慈恩寺偶成》一诗曰：

"城中第一佳山水，世上几多闲岁华。何日梦魂忘此地，旧时风景属谁家。林亭路僻多生草，浦树秋深尚带花。犹有可人招不得，诗成须更向渠夸。"

从此"城中第一佳山水"即成为"银锭

荷花市场

观山"的代称——《燕都游览志》称"此城中水际看山第一绝胜处也。桥东西皆水，荷芰菰蒲，不掩沧漪之色。南望宫阙，北望琳宫碧落，西望城外千万峰，远体毕露，不似净业湖之逼且障也"。银锭桥由于位居前、后海之间，左右逢源，又是这片浩阔水田的核心交汇点，因而观北、西、南三面之景尽皆一览无余并有田园水色增趣。可以想见桥头遥望，远处西山延亘，近处城垣巍峨，加之湖水、稻田衬托下的民舍寺观——如一幅巨型长卷，必定美不胜收。正如清代吴岩《沿银锭河堤作》诗句所咏："短垣高柳接城隅，遮掩楼台入画图。大好西山衔落日，碧峰如障水亭孤。"如果说

积水潭、什刹海一带风光是明北京最富于诗情画意的长卷，那么"银锭观山"则是其间画龙点睛之笔，北京城的山水意境在此得到一次升华。有趣的是，虽然由官方"钦点"的"燕京八景"并没有"银锭观山"一景，但是由于这道美景深入人心，民间总把它列入八景之中，或者称之为"燕京小八景"之一。

令人痛惜的是，随着北京城市的现代建设尤其是什刹海西北方越来越多的高层建筑群拔地而起，银锭观山的视野逐渐被"混凝土森林"封锁起来，加之空气污染日益严重，西山早已淡出了什刹海游人的视线；纵使"天朗气清"的时节，西山的轮廓也只能在高楼大

厦的缝隙中偶然浮现罢了——正如歌谣《钟鼓楼》中唱的：

"银锭桥再也望不清，望不清那西山……"

此外，环湖一带景致优美的园林、寺观不胜枚举，著名的私家园林有定国公园、英国公园等，寺观有净业寺、三圣庵、什刹海、火神庙、镇水观音庵等等，明清以至近代为之吟咏的文人骚客不计其数。就京城而言，虽然规划布局的核心意匠是在中轴线、皇城之主体建筑群及其苑围坛庙——然而若论山水之佳韵、自然之野趣，则明北京积水潭堪为京城之冠。明北京积水潭、什刹海一带以德胜桥为界，西岸为园林景色，东岸为田园风光——这与一墙之

民国时期的什刹海

隔的巍峨皇城、锦绣御苑真是大异其趣，倒是与千千万万阡陌胡同、合院民居共同构成了帝京的另一番面貌，从而大大丰富了明北京的城市意蕴。如果说北京城的中轴线建筑群以壮美见长，皇家御苑为优美中复带壮美，那么什刹海、积水潭风光则独以优美取胜。明代"公安派"散文大家袁宏道的《游北城临水诸寺，至德胜桥水轩》一诗描写环湖景色最为精彩：

"西山去城三十里，紫巘青逻见湖底。一泓寒水半庭莎，赚得白云到城里。茭叶浓浓遮雉朵，野客登堂如登舸。稻花水渍御池香，槐风阵阵宫云凉。一番热雨鼋波沸，穿檐扑屋生荷气。午时泼墨乍清澄，云容闪烁螭蚊戏。帘波斜带水条烟，北窗雨后蔓清圆。兄将数斗薏仁酒，赁取山光不用钱。"

及至清朝，什刹海一带的稻田逐渐变为满植荷花的水面，园林气息更加浓郁。可惜的是康熙朝之后把什刹海抬高到"御苑"的地位，并且颁布了"非御赐，不准引用什刹海水"的法令，从此什刹海成了没有围墙的禁苑。

清末民国时期，什刹海不但保持着十里荷香的水乡景致，并且再次成为北京内城的著名商业中心之一：湖畔有著名酒楼天香楼、会贤堂、庆云楼、一曲湖楼等，一曲湖楼更被称为"都中酒楼第一家"。前海西堤上则兴起了

热闹非常的"荷花市场"，成为市民夏日消暑的最佳去处——这个两面临水的长堤形露天市场，成为北京诸多街市中最优美的所在。

如今荷花市场改建成为北京最有名的酒吧街，而环什刹海前、后海也陆续开设了大量酒吧、餐馆、茶社，使得什刹海成为京城最著名的"夜生活"之所。古老的什刹海成为新的时尚之地，也是外地乃至国外游客最喜爱流连的娱乐场所之一。

在明、清直至民国时期，本地区一直以德胜门、汇通祠（镇水观音庵）、银锭桥、钟鼓楼、万宁桥作为重要的城市地标，难得的是德胜门箭楼、银锭桥、钟鼓楼、万宁桥今天都依然存在，汇通祠在1970年代修地铁时拆除，1980年代又重建。

《鸿雪因缘图记》中的什刹海景象

德胜门箭楼
Arrow Tower of Desheng Gate

国家级 / 购票参观 / 现为北京古代钱币博物馆
地址：德胜门外大街南端、德胜门立交桥北侧 电话：010-62029863
<M2> 积水潭 / JISHUITAN <B> 德胜门、德胜门内、德胜门外
年代：明

德胜门箭楼是明清北京内城九座城门之一的德胜门之箭楼。建成于明正统四年（1439年），后历经不同程度的修缮。1915年修筑环城铁路，横贯瓮城。1921年城门楼因梁架朽坏而

被拆掉。随后，瓮城、闸门被拆除。1970年代修建地铁时内城城墙几乎被全部拆除，德胜门箭楼得以幸免。1979年德胜门面临拆除之际，时为全国政协委员的古建筑专家郑孝燮致信陈云副主席，呼吁保护德胜门箭楼，使得德胜门箭楼得以保存。现在德胜门箭楼是北京城仅存的两座箭楼之一，另一座是天安门广场南侧的正阳门箭楼。

箭楼坐南朝北，通高31.9米，由城台和楼体两部分组成。城台东西宽39.5米，高12.6米，楼体平面呈"凸"字形，面阔七间，进深两间，前楼后厦，重檐歇山灰瓦绿琉璃剪边屋顶，高19.3米。楼内，金柱与梁架相互连接，将内部空间分为四层。每层外侧都开设箭孔，共82个，其中北侧48个，东西各17个。底层南侧三座

过梁式大门，直通城台。

德胜门箭楼是研究古代都城建设、建筑营造技术以及北京城市发展史的重要实物资料。1982年设德胜门箭楼文物保管所并向社会开放。1992年复建原瓮城内的真武庙，并在此设立北京市古代钱币展览馆。2001年在真武庙外垣墙东、西侧复建值房各三间。

德胜门箭楼北面

2 汇通祠（乾隆御制诗碑）
Huitong Temple
(Poem tablet commissioned by Emperor Qianlong's order)

购票参观 / 现为郭守敬纪念馆
地址：德胜门西大街甲66号、地铁积水潭站东南出口上部
＜M2＞ 积水潭 / JISHUITAN ＜B＞ 德胜门、德胜门西、新街口豁口
年代：1988年重建

明永乐时期修筑北京城时，德胜门西侧有一处"水关"，来自西北郊的高梁河水由此入积水潭（今西海）。水关南侧有一小岛，岛上建"镇水观音庵"，旧称法华寺，清代重修后改名汇通祠。由于水由水关入都城时流势湍急，故于关口内侧置石螭以挡水势。《燕都游览志》载：

"水关在德胜门西里许，水自西山经高梁桥来，穴城趾而入，有关为之限焉。下置石螭，迎水倒喷，旁分左右，既噏复吐，声淙淙然自螭口中出。"

由于水冲石螭，发出海潮声，故镇水观音庵又名"海潮观音庵"——这实在是古人富于诗意的想象，水关、汇通祠连同这镇水兽石螭也成为明清以来什刹海最著名的景致之一，吸引了数不尽的文人墨客至此观水听潮。

汇通祠内供龙王，清乾隆二十六年（1761年）重修时乾隆曾御制汇通祠诗："潴蓄长流济大通，澄潭积水映遥空。为关潮汐应垂制，因葺崇祠喜毕工。海寺月桥率难考，灯船歌馆漫教同。纪吟权当留碑记，殷鉴恒深惕若衷。"此外还做御制积水潭三首，其中描绘汇通祠曰："烟中遥见庙垣红，瞬息灵祠抵汇通。雨意溟蒙犹未止，出郊即看麦苗芃。"

民国初年，汇通祠一度被卖给长春堂药店，故山门外留有"万古长春"道家语。解放后，这里曾设"汇通武术社"，教授武术。1976年在修建地铁时，祠被拆除，1988年9月重建（位于地铁积水潭站东南出口上部），祠内设郭守敬纪念馆。乾隆御制诗碑重新立于祠后碑亭中，该石碑被列为区级文物。

重建后的汇通祠位于新堆砌的土山顶部，比原祠地势稍高。祠坐北朝南，两进院落，有山门一间，前殿三间，东西配殿各三间，后罩楼三间，东西配殿各三间。

3 三官庙
Sanguan Temple

区级 / 要许可 / 现为民居
地址：西城区西海北沿29、30号
<M2> 积水潭 / JISHUITAN <B> 德胜门、德胜门西、新街口豁口
年代：清－民国

始建于清代，1924年重修。庙坐北朝南。中轴线上依次为山门一间，硬山调大脊，石券门，棋盘大门两扇，两侧各有旁门一。前殿三间，硬山调大脊，筒瓦顶，配殿东西各二间，硬山箍头脊，筒瓦顶，后楼面阔三间，前带廊，硬山箍头脊，筒瓦顶，两侧耳房各一。配殿东西各三间，前带廊，硬山箍头脊，筒瓦顶，西跨院有殿三间。这是一座较完整的小型寺庙。现为民居，南侧大门为一公共厕所遮挡，不易发现。

■ "三官"

即天官、地官、水官，又称三元大帝。道教称三官能为人赐福、赦罪、解厄，即天官赐福、地官赦罪、水官解厄。

4 净业寺
Jingye Temple

区级 / 不开放 / 现为某公司使用
地址：西城区德胜门内西顺城街46号锦胜华安写字楼院内
<M2> 积水潭 / JISHUITAN <B> 德胜门、德胜门西、新街口豁口
年代：明－清

明嘉靖三十七年（1558年）内官监太监袁亨、司礼监太监妙福等捐资修建，额曰智光寺，后改名净业寺，清重修。今什刹海西海因与寺相近，明、清多称之为净业湖。寺坐北朝南，中轴线上依次有山门三座，硬山调大脊筒瓦顶，通面阔13.20米，通进深7.30米，前殿三座，硬山筒瓦调大脊，一斗二升交麻叶弓斗栱，通面阔14.80米，通进深8.50米。东西配殿各三间，硬山箍头脊。后殿五间，硬山调大脊。西配楼六间，现仅存西配楼及前殿，建筑面积约325平方米。净业寺，地处幽静，南临水岸，树木成荫，颇有江南云水之胜，尤为盛夏消暑之佳境，明、清文人多至此流览，因而留有很多吟咏净业寺的诗句，兹录明孙如游净业诗一首，可知当时的情景：

"禅堂入暮可曾关，马逐飞花向此间。钟界朝昏应自息，水流深阔正如闲。苍然野岸灯初过，迥尔疏林月始湾。风定湖光分半翠，不知是影是真山。"

《乾隆京城全图》中的净业寺

⑤ 普济寺（高庙）
Puji Temple (Gao Temple)

区级 / 不开放	现为北京市有机玻璃厂、永康商务会馆、西海48文化创意中心等使用
地址	西海南沿48号
<M2> 积水潭 / JISHUITAN <B> 德胜门、德胜门西、新街口豁口	
年代	明－清

　　始建年代无考，重建于明正德十四年(1519年)。寺内有明正德年重修碑，因地势高耸俗称高庙。寺坐西朝东。现仅存正殿五间，南北配殿各三间，南北客堂各三间，东房三间。正殿五间，通面阔20.40米，通进深9.70米，硬山箍头脊，筒瓦顶，灰顶天花，前檐装修为三交六椀、菱花格

槅扇门窗，现被改建为仓库，保存状况堪忧。南北各有耳房二间。客堂南北各三间，硬山箍头脊、大式做法，筒瓦顶。配殿南北各三间，硬山箍头脊，筒瓦顶。《都门杂咏》描写高庙时写道："古佛依稀万历镇，侨居三载总油然。门前一曲清溪水，闻道今年胜往年。"寺的北面为桂林梁巨川在什刹海投水自杀处，曾有"梁巨川先生殉道碑"。

《鸿雪因缘图记》中的净业寺、高庙及汇通祠一带景象

　　府在蒋养房（新街口东街）以北，自今光泽胡同（火药局）东至水车胡同，北至普济寺。府先为诚亲王新府（即贝子弘暚府）。清嘉庆年间，又赐给仁宗四女庄静公主，又称四公主。后为其后裔棍贝子府。

　　嘉庆年间曾引积水潭（今什刹海西海）之水入公主府，成为府中的池

塘。今天这处水池依旧留存，并被称作积水潭。《清宫词》曾这样写道：

　　"德胜外蒋家坊，庄静当年有赐庄。一样恩波通太液，汉阳公主汝阳王。"

　　贝子府原有建筑大都拆除，在积水潭之南、西岸现存歇山卷棚花厅三间、硬山小楼两座，潭东有土山一座。

⑥ 棍贝子府花园
Garden of Prince Gun's mansion

区级 / 免费	现为积水潭医院花园
地址	西城区新街口东街、积水潭医院内
电话	58516688
<M2> 积水潭 / JISHUITAN <B> 德胜门内、积水潭桥南、新街口北	
年代	清

《乾隆京城全图》中的棍贝子花园之前身

7 正觉寺
Zhengjue Temple

区级 / 要许可 / 现为北京市电信工具厂使用
地址：西城区新街口正觉胡同9号
<M2> 积水潭 / JISHUITAN <B> 新街口北、新街口南、正觉胡同
年代：明－民国

明成化三年（1467年）御马监太监韩谅捐宅一所，由郑道明创建佛殿、天王伽蓝殿、僧房三十余间。敕赐正觉禅寺。清嘉庆年间重修。民国二十九年（1940年）重修。寺内有成化四年（1468年）翰林院修撰陈鉴撰碑和嘉靖元年（1522年）通政司参议顾经撰碑。寺坐北朝南。中轴线中依为：

山门；

天王殿三间，硬山调大脊，筒瓦顶，前檐为棋盘大门，石券门洞，通面阔10米，通进深5米；

大雄宝殿三间，硬山调大脊，筒瓦顶，通面阔13.60米，通进深11.40米，东西配殿各三间；

接引殿三间，硬山调大脊，通面阔13.10米，通进深7米，东西配殿各三间；

后院有北房三间，硬山箍头脊，合瓦顶，并有耳房各二间；东房二间，硬山合瓦顶，西房二间，硬山合瓦顶。

该寺保留民国时期重修风格，面积约970平方米。原来各殿均有佛像，塑制精细，现均被拆除。

护国寺元代创建，初名"大崇国寺"（北寺）。明宣德四年（1429年）重修，更名"大隆善寺"。明成化八年（1472年）赐名"大隆善护国寺"。清康熙六十年（1721年）重修，改名"护国寺"，又称西寺，与东寺隆福寺相呼应。道光、同治分别重修，一贯为京都名刹。

寺坐北朝南，规模宏大。中轴线上依次有九重殿宇——

山门：三间，单檐歇山顶，门额书"大隆善护国寺"。

金刚殿：五间，单檐歇山顶，黑琉璃瓦绿剪边，三踩单昂斗栱，明间及两次间为穿堂门。殿正面门窗为壶门式，壁面装障日板。殿前左右为钟鼓楼。

天王殿：五间，东西配殿各五间。

延寿殿：五间，前出月台，后有抱厦一间，东西配殿。

崇寿殿：五间，前出月台，月台前左右碑亭各一。东西配殿。

千佛殿：五间，俗称土坯殿，前出月台，有甬道与崇寿殿相连。

护法殿：五间，与千佛殿之间有垂花门。垂花门左右各有舍利塔一

8 护国寺金刚殿
Vajra Hall of Huguo Temple

市级 / 不开放 / 现为北京市佛教协会管理使用
地址：西城区护国寺大街11号
<M2> 积水潭 / JISHUITAN <B> 新街口南、护国寺、厂桥路口东
年代：元－清

护国寺庙会景象

座，形制为小白塔，为妙应寺白塔之具体而微者。

功课殿：五间。

菩萨殿：三间重楼。

此外更有元、明、清各代古碑多座。

护国寺除了屋宇崇焕之外，在清雍正年间更是北京内城著名的庙会所在，与东城隆福寺庙会并称"西庙"与"东庙"，护国寺每月逢七、八有庙市，清人有《竹枝词》云：

"东西两庙货真全，一日能消百万钱；多少贵人闲至此，衣香犹带御炉烟。"

清末护国寺焚毁，仅存金刚殿、菩萨殿和功课殿等建筑。解放后，对遗存的金刚殿进行过修葺。现仅存金刚殿、西配殿一座和后楼菩萨殿。

碑亭

金刚殿

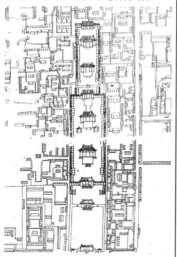

《乾隆京城全图》中的护国寺

金刚殿雕塑

延寿殿

鼓楼

天王殿

崇寿殿

梅兰芳故居
Former Residence of Mei Lanfang

市级 / 购票参观 / 现为梅兰芳纪念馆
地址：西城区护国寺街9号 / 电话：010-66183598
<M2> 积水潭 / JISHUITAN <B> 刘海胡同、厂桥路口东、厂桥路口西
年代：清

故居坐北朝南，原有北房和东西厢房，梅氏入住前新建了前院的倒座房。二门内北房正中明间是小客厅；西侧是书房名"缀玉轩"，内藏剧本多为善本、孤本；东侧是起居室。院中立一座精美的木影壁，为北京四合院中为数不多的木影壁遗存之一。1985年12月9日命名为梅兰芳纪念馆，次年10月27日向社会开放至今。

梅兰芳 1894－1961年，原籍江苏泰州，1894年生于北京，著名京剧表演艺术家，"四大名旦"之首。在京剧旦角的唱腔、念白、舞蹈、音乐、服装等方面都有创新，形成了雍容华贵的艺术风格，世称"梅派"。解放后曾任中国京剧院院长、中国戏曲研究院院长、中国戏剧家协会副主席、全国人大常委会委员、全国政协常委等职。梅兰芳从1950年迁入至逝世前寓此。

关岳庙原为清道光帝的第七子醇贤亲王的祠堂，光绪十七年至二十五年(1891—1899年)修建。民国年间，北洋政府在其后寝祠内塑关羽、岳飞像，故改称关岳庙。

关岳庙坐北朝南，占地面积约2.5万平方米，前后三进院落。主要建筑集中排列在中轴线上，自南而北依次为琉璃照壁、庙门、中门、正殿、后寝祠，附属建筑分列两侧。中院东西有跨院，西跨院分南北两院，东跨院有神厨、神库、宰牲亭等祭祀性建筑。

⑩ **关岳庙**
Temple of Guan Yu and Yue Fei

国家级 / 不开放 / 现为西藏驻京办
地址：西城区鼓楼西大街149号
<M2> 鼓楼大街 / GULOUDAJIE <B> 德内甘水桥、德胜门南站、果子市
年代：清－民国

明万历九年（1581年）司礼监太监冯保秉承孝定皇太后命创建，名千佛寺，清雍正十二年（1734年）奉敕重修，赐名拈花寺。寺坐北朝南，现有面积6000余平方米，分中、东、西三路。中路依次为影壁、山门、钟鼓楼、天王殿、大雄宝殿、伽蓝殿、藏经楼。东路有殿六重，西路有殿四重，西路最后为祖堂。寺内原建筑格局基本保存完好，是京城大型佛教寺院之一。1926年至1945年在寺内曾开办拈花寺小学，招收各寺庙幼僧。

⑪ **拈花寺**
Nianhua Temple

市级 / 不开放 / 现为人民大学占用
地址：西城区大石桥胡同61号
<M2> 鼓楼大街 / GULOUDAJIE <B> 德内甘水桥、鼓楼桥西、果子市
年代：明－清

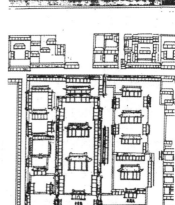

《乾隆京城全图》中的拈花寺

12 双寺
Shuangsi Temple

区级 / 免费 / 现为北京阳光老宅院酒店
地址：西城区旧鼓楼大街双寺胡同11号
‹M2› 鼓楼大街 / GULOUDAJIE ‹B› 德内甘水桥、鼓楼桥西、鼓楼桥南
年代：明

上至下分别为：二进院及三进院

13 小石桥胡同24号宅园
Residential yard at No.24, Xiaoshiqiao Hutong

区级/要许可/现由竹园宾馆和文化部幼儿园使用
地址：西城区小石桥胡同24号 电话：（幼儿园）010-64040778
‹M2› 鼓楼大街 / GULOUDAJIE ‹B› 德内甘水桥、鼓楼桥西、鼓楼桥南
年代：清

明成化元年（1465年）神宫监太监刘嘉林舍宅建寺，为大应法王下院，寺成赐额广济寺。明成化十六年（1480年）尚膳监太监刘祥、高通等人出资改建。分为东西二区，东曰嘉慈寺，西曰广济寺。明嘉靖三十年（1551年）和万历九年（1581年）重修，万历三十一年(1603年)又重修，赐今名。有明成化十六年（1480年）立的敕赐广济寺碑记，孙添济撰；明成化十六年（1480年）立明共成胜缘碑记，万历九年（1581年）立敕赐广济寺重修碑记，欧大任撰，万历三十一年（1603年）明重修双寺碑记，王升撰；广济寺立禅转首蜀修行记略碑，今尚屹立于寺内。

寺坐北朝南。东部嘉慈寺，原有殿三进，现均无存。西部广济寺现存建筑面积约3600平方米。中轴线上有山门一间，石券门上石额曰广济寺（山门已拆除）。山门左右有旁门各一，钟鼓楼（已拆除），前殿三间，中殿五间，后殿五间及后罩楼五间。西跨院有前殿五间、中殿五间、后殿三间，及配殿、配房。尚可窥原寺的布局。

现该寺被改造为北京阳光老宅院酒店。原建筑被翻修一新，格局保留完好。免费参观，酒店还配有导游进行讲解。

这里原是清末邮传部大臣盛宣怀的住宅，又名"盛园"。住宅是一处带花园的中型四合院，前临小石桥胡同，后挨后马场胡同，西部是花园，东部是住宅。民国时期曾为外交部长王荫泰宅院。中华人民共和国成立后董必武副主席曾寓此，并在花园北部兴建楼宇，为起居办公会客之用。

原有两座花厅和长廊，并有假山一座。现改为竹园宾馆，新建有听松楼等建筑。由于这里是一处庭院式的宾馆，因而深受外籍宾客欢迎。东院由四合院组成，部分建筑已拆除后建楼。

建于明代早期，为闸桥合一的单孔石拱桥，桥面原为穹窿形。民国八年（1919年）改为平缓的桥面、并设步行道。民国三十二年（1943年）将损坏的石栏杆用城砖砌成宇墙式栏杆。2007年拓宽德胜门内大街，重修德胜门桥，并在其东侧建一新桥。目前桥周围交通较为混乱，新修的桥栏板也较为粗糙，不复昔日容颜。

14 德胜桥
Desheng Bridge

区级 /免费
地址：西城区德胜门内大街后海与西海交界处
<M2> 积水潭 / JISHUITAN <B> 德胜门内、德胜门南站、果子市
年代：明－现代

醇亲王府前身是清康熙朝大学士明珠的宅第，明珠长子纳兰性德生于此，卒于此。乾隆年间改为成亲王府，建成于清乾隆五十四年（1789年）。光绪十四年（1888年）迁醇亲王府至此，为区别于醇亲王府旧府（详见"内城南片（二）""醇亲王府南府"），此处俗称醇亲王府北府。这里是清朝末代皇帝溥仪的出生地，溥仪即位后，其父载沣被封为监国摄政王，故该府又称摄政王府。1924年溥仪退出皇宫后曾暂居于此。1945年国民党军事机关占用一半。1949年载沣将府全部售予国立高级工业学校，再后府邸部分由卫生部使用。2000年卫生部迁出，国家宗教事务局迁入。

15 醇亲王府（北府）
Prince Chun's Mansion
(Northern Mansion)

国家级/不开放/现为中国国家宗教事务局占用
地址：西城区什刹海后海北沿44 4、45号
<M2> 积水潭 / JISHUITAN <B> 德胜门内、德胜门南站、果子市
年代：清

醇亲王府坐北朝南，东部为府邸，西部为花园（详见本节"宋庆龄故居"）。东部府邸分为中、东、西三路（中、东路为后海北沿44号；西路又细分为东西两路，为45号）。中路为礼仪空间，也是建筑群的主体，沿中轴线依次有——

临街大门：面阔五间，灰筒瓦歇山顶，正对什刹海后海水面；两翼建有东西角房；

大宫门

小宫门

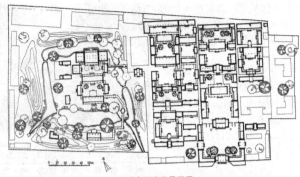

醇亲王府总平面图

遗念殿　　　　　　　　　银安殿　　　　　　　　　神殿

大宫门：面阔五间，绿琉璃瓦歇山顶；两侧是灰筒瓦顶配殿；

正殿（银安殿）：面阔五间，绿琉璃瓦歇山顶；两侧为配楼；

小宫门：面阔三间，绿琉璃瓦硬山顶；两侧各有东西耳房五间；

神殿（后寝）：面阔五间，绿琉璃瓦硬山顶；两翼为东西朵殿（神库）；

遗念殿（后罩楼）：面阔九间，二层，灰筒瓦歇山顶；内供醇亲王奕譞（光绪之父）生前衣冠；楼两边有东西耳房，为佛堂。

东路建筑主要是两组祠堂、佛堂和四进雇工住房，现仅存南大门和最北的五间神厨，中间已改建为一座现代办公楼和两排平房。东路东墙外又一组院落为王府马厩（详见本节"摄政王府马号"）及其家庙小龙华寺（今北京北海幼儿园托儿部）。

西路建筑是王府的居住区，由并排两组院落组成，其中西侧院落原

建有面阔五间的宝翰堂，是外客厅及大书房，1912年孙中山曾到此与载沣会晤；此外还有后宅正门"钟灵所"（其匾额为康熙手书，估计是明珠宅旧物）、九思堂（太妃居所）、思谦堂（王妃居所）。东侧院落有任真堂（儿辈读书处）、树滋堂（溥杰居所）、信果堂等。此二组院落后为面阔九间的后罩楼。

醇亲王府是研究清代王府历史和建筑形制的典型实物。

奕譞　清宣宗道光帝第七子，光绪帝之父。道光三十年（1850年）封醇郡王，同治三年（1864年）加亲王衔，十一年（1872年）晋醇亲王。光绪十六年（1890年）卒，尊为皇帝本生考，谥曰"贤"。

载沣　奕譞第五子，溥仪之父。光绪十六年（1890年）袭醇亲王，三十四年（1908年）宣统即位时命为监国摄政王。宣统三年（1911年）退位。

⑯ 醇亲王府花园（宋庆龄故居）

Garden of Prince Chun's Mansion (Former Residence of Soong Ching Ling)

国家级／购票参观

| 地址：西城区什刹海后海北沿46号 |
| 电话：010-64015256 |

| <M2> 积水潭 / JISHUITAN <B> 德胜门内、德胜门南站、果子市 |

| 年代：清 |

宋庆龄故居坐落在后海北岸，原是醇亲王府的花园，位于王府府邸西侧。关于此园始建年代，学术界有不同看法：有人认为花园是乾隆末年建成亲王府时建造的，也有人认为是康熙年间明珠宅的旧园。花园原有正门三间，但终年封闭，出入花园由东侧随墙门。

该园由什刹海引活水一道在园中环行一周，形成南北东西四条狭长的河道，分别称作南湖、北湖、东湖与西湖。在各湖外侧又堆砌土山，形成"山包水"之独特格局。园林主体建筑位于四水环抱的岛屿之上，而其他亭台楼榭则分布在水

系外侧的土山之上。

入园循径前行可见南湖，湖之南有"南楼"，楼前有七株夜合欢树，其中两株年代较久，是明珠长子纳兰性德亲手种植。纳兰性德曾有《夜合花》诗：

"阶前双夜合，枝叶敷华荣。疏密共晴雨，卷舒因晦明。影随筠箔乱，香杂水沉生。对此能消忿，旋移近小楹。"

南楼后土山上西有曲尺形的"听雨屋"，东有扇形"箑亭"，匾额为奕譞题写。南楼与中部建筑之间有长廊相连，并跨于南湖与东湖之上。廊上有六角亭，曰"恩波亭"——因花园水系奉旨由什刹海引入，故将此两面临水之亭命名"恩波亭"。

南湖北岸原有两进院落，南端为正厅七间前廊后厦，北面出戏台一座。其北为正厅七间前后廊。里院北房五间前后廊。

新中国成立后，周恩来总理受党和政府的委托，决定借此王府花园，精心设计施工，葺旧更新，作为宋庆龄的住所。宋庆龄自1963年4月迁居于此，一直工作和生活到1981年5月29日逝世。1981年10月，这里被命名为"中华人民共和国名誉主席宋庆龄同志故居"，1982年5月29日正式对外开放。

箑亭

原王府花园中部主体建筑群尚存"濠梁乐趣"、"畅襟斋"、"听鹂轩"及东厅"观花室"，周围湖面、土山依旧，亭台廊榭犹在。主体建筑群外院南厅、戏台等均拆除，改为草坪。在主体建筑群以西，接建一幢两层主楼，该楼采取中西合璧样式，与周围园林环境取得了和谐统一的效果，不失为一座成功的现代建筑。"濠梁乐趣"原是宋庆龄的大客厅，现辟为第一展室。"畅襟斋"原是大餐厅，现辟为第二展室。西侧新建主楼楼下有小会客厅、小餐厅，是宋庆龄接待和宴请各国政府首脑和亲密友人的地方。二楼是卧室和书房。主楼南侧有一座鸽子房，宋庆龄常在工作之余亲自给鸽子喂食。庭院的西南角有两件宋庆龄钟爱的珍宝，一是矗立于西湖南桥头3米高的太湖石"长寿石"，形如鹤发老人，上面镌刻"岁岁平安"，据传是花园故主成亲王永瑆所题。另一件是一株清代的老石榴树盆景"老寿星"，至今已200余年。此外，主楼南侧有一株巨大国槐，浓荫蔽日，应是王府花园旧物——老树与新旧建筑群共同构成一幅幽雅之画卷。

入口

游廊

醇亲王府花园全景

17 摄政王府马号
Stable of Prince Zaifeng's Mansion

区级 / 要许可 / 现为北京第二聋哑学校校舍
地址：西城区什刹海后海北沿43号 电话：010-64040704
<M2> 积水潭 / JISHUITAN <B> 德内甘水桥、果子市
年代：清

坐北朝南，有东西两个院落。建筑面积约1900平方米。东院有北房、南房和西房。西院有北房、南房、西房。院内仍保存有石马槽。

明天顺六年（1462年）司监太监夏时等出资兴建。明弘治四年（1491年）及正德八年（1513年）两次重修。原均为碑记，现寺内只存正德八年立重修寿明寺碑记。

寺坐北朝面，中轴线上依次为山门三间，硬山调大脊筒瓦顶，通面阔12.60米，通进深7.40米。前殿三间，硬山调大脊，通面阔10.80米，通进深9.80米，中殿三间（后带抱厦），歇山顶，一斗二升交麻叶差别斗栱，通面阔15.50米，通进深10米，东西配殿各三间，硬山调大脊，筒瓦顶。后殿五间（前山郭）硬山箍头脊，筒瓦顶。东西配殿各三间，硬山箍头脊筒瓦顶。现山门已拆除，现有建筑面积792平方米。原有碑刻均运北京石刻艺术博特馆（五塔寺）内保存，其他由房管部门占用。

18 寿明寺
Shouming Temple

区级 / 要许可 / 现由西城区国土资源和房屋管理局职工学校使用
地址：西城区鼓楼西大街79号
<M2> 鼓楼大街 / GULOUDAJIE <B> 德内甘水桥、铸钟厂、鼓楼桥西
年代：明

⑲ 大藏龙华寺
Dacang Longhua Temple

区级 / 要许可 / 现为北海幼儿园使用
地址：什刹海后海北沿23号 电话：010-64043772
<M2> 积水潭 / JISHUITAN　<B> 德内甘水桥、铸钟厂、德胜门、果子市
年代：明－清

小型佛教禅寺，始建于明代，红墙灰瓦，与周围自然景观融为一体，且闹中取静。清道光年间曾改名为心华寺，为拈花寺的下院，又名小龙华寺，有别于改名为瑞应寺的龙华寺。清末为摄政王载沣的家庙。坐北朝南，面积不大，建筑紧凑。中轴线上有山门1间，山门两侧有倒座房各3间。前殿3间，殿两侧耳房各2间，东西配殿各3间，两侧耳房各2间，保存较完整。

1949年载沣将王府售出后，把在王府中开办的竞业小学迁于此处。1956年竞业小学与其他小学合并，大藏龙华寺由幼儿园使用。共有文物建筑27间，建筑面积647.25平方米。

⑳ 广化寺
Guanghua Temple

市级 / 要许可 / 现为北京市佛教协会
地址：西城区鸦儿胡同31号
<M2> 积水潭 / JISHUITAN　<B> 德内甘水桥、铸钟厂
年代：元－清

始建于元代。明成化、万历、清道光、咸丰年间曾几度重修。光绪二十年（1894年）重建。1937年溥儒（字心畬）曾出资修整寺院。

广化寺坐北朝南，由南至北依次为影壁、山门殿，匾额上书"敕赐广化寺"；山门内东西两侧为钟鼓楼；

天王殿供弥勒佛，两侧为四大天王；大雄宝殿供奉毗卢遮那即密宗大日如来，殿两侧为十八罗汉立像；藏经阁藏有明版《大藏经》、清乾隆版《频伽藏》和东瀛版《续藏》等佛经。西侧两路各有两进院落，有观音阁、地藏阁、方丈室、法堂、祖堂等，东路尚存两层殿，其余均已拆改。1909年在教育部供职的鲁迅参与在广化寺内筹建京师图书馆，1912年对外开放。1939年在此创办广化佛学院。1946年又创办广化小学。1982年北京市佛教协会设立于此。

广化寺山门

㉑ 恭王府及花园
Prince Gong's Mansion and its Garden

国家级 / 购票参观 / 现为恭王府博物馆
地址：西城区前海西街17号 电话：010－66168149
＜M2＞ 积水潭 / JISHUITAN ＜B＞ 东官房、 北海北门
年代：清

恭王府是北京最富盛名的王府，是恭亲王奕訢府邸。奕訢（1833－1898年）为清道光帝第六子，曾任议政王、军机大臣等职。恭王府的前身是乾隆朝大学士和珅的宅第，嘉庆朝将和府籍没转赐给庆僖亲王永璘为府，咸丰朝再度易主为恭亲王奕訢。

恭王府是北京保存最完整的清代王府。该府东近什刹海前海，北倚后海，更有自西海引出的一条水渠，绕过王府的西墙、南墙，俗称月牙河，经"三座桥"流入前海。因此全府西、南临水，东、北近水，可谓四面环水，景致绝佳。20世纪50年代初，水渠被填，形成今天的柳荫街和前海西街。

恭王府建筑群分为府邸和花园两部分，府邸在南、花园在北。南北长约330米，东西宽180米，占地面积61120平方米，其中府邸32260平方

米，花园28860平方米。

府邸分为中、东、西三路。

中路：有大门三间，绿琉璃瓦硬山顶，左右石狮各一；二门五间，绿琉璃瓦硬山顶；正殿（银安殿）及东西配殿，1921年失火焚毁，现已复建；后殿"嘉乐堂"为神殿，面阔五间，绿琉璃瓦歇山顶。

东路：轴线上仅剩两进院落，前院正房为"多福轩"，为会客处，厅前有一架长了两百多年的藤萝，至今仍长势甚好，在京城极为罕见。后院正厅名"乐道堂"，为奕訢居所。

西路：中进院落正厅为面阔五间的"葆光室"，门额上悬咸丰御笔匾额。后院正厅为"锡晋斋"，原名"庆颐堂"，源自乾隆所赐"庆颐良辅"匾额。该堂面阔七间，前后廊，后出抱厦五间；内檐正中三间是敞厅，东、北、西三面都有两层仙楼，上下安装了雕刻精美的楠木装修隔断；其鼓墩式下承覆莲座的柱础形式也异于一般房屋——这些构件都保持着乾隆时期的特征，是和珅宅的旧物，系仿紫禁城宁寿宫式样建造的（此为和珅僭侈逾制，是其被赐死的"二十大罪"之一）。"锡晋斋"

银安殿

二门

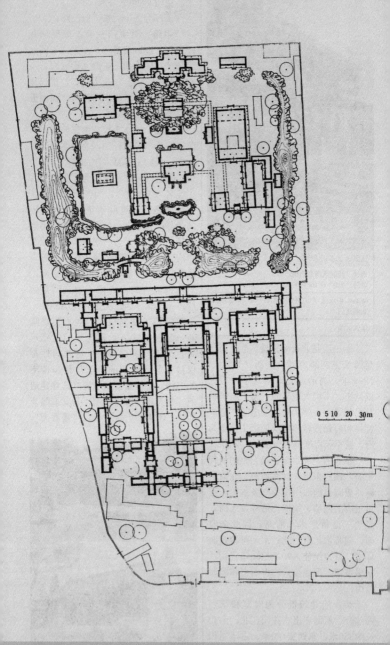

0 5 10 20 30m

恭王府及花园平面图

东西配房各五间，东房"乐古斋"为存放古玩之所，西房"尔尔斋"存放除《平复帖》之外的其他碑帖，因这些碑帖与"锡晋斋"所存的晋陆机的《平复帖》相比都"不过尔尔"，故名。

在三路院落后面环抱着长160余米的二层后罩楼，后檐墙上每间上下各开一窗，下层窗都是长方形，上层窗为形式各异的什锦窗，楼后为王府花园——这些丰富多彩的什锦窗可谓王府花园"萃锦园"的序幕。

萃锦园沁秋亭及曲水流觞

萃锦园正厅乐善堂及蝠河

萃锦园滴翠岩假山

■ 恭王府萃锦园 ／ （清）

萃锦园大门

萃锦园：花园名萃锦园，始建时间说法不一，至晚在乾隆年间就已建成，很可能是利用明代旧园的基址。同治、光绪年间均有重修。奕訢之子载滢于光绪二十九年（1903年）写成《补题邸园二十景》诗20首，分别描写萃锦园二十景：曲径通幽、垂青樾、沁秋亭、吟香醉月、踪蔬圃、樵香径、渡鹤桥、滴翠岩、秘云洞、绿天小隐、倚松屏、延清籁、诗画舫、花月玲珑、吟青霭、浣云居、枫风水月、凌倒景、养云精舍、雨香岑。

全园占地约2.7公顷，与南部府邸对应，同样分为中、东、西三路。中路呈对称严整的布局，其南北中轴线与府邸的中轴线重合。东、西路布局比较自由灵活，东路以建筑为主体，西路以水池为中心。

中路：包括园门及三进院落。园门在南端正中，为西洋拱券式，是晚清时的时髦做法，民间称之为"圆明园式"。入园门，左右分列两座青石假山"垂青樾"、"翠云岭"，这两山的侧翼向北延绵，使得全园的南、东、西三面呈峰峦环抱之势。两假山

萃锦园西路水景

左右围合，中间留出小径，迎面一座"飞来石"耸立，此即"曲径通幽"一景。飞来石之北为第一进院落，为三合院，正厅"安善堂"建在青石叠砌的台基上，面阔五间，前出抱厦三间，两侧曲尺游廊连接东西厢房。院子正中为一状若蝙蝠之水池，名"蝠河"。院内西南角有小径通往"榆关"，为建于两山之间的一处城墙关隘，象征山海关，隐喻恭亲王祖先由此入主中原、建立清王朝基业。院之东南角小山北麓有亭翼然，曰"沁秋亭"，亭内有石刻流杯渠，取古人"曲水流觞"之意。亭东为富于田园气息的"……跣蔬圃"。

安善堂北为第二进院落，四合式，靠北叠太湖石大假山"滴翠岩"，姿态巍峨奇突，山腹有洞穴潜藏，引水为池。石洞名"秘云"，内嵌康熙手书的"福"字石刻。山上建盝顶敞厅"绿天小隐"，其前为"邀月台"。厅两侧有爬山廊及游廊连接东西厢房，各有一门通东部大戏楼及西部水池。

山后为第三进院落，庭院较狭，靠北建庞大的后厅，后厅当中面阔五间，前后各出抱厦三间，左右耳房各三间，平面形状亦如蝙蝠，名"蝠

厅"。恭王府花园从厅室形状、水池形状乃至装饰图案，多取蝙蝠造型，以"蝠"喻"福"，取多福之意，也与康熙帝谕笔相呼应。

东路：建筑比较密集，大体上由三个不同形式的院落组成。南面靠西为一南北长、东西窄的狭长院落，入口垂花门两侧衔接游廊，垂花门的比例匀称，造型极为精致，院内当年种植翠竹千竿。院正厅即大戏楼之后部。院东为另一狭长院落，入口月洞门曰"吟香醉月"。北部院落以大戏楼为主体，戏楼包括前厅、观众厅、舞台及扮戏房，内部装修极为华丽，可进行大型演出。

西路：主景为大水池及西面土山。水池略近长方形，池中小岛建敞厅"观鱼台"，水池之东为一带游廊间隔，北面散置若干建筑物，西、南环以土山。其布局疏朗，与东部庭院形成鲜明对照。

综观恭王府花园，一方面充满了王府的庄严气派，尤其是与府邸对应的中、东、西三路布局以及中路严整的轴线布置；但西路与中路南端的山水格局以及东路的庭院花木又为园林增添了颇多自然趣味——因此该园可谓"亦庄亦谐"的园林设计杰作。

这里是清恭亲王的别邸，民国时曾称"止园"。新中国成立后，全国人大委员长叶剑英曾寓此。

园北临什刹海后海，风景幽美，宁静宜人。建筑面积约580平方米。坐北朝南，大门外有照壁，大门两侧的八字门墙，大门内有影壁。门内有东厢房九间。西部为花园，其中有南房九间。南坊北为太湖石和青石叠成的假山，东部有爬山廊。山上有六角攒尖亭一座。假山前有花厅，花厅后的大厅为勾连搭前出轩建筑。其余建筑已拆改建楼。

22 鉴园
Jianyuan Garden

区级 / 不开放 / 现由中央警卫局使用
地址：西城区小翔凤胡同5号
<M2> 积水潭 / JISHUITAN <B> 铸钟厂
年代：清

23 银锭桥
Yinding Bridge

南北向的单孔石拱桥，因形似银锭故称银锭桥。是什刹海的风景之一，过去站在银锭桥上可遥望西山，成为城中看西山的第一绝胜处。景名为"银锭观山"。是燕京小八景之一。《帝京杂咏》描写道："银锭桥连响闸桥，湖光山色隐迢迢。碧峰一寺夕阳下，月光荷花通海潮"。桥于1980年代得以修缮，工程虽不尽如人意，但古迹得以保存。桥身有单士元先生题字。

区级 / 免费
地址：西城区什刹海前海与后海交界处
<M2> 鼓楼大街 / GULOUDAJIE <B> 铸钟厂、鼓楼
年代：明－清

明天顺三年（1459年）彭太监建。清代改名孚佑宫。民国后又称

24 广福观
Guangfu Taoist Temple

区级 / 不开放 / 现在整修中

地址：西城区鼓楼前烟袋斜街37、51号，石碑胡同6至8号

<M2> 鼓楼大街 / GULOUDAJIE <B> 铸钟厂、鼓楼

年代：明

广福观。坐北朝南。中轴线上依次为山门三间，通面阔6.90米，通进深4.70米，硬山调大脊，筒瓦顶，石券门，石门额上书"广福观"。前殿三间，通面阔11.60米，通进深7.60米，中殿三间（一间吞廊），通面阔13.70米，通进深10.40米，门为五抹三交六椀，窗为二抹三交六椀。配殿东西各三间，通面阔6.80米，通进深5.70米，五抹方格门，二抹方格窗。后殿五间（三间吞廊），通面阔18.50米，通进深7.60米，五抹方格门，二抹方格窗。前有月台。西跨院为白云仙院，有山门，前殿、后殿及配房。观内有明天顺四年（1460年）立重修广福观碑。

相传始建于唐贞观六年（632年），元至正六年（1346年）重修。明万历朝，因紫禁城接连失火，遂于万历三十三年（1605年）在元代庙址上重修火德真君庙，赐绿琉璃瓦以压火，并增碧瓦重阁。清乾隆二十四年（1759年）重修，改玉皇阁等建筑为黄瓦，明清两代香火鼎盛。

现存建筑保留了明代形制和布局。建筑群坐北朝南，山门东向，山门内外原各有一座牌楼，山门内为钟鼓楼。南北中轴线上依次为隆恩殿三间、火祖殿三间、关帝殿五间、万寿景命宝阁（为三间重楼带东西配楼，东配楼为玉皇阁，西配楼为斗母阁）。殿后原有水亭临什刹海，意境极佳，明代袁中道《过火神庙诗》云：

"作客寻春易，游燕遇水难。石桥深树里，谁信在长安。"

后水亭无存。今在火神庙西侧新建游廊亭台，为一小公园。目前火神庙正在重修，预计不久有望对外开放。

25 火德真君庙（火神庙）
Temple of Fire God

市级 / 要许可 / 现为中国道教协会使用

地址：西城区地安门外大街77号

<M2> 鼓楼大街 / GULOUDAJIE <B> 鼓楼、北海北门、地安门外

年代：明－清

26 庆王府
Prince Qing's Mansion

市级 / 不开放 / 现为北京卫戍区和北京军区某部使用
地址：西城区定阜街3号
<M2> 积水潭 / JISHUITAN <B> 东官房、刘海胡同、厂桥路口东
年代：清

此府占地宽广，建筑宏伟。南界在定阜街，北界至延年胡同，东至松树街，西至德胜门内大街，呈长方形。建筑群分为中、东、西三部分，自东向西排列有五路院落。中部主体殿堂绝大部分被拆除建成楼房，只剩后寝一座；东部也被改得面目全非。保存基本完整的西部为王府生活区，有并排三路院落，西路为花园，园内建有绣楼，亦称梳妆楼或"卍"字楼。该楼形制新颖，雕刻精致，空间灵活，独具一格。平面为"凹"字形，正面面阔五间，左右两翼内侧面阔四间，外侧面阔六间，有红廊柱、红栏杆，间有黄色"卍"字木雕。西路还有有精雕的楠木装修建筑一处，价值很高。此外，后园中原本有一座大戏楼，分为上下两层，建筑面积1300平方米，可容纳约400人，"文化大革命"期间失火焚毁。

■ 庆王府变迁

清末庆亲王奕劻的府邸。原为道光朝大学士琦善宅第，因咸丰元年（1841年）琦善擅自与义律签订《穿鼻草约》，割让香港，被革职。后奕劻迁入后按王府规制改建。光绪二十年（1894年）奕劻晋庆亲王。1901年9月7日代表清政府签订《辛丑条约》。1908年封世袭罔替亲王，成为清代第十二家、也是最后一家"铁帽子王"。奕劻去世后，其子将府一分为三。庆王之后载振将王府售出。中华人民共和国成立后，京津卫戍区司令部设此。

庆王府

27 涛贝勒府
Prince Tao's Mansion

市级 / 要许可 / 现为北京十三中使用
地址：西城区柳荫街27号 / 电话：66120797
<M2> 积水潭 / JISHUITAN <B> 蒋养房、刘海胡同
年代：清

涛贝勒府花园

涛贝勒即载涛，醇贤亲王奕譞第七子，摄政王载沣之弟。此府原是康熙帝十五子允禑的愉王府，清末降至辅国公，让出王府，改为载涛的府邸，称为涛贝勒府。

府坐北朝南，府门东向。北部为府邸，南部为花园。府邸分中、东、西三路，中路四进院落，有正殿、配殿、后寝、后罩房等；东路有五进院落；西路有前后三排北房。花园建有长廊、亭、花厅、假山等，西南面为马厩。1925年该府租给罗马教廷，作为辅仁大学的校址。府邸部分为辅仁男中。1952年辅仁男中改为北京市第十三中学，将原贝勒府二道门内的院落夷平建成教学楼和操场。现中路和东路的一些院落仍保留着昔日王府的风貌。

㉘ 原辅仁大学
Former Fu Jen Catholic University

市级 / 要许可 / 现为北京师范大学及辅仁大学校友会
地址：西城区定阜街1号
<M2> 积水潭 / JISHUITAN <B> 蒋养房、刘海胡同、护国寺
年代：民国

辅仁大学旧址原为涛贝勒府花园和马厩。1925年载涛以16万元的租金将贝勒府租给罗马教廷，由美国天主教本笃会在此创办辅仁大学（1933年改由美、德两国圣言会接管）。1930年在涛贝勒府花园南侧空地和马厩处，建成一座中西合璧的教学主楼。主楼内有教室、实验室、图书馆、办公室和可容纳千人的礼堂。楼的四角和中心高三层，余皆为两层，楼顶覆绿琉璃瓦。1952年辅仁大学与北京师范大学合并，原辅仁大学主楼，改为北京师范大学化学系校舍。涛贝勒府花园部分建筑仍保留至今。

校园建筑于民国十七年（1928年）设计，两年后建成，比协和医学院、燕京大学更加强调对中国传统样式的运用。这一时期天主教在华推行"中国化"的传教策略，创办辅仁大学的美国天主教本笃会提出了"建筑方案应体现天主教的'大公精神'，做到新旧融合，宜采用中国传统建筑形式并使其适应现代学校的功能要求"。建筑师比利时籍传教士格里森（Dom Adelbert Gresnigt, O.S.B.）对中国南方庙宇祠堂的建筑手法颇为熟悉，曾设计过开封神学院、宣化天主堂、海门天主堂、安庆天主堂等建筑。到北京后，他花费数月时间调查研究北京及周边中国北方古典建筑，对于辅仁大学建筑他提出如下构想：

"以经济的观点和基地环境、交通条件来说，都需要在中国古典建筑传统中寻找另外一种结构形式。可以

外观

细部

庭院

从中国皇宫的城墙、城门和城楼造型中得到某种启发。这些造型显示出中国皇宫那种与众不同的某些特征。"

与前面二者利用中国传统宫殿单体作为原型，在西式建筑平面上添加庑殿顶，再适当组合为三合院布局不同，格里森更加敏锐地注意到了紫禁城城墙（包括城楼、角楼）形成的整体意象——而在北京城中，最能代表城市意象的恰恰是一座座建筑群的围墙：紫禁城城墙、内外城城墙、寺院王府的高墙等等。以此作为建筑群创作的基本立意，体现了建筑师对于中国传统城市美学的较为深刻地理解与把握。最终的设计如同一座"小城"：建筑围合成封闭的庭院，中轴线以北海为依据确定；平面呈横的"日"字形，南北向为教学用房，单面走廊，东西向为办公用房，走廊居中；南面正中主入口呈城门意象，作汉白玉大拱门，上加高低错落的三重歇山屋顶，正脊上安十字架；四角安排了四座歇山顶的角楼；建筑主体造型敦实，开窗较小，呈现出雄浑的"城墙"气派。可惜立面手法略显混杂，甚至使用了南方民居的"马

头墙"（可能与建筑师早年的建筑实践所养成的习惯手法有关），削弱了原本一气呵成的雄健气魄。但总体观之，辅仁大学新楼更加抓准了中国传统建筑美感的精髓，艺术整体性更强，《辅仁大学校史》称其"美轮美奂之中具有一番庄严气氛，当时被誉为北平三大建筑之一"。

㉛ 旌勇祠
Jingyong Shrine

区级 / 不开放 / 现为某单位占用
地址：西城区地安门西大街旌勇里
<M2> 积水潭 / JISHUITAN <B> 东官房、厂桥路口东
年代：清

为纪念清云贵总督明瑞而建的祠堂。祠坐北朝南，中轴线上大门3间，硬山黑琉璃筒瓦顶，左右门各一。门内正中为碑亭，内立御制建祠碑。东官房5间（已拆改）、西库房5间（已拆改）。进二门正北为享殿3间，殿前有月台，东西配殿各3间，祠内原有一燎炉。享殿祀明瑞，配殿祀都统谥昭节扎拉丰阿、护军统领观音保、总兵李全、王玉廷，后又有总兵德福入祀，每岁春秋仲月祭祀。

明瑞姓富察氏，字筠亭，满洲镶黄旗人，清乾隆时随军征伊犁有功。清乾隆三十三年（1767年）缅甸入侵，明瑞以云贵总督兼兵部尚书经略军务，率兵出征，身先士卒，获大胜后晋一等诚嘉毅勇公，并世袭罔替。次年率大军深入，后援不继，全军溃败，明瑞自缢。乾隆建旌勇祠表忠贤，并亲临祭祀。清代四字公爵仅4人，4公皆封于乾隆朝，除明瑞外，还有诚谋英勇公阿桂、忠锐嘉勇公福康安（后晋升贝子）、武毅谋勇公兆惠。20世纪30年代旌勇祠曾为东北阵亡将士之昭忠祠。

原为中国人民解放军某部工程处使用，现被民用单位占用改建，大部分建筑物被拆改。

㉚ 贤良祠
Xianliang Shrine

市级 / 要许可 / 现为同仁堂药店及民居

地址：西城区地安门西大街103号
电话：010-65050017

<M2> 积水潭 / JISHUITAN <B> 东官房、厂桥路口东

年代：清

贤良祠是清代祭祀对国家社稷有功的王公大臣的场所。建于清雍正八年（1730年），从雍正朝至宣统朝共祭祀178人。其中雍正朝时祭祀51人：包括允祥、图海、靳辅、范文程、张玉书、施琅、于成龙等。乾隆朝先后增祀50人，有杨明时、李卫、策凌、傅恒、尹继善、刘统勋、兆惠等。嘉庆朝增祀11人，有福康安、阿桂、刘墉等。道光朝增祀15人，咸丰朝增祀6人，同治朝增祀11人，光绪朝增祀29人，宣统朝增祀5人。

祠坐北朝南，中轴线上依次为大门、碑亭、仪门、正殿、后殿。东有治牲所，西有宰牲房及燎炉。怡亲王允祥的牌位位于正殿正中的位置，其余人员分列左右及东西配殿中。民国后祭祀停止。

大部分建筑保存完好。前两进院落（前殿、享殿）为北京同仁堂驻用，建筑保护较好，经过维护后对外开放，大殿的精美藻井也得到了保护和展示。最后一进院落被多家单位宿舍驻用，为非开放单位。

㉛ 会贤堂
Huixian Hall

市级 / 要许可 / 现为中国音乐学院、北京师范大学教工宿舍

地址：西城区前海北沿19号

<M2> 鼓楼大街 / GULOUDAJIE <B> 铸钟厂、鼓楼、北海北门

年代：清

会贤堂曾是北京八大堂（什刹海的会贤堂、金鱼胡同的福寿堂、前门外观音寺的惠丰堂、西单报子街的聚贤堂、钱粮胡同的聚寿堂、前门外肉市的天福堂、总布胡同的燕寿堂、地安门外大街的庆和堂）之一。原为清光绪时礼部侍郎斌儒的宅第。清光绪十六年（1890年），山东济南人在此开设会贤堂饭庄，临街为重楼，可凭栏眺望什刹海。当年这里是文人墨客聚会的场所，又因有戏台，也是唱堂会的地方。会贤堂占地近3000平方

米，建筑面积约1800平方米，主体建筑二层楼，面阔十二间，后院分东西两路，有房百余间，还有花园和一座戏台。大门门簪上书"群贤毕至"四字。20世纪40年代会贤堂停业，1948年辅仁大学将房买下，作为校友楼。

32 郭沫若故居
Former Residence of Guo Moruo

国家级 / 购票参观	
地址：西城区前海西街18号	
<M2> 积水潭 / JISHUITAN <B> 东官房、北海北门	
年代：清	

　　故居原为清乾隆朝权相和珅府花园，后为恭亲王府的草料场和马厩。民国初年，恭亲王后代将其卖给达仁堂乐家药铺东家乐松山。乐家购得该处后开始筑屋，遂成今日格局。1949年后曾为蒙古人民共和国驻华使馆。1960－1963年宋庆龄曾居住于此。1963年11月郭沫若自西四大院胡同迁入至1978年6月12日逝世，在此工作生活了近15个春秋。1982年被正式命名为"郭沫若故居"，门额上悬挂着邓颖超题写的"郭沫若故居"金字匾额。1994年7月更名为"郭沫若纪念馆"。

　　故居为一座大型四合院，占地7000平方米，建筑面积2279平方米。建筑群坐北朝南，大门坐西朝东，街对面有大影壁一座（现由于前海西街道路加宽，影壁居于道路中央）。前院绿荫环抱的草坪上安放郭沫若铜像，院内郭沫若和儿女们当年手植的一株"妈妈树"枝繁叶茂。沿树下小径穿过垂花门，是由正房、耳房、东西厢房及后罩房组成的两进四合院。前院正房五间，带东西耳房，东西厢房各三间，回廊连接各房。两株西府海棠掩映着宽敞的会客室、办公室和卧室。故居内至今仍保持着郭沫若生前的陈设，并保存着大量手稿、图书、文献资料和遗物。

正房

垂花门彩画

郭沫若 1892－1978年，四川乐山人。文学家、史学家、古文字学家、书法家兼社会活动家。

■ 内城北片(二)地区其他文物建筑列表如下：

名称	地址	年代	现状
张之洞旧居	白米斜街11号	清	现已分割成几个院落，保存尚好
北钱串胡同太平庵	北钱串胡同1、3号	清	保存尚好
探海寺	大金丝胡同甲33号	清	保存尚好
守善庵	德内大街241、243号	民国	现主要建筑仍存
城隍行宫	地安门西大街129号	清	现前殿保存尚好
东明胡同观音寺	东明胡同16号	明—清	现主要建筑仍存
福德庵	鼓楼西大街1号	清	现为民居
瑞应寺	鼓楼西大街132号	明—清	现已大部分改建
佑圣寺	鼓楼西大街141、143号，小八道湾19、21号	明—清	现存前殿、大殿
广仁寺	鼓楼西大街192号	明—清	现主要建筑仍存
后海观音寺	后海东明胡同8号	清	现主要建筑仍存
丰泰庵	后海南沿36号	清	保存尚好
五门庙	护国寺东巷10-20号	明—清	现殿堂尚存
铁佛寺	旧鼓楼大街56号	民国	现主要建筑仍存
毗卢寺	棉花胡同53号	清	保存尚好
蔡锷旧居	棉花胡同66号	1913年	保存尚好
圣泉寺	南宫房胡同61、63号	清	现存正殿、东西配殿
前海观音庵	南钱串胡同13、15号，龙头井胡同36、38号	明—清	现存正殿、配殿
海印精舍	前海南沿4号	民国	现存正殿、配殿
兆惠一等公宅第	前井胡同3号	清	现主要建筑仍存

续表

名称	地址	年代	现状
天仙庵	前罗圈胡同17号，后罗圈胡同17号	清	现仅存后殿
真武庙	前马厂胡同67号	清	现仅存配殿
九阳宫	邱家胡同2号、四环胡同13、15号	清	不详
吉祥庵	尚勤胡同	民国	现主要建筑仍存
玉皇庙	水车胡同8号	清	现存前殿、后殿
紫竹禅林	四环胡同24号、簸箩仓胡同21号	清	现仅存正殿
隆兴寺	棠花胡同6、8号	明—清	现仅存正殿
什刹海寺	糖房大院27号	明—清	现存山门、中殿及配殿
德胜庵	铁影壁胡同19号	明—清	保存尚好
廿（乾）石桥	西单北大街马路下	明	石栏板已无存，桥身尚保存原状
万佛禅林	小黑虎胡同13号	清	保存尚好
金铲圣母铸钟娘娘庙	小黑虎胡同24、26号	清	现仅存后殿
通明庵	小新开路10、12、14号，松树街22号	明—清	现仅存大殿
老舍出生地	小杨家胡同8号	1899年	保存尚好
京师第二监狱旧址	新德街29号	1914年	现仅存一座
魏公府	新街口北大街74号	清	现存部分建筑
祝寿寺	新街口南大街11、13、15、17号	明—清	现仅存观音殿
龙王庙	新街口南大街162号	清	现存大殿、配殿
陈恒旧居	兴华胡同13号	1939年	现为辅仁大学校友会

续表

名称	地址	年代	现状
三元伏魔宫	鸦儿胡同2号、烟袋斜街81号	清	现存正殿、配殿
鸦儿胡同6号院	鸦儿胡同6号	民国	现为酒吧
马灵官庙	羊房胡同3、5、7号	民国	现主要建筑仍存
海潮庵	银锭桥胡同9号及后门	明—清	现为民居
北极禅林	毡子房7号院内	明—清	保存尚好
阿拉善王府（罗王府、塔王府）	毡子胡同7号	清	现存敞厅、家庙及花园
万善寺	正觉寺夹道3、5号	清	现存前殿、正殿
真武庙	西城区西海东沿11号	明—清	现为民居
永泉庵	西城区后海西沿13、15、17、19号	明—清	现为民居
天寿庵	西城区龙头井42号	清	现为民居
保安寺	西城区地安门西大街133、135号	元—明	现为民居
地安门西大街153号四合院	西城区地安门西大街153号	清—民国	现为北京教育网络和信息中心

【8】内城东片（一）
East Part of Inner City 1

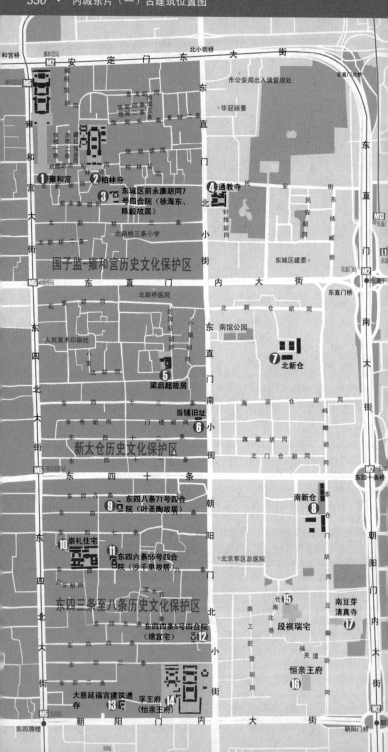

内城东片（一）概述
Introduction of East Part of Inner City 1

东直门

　　本地区位于北京旧城的内城东北部，东至东二环路，西至雍和宫大街－西四北大街，北至北二环路，南至朝阳门内大街，内有十余处文物建筑群，其中包括全国重点文物保护单位四处：雍和宫、柏林寺、崇礼住宅和孚王府。此外还有两片历史文化保护区：雍和宫保护区和东四三条至八条保护区。

　　雍和宫保护区是国子监——雍和宫历史文化保护区的东半部，可谓是北京最古老的街区之一：与元大都同期建成，至今已有700多年历史。保护区以全国重点文物保护单位雍和宫和

柏林寺为核心，并保存有大量风貌较佳的传统胡同－四合院街区。

　　东四三条至八条历史文化保护区是以传统胡同－四合院为主体的保护区。这一带的街道、胡同是元大都的"鱼骨型"街巷系统的最典型遗存之一（另一处是南锣鼓巷历史文化

北京内城东北角楼

保护区）：其特点是，大街巷呈南北走向，小胡同是东西走向分列街巷两侧，状如鱼骨；胡同平直顺畅，南北有小巷相连通；宅院规模较大，多为明清官僚宅邸。保护区内著名的四合院建筑群有崇礼住宅、绵宜宅、沙千里故居、叶圣陶故居等等，此外还有全国重点文物保护单位孚王府。

本地区除了宏伟的寺庙、气派的王府、精美的四合院之外，还有道观、清真寺、仓厂、当铺、近代西洋式建筑等众多类型的建筑遗存——充分体现了传统北京在规划设计上采取"混合布局"而形成的多样性特征。

此外，在明、清直至民国时期，本地区一直以东直门、朝阳门、内城东北角楼和东四牌楼作为重要的城市地标，穿过东直门、朝阳门的东直门内大街、朝阳门内大街是该地区最主要的东西主干道，并且沿东直门内大街西望可远眺鼓楼，朝阳门内大街则遥对景山，这都是传统北京城市设计上的"大手笔"。该地区的南北主干道则是雍和宫大街—东四北大街，并且向南一直延伸至东单、崇文门。今天虽然城楼与牌楼都已不存，然而东直门、朝阳门、东四这些地名却得以保留，深入人心。

流行于清末、民国时期的一首民谣儿歌生动地表现了本地区的城市风情（当然也涉及内城北城的部分城市景观），本地区的许多重要古代建筑诸如东直门、雍和宫、东四牌楼、齐化门（即朝阳门）等等都在民谣中被唱了出来：

《东直门》

东直门挂着匾
界边就是俄罗斯馆
俄罗斯馆照电影
界边就是四眼井
四眼井不打钟
界边就是雍和宫
雍和宫有大殿
界边就是国子监
国子监一关门
界边就是安定门
安定门一甩手
界边就是交道口
交道口跳三跳
界边就是土地庙
土地庙求灵签
界边就是大兴县
大兴县不问事
界边就是隆福寺
隆福寺卖葫芦
界边就是四牌楼
四牌楼南四牌楼北
四牌楼底下喝凉水
喝凉水怕人瞧
界边就是康熙桥
康熙桥不白来
界边就是钓鱼台
钓鱼台没有人
界边就是齐化门
齐化门修铁道
南行北走不绕道

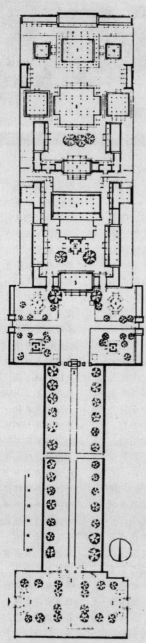

雍和宫总平面图

1　雍和宫
Yonghegong Lama Temple

国家级 / 购票参观

地址：东城区雍和宫大街12号
电话：010-64044499

\<M5\> \<M2\> 雍和宫 / YONGHEGONG LAMA
TEMPLE \<B\> 雍和宫、雍和宫桥东、雍和宫
桥北

年代：清

　　雍和宫是北京最大的藏传佛教
寺院，原为清雍正帝即位以前的雍亲
王府，建于清康熙三十三年（1694
年）。雍正三年（1725年）改为行
宫，称雍和宫。雍正十三年（1735
年）雍正帝死后停柩於此，因此重加
修缮，改用黄琉璃瓦顶（亲王府定制
用绿琉璃瓦），又把王府前部向南扩
展。乾隆九年（1744年）改为藏传佛
教寺院（即喇嘛庙）。建筑群原本由
中、东、西三路组成：中路即雍和宫
主体建筑；东部原为"东书院"，后
来毁于火灾；西路原为关公庙（俗称
老爷庙），解放后由于拓宽雍和宫大
街被拆除。

　　现在的雍和宫为中路主体建筑

群，平面呈南北长、东西窄的矩形，占地6.6公顷，中轴线由南至北长400余米，排列着七进院落和六座主殿，并辅以大量配殿楼宇，规模宏大，气象万千，为北京寺庙建筑中最为宏伟壮丽者。清代震钧的《天咫偶闻》描绘了雍和宫的崇丽：

　　"雍和宫，在国子监之东，地本世宗邸，改为寺，喇嘛僧居之。殿宇崇宏，相设奇丽。六时清梵，天雨曼陀之花；七丈金容，人礼旃檀之像。飞阁覆道，无非净筵；画壁璇题，都传妙手。固黄图之甲观，绀苑之香林也。"

　　以下略述雍和宫中轴线上各主体建筑。

■ 雍和宫主入口牌楼
（1744年始建，1937年改建）

入口牌楼

雍和宫主入口在建筑群南端的东西侧，是两座东西相对的木牌楼，可能是沿袭清代王府大门设东西雁翅门（阿斯哈门）之制，但因改府为庙，故改门为牌楼。牌楼之内为东西向宽甬道，正中南面为影壁一座，北面又设一座牌楼，导入寺院的中轴线。雍和宫的三座牌楼建于清乾隆九年（1744年），原为名贵的金丝楠木制成。东西两座牌楼为三间四柱七楼式，北面的牌楼为三间四柱九楼式。三座牌楼与巨大的影壁共同围合成宏敞的主入口庭院。1937年8月间，日本侵略者公然把这三座牌楼的楠木梁柱全部拆下，偷运至日本，用水泥梁柱支撑牌楼。现牌楼的华板、雀替及斗栱等仍为木结构，依旧可谓是美轮美奂。

■ 雍和宫昭泰门 /（1744年）

昭泰门

自北面的牌楼向北，是一条左右有高墙夹住的南北甬道，甬道两侧今为两列高大银杏，金秋时节美不胜收。甬道北端有并列的三座砖砌门楼，饰以琉璃瓦，称昭泰门。昭泰门为雍和宫正宫门，雍亲王府时代，这里是王府的南朝房；王府改寺庙时，将南朝房辟为寺庙的大宫门。

昭泰门匾额及后面各殿阁匾额均为满、汉、藏、蒙四种文字，其中汉文为乾隆所书。

■ 雍和宫雍和门 ／（清）

雍和门

■ 雍和宫殿 ／（清）

昭泰门内是一个横长的庭院，北面正中为雍和门，原为雍亲王府大门。面阔五间，单檐歇山顶。门前有铜狮，刻工精美。雍和门左右宫墙上有东西角门。门前庭院东西各有八角形和方形碑亭一座，东西墙上有侧门和群房。殿门内供奉四大天王像。故亦称天王殿。

自清代以来，雍和宫佛教节庆中最具影响的金刚驱魔神舞（俗称"打鬼"）的仪式，即于每年农历正月末在雍和门前举行。

碑亭

雍和宫殿

雍和门内正中为正殿雍和宫殿，原为雍亲王府正殿（银安殿），改为寺庙后相当于一般佛寺的大雄宝殿。面阔七间，单檐歇山顶，前出廊后带厦。殿内五尊佛像。殿前有月台，台前有高甬道，连通雍和门。甬道当中立重檐碑亭。殿左右配楼各七间，是二层硬山的楼房，连以廊庑。

■ 雍和宫永佑殿 ／（清）

永佑殿

雍和宫殿后是永佑殿，原为雍亲王府的正寝殿，又称外书房。雍正十三年（1735年）雍正帝去世，其灵柩即停放于此，第二年更名神御殿，成为清帝供祭先人的影堂。宫改庙时，乾隆将其更名为永佑殿。面阔五间，单檐歇山顶。

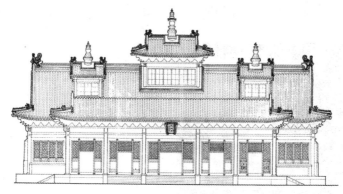

法轮殿立面图

■ **雍和宫法轮殿** ／（清）

法轮殿

永佑殿以北庭院正中是法轮殿，为雍和宫内面积最大的殿宇。殿面阔七间，前后各出抱厦五间，呈十字形平面。屋顶为单檐歇山顶，于正脊中央及两侧开设一大四小共5座采光亭：中央大亭为歇山顶，其余4座小亭为悬山顶，各采光亭屋顶上又安放一座铜质镏金宝顶（造型如藏式佛塔），四小一大，拱卫相待，有如藏传佛教坛城的造型，象征着须弥四大部洲五行和供奉金刚界五方佛。特别值得一提的是，5座采光亭为大殿的室内空间营造出神秘莫测的气氛——尤其是位于大殿中央的宗喀巴神像，在中央大采光亭泻下的光线之中，显得格外庄严神圣。

法轮殿在平面布局与屋顶采光亭设计等方面明显地受到藏传佛教建筑的影响，充分体现了汉藏佛寺建筑艺术的交融。

■ **雍和宫班禅楼、戒坛楼**
　　（1779－1780年）

法轮殿东西各有一座方楼，西面是戒坛楼，东面是班禅楼，成为三殿并列的形式。

班禅楼的前身是供奉药师佛的法坛，乾隆四十四年（1779年）将药师坛拆除，由"样式雷"设计了上下两层的楼阁，上层四面均为三间，带回廊，下层四面均为五间，系重檐上下槛式，这在京城古建筑中是独一无二的。六世班禅进京后，此楼即成为其休息之所，故得名班禅楼。至今楼内正中的楠木佛龛内依然供奉一座银质镏金六世班禅像，为雍和宫造像之精品。

戒坛楼是清乾隆四十五年（1780年）照承德广安寺戒坛的形式改建的，为六世班禅在雍和宫讲经及为众僧受戒之所。戒坛为汉白玉雕砌的三层石台，象征众生所居之三界：一层为欲界，二层为色界，三层为无色界。

如今，班禅楼与戒坛楼为雍和宫的文物陈列室，展出雍和宫收藏的大量珍贵文物。

■ 雍和宫万福阁 ／（1750年）

万福阁

法轮殿后是万福阁，为雍和宫建筑群的高潮之所在：万福阁为一座二层楼阁，面阔、进深各五间，周以回廊，首层设腰檐，二层覆以重檐歇山顶；阁内为一尊巨大的檀香木弥勒佛立像（由整根白檀木雕成），高达16米，佛像头顶几乎触及藻井天花，体躯雄伟，令人叹为观止，其尺度及艺术造诣堪与正定隆兴寺大佛及蓟县独乐寺观音媲美。

万福阁左右各有一座小阁，东为永康阁，西为延宁阁，两阁也是二层建筑，上层各有飞廊通至万福阁两侧，将三阁连为一体，体量宏大，参差嵯峨，玲珑剔透，形成一幅极尽华美的画卷，具有敦煌壁画的意境。

阁后有群楼，是全宫最后一进建筑。

综观雍和宫建筑群，前半部比较空旷，自昭泰门以北则建筑密集，楼殿翚飞。对照清乾隆时碑文和总平面图，可知前半部是雍正死后停柩时新增的，自昭泰门以北才是王府本身。雍和门为王府大门，雍和门前庭院东西墙上的三间侧门应即原雍亲王府的雁翅门，而昭泰门则原是王府的南朝房。正殿雍和宫殿面阔七间，左右配楼，也和清代亲王府的制度相和，应即是王府的正殿。永佑殿以北为王府的居住部分。主要殿阁都是建寺后改建的。它由王府改建成喇嘛庙的迹象大体上还可以分辨出来。因此，雍和宫建筑群是王府建筑与佛寺建筑的结合；另外从建筑文化艺术方面看，雍和宫又是汉藏建筑文化融合的典范。

万福阁

法轮殿内宗喀巴像

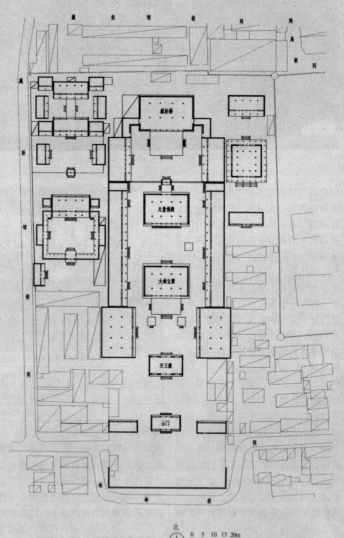

柏林寺总平面图

北

0 5 10 15 20m

2　柏林寺
Bailin Temple

国家级 / 不开放 / 现为文化部机关服务中心、物业管理处、柏林寺管理处、中国文物学会、中国诗歌学会、中国艺术摄影协会、中国文物保护基金会、国际友谊博物馆、影像国际（公司）等单位占用

地址：东城区戏楼胡同1号（雍和宫东侧）

\<M5\> \<M2\> 雍和宫 / YONGHEGONG LAMA TEMPLE \<B\> 雍和宫、雍和宫桥东、雍和宫桥北

年代：元－清

柏林寺为京师八大寺庙之一。始建于元至正七年（1347年），明正统十二年（1447年）重建，清康熙五十二年（1713年）、乾隆二十三年（1758年）重修。该寺后部在清代曾为佛学院，民国时改作陆军医院。解放后为北京图书馆分馆。1988年初改为文化部干部学院，现为北京几家单位的办公用房。

柏林寺坐北朝南，规模宏大，占地约2.4万平方米。建筑群分为中、东、西三路，主要建筑位于中路，沿南北中轴线依次为山门、天王殿、大雄宝殿、无量佛殿和维摩阁（又名大悲坛），共五进院落，东西两侧各有配殿、廊庑。寺西路为行宫，康熙五十二年（1713年）敕建。现有两组院落，各两进。东路主要为众僧侣生活区。主体建筑原为斋堂，但未考何时改建为方形殿堂，近代损毁严重；1994年根据故旧回忆，在原有基础上建成二层楼阁一座。

以下略述中路主体建筑。

■ **柏林寺山门 /（明－清）**

1930年代的山门

山门面阔三间，进深两间，歇山顶；山门殿前矗立着一座高大的砖砌影壁，雕刻有精美图案，左右缭以墙垣，辟西向街门。

■ **柏林寺天王殿 /（明－清）**

天王殿

山门以北为天王殿，面阔三间，进深两间，歇山顶，檐下绘和玺彩画，匾额题为"摩尼宝所"。山门内东西为钟鼓楼，现已不存。

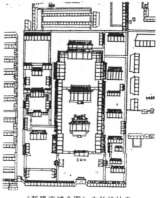

《乾隆京城全图》中的柏林寺

■ 柏林寺大雄宝殿 ／（明—清）

大雄宝殿

大雄宝殿为全寺的主体建筑，面阔五间，进深三间，重檐歇山顶，上檐出七踩斗栱，单拱双下昂；下檐五踩斗栱，双下昂，檐下绘和玺彩画。匾额题"觉行具圆"。殿内正中悬挂有巨额横匾，上书"万古柏林"，是康熙六十寿辰时的亲笔题书。殿内原有明代塑造的三世佛。殿前出月台，台前东西各有石碑一，为乾隆时御制重修碑，一为汉文、一为满文，周以石栏。

大殿左右东西配殿各五间。东配殿南有康熙四十六年（1707年）铸造的交龙钮大铜钟，高2.6米，钟身遍刻经文，铸造细致精美。

大雄宝殿立面

■ 柏林寺无量佛殿 ／（明—清）

正殿北为无量佛殿，面宽五间，进深三间，单檐歇山顶，三踩斗栱，单下昂，檐下绘和玺彩画。匾额题为"善狮子吼"。正殿与无量佛殿两侧各配殿十五间，北端各有一间通道连通东西路建筑群。

龙藏　寺内曾保存中国唯一存留的龙藏经版，是研究中国古代哲学宗教、文学、艺术的珍贵文物。佛教经典从唐代起称为"藏"，柏林寺的龙藏是指清朝御制镌刻的佛学大丛书，其内容收集了元、明、清三朝著名高僧以及佛学研究的著作。这部龙藏刊刻于清雍正十一年（1733年），成于乾隆三年（1738年），经版有78230块，经书7240卷。经版系选用上好的梨木雕造，刀法洗练，字体浑厚端秀，由于印刷量极少，因此经版至今字口锋棱俱在，完整如新，经版于1982年移至智化寺保存，后又分别移至房山云居寺、十三陵等处保存。

■ 柏林寺维摩阁 ／（明—清）

维摩阁（藏经楼）

维摩阁自成一封闭院落，院门为随墙式硬山门。院内大悲坛又名维摩阁，也称藏经楼，为两层建筑，硬山顶。东西两侧建有翼楼，翼楼以叠落廊与主楼上层前廊相连。正楼有雍正题额"万佛宝阁"。阁内原供七尊木制漆金佛像。

③ 前永康胡同7号四合院（徐海东、陈毅故居）
Courtyard at No.7 Qianyongkang Hutong, (Former Residence of Xu Haidong, Chen Yi)

市级 / 不开放 / 现为某首长住宅
地址：东城区前永康胡同7号
<M5> <M2> 雍和宫 / YONGHEGONG LAMA TEMPLE <B> 雍和宫、东直门北小街北口、东直门北小街南口
年代：清

此宅为清末太监李莲英所建，1949年后徐海东、陈毅先后寓此。共为四进院落（现仅余二进），院落规整，布局疏朗，门前影壁、院中花园、亭台山榭一应俱全。

建筑群坐北朝南，广亮大门一间，两侧倒座房各三间，大门对面有八字影壁。一进院东西两侧有月亮门可达东院（5号院，现已拆除）与西院（9号院，现已改建为二层楼）。过垂花门可达二进院。垂花门内东、西、北各开一个四扇屏门，东西屏门通游廊。二进院正房三间，东西厢各三间。从正房西北部游廊可通西跨院，即花园部分：北部有敞厅五间，前出轩一间，卷棚歇山顶。南部为水池、假山、亭子。

该院砖、石、木雕较精美，特别是游廊中的10幅《红楼梦》壁画在北京四合院中十分少见的艺术品。

通教寺是中外较知名的一座比丘尼寺庙。原为明代太监所建，清时改建为尼寺，更名为"通教禅林"。原庙山门坐北朝南。1942年，由福建来京的尼僧开慧、胜雨二人住持该寺，对其进行扩建，由恒茂木厂工程师马增新设计，将山门改为坐西朝东，将庙扩大到近3000平方米，并更名为"通教寺"。1943年，胜雨成立了尼众八敬学苑，把通教寺作为敛收财物的场所建了书苑。1981年初，重新修缮。现在该寺不开放参观，但信徒可以入寺烧香。

1981年重修后的通教寺坐西朝东，东端为山门三间，西端为大雄宝殿，面阔五间，绿琉璃瓦屋面，大式硬山三卷勾连搭顶。殿前为三间歇山卷棚抱厦。南北配殿各七间，全寺占地2500多平方米。

④ 通教寺
Tongjiao Temple

区级 / 要许可
地址：东城区东直门北小街东侧针线胡同19号 电话：010－64055918
<M2> 东直门 / DONGZHIMEN <B> 东直门北小街北口、东直门北小街南口
年代：明－清

入了东院的一进院；一进院有带抄手廊的南房、北房各五间，北房为腰厅，即中间一间为连接前、后院的通道；东院的二进院均为带抄手廊的瓦房，有正房三间、耳房两间，东、西厢房各三间；东院的三进院有七间后

⑤ 梁启超故居
Former Residence of Liang Qichao

区级 / 要许可 / 现为民居
地址：东城区北沟沿胡同23号
<M5> 张自忠路 / ZHANGZIZHONGLU <B> 东内小街、海运仓
年代：民国

故居规模很大，占地面积3752平方米，主体建筑集中在南半部，是东、西并列的两个三进院落，东部为住宅，西部是花厅；北半部约占整个院落的五分之二，是花园式的后院，院内树木繁盛，有假山，有凉亭；后院开有朝东的穿墙门，是整个院落的后门。该院共有房屋和亭、轩等建筑129间，建筑面积为1535平方米，其中包括带抄手廊的瓦房47间、敞轩3间、游廊21间、地窖子4间、防空洞1个、凉亭1座。

该院的具体格局为：大门朝东，为西洋式门楼。门对面设一座一字照壁；进入宅门，迎面又是一座一字影壁。往北经过坐西朝东的垂花门便进

梁启超旧居总平面图

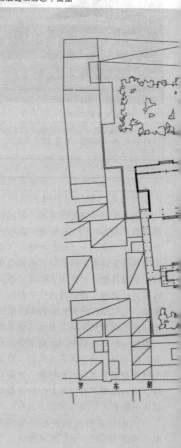

罩房。与东院并列的西院是休闲区，习惯称为"西花厅"，亦是三进院落；从南往北依次是：由假山叠石与三间敞轩构成的一进院，由三间敞轩和三间正房构成并有转圈游廊连接的二进院和由两间东、西厢房与平顶外廊构成的三进院。

故居现在是某单位宿舍，当年院内的主要建筑尚存，只是已残破不堪；由于为解决职工住房而进行的改、扩建工程和住户见缝插针的自建房屋，致使该院已难寻昔日风采，尤其是昔日的庭院、花园均已荡然无存。

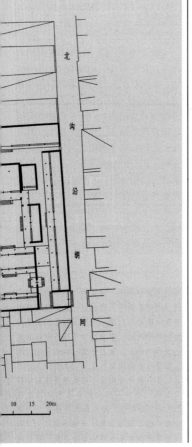

北沟沿胡同

10　15　20m

梁启超　1873-1929年，广东新会人，字卓如，号任公，又号饮冰室主人。早年中举。后入万木草堂，师从康有为，协助康有为进行变法理论的著述和编校工作。光绪二十一年（1895年）赴北京参加会试，与康有为联合在京会试的举人1300余人发动"公车上书"。他发起并领导强学会，任书记员，主办《万国公报》（后改名《中外纪闻》）。后去上海任《时务报》总编辑，编辑《西政丛书》。创办大同译书局，宣传维新变法理论，成为康有为最得力的助手，时人合称"康梁"。发表《变法通议》等重要论文，阐述维新思想，用进化论观点阐述改革的必要。光绪二十四年（1898年）到北京，受光绪帝召见，进呈《变法通议》，授六品衔，并积极参与戊戌变法。慈禧发动政变后，梁启超逃亡日本。在横滨创办《清议报》，继续宣传改良。抨击以慈禧太后为首的清政府，批判封建专制制度。"五四运动"时期，梁启超反对尊孔复古，批判封建文化，倡导诗界革命和小说界革命，开白话文风气之先。晚年在清华大学、南开大学等校执教，在全国各地讲学。著有《清代学术概论》、《中国近三百年学术史》、《先秦政治思想史》、《墨子学案》、《中国历史研究法》、《中国文化史》等。大部分著作编入《饮冰室合集》148卷，1000余万字。1929年病逝于北京协和医院。

⑥ 当铺旧址
Site of loan office

区级	要许可	现为民居

地址：东城区门楼胡同3、5号

<M5> 张自忠路 / ZHANGZIZHONGLU <B> 东内小街、海运仓

年代：民国

该建筑为北京存留不多的当铺之一，原为李姓人开设的当铺。3号和5号原为一院。坐北朝南，临街为一面砖墙，面阔43米，高约5米，墙厚0.6米，类似城墙。大门开在西边，现为5号。门上嵌一石匾，上刻"泰和别馆"。门上部有一碉堡状砖砌方楼，为瞭望台，上有六孔，可以瞭望、守卫。因形似炮台，又属李氏，故俗称"炮台李"。门框为石质，安装铁门，铁门内还有可推拉的铁栅栏，今门与栅栏已不存。大门内上有一楼口，登梯子可进入瞭望台。5号院有倒座三间，北房五间，东西厢房各三间，东部有走廊通往后院，后院有五间后罩房。

■ 当铺建筑

当铺不同于其他商业，其内部管理、经营有自身的特点，其外部设施也与一般的铺面不同。一般说，典当业的房屋多为方城式，高墙厚壁，用以防盗和防火。其门外安装木栅栏，后来又改为铁栅栏。门前高悬贯钱招幌，下系红绸，表示银钱流通。门外墙上或迎门影壁上写一个大大的"当"字。

⑦ 北新仓
Beixincang
(Northern New Warehouse)

市级	不开放	现为解放军总政后勤仓库

地址：东城区北新仓胡同甲16号总参第一招待所院内

<M2> 东直门 / DONGZHIMEN <B> 东内小街、海运仓

年代：明－清

北新仓是明、清两代北京粮仓之一，是研究古代仓廒形制的重要实物。元代时，东直门为通惠河漕运通道；明永乐年间，东直门内以南部分曾为元代湖泊，明代利用湖泊将漕运粮食直抵粮仓，在此先后设立海运仓、北新仓储存漕粮。两座仓库南北并列，南门内为海运仓，北门内为北新仓，结构呈"日"字形。清初北新仓有廒房49座，康熙三十二年（1693年）增至85座。1900年八国联军进京后，强占粮仓，明、清两代官仓贮粮的历史结束。

在古代，仓是总称，廒是贮粮库房。明朝时期的廒房，在构造上以廒为贮藏单位，每三间为一廒，后来改为五间一廒。北新仓现存廒房6座（共9廒），东廒房为三廒联排式，是现存仓廒中最长者；南廒房为两廒联排式，其余四座廒房均为一廒。每廒五间，明间开门，面阔23.6米，进深17米。屋顶采取悬山式，前檐出面阔4.2米进深2.6米的悬山披檐廒门，屋顶在末间开设有气窗。在外观上，廒房的外墙与城墙一样全部用大城砖砌成（墙砖产自山东临清县，大城砖每块长约45.5厘米，宽约22.5厘米，高约11.5厘米，重约25公斤），以保证其坚固耐用，廒墙厚达1.3米至1.7米，山墙为五花山墙形式，收分显著。廒房的内部结构基本采用中国传统木构架。

《乾隆京城全图》中的北新仓与南新仓

■ 粮仓建筑

明朝，京师共有包括北新仓在内的7座官仓，它们均集中在东城朝阳门附近。北侧有海运仓、北新仓；中部有南新仓、旧太仓、兴平仓和富新仓；南侧有禄米仓。它们共同担负着京师粮粮的重任，在南粮北运的过程中起着重要的作用。到清代乾隆年间，京仓在明代7座官仓的基础上，又扩建了万安仓（今朝阳门外北护城河边）、太平仓（今朝阳门外南护城河边）、裕丰仓和储济仓（今东直门外通惠河北岸）、本裕仓和丰益仓（今德胜门外）6座仓，数量上达到13座，被称为"京师十三仓"。而通州还有中（通州旧城南门内）、西（通州新城南门内）2座仓。因此京、通二仓的总和达到了15座。清代的京、通二仓是封建社会京师太仓制度最为成熟的典型，在规模上、技术上和制度上都达到了顶峰。

清代京通仓廒的建筑十分讲究，其技术较之元、明有较大改进。首先，为了防止水淹，每座仓廒所选地址都比较高，四周筑有高大围墙，地下修有排水管道。其次，为了防潮，每座仓廒的地基都是三合土夯筑的，然后均匀铺撒一层白灰，再用砖铺些地面，上加楞木，铺满松板；墙壁有护墙板，门有闸罩。再次，为了通风以透泻汗蒸都热之气，每座仓廒除有气楼、闸板外，还"用竹气通高出米顶之上"，并用竹篾编成隔孔，钉于窗上以防鸟。最后，廒的墙体很厚，底部厚约1.5米，顶部约为1米，墙体收分很大，建造如此之厚的墙体，可以使粮仓内部保持相对的恒温。以上的建筑方法和措施，既防潮又保证通风，使仓粮历久不坏。

⑧ 南新仓
Nanxincang
(Southern New Warehouse)

市级 / 要许可 / 现为南新仓文化休闲街
地址：东城区东四十条22号，东四十条桥西南侧，新保利大厦西侧 / 电话：010-64010843
<M2> 东四十条 / DONGSISHITIAO <B> 东四十条桥、东四十条桥西、东四十条桥南
年代：明－清

南新仓是明、清两代北京粮仓之一，俗称东门仓，明永乐七年（1409年）在元代北太仓的基础上建成，是明、清时期南粮济京的重要代表性建筑。清初时南新仓为30廒，到乾隆时增至76廒。现在南新仓仍保留廒房7座（共9廒），成为北京现存规模最大、现状保存最为完好的皇家仓廒之一，是京都史、漕运史、仓储史的历史见证。

南新仓廒房与北新仓形制接近：每廒面阔约23.8米，进深约17.6米，高约7.5米。屋顶采取悬山式，前檐出宽4.4米，进深2米的悬山披檐廒门，并于屋顶中心位置开气楼（即天窗）。南新仓仓廒的空间容量极为可观，可储近1亿斤的粮谷——如果折成基本储量为10吨的集装箱的话，南新仓的总储藏量相当于5000个左右的集装箱。

2005年起在此开发建设了南新仓文化休闲街。南新仓文化休闲街占地面积2.6万平方米，建筑面积3.3万平方米，步行街总长千余米。建筑设施主要由南新仓古仓群、仿古建筑群和南新仓国际大厦底商组成。街区内现有商户22家，分为文化、休闲两类。其中，文化类的商户有艺术画廊、音乐传播中心、影视文化俱乐部、拉丁舞俱乐部、珠宝文化艺术市场等。休闲类的商户有中外特色风味餐厅、酒吧、国际名牌汽车展销中心和中国传统特色的茶苑。

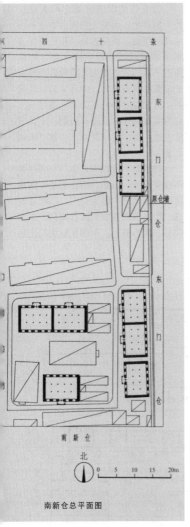

南新仓总平面图

北

0　5　10　15　20m

⑨ 东四八条71号四合院
（叶圣陶故居）
Courtyard at No.71 Dongsi Batiao
(Former Residence of Ye Shengtao)

区级 / 不开放 / 现为民居
地址：东城区东四八条71号
<M5> 张自忠路 / ZHANGZIZHONGLU <B> 东四九条、东四十条
年代：清

　　故居为三进院落。临街的小如意门楼，砖雕精细完好。院内有一字影壁、倒座房五间，前带走廊。正房院带垂花门，垂花门保存完好，造型精美，内有抄手廊、坐凳栏杆，廊墙上嵌有什锦窗。正房三间，室内有碧纱橱，木地板，左右各有两间耳房，东西厢房各三间。该院除垂花门及走廊用灰筒瓦外，余皆为硬山合瓦清水脊。正房及倒座房为叶圣陶及家人住处，院内种植花草，有两株海棠树。

叶圣陶　1894–1988年，苏州人。1921年与沈雁冰、郑振铎等发起成立"文学研究会"，参加创办诗刊《诗》，主编《小说月报》等杂志。抗日战争时期参加爱国民主运动。中华人民共和国成立后历任出版总署副署长、教育部副部长、人民教育出版社社长、中国文联委员、第一届至第五届全国人民代表大会常务委员会委员、第六届全国政治协商会议副主席、中国民主促进会中央主席、中央文史馆馆长等职。主要作品有长篇小说《倪焕之》、短篇小说集《隔膜》、《火灾》，出版有《叶圣陶童话选》、《稻草人》以及《叶圣陶语文教育论集》等。

⑩ 崇礼住宅
Chongli's Residence

国家级 / 不开放 / 现为民居
地址：东城区东四六条63号、65号
<M5> 张自忠路 / ZHANGZIZHONGLU <B> 东四六条、东四九条
年代：清

崇礼住宅即清光绪年间大学士崇礼的住宅，由街北的两大宅院和一座花园组成，全院占地面积近万平方米；宅院后门直通东四七条，宅院南侧（东四六条路南）还设有马号。此宅东半部及花园（63号）为崇礼居所；西部院（65号）为其兄弟居所，后为其侄儿江宁织造存恒的住宅。宅院占地广袤，屋宇壮丽，号称"东城之冠"。

建筑群坐北朝南，由三个并联的四合院组成，东路、西路均是有四进院落的住宅，中路为花园，均相互连通。在东四六条胡同辟有两门，东为63号，西为65号，中部花园大门已封

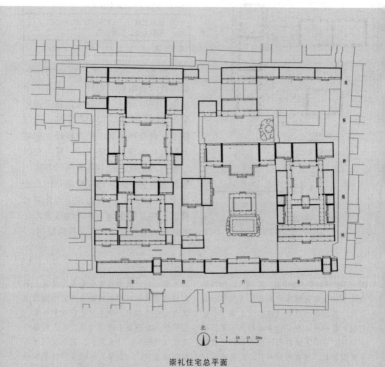

崇礼住宅总平面

堵，现东宅与中部花园合为一体。

现存建筑形制为：

东路：广亮大门一间，两侧倒座房六间，北房九间过厅，前后有廊，明间可通二进院；二进院有东西厢房各三间，东西两廊连接南北两院。经一殿一卷式垂花门进入三进院。院内有正房三间，前带前后廊，两侧耳房各两间；东西厢房三间，均带南耳房各一间。抄手游廊连接院内各房。

中路（花园区）：最南端原大门三间，其东有倒座房二间，西为三间。第一进院有假山、游廊，正中假山上建一栋面阔三间、带周围廊的轩室，歇山顶筒瓦屋面。山前原有月牙河相绕（水池现已填平盖房）。二进院有一座面阔五间的戏台，前出六檩卷棚抱厦三间，木构架上绘箍头彩画。两侧有耳房各二间。该院西侧有一半面歇山式西房，背倚西院双卷勾连搭房的东墙。三进院有正房五间，带前后廊，东侧有一组假山石，其上建圆亭。四进院是祠堂，面阔五间带前廊。东接东院后罩房十四间。

西路：金柱大门一间，大门外有一字影壁，门内有照壁，雕刻有精美花卉图案。一进院有倒座房九间，北房为五间过厅。二进院内正房三间，前后廊，两侧耳房各二间，东西厢房各三间，前出廊，正厢房之间以游廊连接。房门裙板上雕"五福捧寿"纹饰（即蝙蝠与寿纹组成的图案）。此院带有东西跨院各一座，东跨院有南房三间，前出廊；北房三间，双卷勾连搭。西跨院南房三间，北房三间，北房为前廊后厦，当初或为书斋，内部有清代著名书法家邓石如题写苏东坡诗词的硬木槅扇，至今保存完好。二、三进院间有一小院，周围廊连接前后院。进第三进院垂花门为内宅，有正房五间，两侧有耳房各二间，东

西厢房各三间均带南耳房一间，抄手游廊连接各房，东北角有廊道可通中部花园。第四进院有后罩房十一间，西侧有门通西小院，南房三间，北房三间，原为佛堂。

垂花门及抄手游廊

影壁

崇礼住宅外观

崇礼　字受之，汉军正白旗人，姓姜氏，误传其姓蒋，故称"蒋四爷"。光绪二十六年（1900年）授东阁大学士转文渊阁大学士。崇礼和皇室有姻亲关系。抗日战争时期，此宅为伪新民会会长张燕卿所购（张为清末大学士张之洞子）。

区级 / 不开放 / 现为民居
地址：东城区东四六条55号
<M5> 张自忠路 / ZHANGZIZHONGLU <B> 东四六条、东四九条
年代：清

山合瓦清水脊顶。房门上保留清式裙板。左右各有 两间耳房。东西厢房各三间，厢房南面各带耳房一间。从院子的东西走廊北端可进入后院，后院七间后罩房。各走廊尽头墙上为精致的花卉砖雕。

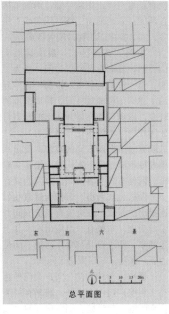

总平面图

该院落约建于清晚期，民国时期为官员宅第，解放后，此宅为国内外闻名的"七君子"之一的沙千里的居所。1982年4月沙千里去世后，其夫人及子女仍寓此。1987年改为首都宾馆筹备处。

建筑群为坐北朝南的三进院落。广亮大门一间，门内有一字影壁。倒座房东一间，西五间。垂花门为一殿一卷式，左右各有屏门通抄手廊，廊内有坐凳栏杆。二进院正房三间，硬

沙千里 1901－1982年，是抗日救亡运动的"七君子"之一。上海人。青年时曾主编《青年之友》期刊，宣传反帝爱国思想。1936年1月，发起并组织上海市各界救国联合会，当选为执行委员会委员。主编《生活知识》杂志，宣传抗日。与宋庆龄、沈钧儒等人成立全国各界救国联合会，为领导人之一。南京国民政府以"危害民国"罪，在上海逮捕救国会领导人沈钧儒、王造时、李公朴、沙千里、章乃器、邹韬奋、史良七人，称为"七君子事件"。"七七事变"后，国民党被迫释放沙千里等七人。沙千里于1938年加入中国共产党。在武汉、重庆从事抗日民族统一战线工作，创办《大公报》。1941年加入中国民主政团同盟，担任《新华日报》法律顾问。1948年出席民盟在香港召开的三中全会。1949年参加接管上海市的工作，任市军管会、市人民政府副秘书长。9月出席中国人民政治协商会议第一届全体会议。中华人民共和国成立后，任贸易部副部长，商业部副部长，地方工业部部长，轻工业部部长，粮食部部长等。为历届全国人大代表，第四届人大常委会副秘书长，第五届政协副主席及中华全国工商联秘书长等。

东四四条5号四合院，坐北朝南，门口台阶较高，大门外两株古槐参天。该院共有三层院落，大门为如意门一间，门内迎面有一字影壁，西有屏门，过屏门，有四间倒座房，为硬山合瓦清水脊；倒座房北有垂花门，垂花门很精致，东、西、北三面均有四扇屏门。东西屏门通向抄手游廊，通连全院。正房三间，为硬山合瓦清水脊，左右各带两间耳房。正房内部装修为清代旧物，硬木落地槅扇和碧纱橱非常完整。东西厢房各三间，亦为硬山合瓦清水脊。三进院有后罩房五间，硬山合瓦清水脊，西带耳房一间。此院为典型的中型四合院。

12 东四四条5号四合院（绵宜宅）
Courtyard at No.5 Dongsi Sitiao
(Residence of Mianyi)

区级 / 不开放 / 现为民居
地址：东城区东四四条5号
<M5> 东四 / DONGSI <B> 东四六条、钱粮胡同、东四路口东
年代：清

■ **皇帝的叔叔家**

此院建于清代中后期，原与3号、1号两个院为一家所有，房主系清宗室绵宜。绵宜号达斋，是道光皇帝的本家，曾于同治年间任礼部侍郎，其后代姓金。因系宗室辈份较尊，故当地百姓称这房子为"皇帝的叔叔家"。

东四四条5号四合院（绵宜宅）垂花门

13 大慈延福宫建筑遗存
Remains of Daciyanfu Palace

市级 / 不开放
地址：东城区朝阳门内大街203号
<M5> 东四 / DONGSI　<M2> 朝阳门/ CHAOYANGMEN　<B> 东四路口东、朝内小街
年代：明

大慈延福宫为北京重要的道教建筑，明成化十七年（1481年）建，以奉天、地、水三元之神，又称三官庙。嘉靖四年（1525年）重修。清顺治初年曾聚满汉子弟于此教学。乾隆三十六年（1771年）又重修，并规定每年元旦开庙进香，开张庙会。庙会中多为估衣摊，故庙内胡同又名估衣街。

明清时期，北京城内外的众多三官庙中，属大慈延福宫规模最大。全庙由正院和东道院组成。整体布局严整，气势雄伟。沿纵轴线由南向北，依次排列着山门、大慈延福殿等主体建筑。山门三间，黑琉璃瓦调大脊硬山顶，绿剪边。进入山门，钟楼和鼓楼分立东、西两侧。再往北，有大殿三间。穿过此殿，就是主殿大慈延福殿了。此殿面阔三间，周围廊，前设月台，后面有虎尾抱厦，这在一般古建中是比较少见的。大慈延福殿前后

左右各有一座碑亭。西配殿叫作法善殿，东配殿称葆真殿，都是黑琉璃瓦顶。最后一进院落的建筑形制更为特殊，三座殿宇并排而建：中间是紫微殿，面阔五间，左右各带一间耳房。西侧为清华殿，东边是青殿，面阔均为三间。它们既独立又连锁，不仅使院落显得格外开阔，而且突出了主体建筑的恢宏气势。

东道院共有三座殿宇，由南向北分立。前殿早已拆除，无从考证。中殿为通明殿，面阔三间，单檐歇山顶，檐下斗栱三踩单昂，梁架斗栱等保留有明代建筑特征。殿内明间神龛及二龙戏珠斗八藻井保留完整，雕刻精细，除龙头有损，大部保存完好。后殿为延座宝殿。两座殿均为黑琉璃瓦绿剪边歇山顶。

自1950年代开始，先后有两个单位在大慈延福宫原址建设办公楼，大部分古建筑被拆除。现存建筑群有东道院的正殿、后殿以及部分西配房。该建筑遗存是研究元、明之际北京城市变迁的重要实物。该建筑目前不对外开放，不过由建筑群南面的人行天桥可以一览建筑群概貌。

■ 雕像

当初拆除大慈延福宫的时候，宫内尚存有天、地、水三官坐像及文、武侍臣立像12尊，被移入作为北京市文物局仓库的智化寺内。这些神像均为金丝楠木雕刻，妆銮，沥粉贴金。服饰为明代式样，衣带纹饰生动。后来因修复智化寺，遂将神像移至朝阳门外东岳庙，陈列在育德殿内。这些雕像为北京古代雕刻艺术的精品。

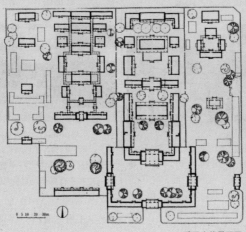

孚王府总平面图

14 孚王府（怡亲王府）
Prince Fu's Mansion
(Prince Yi's Mansion)

国家级 ／ 要许可 ／ 现为中国科学院自然科学史研究所、中国科学院传统工艺与文物科技研究中心、北京数字王府井科技有限公司、中国散文诗学会、世界图书出版公司、中国科学文化音像出版社等多家单位占用

地址：东城区朝阳门内大街137号
电话：010－64042469

<M5> 东四 ／ DONGSI <M2> 朝阳门 ／ CHAOYANGMEN <B> 东四路口东、朝内小街

年代：清

孚王府原为贝勒允祁的府第，原怡亲王允祥（康熙帝第十三子）的王府在东单帅府园，雍正八年（1730年）允祥去世，旧邸改为贤良寺，另将朝阳门内大街这处府邸改赐予第二代怡亲王弘晓。咸丰十一年（1861年）

第六代怡亲王载垣获罪，王府被收回。同治三年（1864年）此府被赐予道光帝第九子孚郡王奕譓，成为孚王府，俗称"九爷府"。民国时期，此宅售予张作霖的部下杨宇霆。此后曾经先后用作北平大学女子文理学院校舍，国民党励志社北平总部。

孚王府布局严谨规整，是清代王府的典型代表，也是北京现存少数较完整的王府之一。府邸占地自朝阳门内大街向北直至东四三条路南，街门原在朝内北小街，今之临街大门是民国年间所辟。建筑群坐北朝南，府门前矗立的石狮足有两人多高，比天安门前的石狮还要高大。府中建筑布局可分为中、东、西三路。其中中路主体建筑保存最好；西路是王府眷属的居住区，也基本保存着原有的主要建筑；东路原属府库、厨厩及执事侍从的住所，并有王府的花园，损毁比较严重，所剩无多。中路是王府的核心所在，共有五进院落，中轴线长达二百余米，规模宏敞，气势不凡。

以下略述中轴线主要建筑：

■ 孚王府街门 / （民国）

外门

　　中轴线最南端为街门，南临朝阳门内大街。面阔七间，中开三门，硬山屋顶。院内东西有转角房各十六间，东西各有五间雁翅门（阿斯门），门北各接厢房十间。

■ 孚王府大门 / （清）

大门

　　街门以北是大门五间，即王府正门。歇山顶覆以绿琉璃瓦，檐下用五踩重昂斗栱，门前左右分设石狮子一座。

石狮

■ 孚王府正殿 / （清）

正殿

　　入大门正对正殿七间（即银安殿），前列丹墀，护以石栏，歇山顶覆以绿琉璃瓦，檐下为七踩单翘重昂斗栱；殿前左右各有翼楼七间及厢房九间。

■ 孚王府二宫门 / （清）

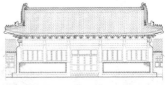

二宫门

　　正殿北为二宫门，为王府内寝的正门。面阔五间，前后廊歇山顶，覆绿琉璃瓦，檐下用五踩重昂斗栱，门左右各带顺山房五间。

■ 孚王府寝殿 / （清）

　　二宫门后为后寝区域，中央为寝殿七间，前后廊歇山顶，覆绿琉璃瓦，檐下用五踩重昂斗栱，殿前出月台；殿左右各有顺山房三间，东西配殿五间。轴线最后是后罩楼七间。

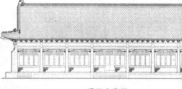

孚王府寝殿

此府布局堪称清代王府最典型的格式，即三条轴线，四大部分——中轴线为礼仪空间，西轴线为宅舍居住空间，东轴线为轩馆休闲空间，服务用房则分别置于两侧轴线的前部。孚王府的平面与《大清会典》的规定基本契合，且与《乾隆京城全图》上的怡亲王府大致吻合，说明其布局仍保持着清代中期的原貌，为研究清代王府建筑的宝贵实例。

15 段祺瑞宅
Duan Qirui's Residence

区级 / 要许可 / 现为民居
地址：东城区仓南胡同5号
<M2> 朝阳门 / CHAOYANGMEN <B> 东四六条、东四十条桥南、朝内小街
年代：民国

此宅原为清代康熙皇帝第二十二子允祐府。北洋政府时期，该府为段祺瑞所得。日军占领北京后，该宅被日本情报机关占据。抗战胜利后，被国民党国防部所属机关占用。1949年后为单位宿舍。

宅院坐北朝南，占地22642平方米。段祺瑞居此时，对原府进行了大规模改建：中轴线上保存有原府大殿，面阔七间，周围廊，筒瓦顶，经过改建，北部增设戏台和扮戏房，屋顶成为两卷勾连搭式。殿前环绕院子设有水池，池上有三座小石桥。殿后为一宽敞的方形院落，院内东、西、北三面环建西洋式二层小楼，小洋楼朝向庭园的部分为优雅的爱奥尼式柱廊。主庭院东、西两侧各附带一处小天井（约为9.5米见方），环以灰砖拱廊，颇为典雅幽静。该洋楼可谓北京近代住宅建筑中的精品。楼后原有大后花园，现已无存。

建筑群的西南，有民国时期建造的独立式礼堂，面阔十三间，进深九间，面积500多平方米，平顶，南北有廊，中央大门。外立面为清水灰砖砌筑，四周皆为罗马塔司干式壁柱。窗户过梁之上有三角形山花装饰，山花壁上以灰塑各种吉祥植物装饰。据说段祺瑞曾在此召开过国务会议，也是宴会、娱乐的场所。大殿东面有一幢两层小洋楼，为段母住所。

段祺瑞 1865－1936年，安徽合肥人，为北洋军阀皖系首领，曾任陆军总长、署理国务总理、参谋总长等职。1924年出任中华民国临时执政，1926年镇压学生游行，造成"三一八惨案"，被迫下野，1936年病死于天津。

18 恒亲王府
Prince Heng's Mansion

区级	要许可	现为民居

市级	要许可	现为北京市新闻出版局用房

<M2> 朝阳门 / CHAOYANGMEN <B> 朝阳门内、朝内小街

年代：清

　　原为康熙第五子允祺的王府，俗称五爷府。后为嘉庆第三子绵恺府邸。王府原本分为中、东、西三路，规制严整。解放后，恒亲王府被56户居民占用，私搭乱建变成了一个大杂院。2004年北京市政府拨款全面修缮。现存西跨院，正房三间东西耳房，东配房三间。

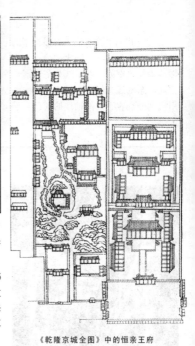

《乾隆京城全图》中的恒亲王府

17 南豆芽清真寺
Nandouya Mosque

免费

地址：东城区朝阳门内豆瓣胡同东侧

<M2> 朝阳门 / CHAOYANGMEN <B> 朝阳门、东四十条桥南

年代：2003年迁建

　　据传该寺始建于元代，主要建筑约建于清代中期，有寺门、礼拜殿及配房等。

　　原寺门为一砖砌如意门，筒瓦过垄脊，门楣为伊斯兰式桃形拱，顶上有竿，饰以弯月，门对面有砖影壁。

寺门近年改建为三间，当心间上覆半圆穹顶，立面饰壁柱，贴釉面砖，门窗上加桃形尖拱。入寺门为外院，正对垂花门一间，为双柱担梁式，筒瓦过垄脊，门两侧为瓦顶砖墙。礼拜殿面阔三间，前为抱厦，硬山筒瓦过垄脊；中为大殿，大式硬山筒瓦顶，过垄脊；后窑殿一间，方形四角攒尖顶。殿前南北配房各三间，前出廊，为阿訇及待客房；北顺山房五间，为浴室，均为硬山合瓦顶，过垄脊。

　　2003年，按照开发建设规划，该寺向西南迁移约100米，规模有所扩大，寺门改在西面，面阔增为三间。现仍为穆斯林礼拜场所，并且对公众开放。此外，清真寺沿街还设有清真餐厅，颇具特色。

■ 内城东片(一)地区其他文物建筑列表如下：

名称	地址	年代	现状
永宁寺	板桥胡同乙3号	清	保存尚好
报恩寺	北新桥三条49号	清	现存山门和大殿
海湖庵	北新桥三条67号	清	现为单位使用
理郡王府	北新桥三条胡同东口路北	清	改动较大，北院为民居
北新桥头条关帝庙	北新桥头条35号	清	现仅存大殿
北新桥头条57号宅院	北新桥头条57号	清	现为民居
喇嘛祠堂	藏经馆胡同3号	清	现主要建筑仍存
吴裕泰茶栈	东四北大街44号	清	经改建，保存较好
东四四条3号宅院	东四四条3号	清	现为民居
宝泉局东作厂	东四四条83号	清	现为某单位宿舍
东四四条85号宅院	东四四条85号	清	现为民居
月水寺	东四五条29号	清	现为民居
东四六条6号院	东四六条6号	民国	现为民居
徐世昌旧居	东四六条甲44号	民国	现为北京市第166中学分校
育芳胡同5号宅院	东四六条东口育芳胡同5号	民国	现为某单位宿舍
关帝禅林	东四七条43号	清	现仅存一殿
东四七条79号宅院	东四七条79号	清	现为民居
观音寺	东四八条13号	民国	现仅存前殿
东四八条61号宅院	东四八条61号	清	现为民居
东四八条111号宅院	东四八条111号	清	朱启钤旧居，现存建筑完整，正房内装修保持完整
东四九条观音庵	东四九条15号	清	现存正殿、前带廊
贝子奕谟府花园	东四九条69号	清	现仅存方亭
东四十条关帝庙	东四十条41号	清	现存前后殿
五岳庙	东四十条43号	清	现仅存西配殿
东四十一条93号宅院	东四十一条93号	清	现为民居
东四十二条39号宅院	东四十二条39号	清	现为民居
慧照寺	东四十三条19号、东四十四条22、26号	明—清	现存22、26号院部分建筑，院内的明代《敕赐慧照寺修建记》为区级保护文物
春晖里住宅	东四十三条62号	民国	现为民居
东四十三条77号宅院	东四十三条77号	清	现为民居
东四十三条81号宅院	东四十三条81号	清	保存尚好
圆音寺	东四十四条22号	清	现仅存大殿

名称	地址	年代	现状
肃亲王新府	东四十四条91-93号	清	现为某工厂
宝公寺	东直门内大街267号	清	不详
东药王庙	东直门内大街85号	清	今正殿、后楼已无存，2002年出土《东药王庙碑》
白衣庵	民安胡同南口	清	现仅存一殿
陆军监狱旧址	炮局胡同29号	清一民国	现为北京市公安局看守所
妙意精舍	西酱房胡同19号	民国	现存正房和西厢房
地藏禅林	辛寺胡同35号	清	现为民居，保存尚好

【9】内城东片（二）
East Part of Inner City 2

段祺瑞宅

南豆芽清真寺

东四四条5号四合院
（绵宜宅）

恒亲王府

孚王府（怡亲王府）

大慈延福宫建筑遗存

朝阳门桥

朝阳门

东四牌楼 M5 朝 阳 门 内 大 街

凯恒中心

盈通购物城

鸿安国际大厦

竹竿胡同

龙源写字楼

前炒面胡同

❶

礼士胡同129号

前拐棒胡同

朝

华智商务大厦

金域中心

南
水
关
胡
同

同仁学校

内务部街11号四合院
（明瑞府、六公主府）

阳

芳
嘉
园
胡
同

❻ 桂公府

东
四
南

灯草胡同

演乐胡同

内
务
部
街

❷

门

大方家胡同

竹竿后巷

武
学
胡
同

小
牌
坊

北京市第二中学

禄
米
仓
西
巷

禄米仓
❿

大
街

❸❹❺

史家胡同51、53、55号四合院

史
家
胡
同

东四南历史文化保护区

禄 米 仓 胡 同

❶❶
智化寺

灯市口站 M5

东石槽胡同

丽晶酒店

鑫海锦江大酒店

街

朱启钤宅

蔡元培故居

金鱼

红星胡同

❼

❽

北总布胡同2
号大宅院

中华圣经会旧址

❶❷

❶❸

总理各国事务衙门建筑遗存

东

堂
子
胡
同

赵
堂
子
胡
同

东
总
布
胡
同

东
单

协和医院住宅群

❶❹

北京市二十四中学校

阳照胡同

总
布
胡
同

华润大厦

北

外

交

部

街

东总布胡同
53号宅院

❽

大

❶❺

宁郡王府

西
总
布
胡
同

新
开
路
胡
同

小
总
布
胡
同

东

顶银胡同

街

北极阁头条

贡
院
二
条

贡
院
头
条

全国妇女活动中心

长安大戏院

光华长安大厦

建
国
门

东单牌楼

建 国 门 内 大 街

东单站 M5

于谦祠

古观象台

清代邮局旧址

亚斯立堂

M2
北京站

北京火车站

内城东片（二）概述
Introduction of East Part of Inner City 2

朝阳门

　　本地区位于明清北京城内城的东部，东起东二环路，西至西四南大街－西单北大街，南起建国门内大街，北至朝阳门内大街，内有十余处文物建筑群，其中包括一处全国重点文物保护单位——智化寺，该寺为北京城内十分难得的明代寺庙建筑群。该地区还有一处重要王府宁郡王府，是现存郡王府的典型实例。在住宅方面，本地区既有经典的大型四合院例如礼士胡同129号、内务部街11号、桂公府等，也有朱启钤故居这样的富于创造性的近代四合院，更有协和医院住宅群那样的美式乡村别墅区，可谓丰富多姿。名人故居除了朱启钤故居之外，还有蔡元培、章士钊的居所。

　　此外，在明、清直至民国时期，本地区一直以朝阳门、东四牌楼、东单牌楼作为重要的城市地标。今天虽然城楼与牌楼都已不存，然而朝阳门、东四、东单这些地名却得以长期保留，东单、东四仍然是较为繁华的商业地带。

礼士胡同129号四合院
Courtyard at No.129, Lishi Hutong

市级 / 不开放 / 现为某单位

地址：东城区礼士胡同129号

<M5> 东四 / DONGSI <B> 东四路口东、东四路口南、朝内小街

年代：清

此宅原是清末武昌知府宾俊宅邸，经著名建筑学家朱启钤的学生重新设计，形成现在规模。新中国成立初期曾作为印尼驻华使馆，后为中国青年报社社址。

院落坐北朝南，由多组庭院和花园组成，占地约1200平方米。现存建筑形制，东南端有广亮大门一间，建于五级双垂带踏跺之上。门外廊心墙、戗檐、门两侧八字墙和沿街院墙均雕有精美的砖雕图案。门内两旁倒座房各两间，东边为后添建的车库两间，西侧为新开大门，西有临街倒座房五间，一进院内北面有两个并列的四合院。东院有一殿一卷式垂花门，门左右立有一对石兽，两侧看面墙上有什锦窗，砖雕窗框颇为精致。门内正房三间，东西厢房各三间，抄手游廊连接各房。后院有六间北房。1986年在东南院墙处添建一座二柱三楼牌楼。过牌楼向北有一组坐西朝东的四合院，院门为一殿一卷式垂花门，门前有坐东向西的影壁，正中雕刻条幅，四角雕有高浮雕岔角花纹。院内南北西三面房各三间，西房为两卷勾连搭的过厅，可通往西侧的花园。与东院比邻的西院，有带前后廊的南房三间为过厅，是该院的院门，北房五间带前后廊，东厢房亦为过厅，与东院的西厢相连。

该院西侧有单坡顶游廊，可通往花园。东西两院正房间有一座重檐圆亭，四面有门廊道与东西南北各房间连通。花园建在宅院的西北部，面积不大，但是假山、水池、树木搭配得当，花草点缀得体，显得幽静而高雅。东北角有一座单檐八角亭，覆以绿色琉璃瓦。

垂花门

该院虽为民国时期改建，但是布局紧凑，建筑装修精美讲究，尤以砖雕别具特色：特别是正房、厢房的廊门走马板上的砖雕匾额，刻有撷秀、抗风、舒华、蕴秀、竹幽、含珠、隐玉、摘芳、拧月等，娴雅秀逸，耐人寻味。总体观之，该院为北京四合院中难得的精品。

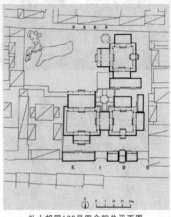

礼士胡同129号四合院总平面图

游廊

八角亭

庭院及圆亭

后院照壁

**② 内务部街11号四合院
（明瑞府、六公主府）**
Courtyard at No.11 Neiwubu Street
(Mingrui's Mansion, The Sixth
Princess's Mansion)

市级 ／ 要许可 ／ 现为民居

地址：东城区内务部街11号

<M5> 灯市口 ／ DENGSHIKOU <B> 演乐胡同、禄米仓

年代：清

此宅原为清乾隆时定边右副将军、一等诚嘉毅勇公明瑞的府邸，明瑞字筠亭，曾任正白旗汉军都统、伊犁将军等职。道光十四年（1834年）其曾孙景庆袭爵，道光二十五年（1845年）清宣宗第六女寿恩公主下嫁景庆之弟景寿，故该府又俗称"六

公主府"。民国后为盐业银行经理岳乾斋购得，现为单位宿舍。

建筑群坐北朝南，占地广大，由南部住宅和北部花园构成。住宅由四路院落组成，沿内务部街北并列四座宅门，均为广亮大门，现有三座已封堵，11号改为如意门。从东至西倒座房二十三间。门内均有通向各院的随墙门和独立影壁。现11号院屋宇高大，有四进院落，为主院。经一座一殿一卷垂花门，二进院至四进院均有抄手游廊环绕。二进院正房为厅堂五间，前出廊，后出三间悬山式抱厦。三进院正房三间，东西耳房各二间，双卷勾连搭屋顶。四进院正房五间，前出廊。此路院落为接待宾客和礼仪之场所。东路四进院落应为书斋静室之属。主院西侧一路四进院落为主要居住部分。最西部一路二进院落为家祠。全院北部花园，占地广阔，虽改建添建颇多，但叠石假山尚存，且横贯东西为曲字形，假山上有轩亭，中间三间敞轩，筒瓦歇山顶，两端四角攒尖方亭；下有阶石、涵洞。

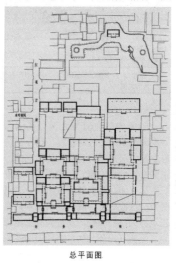

总平面图

假山

3 史家胡同51号四合院（章士钊故居）
Courtyard at No.51, Shijia Hutong
(Former Residence of Zhang Shizhao)

区级 / 不开放 / 现为民居
地址：东城区史家胡同51号
<M5> 灯市口 / DENGSHIKOU <B> 灯市东口、米市大街
年代：清

该宅院原为三进院落，章士钊一家住前两院，将第三进院落分出，由北面内务部街另辟门。现存建筑坐北朝南，广亮大门一间，一进院大门西侧有倒座房五间，北房为三开间的过厅，后出廊。二进院正房三间，前廊后厦，两侧耳房各一间，东西厢房各三间。抄手游廊连接各房。院内四隅种有海棠、苹果等花木，优美宜人。正房内木装修颇为精美，北面抱厦部分的槅扇由两座八方屏门组成，其顶部为一个楼阁式书橱，上带朝天栏杆，书橱由西面次间内的一架楼梯上去。室内还有一槽碧纱橱。

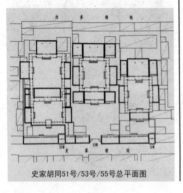

史家胡同51号/53号/55号总平面图

章士钊 1882－1973年，湖南长沙人。辛亥革命后，曾任教育总长、北京大学教授、广东军政府秘书等职。抗战期间，任国民党参议员，抗战胜利后，在上海当律师。1949年4月，他作为南京国民党政府代表团成员，参加了北平和平谈判。国民党政府拒签国内和平协定后，遂到香港，同年9月，从香港回到北京，参加第一届全国政协会议并参加开国大典。解放后，曾任全国人大常委会委员，中央文史研究馆馆长，1973年衔有使命去香港，7月1日在香港病逝。章士钊于1949年11月举家由沪迁京，开始住在朱启钤先生家中，1959年周恩来总理探望时发现居住拥挤的问题，便亲自出面解决，当时章夫人选中此院。章士钊先生去世后，该宅由其女章含之及女婿乔冠华（前外交部长）居住。

4 史家胡同53号四合院
Courtyard at No.53, Shijia Hutong

区级 / 要许可 / 现为好园宾馆
地址：东城区史家胡同53号 电话：010-65125557
<M5> 灯市口 / DENGSHIKOU <B> 灯市东口、米市大街
年代：清

53号宅院在51号之西，该宅为一坐北朝南的三进四合院，现存建筑形制是大门居中，已改为两扇铁门，东侧有倒座房三间，西侧两间。一进院正房三间，两侧耳房各两间。二进院为一过渡庭院，院内种植花木，原建筑格局已经改变。三进院有正房三间，两侧耳房各二间，东西厢房各三间。各房均带前廊。室内花砖铺地。

❺ 史家胡同55号四合院
Courtyard at No.55, Shijia Hutong

区级 / 不开放

东城区史家胡同55号

<M5> 灯市口 / DENGSHIKOU　<B> 灯市东口、米市大街

年代：清

史家胡同55号宅院为一坐北朝南三进四合院，现已分割为两部分，南半部为55号，北半部即第三进院现为

内务部街44号。现存建筑形制为：广亮大门一间，门内有一字影壁，上有砖雕清代和亲王题诗，左联为：红珠斗帐樱桃熟，右联为：金尾屏风孔雀闲。中间为一道诗："桂殿与山连，兰汤涌自然，阴崖含秀色，温谷吐潺湲。绩为能邪者，功因养正宣，顾立将亿兆，同此世昌延。"影壁东侧有一段廊子，廊东侧为一小跨院，内有南房两间。大门西侧倒座房九间，北面为一殿一卷式垂花门通二进院。二进院正房五间，东西厢房各三间，且北面带有耳房两间，抄手游廊连接各房。第三进院有正房三间，东西厢房各三间，抄手游廊连接各房。

❻ 桂公府
Duke Gui's Mansion

区级 / 要许可 / 现为餐厅

地址：东城区芳嘉园胡同11号 电话：010-65220684 / 010-65252877

<M2> 朝阳门 / CHAOYANGMEN　<M5> 灯市口 / DENGSHIKOU　<B> 演乐胡同、禄米仓

年代：清

此处明代曾为方家园，园废后在原址修建了一座净业庵，咸丰年间都统胜保在净业庵旧址上建宅第。同治初年，胜保获罪被清廷赐死，此府遂转赐予慈禧太后之弟承恩公桂祥。"八国联军"侵华时曾被德军占领。由于桂祥的女儿为光绪帝皇后隆裕，一家出了两代皇后，因此桂公府在民间有"凤凰巢"的绰号。

桂公府规模宏敞，共有五路大院，彼此相连，鼎盛时屋宇不下200

间。中路为正院所在，也是此府的礼仪空间，现已遭到极大破坏，仅余最北端的后罩房七间和左右耳房各两间。后罩房为灰瓦绿琉璃剪边硬山顶，前出月台，颇为气派，规格远高于一般公府，说明中路建筑是作为皇后的"潜凤邸"，比照亲王、郡王府邸改建的。后罩房象征寝宫，以备皇后"省亲"时使用。整个中路平时无人居住。

东路为此府的轩馆休闲空间，也遭到一定破坏。大门和倒座房已失，第一进院正房尚存，五间前后廊，硬山卷棚顶，前出三间抱厦。第二进院仅存东西厢房各三间。最后一进院有后罩房七间，带前廊，前出三间抱厦。在东路西侧原有一处小花园，现在只剩一座六角亭。

西路有三组院落，是主要居住区。东一组有四进院落，其中最后一进院已拆改；中一组有四进院落，二进院东西厢房以南建筑已拆除；西一组有三进院落，已拆除。

桂公府虽然仅是一座公爵府，但作为"后邸"所在，规制等级很高，与王府趋同。

朱启钤故居鸟瞰

⑦ 朱启钤宅
Zhu Qiqian's Residence

区级 / 要许可 / 现为民居

地址：东城区赵堂子胡同3号

<M5> 灯市口 / DENGSHIKOU　<M2> 建国门 / JIANGUOMEN　<B> 外交部街、禄米仓、雅宝路

年代：民国

此宅是朱启钤在20世纪30年代购置的，当时还是一座未完成的建筑，后由他亲自设计督造，建成一处大型宅院。北平沦陷时期，被日本人强行购买，抗战胜利后又发还朱家。新中国成立后，朱启钤将此宅献给国家，全家迁入东四八条111号。

此宅院占地约3000平方米，布局独具特色。它以一条贯穿南北的走廊为中轴线，将整个宅院分成东西两部分，且将两侧的八个院落有机地组合成一组颇具气魄的建筑群。南端中部为金柱大门一间，大门正对该南北通廊，由这条长廊可进入东、西路的各个院子。西路四进院落：大门西侧为倒座房五间，过垂花门为二进院；二、四进院均为北房三间前出廊，三进院北房三间前后廊，各院带西耳房二间、西厢房三间。东路一进院北房三间，前出廊，勾连搭一殿一卷式屋面，西耳房两间，歇山顶；二进院亦为北房三间带西耳房两间，有东厢房三间；三进院有北房五间，东厢房三间；四进院已改建。

综观全宅，一定程度上突破了北京传统四合院的布局模式，没有将东西两路建筑群完全独立建造，而是以一条南北通廊代替东院西厢、西院东厢，加强了各个院落的联系，在建筑群设计上具有一定的创新。

赵堂子胡同3号院建成后，前半部为中国营造学社办公，后半部为朱启钤先生眷属居住。据其子朱海北回忆，院内建筑的做法及彩绘，完全按照法式进行，所用木工、彩画工都是为故宫施工的老工匠。故该宅院同时具有纪念与研究的双重价值。

❽ 北总布胡同2号大宅院
Residential yard at No.2 Beizongbu Hutong

区级 / 不开放 / 现为某单位
地址：东城区北总布胡同2号
<M2> 建国门 / JIANGUOMEN　<B> 雅宝路
年代：民国

该建筑原是用建协和医院的余料建成，是美国石油大王洛克菲勒基金会董事长为其父母所建。后归一日本官僚居住，日本投降后，1946年此处又成为军调部国民党代表驻地。后来又归国民党第十一战区司令长官孙连仲居住。解放后收归国有。现院内无大改变，为某单位宿舍。

院落规模很大，坐北朝南，大门三间，为重檐牌楼门。门南部为一个四角攒尖卷亭亭。院内房屋不甚多，院中间的一所大房子，为中西合璧式，屋顶中间为庑殿顶，四角又为四角攒尖顶，灰筒瓦。正房建在五级水泥台基上，显得很高，呈"工"字形，前有类似中式建筑的月台。院中还散落着些石狮、石观音像等，院内花草树木很多，有海棠树、苹果树、槐树等，院落颇幽静。

❾ 东总布胡同53号宅院
Residential yard at No.53 Dongzongbu Hutong

区级 / 不开放 / 现为某单位办公用房
地址：东城区东总布胡同53号
<M2> 建国门 / JIANGUOMEN　<B> 北京站口东、北京站口北、外交部街

此院最早为一处大杂院，20世纪30年代重建，曾为作家协会使用。院落坐北朝南，金柱大门一间，门旁一对高大的抱鼓石，大门两侧各有倒座房三间。门内一组圆形假山喷水池代替了传统垂花门的位置，将院落划分为两进。二进院有正房三间带东西耳房各两间，东西厢房各三间。三进院内北房为二层，建在高大的花岗岩台基上，面阔五间，歇山绿琉璃瓦顶，檐下有混凝土制一斗三升斗栱。前带抱厦三间，亦为歇山顶。室内有带寿字纹样的井口天花，步步锦窗棂，院东西两侧有爬山廊与后楼前廊相连。

⑩ 禄米仓
Lumicang Storehouse

市级 ／ 要许可 ／ 现为北京军区联勤部禄米仓干休所仓库
地址：东城区禄米仓胡同71、73号 电话：010-65257577
＜M5＞ 灯市口 ／ DENGSHIKOU ＜B＞ 禄米仓、雅宝路
年代：明－清

禄米仓为明、清两代储存京官俸米的粮仓。该仓始建于明嘉靖四十年（1561年）。清初有30廒，康熙二十二年（1683年）增至57廒，光绪末年衰减为43廒。1900年，"八国联军"将城内所有粮仓存粮拍卖，粮仓改作他用。禄米仓于1911年后改为陆军被服厂。

现保存廒房4座（共5座）：西部3座为一座一廒，东部一座为一座二廒。由于历史原因，现在的禄米仓院内地面高于仓内地面近1米。每廒五间，面阔23米，进深三间，深约17米，建筑高约7米。屋顶无北新仓、南新仓廒房所设的气楼（即天窗），屋檐也无出檐，为封护檐做法，屋檐下施菱角檐。仓廒与围墙均用城砖砌成。建筑内部构架为七架椽屋，采用前后二架梁，中间三架梁的做法，室内用八根金柱。

仓内原有明代历任仓场监督题名碑，其上所刻内容说明名臣海瑞曾为仓场监督。

《乾隆京城全图》中的禄米仓

⑪ 智化寺
Zhihua Temple

国家级 ／ 购票参观
地址：东城区禄米仓胡同 电话：010-65253670
＜M2＞ 建国门 ／ JIANGUOMEN ＜M5＞ 灯市口 ／ DENGSHIKOU ＜B＞ 雅宝路
年代：明

明英宗正统九年（1444年）司礼监太监王振建。原为家庙，后赐名报恩智化寺。正统十四年（1449年）王振因系"土木之变"的祸首而被诛族，因该寺系敕建，故未籍没。英宗复辟后，于天顺元年（1457年）在寺内为王振立旌忠祠。天顺六年（1462年）又特颁赐大藏经一部，并经橱两座，供于如来殿。明万历及清康熙年间，曾两次大规模修缮。民国时对智化寺曾作过抢救性修缮。解放后智化寺又经维修，于1987年进行了最大规模的维修。

智化寺虽历经多次维修，但

建筑的梁架、斗栱等依然保存了原状，尤其是内部结构、经橱、佛像、转轮藏及其上雕刻，都保存了明代建筑的特征。现为北京古建筑中保存明初建筑完整风格的难得实例，有很高的历史和艺术价值。

该寺坐北朝南，规模宏敞，原有共五进院落。主要建筑有山门、智化门、钟鼓楼、智化殿及东西配殿、如来殿和大悲堂。

以下略述该寺主体建筑。

智化寺山门 /（明）

山门

山门面街，为砖砌仿木结构，黑琉璃瓦歇山顶。面阔三间，进深一间，有"敕赐智化寺"石额。山门对面原有砖影壁一座，后拆除。

智化寺钟鼓楼 /（明）

鼓楼内檐斗栱

山门内东有钟楼，西有鼓楼，均为黑琉璃瓦歇山顶，方形，下层为券门，单翘三踩斗栱，上层四壁为木障日板，四出门，单昂三踩斗栱。

智化寺智化门 /（明）

智化门

山门以北为智化门。面阔三间，黑琉璃瓦歇山顶，单昂三踩斗栱。该殿前左右各一碑，保存尚完整，西为"敕赐智化禅寺之碑记"，东为"敕赐智化禅寺报恩之碑"。

智化寺智化殿 /（明）

智化殿

智化门内为智化殿。面阔三间，重昂五踩斗栱，黑琉璃瓦歇山顶，后带抱厦一间，灰筒瓦悬山卷棚顶。内为彻上明造，原明间有造型精美的天花藻井，民国时期被古董商盗卖给美国人，现藏在美国费城艺术博物馆。

智化殿内壁画

■ 智化寺转轮殿、大智殿 / （明）

转轮殿藻井

转轮殿

智化殿之西配殿为转轮殿，面阔三间，黑琉璃瓦歇山顶，单昂三踩斗栱，殿内明间设转轮藏。转轮藏下部为六角形汉白玉须弥座，上为木雕佛龛，亦为六角形，每个小佛龛中均有一尊小佛像。藏柜上部雕有金翅鸟、龙女、神人、狮兽等各种纹饰，极为精美。轮藏顶上有一佛像，造型生动。

东配殿为大智殿，形制同转轮殿，内奉观音、文殊、普贤菩萨像。

■ 智化寺如来殿（万佛阁）/ （明）

万佛阁

智化殿北为如来殿，亦称万佛阁。阁分上下二层，上层为黑琉璃瓦庑殿顶，面阔三间，进深三间，单翘重昂七踩斗栱，四周环以围廊；下层面阔五间，进深三间。该殿上下两层墙壁遍饰佛龛，供奉佛像九千余个，故称万佛阁。下层明间供如来佛，两次间各有曲尺形经橱，为明英宗御赐。通上层的楼梯设在殿内东北角。

万佛阁内也有一造型绚丽的藻井。藻井分三层，下层井口为正方形，中层井口为八角形，上层井口为圆形，顶部中央有一条俯首向下的团龙。八角井分别雕着八条腾云驾雾的游龙，簇拥着中间巨大的团龙，呈九龙雄姿。各斗之间刻有构图饱满、线条洗练而挺秀的法轮、宝瓶、海螺、宝伞、双鱼、宝花、吉祥结、万胜幢八珍宝。此外还刻有八个体态丰腴、手托宝物的飞天，衣带飘逸，呼之欲出。现在这座藻井藏于美国纳尔逊博物馆。

殿前原有月台，惜现已埋于地下。左右各一无字碑，两碑间有一座铜铸香炉，为明万历年制。

■ 智化寺大悲堂 /（明）

如来殿后另成一院，原有如意门，已拆除。其后正殿为大悲堂，旧名极乐殿，面阔三间，黑琉璃瓦歇山顶，单昂三踩斗栱。后殿为万法堂，面阔三间，硬山筒瓦卷棚顶，今已无存。

⑫ 蔡元培故居
Former Residence of Cai Yuanpei

区级 / 不开放 / 现在修缮中
地址：东城区东堂子胡同75号
<M5> 灯市口 / DENGSHIKOU / <B> 东单路口北、新东安市场、灯市东口
年代：民国

此宅始建年代约为清中后期。原为其西邻77号住宅的东偏院，现大门为后辟之偏门。1917年至1920年，蔡元培任北大校长时居住于此。

该院为坐北朝南的三进四合院。一进院有倒座房五间，东梢间辟为街门。蔡元培寓此时将此房作为客厅。二进院有北房三间，前带廊，左右各带耳房一间；东西厢房各三间，南房三间，带东西耳房各一间，东耳房为前院与后院之间的过道。三进院原有北房五间，后改为二间。

目前正在重新装修，以后应该会对外开放。其旁的励骏酒店为欧式风格建筑楼群，与故居形成鲜明对比。

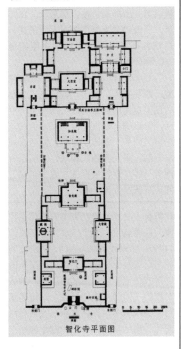

智化寺平面图

■ 智化寺古乐

智化寺除了保留有一组具有明代特征的建筑群之外，还保存了一部京音乐。据说是王振于明正统十一年（1446）将宫廷音乐移入家庙智化寺中，由该寺师徒相承，未曾改动，至今已有五百多年历史，二十八代传人，一直严格保持古乐音律。据考证京音乐是源于唐宋古乐的一支，是唐宋以来燕乐中鼓吹的一部分，乐调保留了几乎失传的唐代的"歌指调"和"越调"。乐器中的十七簧笙继承了唐代巢笙的遗制，九孔管也保存了北宋大乐筚篥的旧制，是我国现存最古老的音乐之一。

蔡元培 1868－1940，1917年任北京大学校长，是著名的教育家、爱国人士。蔡元培在北京任职多年，自己却未购置房屋，曾先后在东城、西城、宣武区租房居住。由于蔡元培在此院居住时间较长，特别是1919年5月3日在此主持策划了次日的"五四运动"，因其在中国近代史上具有重要的历史意义，而被定为"蔡元培故居"。

13 总理各国事务衙门建筑遗存
Remains of Department of Foreign Affairs in the Qing Dynasty

市级 / 不开放 / 现为公安部人民来访接待室
地址：东城区东堂子胡同49号
电话：65282490
‹M5› 灯市口 / DENGSHIKOU ‹B› 东单路口北、灯市东口、米市大街
年代：清

年正式设立。衙门负责外交事务，兼管通商、海防、关税、路矿、邮电、军工、同文馆和派遣留学生等事务，具有一定的近代色彩，逐渐成为晚清最有实权的政府机构。光绪末年改为外务部，民国初年又改称外交部。

同治年间，在院内设"同文馆"，挑选八旗子弟学习外语，这是我国第一所外语学校，称东所。1875年，西院改建为出使各国大臣留住，也是各部院大臣接见各国大臣的地方，称西所。

目前只剩下两个院子还比较完整：西院有入口大门，大门左右分别有倒座房两间和三间，院内有正房五间，前后廊，前出抱厦一间，大门与正房之间有一条通长游廊。院西有厢房五间；东院与西院相通，沿街原有南房一座，现已被拆改。院中正房五间，东西厢房各三间。

原为清一等超武公赛尚阿的宅第，后改铁钱公所。1860年《北京条约》签订后，清政府为办洋务及外交事务而特设总理各国事务衙门，1862

建于20世纪20年代。原协和医院高级住宅区。院内布局规则，道路、花坛等井然有序，与坡顶石板屋面和灰砖墙的美式建筑构成了幽静的居住环境。

该住宅区主要由两层半的美国近

14 协和医院住宅群
Residence complex of eking Union Medical College Hospital

市级 / 不开放
地址：东城区外交部街59号、北极阁三条26号
电话：65296118、65105989
‹M1› ‹M5› 东单 / DONGDAN ‹B› 东单路口东、东单路口北、东单路口南
年代：民国

代折衷主义式独立别墅形式的住宅构成，院落南北长约127米，东西长约140米。中轴线南端为大门，以突出的三角门罩装饰。轴线北端为两层半的连排式住宅。院落南区由围绕中轴线对称的三组独立住宅组成，每组建筑与中轴线基本对称，又相对灵活有所变化。南区轴线中部为一圆形环路与花坛，形成中心。北区的住宅布局相对灵活，不求绝对对称。此院东侧布置有一栋与本院落建筑风格不一致的西洋式建筑，建造年代早于院内建筑。

独立式住宅建筑平面布局灵活，均为矩形平面组合，每幢建筑面积约为600平方米。首层地坪高出室外约60厘米，地上两层，地下一层。住宅内部除设有客厅、厨房、餐厅、卧室、卫生间等主要房间外，还设有辅助用房、小储藏室多处。首层入口常结合单层坡顶的拱形门廊处理，形象生动。

宁郡王府全景

⑮ 宁郡王府
Prince Ning's Mansion

市级 / 不开放 / 现为中国国家话剧院、中国话剧艺术研究会等单位占用
地址：东城区东单大街东侧北极阁三条71号　电话：010-65286094、010-65255443、010-64031009、010-65137002
<M1> <M5> 东单 / DONGDAN　<B> 东单路口东、东单路口北、东单路口南
年代：清

　　雍正八年（1730年），皇帝封怡亲王允祥次子弘皎为宁郡王，即建府于此。咸丰十一年（1861年）发生"辛酉政变"，顾命大臣怡亲王载垣被赐死，清廷诏命改由宁郡王的后人来承袭"世袭罔替"的怡亲王爵位，故此处又改称怡王府。

　　现府邸大门、翼楼、正殿、寝殿、后罩楼基本保存完整。自建府以来，未经大的修缮和更改，保存了乾隆以前的建筑风貌，是北京现存建筑年代较早、建筑规制较完整的一座郡王府实例。

　　现在王府不对外开放参观，不过可由王府南侧西单北大街的商铺楼顶鸟瞰王府建筑群的西侧面，建筑群屋顶起伏连绵，十分壮伟可观。

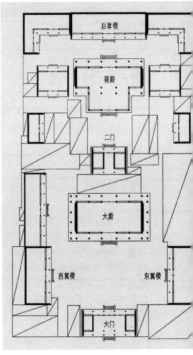

宁郡王府平面图

　　以下略述主体建筑情况。

▨ 宁郡王府大门 /（清）

　　大门为五开间前后廊歇山顶建筑，中开三门，檐下用五踩重昂斗栱（现正立面已被改造，檐廊不存，呈封闭形态）。大门对面设巨大影壁，已无存。

■ 宁郡王府正殿 ／（清）

　　入大门为第一进院，院落尺度宏敞，中央正殿为五开间周围廊歇山顶，檐下用五踩重昂斗栱，进深很大，屋顶巍峨，正脊和垂脊上设有吻兽和垂兽，刻工精美。

　　正殿东西分设翼楼各五间，前出廊硬山顶。东西翼楼以北原设东西配房各七间，今仅存西配房。

■ 宁郡王府二门 ／（清）

　　二门为寝区的门殿，三间前后廊歇山顶，檐下用五踩单翘单昂斗栱。

■ 宁郡王府寝殿 ／（清）

　　二门以北为寝殿，五开间前后廊歇山顶，檐下用五踩重昂斗栱。前出三间抱厦，抱厦不带斗栱。

　　寝殿东西有顺山房各三间，前后廊硬山顶；院落东西原有厢房各三间，现已被拆改。正殿两侧各带一个小跨院，各带三间厢房。

■ 宁郡王府后罩楼 ／（清）

　　寝殿之北有后罩楼七间，带前廊，硬山顶；楼左右各有转角硬山房六间。后罩楼原为二层，其后部在20世纪40年代改为三层近代建筑。

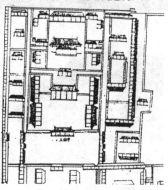

《乾隆京城全图》中的宁郡王府

正殿

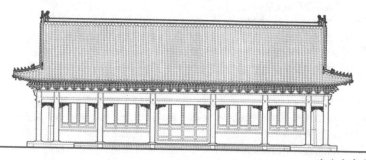

正殿立面

■ 内城东片(二)地区其他文物建筑列表如下：

名称	地址	年代	现状
北极阁二条5号宅院	北极阁二条5号	清	现为民居
缘庆禅林	北极阁三条22号	清	现大殿为工厂
五显财神庙	本司胡同49号	元—清	现仅存正殿
美国学校旧址	朝阳门内大街头条203号	1920年左右	保存尚好
送子观音寺	东罗圈胡同10号	清	现主要建筑仍存
豫丰钱庄	东四南大街28号	民国	现为民居
二郎庙	东四南大街140号	清	现为民居
宝成当旧址	东总布胡同62号（旧门牌45号）	1919年	现仅存五开间
三义庙	芳嘉园19号	清	保存尚好
玄庙延寿院	干面胡同28号	明-民国	现仅存部分建筑
红星胡同57号院	红星胡同57号	民国	现为民居
莲园	红岩胡同东端	清	经翻建，原貌已损
贡院	建国门内大街路北、贡院东街和贡院西街之间	明—清	现为中国社会科学院
昭宁寺（报恩寺）	礼士胡同97号	清	保存尚好
梁实秋旧居	内务部街39号	民国	保存尚好
天齐庙	内务部街73号	清	现仅存石碑
南水关马神庙	南水关胡同1号	清	现仅存吕祖殿
盛芳胡同1号宅院	盛芳胡同1号	清	现为民居
法兴寺	盛芳胡同99号	清	已迁建
史家胡同5号宅院	史家胡同5号	清	现为民居
史可法祠	史家胡同57号	清	现仅存享堂
双忠祠大门	外交部街37号	清	现为某单位宿舍
清外务部迎宾馆大门	外交部街丁31号	清	不详
弥勒院	西花厅胡同15号	明—清	保存一般
正白旗觉罗学	新鲜胡同36号	清	现为新鲜胡同小学
新鲜胡同71号院	新鲜胡同71号	清	现为民居
演乐胡同3号宅院	演乐胡同3号	清	不详
演乐胡同81号宅院	演乐胡同81号	清	现为民居
嘉佑福庆寺	演乐胡同86号	清	保存尚好
天仙庵	演乐胡同100号	明—清	现存西配殿

【10】内城西片（一）
West Part of Inner City 1

内城西片（一）概述

Introduction of West Part of Inner City 1

本地区位于明清北京城的内城西北部，东起新街口大街一西四北大街，西至西二环路，南起阜成门内大街，北至北二环，内有二十余处文物建筑群，其中包括全国重点文物保护单位四处：妙应寺（白塔寺）、历代帝王庙、广济寺和鲁迅故居。此外还有两片历史文化保护区：阜成门内大街保护区和西四北头条至八条保护区。

西四北头条至八条保护区东起西四北大街，西至赵登禹路，南起西四北头条，北至平安大街，为西城区传统风貌保存最完好的街区之一，最难得的是在一定程度上保留了元大都胡同的形制与尺度：胡同平直规整，胡同中绿化较好、尺度宜人。

阜成门内大街保护区东起西四南大街，西至西二环路，南边界为羊肉胡同、太平桥大街、大麻线胡同、锦什坊街及民康胡同，北边界为西四北头条、赵登禹路、大茶叶胡同、东弓匠胡同及西弓匠胡同。这一带街道胡同同样可以追溯到元大都时期，特别是赵登禹路，原为元大都"金水河"河道，后来称作"大明

西直门

本地区全景鸟瞰

濠"，直至民国年间才改建为马路。这一带的胡同虽不及西四北一带规整有序，然而却富于自然生长的空间趣味，例如有大量南北向胡同，宫门口东、西岔等胡同更是呈现为不规则的自由形态。阜城门内大街、赵登禹路、太平桥大街以及宫门口东、西岔胡同内商业颇为发达，店铺鳞次栉比。

此外，从明、清直至民国，本地区一直以西直门、阜成门、内城西北角楼、妙应寺白塔和西四牌楼作为重要的城市地标，穿过西直门、阜成门的西直门内大街、阜成门内大街是该地区最主要的东

西主干道，并且沿西直门内大街东望可远眺鼓楼，阜成门内大街则遥对北海白塔及景山，这些都是传统北京城市设计上的"大手笔"。该地区的南北主干道则是新街口大街—西四北大街，并且向南一直延伸至西单、宣武门。西四大街与阜成门内大街交汇处为西四路口，因十字路口设有四座过街牌楼而称"西四牌楼"，简称"西四"。其中南北向的两座牌楼有匾额曰"大市街"，东西向的两座牌楼东边一座书"行义"，西边一座书"履仁"。西四牌楼是西四大街和阜成门大街上的主要街道景观，其

周边则是元、明、清以至民国时期内城西城最重要的繁华商业地带。早在元大都时代，这里就是大都城的三大商业中心之一——羊角市（亦称西市）；明清以来西四一带依然是内城的重要商业中心。

清代《康熙六旬万寿庆典图》中描绘了该地区由西四路口经西四北大街、新街口、西直门内大街出西直门的景象，画面中出现了许多重要的标志性建筑，包括西四牌楼、西直门，此外还有沿街出的一些庙宇诸如护国双关帝庙（详见下文"护国双关帝庙"一项）等等。

《康熙六旬万寿庆典图》中的西四牌楼

流行于清末、民国时期的一首民谣儿歌生动地表现了本地区的城市风情（此外还涉及内城北部的部分城市景观），许多重要的古代建筑诸如平则门（即阜成门）、朝天宫、白塔寺、历代帝王庙、西四牌楼等都出现在民谣中，该歌谣与内城东部（一）中引用的《东直门》可谓是"珠联璧合"。

1950年代阜成门内大街鸟瞰

民国改建后的西四牌楼

《平则门》

平则门拉大弓
过去就是朝天宫
朝天宫写大字
过去就是白塔寺
白塔寺挂红袍
过去就是马市桥
马市桥跳三跳
过去就是帝王庙
帝王庙摇葫芦
过去就是四牌楼
四牌楼东四牌楼西
四牌楼底下卖估衣
问问估衣
多儿钱卖
打个火抽袋烟儿
过去就是毛家湾儿
毛家湾儿扎根刺儿
过去就是护国寺儿
护国寺卖大斗
过去就是新街口儿
新街口儿卖大糖
过去就是蒋家房
蒋家房安烟袋
过去就是王奶奶
王奶奶啃西瓜皮
过去就是火药局
火药局卖钢针儿
过去就是老城根儿
老城根儿两头儿多
过去就是王八窝
晴天盖被子
阴天攒汤锅

天主教圣母圣衣堂又名西堂，北京四大天主教堂之一。其形制是四堂中最为卑小的，庚子遭焚毁后民国一年（1912年）方重建，为哥特式风格，但造型与北堂大异其趣。

始建于清雍正元年（1723年），由德理格神父主持修建。德理格神父，意大利味增爵会传教士，1701年受罗马传信部指派，随铎罗特使来华，1711年到达北京。后留在宫廷教授皇子西学。嘉庆十六年（1811年）教堂被毁。同治六年（1867年）重建，光绪二十六年（1900年）又被毁，1912年又重建。解放后为同仁堂中药厂使用。1994年市政府落实宗教政策，恢复宗教活动，现由北京天主教爱国会管理使用。

❶ 西堂（天主教圣母圣衣堂）
West Hall
(Our Lady of Mount Carmel Church)

区级 / 免费 / 现为北京天主教爱国会管理使用	
地址：西城区西直门内大街130号	
<M2> 西直门 / XIZHIMEN <B> 新开胡同	
年代：1912年	

西堂细部

❷ 前公用胡同15号四合院
Courtyard at No.15 Qiangongyong
Hutong

市级 / 要许可 / 现为西城区少年宫	
地址：西城区前公用胡同15号 电话：010－66166342	
<M2> 积水潭 / JISHUITAN <B> 新街口南、护国寺	
年代：清	

原为清末内务府大臣崇子厚的宅第，辛亥革命后为张作霖部下傅双英军长居所。四合院坐北朝南，前后三进。除了中路的三进院落之外，东西两侧还各有跨院。中路和西路的前部为花园，园中花坛后为花厅，花厅东侧出月亮门便可来到后院。西侧院落是一个前后三进的相对独立的四合院，一进院有五间倒座房与垂花门相对，进入垂花门是第二进院，建筑格局与东院相同，第三进院为后罩房。1957年以后为西城区少年宫所在地。

3 魁公府
Duke Kui's Mansion

区级 / 要许可 / 现东路为中国人民解放军某部宿舍，中路为北京电影制片厂宿舍，西路为福绥境派出所及居民院
地址：西城区宝产胡同23、甲23、25、27、29号及赵登禹路60号、四根柏胡同18号
<M2> 西直门 / XIZHIMEN <B> 宝产胡同
年代：清

　　清代镇国公魁璋府邸。魁璋为裕亲王福全的九世孙，清光绪二十四年（1899年）袭镇国公，原台基厂二条裕亲王府的末代主人。清末辟使馆界，因裕王府正在界内，被拆除建奥地利使馆，末代镇国公迁居于此。

　　魁公府坐北朝南，北面、东面皆邻四根柏胡同，西邻赵登禹路，南面是宝产胡同（原宝禅寺街）。建筑群由中路和东、西跨院组成，中、东、西三院各包括两路院落，因此建筑群自东向西共六路，规模宏敞。现存文物建筑124间，建筑面积2815平方米。

　　中路（今宝产胡同25号）：广亮大门带八字影壁，两侧有倒座房，门内有影壁，分东西两院：东边进垂花门，有敞厅三间，大厅五间；后院后罩房五间。西侧过厅三间，正房三间；东西厢房各三间，正房和厢房间有廊相连；后院北房三间。原中路后院有爬山廊及假山，已拆除。

　　东跨院（今宝产胡同23号、甲23号）：广亮大门带八字影壁，两侧各有倒座房，门内分左右两路。东侧有假山和两排北房各三间。东南角为两层小楼，西向，石雕拱门。西侧进垂花门，由廊连接正房和厢房，有正房七间、两侧厢房各三间。三进院有北房五间，后院有后罩房十五间。

　　西跨院（今宝产胡同27号、29号）：分左右两路，东侧三进院落为27号，有倒座房、北房三间，两侧有耳房和厢房；二、三进院北房三间，两侧有耳房。西侧四进院落为29号。

4 玉皇阁
Jade Emperor Pavilion

区级 / 要许可 / 现为中国青年杂志社
地址：西城区育强胡同22号 电话：010－66137859
<M2> 阜成门 / FUCHENGMEN <B> 官园、官园西门、平安医院
年代：明－清

　　玉皇阁原为元代天师府旧址，明宣德七年（1432年）仿南都之制建朝天宫，规模宏大，今阜成门内大街以北至平安里西大街，福绥境以东至狮子府一带均为朝天宫故址。明天启六年(1626年)毁于火。明末在故址北端兴建"御敕护国天元观"，清代重修，改称玉皇阁，亦称玉皇庙。坐北朝南，原建筑前部无存，仅存后半部。沿中轴线依次为山门（已拆）、二门（已拆）、前殿三间，东西耳房各二间；中殿三间，东西配房各六间；后殿三间，东西耳房各二间，东西配房各三间。建筑面积1014平方米。前殿三间，硬山箍头脊，筒瓦

顶，通面阔12.20米，通进深8米。配房东西各六间硬山合瓦。中殿三间，硬山调大脊，绿黑两色琉璃瓦，通面阔12.20米，通进深9.20米。配殿东西各三间，硬山箍头脊，筒瓦顶，通面阔11.89米，通进深6.60米。后殿三间，硬山勾连搭箍头脊，绿琉璃瓦顶，旋子彩画。通面阔12.20米。通进深11米。两侧耳房各二间。原山门至二门部分，早已改为民宅。寺院内两座碑碣1966年后被推倒，埋于地下，现存两碑座及透雕龙碑首。1993年在玉皇阁院内出土石匾额及雕龙券门等石刻。

■ 朝天宫

　　明宣德八年（1433年）在原万安寺（元代白塔寺）西部与北部寺庙旧址上，修建了一座道教宫观——朝天宫。朝天宫规模宏大，号称"重楼巨构三千间"。它的南面抵今阜内大街，北到官园，西接福绥境，东界翠花横街，宫门在今宫门口西。明天启六年（1626年）也因为一场大火化为焦土，此后再也没有恢复。《日下旧闻考》记载："朝天宫本元代旧址，盛于明嘉靖时，斋醮之及无虚日。考名山藏所纪，其崇奉与大高玄殿相埒。明宪宗诗云：禁城西北名朝天，重檐巨栋三千间。致饰之巍焕，有由来矣。毁于天启年间。今阜成门东北虽有官门口东廊下、西廊下之名，其实周回数里大半为民居矣。西廊下有关帝庙，乃土人因其余址而葺之者。然止大殿三楹，殿前甬道绵亘数百武，砌石断续，犹见当时规制。宫后向存旧殿三重，土人呼为狮子府，盖即元天师府也。今皆废。"

　　原为祖大寿住宅，后改建为祠。清雍正八年（1730年）在此设立八旗官学、正黄旗官学。1910年改为八旗右翼中学。1912年京师学务局在此设立京师公立第三学校，成为北京最古老的学校之一。老舍先生曾在此就读。现在改为北京三中。

　　建筑群中轴线有府门三间，过厅三间，正厅五间，东、西配房各三间。垂花门和后院相连，后寝五间，东西配房各三间，建筑格局是清代官僚住宅的典型布局。

祖大寿　辽宁宁远（今兴城）人，明末将领。曾驻守宁远、锦州。崇祯十五年（1642年）降清。顺治元年（1644年）随清军入北京，顺治十三年（1656年）去世，遂改为祖氏祠堂。

民国时期曾一度成为张学良的宅邸，现为北京口腔医院员工宿舍；此外，故居西侧的3号四合院也相当完好。

墀头砖雕

影壁砖雕

⑥ 翠花街5号四合院
Courtyard at No.5 Cuihua Street

区级 / 要许可 / 现为民居
地址：西城区翠花街5号
<M2> 阜成门 / FUCHENGMEN <B> 官园、平安医院、祖家街
年代：清

　　这是一座大型四合院，坐北朝南，东西两院。东院是敞厅花园，西院是住宅。西院由三进院落组成，广亮大门建在高台阶上，前院和中院建筑保存完好，装饰的砖雕精美。东院原有假山，现又保存一座敞厅，由三卷勾连搭组成"凹"字形建筑，四面有廊。这种三卷勾连搭的敞厅，北京现存较少，除此一座外，北京动物园内的鬯春堂也是这种建筑形式。此院

大门象眼石刻之二

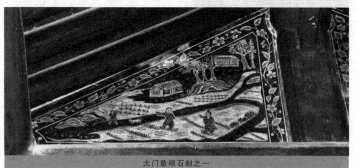

大门象眼石刻之一

⑧ 妙应寺（白塔寺）
Miaoying Temple
(White Dagoba Temple)

国家级 / 购票参观 / 现为博物馆
地址：西城区阜成门内大街171号
<M2> 阜成门 / FUCHENGMEN <B> 白塔寺
年代：辽－明

⑦ 鲁迅故居
Former Residence of Lu Xun

国家级 / 购票参观 / 现为鲁迅博物馆
地址：阜成门内宫门口二条19号 电话：66156549
<M2> 阜成门 / FUCHENGMEN <B> 阜成门 北、阜成门内
年代：1924年

北京鲁迅故居现位于西城区阜成门内北京鲁迅博物馆内，建于1924年，为一座小型四合院，北房三间，南房三间，东西厢房各两间。鲁迅先生曾于1924年5月至1926年8月在此居住，为鲁迅1924年购买并亲自设计改建，解放后由其亲属捐献给国家。这里是至今保存最为完整的鲁迅在北京的故居。1954年在故居旁建鲁迅博物馆，1956年对外开放。迄今为止，博物馆收藏鲁迅及相关文物3万余件。

故居北房三间，中间为起居室，东房为鲁迅母亲住室，西房为朱安住室。北房中部后接的一间为鲁迅的卧室兼工作室，俗称"老虎尾巴"。故居南房三间为会客室，东厢房原为女工住室，现设小型图片展，展示鲁迅在此居住时期的日常生活。

妙应寺俗称白塔寺，在阜成门内（即元大都平则门内）。寺始建于辽寿昌年间（1095－1100年），原名永安寺；元至元八年（1271年）在辽代所建的永安寺舍利塔中发现了舍利，时值新都大都落成，元世祖忽必烈决定建塔，为新建的都城祈福，定塔名为"释迦舍利灵通之塔"，定寺名为"大圣寿万安寺"，寺建成于至元二十五年（1288年）。大圣寿万安寺为元代皇家在大都城内所建最重要的寺庙。白塔始建于元至元八年（1271年），至元十六年（1279年）建成，"精严壮丽，坐镇都邑"，至今巍然屹立，为北京最重要的地标之一（寺庙也因此被习惯性地称作白塔寺）。

据史籍所载，寺的规模巨大，"一如内廷之制"。有天王殿、五部陀罗尼殿、五方佛殿、九曜殿、朵楼、角楼等。施工时仅建筑装饰和佛像就使用了黄金五百四十余两，水银（镏金用）二百四十斤之多，其工程之浩大繁费可以想见。以后又在佛殿的东西建东西影堂，把元世祖、裕宗的影像安置在这里。此寺佛殿近于宫殿，殿前的台阶也仿元代宫中的形制而建，常用作百官习朝仪的地方，元朝各代皇帝也多次来寺中做佛事。

元至正二十八年（1368年），寺内主要殿宇被雷火焚毁。明代重修后在天顺元年（1457年）改名为妙应寺。妙应寺在明、清时期先后作为禅宗和藏传佛教格鲁派道场。清末民国年间白塔寺是北京著名的庙市之一。

现在的寺庙建筑群仍保留了明代格局：明代妙应寺规模比元代的大圣寿万安寺小得多，大概仅有原寺的八分之一，中轴线上依次有山门、天王殿、三世佛殿、七佛殿和三宝殿，最终是整座寺庙的高潮——白塔。

以下略述主体建筑概况。

■ 妙应寺山门 /（1998年重建）

山门

"文化大革命"期间，白塔寺山门、钟鼓楼被拆，在山门的位置建西城区副食品商店。1998年依照原形制重建了山门与钟鼓楼。山门面阔三间，歇山顶，开三道券门，正门上方悬匾额曰"敕赐妙应禅林"。

庙会

■ 妙应寺天王殿 /（明—清）

天王殿

天王殿面阔进深均为三间。原供奉已于文革时期捣毁。现用于陈列"佛典瑰宝展"。主要展出1978年白塔塔刹出土的清代初刻版大藏经——《龙藏》。

■ 妙应寺三世佛殿
（意珠心镜殿） /（明—清）

三世佛殿

三世佛殿（意珠心镜殿）为全寺主殿。殿前月台上有两尊元代石狮，雕刻生动，意趣横生（1986年由东城区麒麟胡同迁至此），为难得的石雕精品。殿面阔五间，庑殿顶。内部供奉已于文革时期被毁，现为藏传万佛造像艺术展：共展出藏传佛教镀金造像近万尊，蔚为大观。

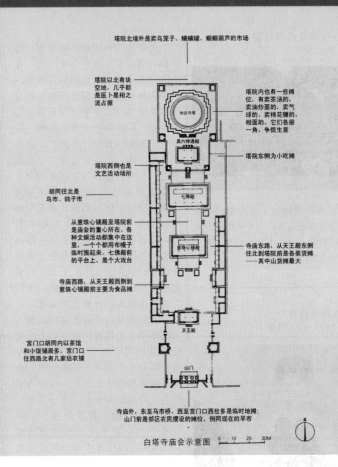

塔院北墙外是卖鸟笼子、蝈蝈罐、蝴蝴葫芦的市场

塔院以北有块
空地，几乎都
是医卜星相之
流占据

塔院内也有一些摊
位，有卖茶汤的、
卖油炒面的、卖气
球的、卖棉花糖的、
相面的，它们各据
一角，争揽生意

具六神通殿

塔院东侧为小吃摊

塔院西侧也是
文艺活动场所

胡同往北是
鸟市、鸽子市

七佛殿

从意珠心镜殿至塔院前
是庙会的重心所在。各
种文娱活动都集中在这
里，一个个都用布幔子
临时围起来。七佛殿前
的平台上，是个大戏台

意珠心镜殿

寺庙东路，从天王殿东侧
往北到塔院前是各类货摊
——其中山货摊最大

寺庙西路，从天王殿西侧到
意珠心镜殿前主要为食品摊

天王殿

宫门口胡同内以茶馆
和小饭铺居多，宫门口
往西路北有几家估衣铺

山门

寺庙外，东至马市桥，西至宫门口西岔多是临时地摊；
山门前是郊区农民摆设的摊位，侧同现在的早市

白塔寺庙会示意图   0 10 20 30M

七佛宝殿位于意珠心镜殿北，
建于明弘治十八年（1505年），在北

■ 妙应寺七佛宝殿 ／（明—清）

七佛宝殿

京地区属较古老的木构建筑。面阔五
间，进深四间，为寺中最大殿堂。殿
内原来供奉七佛，故名七佛宝殿。现
在殿中供奉的佛像都是1980年前后从
别处寺庙搬来的：中央长方形须弥石
座上是巨型楠木木雕三世佛像，三佛
各高约两米；左右两侧为拈花寺移来
的明代铜铸十八诸天像，为明代
佛教雕塑艺术的精品；三世佛罩
壁后是一尊倒坐的铜铸千手千眼
观音像，同样是不可多得的明代
造像精品。此外，殿中还有金元
间高僧海云的石雕像。

■ 妙应寺具六神通殿
（明—清）

具六神通殿

具六神通殿位于寺北部的塔院内，位于白塔前方，是一座面阔三间的清代殿堂。内有木雕三世佛、铜五供、唐卡等珍贵文物。

■ 妙应寺白塔
（1271—1279年）

白塔

妙应寺白塔是北京地区现存最巨大的古塔，也是北京城区内仅存的元代地面建筑。

由著名尼泊尔匠师阿尼哥主持修建，元人称其"制度之巧，古今罕有"，清孙承泽《春明梦余录》则言该塔"塔制如幢，色白如银"。

白塔是一座砖砌的喇嘛塔，外表粉刷成白色，建在一个"凸"字形的巨大台子上。台四周有围墙，四角有角亭，四周有转经道可供信徒环绕塔诵经。在平台凸出部分建有面阔三间单檐歇山顶的小殿，即具六神通殿（亦称三宝殿）。具六神通殿以北、塔的正前方为"二鹿听经"石雕。塔的最下层是一个从正方形的每面再向外凸出两重的"亚"字形台座，四角各有五个转角。台座四周有矮墙，粉刷作红色，与白色塔身成鲜明对比。墙内也有可以绕塔的通道。台座上是重叠两层的巨大须弥座，下层约30米见方，平面形式与台座相同，使巨大的须弥座既在外观上有变化，又与其上的塔身结合得不显得突然。须弥座以上是覆莲，覆莲以上是略近似鼓形的塔身，直径约20米左右。塔身之上又是一层须弥座，座上是圆锥形的"十三天"（相当于塔刹上的相轮部分），"十三天"以上是"天盘"和"宝顶"。塔身从"凸"字形台面至塔顶总高50.86米。1978年大修白塔时从塔顶发现一批佛教文物，是清乾隆十八年（1753年）修塔时放入的：有清代大藏经、赤金无量寿佛、黄檀木观音、乾隆御笔《心经》等，这些文物已成为白塔寺的镇寺之宝，常向观众展出。

妙应寺是北京内城最著名的寺庙之一，而白塔一方面是北京城的重要地标，同时也是元大都的珍贵遗存和象征。今天，白塔寺作为博物馆对公众开放，除了欣赏宏丽的建筑之外，还可以徜徉于大量文物之间，其间充满了浓厚的历史文化氛围和艺术气息。

■ 白塔

这一类型的塔是喇嘛教所特有的，并随着西藏的喇嘛教一起传入内地。据旧有碑文记载，这座"释迦舍利灵通之塔"是由八思巴之弟、帝师益邻真根据密教经典设计并排布像设的。在塔下有石函，上刻有五方佛石像，须弥座上雕有护法诸神像，塔身内部藏有图印、图像和经卷，塔身外表和四角也有雕刻，但这些今天都已经看不到了。喇嘛塔现在流行的有两种形式：一种塔身低，相轮粗，天盘宽，叫"噶当觉顿"式，妙应寺白塔就属此式；另一种塔身较高，相轮较细，天盘较小，叫"觉顿"式，明中叶以后内地所建各喇嘛塔都属此式，北海琼岛顶上的白塔就是一个例子。

■ 白塔寺庙会

清末民国时期白塔寺庙会是北京重要庙市之一（与土地庙、护国寺、隆福寺庙市并称四大庙市，或者加上花市并称五大庙会）。每月逢五、六日在寺中举办的庙会（所谓"逢五、六日"即每月初五、初六、十五、十六、二十五、二十六，每月共有六天庙会；原为阴历，1922年起改为阳历。解放后，土地庙庙会停办，花市改为长期集市，白塔寺庙会又改为逢三、四、五、六开市，每月有十二天庙会。大约在1958年至1961年间，白塔寺庙会逐渐消失）。1942年《晨报》刊载笃生的《妙应寺沿革考》：

"白塔寺自逊清以来，俗于夏历日之初五、初六两日为市。沿阜成门大街迤逦三、四里，以至庙内，摊贩杂陈，举凡人生日用所需，无不备各，届时仕女云集，人烟辐辏，颇类明时之内市、灯市与城隍庙市也。此习至今不替，惟近已不如昔时之盛矣。"

白塔寺庙会摊位分布及活动情况如下：

寺庙外，东至马市桥，西至官门口西岔多是临时地摊。山门前是郊区农民摆设的摊位，出售的是带着泥土芳香的各种农副产品，也有他们自己豢养的家畜家禽。

农民来得早，走得也早，例同现在的早市。官门口胡同内以茶馆和小饭铺居多，生意十分兴隆。胡同往北是鸟市、鸽子市。拐过弯在塔院北墙外是卖鸟笼子、蝈蝈罐、蝈蝈葫芦的市场。官门口往西路北有几家估衣铺。

寺庙东路，从天王殿东侧往北到塔院前是卖毛掸、山货、针头线脑、布匹成衣、花草、儿童玩具的货摊。其中山货摊最大，货物十分齐全，凡锅碗瓢盆、大缸小瓮、案板菜墩、拖把扫帚、藤椅、竹床等日用品，无所不有。在这些山货中，最畅销的是木碗——"白塔寺的木碗，土地庙的藤器木器，皆属特有"。塔院东侧为小吃摊，有卖灌肠的，卖爆肚的，卖扒糕凉粉的，卖油萝卜丝饼的，卖豆腐脑的……一个摊子接着一个摊子，全都是正宗的北京风味小吃。

寺庙西路，从天王殿西侧到意珠心镜殿前主要为食品摊。有鸭蛋摊、年糕摊、江米藕、豌豆黄、枣卷果、蜜排叉、冰镇凉糕、粽子等，有的还挂着清真招牌，也都是些地道的京味食品。

从意珠心镜殿至塔院前，是庙会的重心所在。各种文娱活动都集中在这里，有唱大鼓的，说相声的，拉胡琴的，拉洋片的，耍大刀的等等，一个个都用布幔子临时围起来。七佛殿前的平台上，是个大戏台。塔院的西侧也是文艺活动场所。

塔院内也有一些摊位，有卖茶汤的，卖油炒面的，卖气球的，卖棉花糖的，相面的，它们各据一角，争揽生意。塔院以北有块空地，几乎都被医卜星相之流占据。

石狮

⑨ 西四六条23号四合院
Courtyard at No.23 Xisi Liutiao

市级 / 不开放 / 现为西城区婴幼儿保健实验院
地址：西城区西四北六条23号
<M2> 阜成门 / FUCHENGMEN <B> 西四路口北、平安里路口南
年代：清

这是一处典型的中型四合院住宅，坐北朝南。门外有照壁一座，门前台阶两侧有上马石一对。大门在住宅东南角，东有倒座房两间，西有倒座房六间。进入大门迎面是影壁。前院东西有房。二门是垂花门，两侧是抄手游廊，墙上是什锦灯窗。北房五间，两侧耳房各二间，北房明间门的裙版雕刻有中国古典小说《西游记》等的人物图案以及花篮盆景，甚为精美。东西厢房各三间。北房东侧有过道和后院相通，后院北房五间，两侧耳房各二间，北房明间门上的裙版雕刻有松鼠、葡萄、盆景、花篮等图案。东西厢房各三间。最后有后罩房九间。院内墙上布满"卍"字不到头砖雕。总面积约2500平方米，前后有四进院落。

鸟瞰

⑩ 程砚秋故居
Former Residence of Cheng Yanqiu

市级 / 不开放 / 现为程氏后人居住
地址：西城区西四三条39号
<M2> 阜成门 / FUCHENGMEN <B> 西四路口北、平安里路口南
年代：清

故居坐北朝南，两进院落，前后院由月亮门和垂花门相连。前院北房四间是会客室，后院北房三间，外屋两间是书房和练功室，名"御霜簃"，里屋为卧室。故居内保存有程砚秋生前所用剧装、剧本、藏书、练功镜、学习和绘画用品、生活用品以及国内外友人赠送的纪念品。

程砚秋 1904－1958年，字御霜，满族正黄旗人，著名京剧表演艺术家，"四大名旦"之一。解放后，历任中国戏曲研究院副院长、中国戏剧家协会常务理事、全国文联委员、全国人大代表、全国政协委员等职。程砚秋从1937年迁入至逝世前寓此。

⑪ 西四北三条19号四合院
Courtyard at No.19, Xisi Beisantiao

市级 / 要许可 / 现为西四北三条幼儿园
地址：西城区西四北三条19号 电话：010－66113707
＜M2＞ 阜成门 / FUCHENGMEN ＜B＞ 西四路 口北、平安里路口南
年代：清

小型四合院，原有格局保存完整。坐北朝南，建筑面积约270平方米。一宅两院，外院是一排倒座南房和大门。二门为垂花门，影壁正对大门，里院有三间正房，左右各有一耳房，东、西厢房各三间。

⑫ 西四北三条11号四合院
Courtyard at No.11, Xisi Beisantiao

市级 / 要许可 / 现为西城区教委幼儿园使用
地址：西城区西四北三条11号 电话：010－66181545
＜M2＞ 阜成门 / FUCHENGMEN ＜B＞ 西四路 口北、平安里路口南
年代：清

是建筑面积为1800平方米的小花园式四合院。南北中轴线上依次排成一个四进院落，其格局与三进四合院类似，最后是罩房。东边是小花园，内有假山、上山游廊，并有太湖石和精致的花厅。

⑬ 圣祚隆长寺
Shengzuolongchang Temple

区级 / 要许可 / 现为民居
地址：西城区西四北三条3号
＜M2＞ 阜成门 / FUCHENGMEN ＜B＞ 西四路 口北、平安里路口南
年代：明－清

明万历四十五年（1617年）建，原为汉经厂外厂。清乾隆二十一年（1756年）重修。乾隆二十一年御制隆长寺诗：

"燕都四百载，梵宇数盈千。自不无颓废，岂能尽弃捐？间因为葺筑，亦以近街廛。重间金轮焕，成诗纪岁年。"

寺坐北朝南。中轴线上依次为山门一间（石门额上书"圣祚隆长寺"）；天王殿三间，钟鼓楼；大千佛殿三间；后殿五间及配殿和僧房。天王殿内供奉四大天王和韦陀；大千佛殿供奉三大士、十八罗汉、五方佛和二十四诸天；后殿供奉观音、达摩和千手千眼观音。其中除铜五方佛移至法源寺外，均已无存。

⑭ 护国双关帝庙
Huguo Shuangguandi Temple

区级 / 要许可 / 现为民居
地址：西城区西四北大街167号、甲167号
<M2> 阜成门 / FUCHENGMEN <B> 西四路口北、平安里路口南
年代：元－清

始建年代不详。据元泰定三年（1326年）立石的《吴律关帝庙碑》记载，都城西市旧有庙，殿久失修。元泰定二年（1325年）重修。明正统十年（1444年）重建。明弘治十五年（1502年）、嘉靖十九年（1540年）、清顺治十八年（1661年）、康熙三十九年（1700年）重修。庙坐西朝东。依次有山门一间、正殿三间（前出轩），通面阔10.20米，通进深7.20米，歇山调大脊，单昂三踩斗栱，出轩为悬山箍头脊筒瓦顶。后殿三间。山门石券门上书"护国双关帝庙"（现书毛主席万岁），庙内元、明两代石碑于20世纪80年代为石刻博物馆收藏。

现为民居大杂院，山门已沦为厕所。

⑮ 平民中学旧址
Site of People's Middle School

区级 / 要许可 / 现为北京市第41中学
地址：西城区西四北二条58号 电话：010-66160807
<M2> 阜成门 / FUCHENGMEN <B> 白塔寺、报子胡同、西四路口北
年代：民国

平民中学创办于1921年，创始人为陈垣。其原址在育教胡同，1925年迁入西四北二条内用庚子赔款所建的萃文中学，即现在的教学西楼处。1938年萃贞女中停办，其校舍并入平民中学，即现在的教学东楼。1952年改名为北京市第41中学。1954年道济医院结核病房搬迁，其建筑由学校使用，即现在的办公楼，形成现在学校的格局。

该校建筑为西洋式风格，有教学楼两栋，办公楼一栋。西侧教学楼平面略为工字形，楼高四层，东教学楼高四层，入口处为希腊式门柱，上起三角形山花，所有窗户均用砖和水泥做成拱形。两座教学楼原均为坡顶，1976年地震造成损坏，维修时改为平顶，风貌犹存。中部办公楼平面略显"凹"字形，高二层，两侧外突，顶部起三角形山花，原为石板顶，现改为铁皮屋顶。

⑯ 中央医院旧址
Site of Central Hospital

区级 / 免费	现为北京医科大学人民医院
地址：西城区阜成门内大街133号 电话：010-68314422	
<M2> 阜成门 / FUCHENGMEN <B> 白塔寺、报子胡同、西四路口北	
年代：民国	

中央医院由国际知名流行病及防控鼠疫专家武连德1915年倡议兴建。1916年奠基，1917年建成，1918年1月27日正式开业。是中国人在北京创办的第一所新式医院。1946年更名为中和医院，1950年定名为中央人民医院，1956年改名为北京人民医院，1958年更名为北京医学院附属人民医院，1985年改名为北京医科大学人民医院，现仍为人民医院使用。该建筑坐北朝南，钢筋混凝土结构，典型的美国式医院建筑。东西长80米，最宽处27米，平面为对称展翅蝴蝶形，立面装饰为砖柱式，前楼窗户起拱，有平拱和圆弧拱。中部前突，东西两端为燕尾式，楼背后有三个短翼。原有《创建中央医院记》碑。1946年在主楼两翼各加建一层病房，1953年将主楼后侧两个短翼扩建成三层楼。原主楼为地上四层，带地下室。20世纪80年代，该楼在维修时发生火灾，烧毁了一层，改为现在的地上三层。

⑰ 历代帝王庙
Temple of All Emperors

国家级 / 购票参观
地址：西城区阜成门内大街131号 电话：010-66120186
<M2> 阜成门 / FUCHENGMEN <B> 白塔寺、报子胡同、西四路口北
年代：明

历代帝王庙是明、清两代祭祀历代帝王之地。始建于明代嘉靖九年（1530年），其地原为保安寺故址，嘉靖十一年（1532年）建成。清代继续沿用，雍正、乾隆两代均有过大修。它是明清两朝集中祭祀中华祖先三皇五帝、历代帝王和功臣名将的一座皇家庙宇。

1911年清朝灭亡，历代帝王庙开始废弃。1931年，熊希龄、陶行知、张雪门等著名教育家、慈善家借用历代帝王庙旧宇，办起了香山慈幼院实验学校，1941年改名为"北京女三中"，1972年统编为北京市第159中学。北京市和西城区人民政府于2000年底到2004年初，搬迁了历代帝王庙的使用单位北京市第159中学，全面维修了整座庙宇，恢复了景德崇圣大殿内的历史原状，举办了几个专题展览，使历代帝王庙向社会开放。

历代帝王庙建筑群规模宏大，屋宇崇丽，总占地约18000平方米，沿中轴线南北依次建有影壁、大门、景德崇圣门、景德崇圣殿、祭器库，两侧辅以配殿、碑亭等，原本大门外还有过街牌楼两座，汉白玉石桥三道，可谓美轮美奂。

以下略述各主体建筑。

■ 历代帝王庙景德街牌楼 ／（明）

景德街牌楼

　　历代帝王庙大门前的大街（阜成门内大街）上，横跨两座"景德街"牌楼，均为三间四柱七楼样式（立柱不出头，与大高殿牌楼相似），造型优美，雕饰尤为精丽，堪称京城牌楼中之杰作。此外，这两座牌楼的独特位置更为其增添无限意蕴：西有白塔寺浮图入云，东有广济寺游人如织，并与阜成门城楼、西四牌楼遥遥相对，这组"双牌楼"的设计，也令阜成门大街成为京城最壮丽的大街之一。1953年因修马路被拆除。如今，在首都博物馆大厅中，用1950年代拆卸下来的原构件复建了其中一座牌楼。

■ 历代帝王庙大门 ／（明）

大门

　　大门三间，单檐歇山顶，黑琉璃瓦绿剪边。门前原有汉白玉石桥三座，桥南护以朱栅，东西夹墙各一，左右下马石碑各一。现石桥、夹墙均已拆除，下马碑"文革"时期被砸毁，现已按原貌复建。

■ 历代帝王庙影壁 ／（明）

影壁

　　庙门对面街南有大影壁一座，绿琉璃瓦顶，影壁正中有六朵黄色牡丹组成的琉璃团花，四角也饰有砖雕角花——为京城街道影壁之中十分壮丽的一座。"文革"期间曾遭受严重破坏，现已修复。

■ 历代帝王庙景德崇圣门 ／（明）

二门

　　大门内为景德崇圣门，面阔五间，单檐歇山顶，黑琉璃瓦绿剪边，建于汉白玉崇台之上，前后三出陛，中有十一级，左右各九级。左右各有旁门一座，界以朱垣，旁门、红墙本均已拆除，2000年后复建。

■ 历代帝王庙景德崇圣殿 /（明）

大殿

景德崇圣门内为建筑群主要院落，十分宏敞。院北为历代帝王庙的核心建筑景德崇圣殿。殿面阔九间，重檐庑殿顶，原本用绿琉璃瓦，清乾隆二十九年（1764年）大修时改为等级最高的黄琉璃瓦，成为与太庙正殿相似的形制。殿同样建在汉白玉崇台之上，南面三出陛，中有十三级，左右各十一级；东、西面一出陛，均十二级。

殿后有祭器库五间；殿左右配殿各七间。东配殿南有绿琉璃燎炉一座；西配殿南有砖燎炉一座。

■ 历代帝王庙碑亭 /（清）

碑亭

殿前院中有碑亭四座，东西各二，为清雍正、乾隆年间建成，现均留存。碑亭均为黄琉璃瓦歇山顶，四面均为三间，明间开门，四隅绕以红墙——形制与孔庙、国子监等建筑群中碑亭类似。

■ 历代帝王庙东、西院 /（重建）

景德崇圣门前院落两侧曾以红墙围成东西两院。

东院为神库、神厨、宰牲亭、井亭等，现均留存。

西院明代为空院，乾嘉年间建为关帝庙。院门东向，院门两侧建东西向墙垣两道，将院落分为居中一条甬道和南北两个小院。北院南墙开东西二门，东门内建南向关帝庙一座，其西建东向祭器库五间。西门内建南向遣官房三间，其西又建斋宿房五间。南院于北墙东端开一门，门内有乐舞执事房五间东向，其西建北向典守房三间。西院建筑群一度被拆改殆尽，现已复建。

西院

■ 历代帝王祭祀

早在先秦时期，《礼记·祭法》中就记载了凡"法施于民者"、"以死勤事者"、"以劳定国者"、"能御大灾者"、"能捍大患者"，都应祭祀，认为伏羲、炎帝、黄帝、尧、舜、禹、汤、周文王、周武王等，都是这些人物的重要代表。秦汉以后，对三皇五帝和历代帝王的祭祀不断发展变化：经历了从陵墓祭祀到立庙祭祀、从个体人物祭祀到系列人物祭祀、从分散单独祭祀到集中群体祭祀、从祭祀开国帝王到祭祀守业帝王、从祭祀华夏——汉民族帝王到祭祀多民族帝王、从主祀帝王本人到贤臣陪祀的发展过程。明、清时期的历代帝王庙就是这一发展过程的最终体现和代表性庙宇。

⑱ 阜成门内大街93号四合院
Courtyard at No.93 Fuchengmen
Inner Street

市级 / 不开放 / 原华辰公司；现为现由北京御茗苑文化有限责任公司使用
地址：西城区阜成门内大街93号
<M2> 阜成门 / FUCHENGMEN <B> 白塔寺、报子胡同、西四路口北
年代：民国

⑲ 广济寺
Guangji Temple

国家级 / 免费 / 现为中国佛教协会
地址：西城区阜成门内大街25号 电话：010－66151260
<M2> 阜成门 / FUCHENGMEN <B> 白塔寺、西四路口北
年代：金－清

建于民国时期，坐北朝南，是一座中型四合院。全院共三进，中院有正厅五间，建筑屋面由石板相叠而成，颇具特色，门窗均为砖砌拱券式，东西厢房各三间。后院北房三间，东西厢房各三间。全院建筑格局完整，建筑保存较好。

占地6809平方米，建筑面积1131平方米。曾是曹琨、茶商魏子单产业。东北部平房下据说埋有石人石马、盛露盘，系皇家遗失物品，地上有珍贵石刻8件。甲93号原是马车棚。现存建筑在民国时进行大规模改建。坐北朝南，由东西两院组成。大门在东南角，进大门有影壁，前院有倒座房。中院有正厅及东西厢房，后院有正房及东西厢房、耳房，东院房屋已拆改。建筑屋面由石板相叠而成，颇具特色，门窗均为砖砌拱券式。院中有许多圆明园石刻、碑刻。现存文物建筑为大门一间、倒座五间、正厅五间、东西厢房各三间、东西配房各三间、后院北房三间、东西厢房各三间，共计28间。

广济寺是京城著名的"内八刹"之一。原为金代西刘村寺旧址。明天顺年间（1457－1464年）在金代寺址重建，明成化二年（1466年）赐名"弘慈广济寺"，成化二十年（1484年）才全部完工，次第建成山门、天王殿、大雄宝殿、大士殿、伽蓝殿、祖师殿、钟鼓楼、斋堂、禅堂、方丈室、僧舍等，巍峨壮观，富丽辉煌。明万历十一年（1583年）、清康熙三十八年（1699年）重建。清代广济

舍利阁

寺在京城还拥有几个下院，包括西四万松老人塔所在寺院（详见内城西片二"万松老人塔"部分）、北海西面的有柏林寺、德胜门内的莲花寺、后海的广化寺（详见内城北片二"广化寺"部分）、西直门内的弥勒院、龙须沟的龙泉寺等，盛极一时。1931年，广济寺不慎失火，主要殿堂焚烧殆尽。1935年，住持现明法师在吴佩孚等人的资助下，按明朝格局进行重修，建筑规模比以前更加壮观。中华人民共和国成立后，1952年由人民政府拨款进行了全面维修。1959年，中国佛教协会在北京成立，会址设在广济寺。

广济寺占地35亩，坐北朝南，建筑布局完整，分中、东、西三路。

中路： 沿中轴线依次为山门、天王殿、大雄宝殿、圆通殿、多宝殿（舍利阁），附属建筑分列两侧。

大雄宝殿内有一个乾隆五十八年（1793年）铸造的青铜宝鼎，有2米多高，放置在刻花石座上，鼎身铸有佛教八供（轮、螺、伞、盖、花、瓶、鱼、结）等花纹，造型古朴大方，工艺精湛，是珍贵的艺术珍品。大雄宝殿后壁悬挂着一幅《胜果妙因图》，是清乾隆九年（1744年）著名画师傅雯用手指所画，高5米，宽10米。画面上，释迦牟尼端坐在莲花座上，慈容可掬地向信徒讲经说法，周围一百多位弟子洗耳恭听。有趣的是，听众中，还有中国的历史人物关羽、关平、周仓及布袋和尚等。

多宝殿正中供奉着三尊明代铸造的铜佛像。

西路： 有持梵律殿、戒坛、净业堂和云水堂等建筑。其中戒坛位于寺庙西北隅的戒坛殿内，建于清康熙十七年（1678年），汉白玉砌成，至今保存完好，是广济寺保存的最古老的建筑物，今称"三学堂"。

天王殿

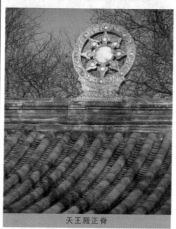
天王殿正脊

大雄宝殿

圆通殿

东路：有法器库、延寿堂。

此外，寺内有明成化年间《御制广济寺碑》、《敕建弘慈广济寺碑》，明正德年间《敕建广济寺记》，清康熙年间《重修佛像碑记》、《御制弘慈广济寺碑》和清乾隆年间《乾隆御制诗碑》。广济寺珍藏的佛教经典也十分浩繁，仅图书室就有23种文字、10多万册佛教经典、著作，仅收藏的《大藏经》就有12种版本，是研究中国佛教发生、发展和演变的重要史料，也是中国传统文化的重要组成部分。寺内还有1721—1753年甘肃临潭县卓尼寺能版印刷的一部藏文《大藏经》，共231包，是佛教中的珍贵文本。

腊八节施粥场景

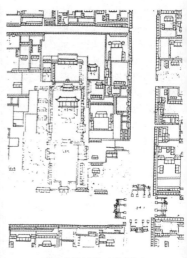

《乾隆京城全图》中的广济寺

⑳ 西四转角楼
Corner Building at Xisi

区级 / 免费 / 现为新华书店、工商银行
地址：西城区西四路口西北角、西四北大街255号
<M2> 阜成门 / FUCHENGMEN <B> 西四口北
年代：清

建于清光绪二十年（1894年），是为庆祝慈禧太后60岁寿辰建造的景点建筑。当时从西华门至颐和园东宫门15公里的御道上分段建造了一些庆典建筑。因西四地处闹市，建两座角楼以控制制高点。这两座角楼分别位于西四十字路口的东北角和西北角，为转角二层楼房，南北向面阔19.5米，进深10米，东西向面阔19.5米，进深6.5米。一层有较宽敞的大厅，二层有看台和窗户，屋面为悬山合瓦，五花山墙。因位于街角，视野开阔，成为该地区的标志性建筑。现东北角的楼房于20世纪80年代重建，建筑风格已改。西北角仍保留原来的建筑，现为新华书店使用。

21 元大都下水道
Sewer of Dadu capital in the Yuan Dynasty

区级 / 位于地下
地址：西城区西四路口地下，北至西四新华书店，南至西四包子铺（包子铺今已拆除）
<M2> 阜成门 / FUCHENGMEN <B> 西四路口北
年代：元

修建于元代（石壁上刻有"致和元年五月石匠刘三"字样），水道南北走向，1980年发现的一段北至西四新华书店，南至西四包子铺。水道宽约1米，深约1.65米，上覆条石，是元大都重要的排水设施。

位于西城区西四十字路口地下。修建于元代的下水道，是元大都重要的排水设施，也是元大都重要的建筑遗存。此下水道为南北走向，水道宽约1米，深约1.65米，上覆条石。

■ 内城西片(一)地区其他文物建筑列表如下：

名称	地址	年代	现状
鲁迅三兄弟旧居	八道湾胡同11号	1919年	现已翻建，原貌已不存
苍圣祠	宝产胡同3号	1926年	保存尚好
正觉寺	宝产胡同17、19、21号	明—清	保存尚好
万福寺	北草厂胡同9号	明—清	现除南配殿外，其他主要建筑仍存
姑姑寺	北草厂胡同27、29号	清	现仅存正殿
北帽胡同关帝庙	北帽胡同15号	明—清	现仅存正殿
吉祥寺	大茶叶胡同14号	清	现主要建筑仍存
永寿观音寺	大茶叶胡同28号	清	现仅存大殿、配殿
大帽胡同观音寺	大帽胡同24号	清	现仅存山门、前殿及配殿
中廊下真武庙	福绥境中廊下60号	清	现存正殿、配殿
马市桥	阜成门内大街和赵登禹路十字路口处	明	埋于路面下，仅存石拱券
三清观	宫门口青塔胡同65号	清	现存关帝殿、三清殿
明珠寺	金果胡同4号	清	保存尚好
弥勒庵	南大安胡同11号	民国	现存西配殿
方丈庙	前抄手胡同27、29、31号	清	现殿堂尚存
前公用胡同关帝庙	前公用胡同50号	清	保存尚好
前桃园观音寺	前桃园胡同1号	清	现殿宇尚存
清真永寿寺	三里河前巷1号	明—清	大部分保存完整
长寿庵	西四北八条37号	元—清	保存尚好
庆宁寺	西四北八条53号	清	现存前殿、后殿及配殿
基督教缸瓦市堂	西四南大街57号	民国	保存尚好
永瑆府	西直门内大街95号	清	现主要建筑仍存
横桥	西直门内大街和赵登禹路北口	明	埋于路面下，仅存石拱券

续表

名称	地址	年代	现状
新开胡同关帝庙	新开胡同19、21号	清	保存尚好
永泰寺	永泰胡同11号	明—清	现存前后殿、东西配殿
西方寺	育德胡同	明—清	保存尚好
恒乐寺	育德胡同17、19号	清	保存尚好
育德胡同观音寺（西四观音寺）	育德胡同20、22、24、26号	清	不详
普安寺	育教胡同27号	明—清	现存前殿、后殿
育德胡同观音庵	育德胡同41号	清	现主要建筑仍存
赵登禹路关帝庙	赵登禹路117号	清	保存尚好
吕祖殿	赵登禹路337号	明—清	现存正殿、南北配殿
砖塔胡同关帝庙	砖塔胡同68号	清	保存尚好

【11】内城西片（二）
West Part of Inner City 2

内城西片（二）概述
Introduction of West Part of Inner City 2

1950年代本地区鸟瞰

地区位于明清北京城的内城西部，东起西四南大街－西单北大街，西至西二环路，南起复兴门内大街，北至阜成门内大街，内有7处文物建筑群，其中包括北京内城中难得一见的金元间佛塔——万松老人塔以及作为北京规模最大的王府之一的郑王府。

万松老人塔所在的胡同"砖塔胡同"（因该塔而得名）早在元代就已存在：元人李好古的杂剧《张生煮海》中有"羊市角头砖塔儿胡同"的说法，可见在元大都已有砖塔胡同，时称"砖塔儿胡同"。北京的胡同中，从元、明、清、民国直到今天都有文献可考的胡同只有砖塔胡同一个孤例，因此有学者将该胡同誉为"北京胡同之根"。除了古老的万松老人塔及砖塔胡同，该地区带有元大都历史痕迹的还有甘石桥西侧的西斜街：该街道原为元大都"金水河"河道，后逐渐演变为街道，因此空间迂回曲折，为北京城斜街的重要代表。西斜街的42号、53号四合院均保存较完整，建筑极为精致。

此外，在金融街钢筋水泥的丛林里，难得保留了两处北京重要的道教建筑遗存——都城隍庙寝祠和吕祖宫，以及一座著名清真寺——普寿寺，使得这片现代办公大楼的海洋得以留下最后一丝老北京的气息。

万松老人塔及砖塔胡同

西斜街53号

西斜街42号

1 万松老人塔
Pagoda of Master Wansong Laoren

市级 / 整修中
地址：西城区西四南大街西侧43号旁门
<M1> 西单 / XIDAN <M2> 阜城门 / FUCHENGMEN <B> 西四路口南、缸瓦市
年代：元－清

万松老人即万松行秀（1166－1246年），俗姓蔡，金代河内（今河南省洛阳南部）人，金元时曹洞宗著名禅师，耶律楚材的师父。南宋淳佑元年（1246年）万松老人圆寂后，其弟子为他在此建造墓塔，原为八角七级密檐式砖塔。元亡，几经世变，

塔被圈在明北京城西四牌楼西南一处酒食店之内无人知晓。明万历中，僧乐庵发现其所在，使之得以保存。明代《帝京景物略》一书曾记载此事颇详：

"万松老人，金元间僧也。兼备儒释，机辩无际，自称万松野老，人称之曰万松老人。居燕京从容庵。……老人寄后，无知塔处者。今乾石桥之北，有砖甃七级，高丈五尺，不尖而平，年年草荣其顶，群号之曰砖塔，无问塔中僧者。不知何年，人倚塔造屋，外望如塔穿屋出，居者犹闷塔占其堂奥地也。又不知何年，居者为酒食店，豕肩挂塔檐，酒瓮环塔砌，刀砧钝，就塔砖砺，醉人倚而拍拍，歌呼漫骂，二百年不见香灯矣。万历三十四年，僧乐庵访塔处店中，入而周视，有石额五字焉，曰'万松老人塔'……"

明万历三十四年（1606年）重修。清乾隆十八年（1753年）重修时改为九级，通高约16米。1927年由叶恭绰等人集资修缮并建东向大门，石门额上书"元万松老人塔"。1986年西城区文物局在主持维修时，发现清乾隆十八年（1753年）重修时将元塔包砌在内。

万松老人塔是北京城内难得的金元间建筑遗存，是北京二环路以内最古老的建筑之一，同时为本地区中最重要的城市地标之一。该塔至今屹立在车水马龙的西四大街之畔——市民于不经意间，竟会在扰攘的街头、千百间时髦店铺间邂逅一座金元时代的古塔，实在是京城一大奇观。明代刘梦谦《万松老人塔》诗中的一句"居然遗塔在，扰攘阅朝昏"正是这道独特城市风景的绝佳写照。

灏、裴文中等中国地质科学的发起人都曾在此工作。李四光1920年代在北京大学任教期间也曾经在这里留下过足迹。1927年，前中央研究院在南京成立，蔡元培聘请李四光为地质研究所所长，所址设在上海。这样地质调查所与地质研究所南北呼应，互相借鉴，形成了我国地质科学早期的研究体系。1937年芦沟桥事变爆发，北京地质调查所和上海地质研究所分别迁往重庆和桂林。

该组建筑由南楼、北楼和西楼组成。南楼由德国雷虎公司设计建造，地上二层，地下一层，正面开门，楼体西墙上的石刻虽已模糊，但仍可分辨出"土壤研究室"字样。北楼地上三层，正面石额为民国十九年（1930年）金绍基手书"地质调查所沁园燃料研究室"。西楼由近代著名建筑师贝寿同设计，地上二层，地下一层。现在这组近代建筑群成为单位宿舍，保存情况堪忧。

② 民国地质调查所
Geological Investigation Institute
in the Republic of China

区级 / 要许可 / 现为民居

地址：西城区原兵马司胡同15号

<M1> 西单 / XIDAN <M2> 阜城门 / FUCHENGMEN <B> 缸瓦市、西四路口南

年代：民国

③ 普寿寺
Pushou Temple

区级 / 要许可 / 现为西城区伊斯兰教协会办公及信众礼拜之所

地址：西城区锦什坊街 63 号
电话：010－63017167

<M2> 阜城门 / FUCHENGMEN <B> 白塔寺、阜成门内

年代：明

地质调查所是我国重要的早期地质科学研究机构。成立之初，研究机构设在北京，章鸿钊、丁文江、翁文

普寿寺与牛街礼拜寺、东四清真寺、安定门内法明寺为北京旧时的清真四大名寺。普寿寺始建于明宣德四

年（1429年），正统十四年（1449年）重建，万历十年（1582年）、崇祯八年（1635年）重修。此后屡有修缮。

寺坐西朝东，寺门一间，两侧旁门各一，大门石额上书"敕赐普寿寺"。内有垂花门，门内北为讲堂五间，南为沐浴室五间，西为礼拜堂，是建筑群的主体。礼拜堂为四破五，共十八间，前出轩三间，后抱厦三间（邦克楼），左右配房各三间。礼拜堂后北房三间，左有群房三排，每排三间。现除大殿尚存，其余均已改造。

■ 锦什坊街

普寿寺所在的锦什坊街明代称金城坊街（亦称金城坊胡同），因街道纵贯金城坊而得名，清代讹为锦什坊街。该街为金城坊内一条重要的商业街，现因金融街建设，仅余北部一小段。

⑤ 吕祖阁（吕祖宫）
Lüzu Pavilion

区级 / 免费 / 现为北京道教协会
西二环路东侧绿化带中 电话：010 – 63394329
\<M1\> \<M2\> 复兴门 / FUXINGMEN \<B\> 月坛体育场、北京儿童医院
年代：清

吕祖阁是供奉吕岩（即吕洞宾）为主的道教庙宇，是北京现存少数道观之一。始建于清咸丰七年（1857年），亦称火神庙，曾为白云观下院。

建筑群规模较大，整体布局和建筑物尚保存完整。坐西朝东，山

④ 齐白石故居
Former Residence of Qi Baishi

市级 / 不开放 / 现为民居
地址：西城区辟才胡同内跨车胡同13号
\<M1\> \<M2\> 复兴门 / FUXINGMEN \<B\> 辟才胡同、辟才胡同西口
年代：清

齐白石故居为辟才胡同（现已改建为大街）一带最后的传统建筑遗存：为一座三合院，带跨院。建筑群坐西朝东，面积204平方米。齐白石自50岁后一直至逝世前居住在此。三间北房是当年的"白石画屋"，因屋前安有铁栅栏，又称"铁栅屋"，檐下悬挂有齐白石撰刻的"白石画屋"横匾，大字尚稀可见。

门一间，门额上书"古刹火神庙"。东向殿为火神殿，硬山筒瓦顶，前带廊，旋子彩画，五抹方格门窗。北侧文昌殿，硬山筒瓦顶，旋子彩画，前出轩一间，悬山卷棚顶，黄琉璃瓦黑剪边，旋子彩画。南为吕祖阁（重楼），硬山筒瓦顶，带前廊。火神殿后有娘娘殿。

这座红墙灰瓦的道观现在被留在西二环路东侧的绿化带中，为金融街和西二环路中难得的老北京遗存。

⑧ 郑王府

Prince Zheng's Mansion

市级 / 不开放 / 现为中国教育发展基金会、老干部之家等单位使用

地址：西城区大木仓胡同35号
电话：010-66097788

<M1> 西单 / XIDAN <B> 教育部、甘石桥、西单商场

年代：清

　　清初"八大铁帽子王"王府之一，布局开阔，建筑雄伟，为北京规模最大的王府之一。据称该府用地原为明初功臣、荣国公姚广孝府第。

　　建筑群坐北朝南，自东而西分三部分，东部前驱突出，是王府主要殿宇所在：沿中轴线由南至北建有：面阔三间的临街门、面阔五间的正门、面阔五间的正殿（银安殿）带东、西配殿各五间；后寝门三间、寝殿五间、后罩楼五间。

　　中、西部随街道走势退缩，中路为居住院落，西部为花园，名"惠园"——是京师王府花园中之意境最佳者。据《道咸以来朝野杂记》称：

　　"京师园林，以各府为胜，如太平湖之旧醇王府、三转桥之恭王府、甘水桥北岸之新醇王府，尤以二龙坑之郑王府为最有名。其园甚巨丽，奥如旷如，各极其妙。"

　　《啸亭杂录》也称：

　　"王邸之园，以郑王园亭最优。"

　　《履园丛谈》载：

　　"惠园在西单牌楼郑亲王府，引池叠石，饶有幽致，传是李笠翁手笔。园后为雏凤楼，楼前为池，其后

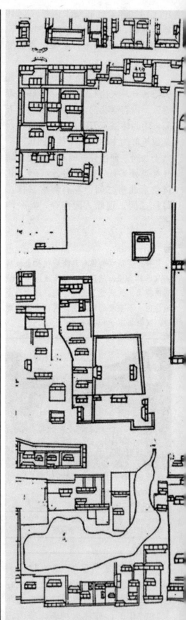

《乾隆京城全图》中的郑王府

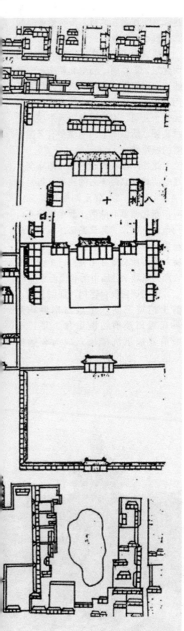

即内宫门。后有瀑布，高丈余，其声琅然可听。"

现在仅东部建筑较为完整：有街门三间；正门五间，浮雕丹陛犹存；正殿五间，亦存丹陛；东配楼五间，西配楼只剩靠北三间；最后为正寝五间，民国时期中国大学使用时改名"逸仙堂"，今仍沿用。原有后罩楼和一些附属建筑被拆除，西部花园则荡然无存，改建为二龙路中学，至为可惜！

正门

寝殿屋顶

郑亲王府变迁　郑亲王，名济尔哈朗，清太祖努尔哈赤三弟舒尔哈齐之子，以亲王爵世袭罔替，清初"八大铁帽子王"之一。王府第十三代主人端华，在"辛酉政变"失败后，被割王爵，赐自尽籍没家产。王府改赐道光帝第八子钟郡王奕詥，改称"钟郡王府"。同治十年（1871年）又发还给已恢复世爵的庆至，复称郑亲王府。民国后，第十七代郑亲王昭煦将王府抵押给西什库天主教堂，1925年该府又租给中国大学为校址。其时为纪念孙中山，将正寝改名"逸仙堂"。现为国家教委等单位使用。

⑦ 都城隍庙后殿（寝祠）
Back Hall of Temple Housing the
Town God of Dadu Capital
(Shrine for Sleeping)

市级 / 免费 / 现为金融街道公园
地址：西城区成方街33号
电话：010－66573088
<M1> <M2> 复兴门 / FUXINGMEN <B> 复兴门内、太平桥、民族文化宫
年代：元－清

原为金中都城外的一座古刹。元至元十七年（1280年）改建，天历二年（1329年）改称都城隍庙。明清两代，几度重修。明代《涌幢小品》载："北京都城隍庙中有石刻北平府三大字，此国初旧物。一老辛云，其石长可丈六尺，下有城隍庙三字，既建北京，埋尔露其顶。"至清乾隆间该石刻早已无考。

都城隍庙为北京城隍庙之最，因而建筑恢宏钜丽。庙坐北朝南，中轴线上有门三重：庙门、顺德门和阐威门，正殿名大威灵祠，后有寝祠，两庑为十八司。因都城隍为天下城隍的总头领，所以阐威门两侧塑有全国行省的城隍像。

此外，都城隍庙庙市（即庙会）还是明代北京最著名的庙市，每月初一、十五、二十五定期举行。开市时，东起西单刑部街，西至城隍庙，列市达三里，"陈设甚伙，人生日用所需，精粗毕备，羁旅之客，但持阿堵入市，顷刻富有完美"。至清代才逐渐为京城别处庙市所取代。

现在该庙仅存寝祠，面阔五间，前出抱厦三间，主殿与抱厦均为灰瓦黑琉璃剪边歇山顶。现已于殿前建成下沉广场，成为金融街地区的一处小型公园。

■ 内城西片(二)地区其他文物建筑列表如下：

名称	地址	年代	现状
天仙庵	辟才胡同97、99、101、103、105号	清	保存尚好
无量寺	兵马司胡同58、60号	清	现存天王殿、大雄宝殿
中国大学旧址	大木仓胡同35号	1925年	现为教育部使用，保存较差
私立志成中学旧址	二龙路3号	1923年	保存尚好
山本医院旧址	复兴门内大街65号	民国	不详
无梁寺	宏庙胡同33号	清	保存尚好
刘少奇旧居	南四眼井胡同2号	1937年	现为刘少奇革命活动纪念地
灵佑宫	能仁胡同13号	清	现仅存大殿
斗母宫	三道栅栏3号	民国	现仅存正殿
玄真观	四道湾胡同5号	清	现存大殿、配殿
圆觉寺	松柏胡同31号	清	现仅存配殿
艺专大楼	太平桥大街252号	1933年	不详
显应观	西斜街58-74号	明—清	现仅存配殿
观音禅林	小水车胡同8号	清	现仅存大殿
学院胡同39号、屯绢胡同32号四合院	学院胡同39号、屯绢胡同32号	民国	保存尚好
陆润庠旧居	羊肉胡同75号	清	现大部分已改建

【12】前门外西片
West Region outside Qianmen

中国集邮总公司

街 和平路 M2 前 门 西 河 街

市前门西街中学

前 门 西 河 街

余家胡同

23 正乙祠

24 中原证券交易所旧址

大石雅街

师大旧址

27

师大附小旧址

28

师大附中

东北园北胡同

刘家胡同

三井

武

笤儿胡同

茶儿胡同

东琉璃厂街历史文化保护区

29 海王村公园

30 琉璃厂火神庙

东太平巷

笤儿胡同

杨梅桁

史文化保护区

菜宝斋

商务印书馆旧址

新

三中

吉祥头条

吉祥二条

东南园胡同49号四合院

32

东南园胡同

大外廊营胡同

大栅栏地

安徽会馆

前孙公园夹道

华

小安澜营胡同

小外廊营胡同

大

陕

西

巷

石

头胡同

8 上林春

云吉班
(小凤仙居所)

18

家园北胡同

北京市梁家园中学

市公安局宣武分局

街

园胡同

梁家园东胡同

京华印书局

38

珠

圆顶胡同

西壁营胡同

东壁营胡同 万福巷

纪晓岚故居

25

德寿堂药店

26

市

口

街

湖广会馆

前门外西片概述
Introduction of West Region outside Qianmen

前门之外旧貌

　　该片区位于前门（正阳门）西南一侧，西起宣武门外大街，东至前门大街，北起宣武门东大街，南至珠市口西大街，是前门外繁华商业区的主要部分，其中大栅栏街区和琉璃厂街区被划分为北京市历史文化保护区，另有国家级文物保护单位4处，市级文物保护单位7处，除了定为国家级和市级的文物保护单位以外，该片区还较完整地保存了街区的整体风貌。因此本章首先概要介绍A前门地区和B前门大街的风貌，然后分为C大栅栏街区、D琉璃厂街区和E椿树地区三片，分别介绍各个片区及其中古建筑文物点的特色，在对于古建筑文物点的介绍中，除了国家级和市级的文物保护单位以外，也尽量收入一些特色鲜明、保存状况良好、资料翔实的古建筑，以便读者游览。

A 前门地区

前门地区旧貌，近景是正阳门桥及五牌楼，
远处依稀可见天坛祈年殿的屋顶，根据1871年照片制作的版画

前门地区 / Qianmen Region

地址：宣武区、崇文区，正阳门以南

<M2> 前门 / QIANMEN <B> 前门、大栅栏

　　"前门"，既是一个地名，又代表一个地区。因正阳门是明、清时期北京内城的正南门，位于皇宫的正前方，故俗称"前门"，而在老北京人的心理地图里，"前门地区"是正阳门以南一大片古老而繁华的区域的总称，包括[12]B前门大街，以及前门大街西侧的[12]C大栅栏地区、[12]D琉璃厂地区，前门大街东侧的[13]A鲜鱼口地区等。

　　上溯北京的城市起源，多数学者认为其始于公元前11世纪周武王灭商，分封诸侯，当时有燕、蓟二国，其中蓟城遗址就在外城西部的广安门一带，此后两千年，唐幽州、辽燕京、金中都的城址皆沿此故地，仅在旧城址上扩展或收缩。元大都规划时，突破千年遗制，在金中都旧址东北方向另辟新城，以原金都城址为"旧城"（或称"南城"），两城分治。

　　明中叶城区南扩，将前门外辽金城故地的东半部分纳入城中，作为"外城"（或称"南城"，其范围即今宣武区、崇文区之大部）。之所以将这一区域纳入城中，其主要原因是居民的结集和交通的便利。一方面，元大都南三门外原有大量的居民，明时皇城前和正阳门外是四方人士来京公干、会试、经商的集合地，"天下士民工贾各以牒至，云集于斯"（[明]蒋一葵：《长安客话》），用今天的话来说，这一带是流动人口和商业的集中地；另一方面，正阳门向东经崇文门是通惠河漕运码头，向西过宣武门是山东、河北、山西经卢沟桥而来的陆路交通要冲。对外交通和商旅的汇集使得这一带具备了建城的基础。

清初，朝廷规定内城只准住旗人，因此明清时期的会馆、戏园几乎全部聚集在外城，明

前门地区旧貌，近景是正阳门桥和五牌楼

末清初之后的社会名人也大多居于外城。清代末年政府推行新政，开始改良市政，在前门外兴建新式建筑，加之京奉、京汉火车站设置于前门外，使外城进一步成为对外交通的门户，旅馆、批发商号剧增。辛亥革命之后，外城的前门地区成为了京城综合商业和金融中心。

由于上述的因素，前门地区虽然不是明清

时期城市政治中心的所在，却是北京内城对外连接的纽带，具有内城所无可比拟的丰富性。在这里，最久远的历史积淀与最"摩登"的近代文明并存；自上而下的礼制空间与自下而上的市井商业空间并存；文人寓居吟游的雅文化与市井商贾的俗文化并存；"标准"的胡同—四合院格局与不规则的胡同四合院格局并存。

前门地区旧貌，近景是正阳门桥及五牌楼，远处依稀可见天坛祈年殿的屋顶，1871年的照

B 前门大街

前门大街俯瞰之一，20世纪20年代的照片

前门大街 / Qianmen Street	
地址：宣武区、崇文区，正阳门以南	
‹M2› 前门 / QIANMEN ‹B› 前门、大栅栏	
年代：清－民国	

前门大街为明清北京城市中轴线的主干道路，北起正阳门箭楼，南至天坛路与天桥南大街相连，全长1.6公里，东侧有西打磨厂、鲜鱼口街、大江胡同和珠市口东大街，西侧有大栅栏街、西河沿街和珠市口西大街。前门大街形成于明初，原名正阳门大街。因正阳门是明、清时期北京内城的正南门，位于皇宫的正前方，故俗称"前门"，而"正阳门大街"亦俗称"前门大街"或"天街"，为皇帝出京巡视和到天坛祭天的必经之路，乾隆皇帝曾有"星月高高三五明，天街相约上桥行"诗句，即指前门大街和大街北端的正阳桥。

前门大街在明初为一条宽阔的大街，自北

前门大街俯瞰之二，清朝末期的照片

前门大街俯瞰之三，20世纪50年代五牌楼拆除后的照片

向南逐渐变宽，北端最窄处约25米，南端最宽处约有80米。假如没有明末以后搭建的铺房，那么从皇城的方向往南眺望，由于透视错觉的影响，远至永定门的景物仿佛被拉近，显出"普天之下莫非王土"的气魄；而从城外方向北望，同样由于透视错觉的影响，内城的门户——正阳门则仿佛遥不可及，又凸显了天子的神秘与威严。

据《日下旧闻考》的记载，明后期有一些小贩在"大街石道旁，搭盖棚房为肆"，清乾隆以后，逐渐改建成砖瓦的正式房。此后，前门大街由一条宽敞的大街变成三条街。由明至清，前门大街上店铺买卖兴隆、商号众多，是京城著名的商业街，其中全聚德烤鸭店、正阳楼饭庄、都一处烧麦馆、六必居酱园、一条龙羊肉馆、谦祥益绸布店等老字号至今留存。

前门大街俯瞰之四，约1901－1910年的照片

前门大街俯瞰之五，远处可见永定门，约20世纪30年代的

■ 前门大街五牌楼与正阳桥

五牌楼与正阳桥位于正阳门以南，前门大街的北端。

明、清时北京内城九门外均有跨越护城河的石桥，唯有正阳门外的桥为三座并列，称"正阳桥"。1992年修前门地下通道时发现位于正阳桥东侧燕尾石堤上的镇水石兽，后石兽得以原地保护。自明朝开始，正阳桥南侧就建有油漆彩画、木结构的五牌楼。据《宸垣识略》的记载，正阳桥在正阳门外，跨护城河为石梁三，"其南绰楔五楹，甚壮丽。金书正阳桥清汉字。"（绰楔，音chuō xiē，牌坊的古称）正阳桥和五牌楼，与正阳门城楼、箭楼、瓮城一起构成一组集防御性、礼仪性于一体的建筑群，层次丰富而严整、造型华丽而庄严，构成了北京内城的壮丽序曲。

"五牌楼"得名于它五间、六柱、五楼的建筑样式。正阳门五牌楼曾是北京城最高大、最雄伟的木质结构牌楼，然而因其为木质结构，所在位置又颇为显要，因此在明万历、清乾隆、道光、同治年间，先后多次遭遇大火，最大一次火灾是1900年庚子之变中，义和团火烧专卖洋药的"老德记"时，大火蔓延到正阳门下的五牌

前门大街及五牌楼旧照

楼。后来牌楼几经翻修，在1955年的市政建设中拆除。2001年曾在原址重建，为便于车辆通行，将中间的四根柱子改为不落地的"垂莲柱"。2008年前门地区大规模改造后重新开街，将前门大街改为商业步行街，再次重建五牌楼，恢复六柱的形制。

正阳门城楼、正阳桥及五牌楼

前门与五牌楼构成的轴线，20世纪30年代的照片

前门与五牌楼构成的轴线，老明信片中的景象

前门大街及五牌楼，2001年重建后的照片

前门大街及五牌楼，2008年重建后的照片

前门与五牌楼构成的轴线，2008年改造后的照片

天桥20世纪20年代的景象

■ 前门大街天桥

"天桥"，既代表一座古老的桥，又代表一个地区。如今桥已难觅踪影，而"天桥"一词却成为一种老北京民俗文化的象征。

"天桥"原是一座建于元代的汉白玉单孔桥，位于前门大街南端，今天桥南大街北口的十字路口处。

元明两代，天桥一带水源丰富、河沟纵横，因此天桥也成为明清帝王祭天时的必经之路，故名"天桥"。由于这一带颇有江南水乡的风韵，加之会馆、旅店、商业大都在前三门以外，距离此处极为近便，因此天桥一带在明清之际就是繁华的游览区。

清后期道光、咸丰年间（1821—1861年），天桥附近涌现一批流动摊贩，由于朝廷不向他们征收捐税，促进了这一地区商业及游艺业的发展，于是各门艺人在此露天设场献艺，各类曲艺演出场所蜂拥而起，天桥附近成为老北京民间艺人学艺、卖艺、传艺和生活的场所，进而成为许多民间艺术的发祥地。光绪年间（1875—1908年）京汉铁路建成，设车站于永定门外，往来客商必经天桥，自此天桥更加繁荣。

1906年，因修建道路，把高拱石桥改为低拱石桥。1927年又因铺设电车路轨，又将低拱石桥改为平桥，1934年拓宽马路时又将桥栏拆除，至此，"桥"的踪迹全无，空留了天桥的地名，有戏言称"天桥有天无桥"，而桥下原有的河道也逐渐变成了后来著名的臭水沟"龙须沟"。

但天桥的消失并没有妨碍天桥地区民间艺术的繁荣，在20世纪初期，这里先后出现了著名的"振华大戏棚"、"新世界"、"城南游艺圈"、"歌舞台"、"乐舞台"、"燕舞台"等演出场所，与此相应的茶园、酒馆、小吃摊点也逐年增多。据20世纪30年代的《天桥调查》（载于《北平日报》1930年2月14日），当时的天桥商业娱乐区占地20亩，共有店铺和摊贩773户，其中大小戏园9个、坤书馆7个、游艺杂技摊62个。1937年"七七事变"后，天桥市场逐渐衰落。

1949年新中国建国后，对天桥进行了管理和整治，填平了龙须沟，修筑了马路，翻建、新建了一批剧院、影院及医院、博物馆，组织曲艺、杂技等艺人成立了国营、集体的文艺团体，天桥地区的露天演出景象消失，原有的活动场所成为了居民区。

■ **牌楼**

是一种只有单排立柱，起划分或控制空间作用的建筑。在做法上，一般在单排立柱上加额枋、斗栱等构件，按照等级的不同，上施庑殿、歇山或悬山屋顶，这种屋顶俗称为"楼"。常用楼的数目表示牌楼的规模，如一间二柱三楼，三间四柱七楼，三间四柱九楼等。

牌楼可立于离宫、苑囿、寺观、陵墓等大型建筑组群的入口处，成为建筑组群的前奏，造成庄严、肃穆、深邃的气氛；亦可建立在城镇街衢的冲要处，如大路起点、十字路口、桥的两端等，起到丰富街景、标志位置的作用。后者常使用立柱上端高出屋顶的牌楼，又称"冲天牌楼"（正阳门五牌楼即此）。

牌楼可用木、石、琉璃等材料建造，各具特色。木牌楼的构造同中国古代木构建筑类同，石牌楼基本上也是仿木结构。琉璃牌楼则是中有哑巴柱，外包砌砖，门洞处发券，墙身抹灰、涂红色，用特制的琉璃面砖镶砌出柱枋形式；斗栱也是琉璃所制。

天桥20世纪20年代的景象

天桥十字路口，1960年，龙须沟改造后的景象

天桥市场旧址，20世纪末期的照片

C 大栅栏街区

大栅栏街景

大栅栏街区 Dashilan Street Area

北京市历史文化保护区

地址：宣武区，正阳门以南，前门大街西侧 / 电话：010-83171036（管理处）
<M2> 前门 / QIANMEN　<B> 大栅栏、珠市口、前门
年代：清－民国

　　大栅栏地区东起前门大街，西至南新华街，南邻珠市口西大街，北接前门西大街，总占地面积1.1平方公里，与鲜鱼口传统商业街相对列于旧京城南中轴两侧，是北京城区历史延续最长的传统市井商业街，也是北京市井文化的典型代表。

　　大栅栏地区在历史上曾是金中都与元大都之间的连接部。元大都建立初期，金中都旧址仍有街市，称为南城或旧城。新旧城之间人货往来、增建铺面，在现在的大栅栏区域自发形成了今天的斜街格局。明永乐时改建北京城，大运河终点码头从北城的积水潭南移至东南城外的大通桥，城市商业中心随之南迁至前门一带。政府在此处"盖铺房店房，招民居住，招商居货"（《人海记》），新建了几条称为"廊房"的商业街，即今日廊房头条至大栅栏（廊房四条）。在斜街以西开设了官办的琉璃窑场，即今东、西琉璃厂。清代大栅栏地区是北京最繁华的市井商业区，其西部的琉璃厂是最著名的文玩古籍和民间工艺品的市场。

截至民国初年，大栅栏曾有92个行业、782家店铺，其中包括各种专业商店、饮食店，也曾有百余家妓院、烟馆和赌场等，另有百余家钱庄、银号、金店及以正乙祠（银钱业集资所建）为代表的工商会馆；还设有交通银行、盐业银行、金城银行等北京最早由中国人办的银行。

大栅栏街景，1957~1958年之间的照片

在商业格局方面，大栅栏的不同地区各有侧重。东部是金融商业区，店铺主营金银珠宝，还有官炉房专门熔铸银元宝。中部的几条街道朝各专业方向发展，例如廊房头条聚集了20多家灯笼铺，廊房二条成了有名的"玉器街"，后来的老字号也都云集于此，如"同仁堂国药店"、"马聚源帽店"、"瑞蚨祥绸缎皮货庄"、"内联升鞋店"、"张一元茶庄"等。钱多招贼，为看门护店，这里还另有几十家镖局。西部以琉璃厂为中心，主要经营书画、古玩、文房四宝。南部是有名的"八大胡同"所在地，属文化娱乐区。

除了商业场所之外，大栅栏地区还有大量的宗教场所、集会场所和文化娱乐场所。明清两朝的吏、户、礼、兵、刑、工六部机关设于正阳门内东西两侧，因此前门外聚集了大量可接待各地来京官员、考生、商人的会馆。又因为清代内城禁建戏园，因此戏园也多集中在前门之外。老北京"七大戏楼"除广和楼外，其余6座均在大栅栏地区。此外，大栅栏一带还有大小庙宇60余座，包括火神庙、关帝庙、观音寺等。

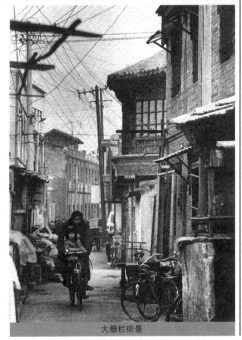

大栅栏街景

大栅栏街口，20世纪末的照片

因此，经过历史的积淀，前门地区不但是旧京城的商业中心，也是北京士人文化和平民文化的交汇地，同时还是戏剧文化的中心、京剧的摇篮。

《燕都丛考》载《顺天时报丛谈》中的一段话描绘了当时的繁华：

"正阳门外正阳桥迤西，为北京都市极繁华之区域，商铺花埠咸集于斯，一切景物较城外迤东亦有生气，如大栅栏、观音寺之繁盛，八埠一带之奢丽，城南公园之雅静，以及天桥各小市之热闹，均为都市可观玩之形色，是北京风景之富丽，要当以此为冠云。"

清末，由于铁路的修建，前门外成为对外交通的门户，旅馆、批

大栅栏街口，2008年的照片

发商号剧增。辛亥革命后，这里成为京城综合商业和金融中心。1900年大栅栏遭义和团焚毁，大部分建筑系1902年以后重建，采用了中西结合的具有强烈近代建筑特征的外观。

20世纪80年代以来，由于北京整体消费水平提升，市民消费习惯急遽变化，这一地区逐渐失去商业和金融中心的地位，逐步退化成普通商业聚集区。然而这一地区定型于明末清初的"三纵九横"的格

大栅栏街口，20世纪40年代的照片

局至今留存，"三纵"指的是煤市街、珠宝市街以及粮食店街；"九横"指的是大栅栏的九条东西向的胡同。在

这些古老的城市空间之中，极度丰富的传统城市元素得以保留。

2005年，北京市政府启动大栅栏拆迁改造，迁出大部分居民和小本经营的商铺，对新旧建筑进行分类整治，增建了大量城市基础设施，也拆除了一些具有历史文化价值的建筑。此举曾在京城引起保护和缅怀大栅栏地区文化遗存的热潮。2008年7月，大栅栏地区改造完成，重新开放。

目前，大栅栏商业街仍以老字号产品及传统商业相关服务为主要特色。改造后存留重点老字号店铺8处、国家级文物保护单位4处、市级文物保护单位7处，另有注册文物单位、重要历史遗存若干，其中最具代表性的建筑将在后文逐一介绍，此外还有一些保存较完整的建筑，见本节末尾的附表。

大栅栏街景

大栅栏街景，20世纪50年代的照片

大栅栏商业建筑位于前门外大栅栏地区，包括瑞蚨祥、谦祥益、祥义号门面、劝业场，2006年定为国家级文物保护单位，详见大栅栏片区介绍 [12]-⑧ [12]-⑧ [12]-⑪ [12]-⑫ 。

瑞蚨祥旧址门面

大栅栏商业建筑
the commercial buildings in Dashilan
Street Area

北京市历史文化保护区

宣武区正阳门以南，前门大街西侧
电话：010-83171036（管理处）

<M2> 前门 / QIANMEN　<B> 大栅栏、珠
市口、前门

年代：清－民国

■ 八大胡同

八大胡同位于大栅栏地区西南部,指大栅栏西边妓馆戏楼比较集中的几条胡同所在地,一般认为是陕西巷、百顺胡同、石头胡同、韩家潭、王广福斜街(原名王寡妇斜街)、万佛寺(西通陕西巷、东通石头胡同)、大外廊营、小外廊营、胭脂胡同这几条胡同。老北京有个顺口溜体现了八大胡同的名称和特色:

> 陕西巷里觅温柔,
> 店过穿心回石头。
> 纱帽至今犹姓李,
> 胭脂终古不知愁。
> 皮条营有东西别,
> 百顺名曾大小留。
> 逛最斜街王广福,
> 韩家潭畔听歌喉。

八大胡同在民国初年达到鼎盛,计有从业红尘女上万人。当时参众两院的各种权谋和派系争斗都在八大胡同里悄然上演,这里逐渐演变为一个涉及政治的社交场所,成为老北京不可或缺的一个重要功能区。民国末年首都南迁、北平解放,八大胡同销声匿迹,不复光鲜。八大胡同是老北京历史的见证,同时也是老北京的隐私和隐痛。1997年,曾有人提出在这里建展馆说明八大胡同的历史,但因当地居民极力反对而作罢。

■ "大栅栏"名称的由来

明初,为防止盗贼隐藏在大街小巷之内,在北京很多街巷道口设立木栅栏,昼开夜闭,并驻兵把守。清初为了紫禁城的安全,规定外地来京人员晚上不得留宿内城,只得住在前门之外,南城因此形成了前门大栅栏、鲜鱼口、琉璃厂文化街等繁华商业区。明中叶以后,廊坊四条胡同一带成为商业中心,由于防盗需要,栅栏制作格外高大精美而闻名于京城,被称为"大栅栏",现在还沿用着古代的读音:da shi lar(谐音"大石腊儿")。

■ 西河沿街

西河沿街系明代时沿护城河成街,又在正阳桥以西,因此得名。这条街自明朝至清中叶时以书肆闻名,清中叶以后又聚集了银钱业公会正乙祠、仁昌金店、汇泉银号、乾云生银号等早期金融机构,清末民初又在此设立了交通银行、盐业银行、金城银行、中原证券交易所等近代金融机构,因此被称为旧京的"金融街"。

西河沿大街景象,2008年的照片

西河沿大街景象,1957-1958年之间的照片

盐业银行附近，西河沿大街街景，1957-1958年之间的照片

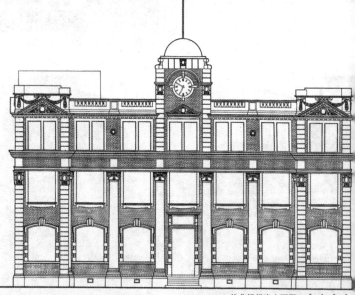

盐业银行南立面图

① 盐业银行旧址
Site of Yien Yieh Commercial Bank Ltd.

市级 / 要许可 / 现为中国工商银行珠市口支行

地址: 宣武区西河沿7号 电话: 010-67075162

<M2> 前门 / QIANMEN <B> 大栅栏、珠市口、前门

年代: 1931年 / 建筑师: 沈理源（推测）

　　盐业银行位于西河沿大街的东端，建于1925年前后，推测设计者为沈理源，做工精细，构图严谨，风格端庄，为近代中国建筑师在京设计的较大规模的建筑之一。建筑地上三层，地下一层，砖混结构。正中五间立面用二层通高的爱奥尼克柱式，两侧各一间向前略微突出。三层立面下方装饰一条檐壁和檐头，打破了二、三层间的层间结构，使得整个立面富于变化，三层一排七个方窗，中间和两侧的窗户上面有三角形山花窗头，三层以上部分是花瓶式女儿墙，中部为一座小型钟楼。建筑通体以红砖墙为主，配以石材壁柱、窗套和少量的雕塑装饰，具有典型的欧美银行传统风格。

盐业银行钟楼细部

② 交通银行旧址
Site of Bank of Communications

市级 / 要许可 / 曾为北京市商业银行西河沿支行
地址：宣武区西河沿9号
\<M2\> 前门 / QIANMEN \<B\> 大栅栏、珠市口、前门
年代：1932年 / 建筑师：杨廷宝

交通银行建于1937年，是中国著名建筑师杨廷宝的代表作。建筑地上四层，地下一层，砖混结构，水刷石饰面花岗石贴面基座，立面形式带有中国传统建筑的特征，顶部仿造"额枋"，用了大块灰塑卷草云纹装饰，上加斗栱和绿色琉璃檐头；一层主入口门头作绿琉璃"垂花门"；三层窗洞用"雀替"，窗间作突出墙面的雕龙"梁头"。

交通银行的设计巧妙地融合了中西建筑文化，主立面形式以西方构图方法为本，融合中国传统装饰题材和细部，形成一种"中西折中式"风格，对后来建筑创作有较大影响，造型坚实庄重。

交通银行内部顶棚，1957-1958年之间的照片

交通银行主立面檐部细节

交通银行旧址北面及西面，2008年的照片

交通银行东立面细节

清末民初，政府推行"新政"，鼓励民族资本发展，经营国货的"劝业场"应运而生。北京劝业场建筑始建于1906年，是民国北京第一幢大型综合性商业建筑，初名"京师劝工陈列所"，是官办工艺局产品展销馆，后三次遭受火灾并重建，现在的建筑是1923年所建。建筑外观四层，内部地上三层、地下一层，采用当时最为先进的钢筋混凝土砖石结构加钢屋架。正立面朝向廊坊头条，为巴洛克式，大门入口处作西洋柱式门罩，二楼和三楼用壁柱、窗套和阳台装饰立面，檐上作女儿墙。北立面朝向西河沿街，体量较小、规整协调。内部纵深方向设三个大厅，四周为三层回廊，设开敞式商店，内装饰豪华。

■ **劝业场**

劝业场是大城市中综合商业大楼的旧称。天津劝业场建成时，清朝庆亲王载镇的题词很好地诠释了"劝业场"的意义："劝吾胞舆，业精于勤。商务发达，场益增新。"也就是规劝大家努力工作发展事业的意思。

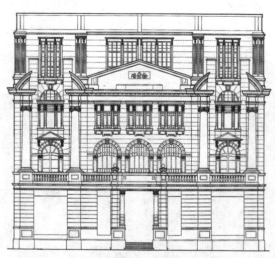

劝业场旧址南立面图

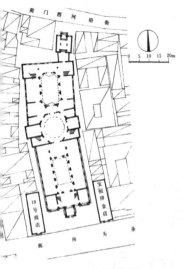

劝业场及两侧店面平面图

从前门大街望劝业场旧址的北立面，
两侧是交通银行和盐业银行，2006年
4月前门大街拆迁过程中的照片

劝业场旧址南立面，2008年的照片

劝业场纵剖面图

劝业场旧址中央大厅内景

■ 廊房头条

廊房头条胡同在前门大街珠宝市路西。关于"廊房"名称的由来，根据《宛署杂记》的记载，明永乐年间改建都城，初时并不繁华，后政府下旨在皇城四门、钟鼓楼等处修筑带外廊的铺房，相当于现在的商业街，"本县地方共盖廊房八百一间半，召民居住，店房十六间半，召商居货，总谓之廊房云"。前门地区的廊房头条至廊房四条（即大栅栏街），就沿袭了明永乐时期的旧称。

廊房头条是旧北京大金店、钱庄集中的地方，这里的商人都是富冠全城。当时的胡同内还有著名的西餐馆——撷英香菜馆，以及十几家灯彩商店，曾有"灯笼大街"之称。1915年这里的著名灯画扇店文盛斋的灯彩曾参加巴拿马国际博览会，获得两枚金牌，解放后该店公私合营并人北京市美术红灯厂，近年又恢复老字号名，设门市部于琉璃厂东街。

劝业场旧址及两侧店面，廊房头条街景，2008年的照片

廊房头条街景，1957~1958年之间的照片

4 宝恒祥金店
Baohengxiang Gold Shop

注册文物单位 / 维修中 / 现为中联国际拍卖中心
地址: 宣武区廊房头条15号
<M2> 前门 / QIANMEN <B> 大栅栏、珠市口、前门
年代: 民国

　　该店面阔三间，两层砖木结构，南立面朝向廊房头条，其上所有雕饰均为青砖手工雕刻，做工精细，装饰繁缛，构图饱满，糅合了西方古典柱式及花草装饰题材，略具洛可可风格。

宝恒祥金店立面细部

5 廊房头条19号商店
Shop at No.19, Langfang Toutiao

注册文物单位 / 今年被拆除
地址: 宣武区廊房头条19号
<M2> 前门 / QIANMEN <B> 大栅栏、珠市口、前门
年代: 清末民初

　　该店原店名不详，东邻劝业场，与宝恒祥金店对称。店铺为两层砖木结构，南立面朝向廊房头条，面阔三间，装饰风格与宝恒祥金店类似，所不同的是该店铺顶部山花中央高起，作花环及卷草纹样，令人联想起西式族徽的造型；另外该店面二层柱廊使用了双柱，柱子比例粗壮，显得敦实华丽。

廊房头条19号商店立面细部

谦祥益旧址南面的廊房头条街景，1957～1958年之间的照片

⑥ 谦祥益旧址门面
The Facade of the Site of
Qianxiangyi Silk Store

国家级 / 现为北京谦祥益丝绸公司门市部，仅存珠宝市街门脸
地址：宣武区廊房头条11号，珠宝市街5号
<M2> 前门 / QIANMEN <B> 大栅栏、珠市口、前门
年代：清末民初

　　店铺建筑为二层砖木结构，南临廊房头条的铺面原为批发部，南立面全部采用青石饰面，划分为四间，作爱奥尼式壁柱，及植物、花鸟纹样浮雕，顶上有罩棚，门内有一小天井。谦祥益东临珠宝市北口的铺面原名"益和祥"，1953年合并改称"谦祥益"，面阔三间，中部靠北墙有一"T"字形大楼梯，屋顶结合了中国传统的抬梁式做法与西方近代的三角木桁架，形成近似组合网架的结构形式。建筑正面基本属于西洋古典样式，分三个开间，各设拱券门，其中又点缀传统中式元素，如一层上方悬挂的匾额、东立面前仿隔八字墙伸出的直墙等。该立面反映了中西文化融合初期的特点。

谦祥益旧址东立面，1957—1958年之间的照片

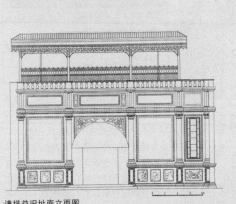

谦祥益旧址南立面图

谦祥益旧址东立面细部，
2006年大修前的照片

左：谦祥益旧址天棚外观，1957—1958年之间的照片
右：谦祥益旧址内天井，1957—1958年之间的照片

谦祥益旧址南立面现状

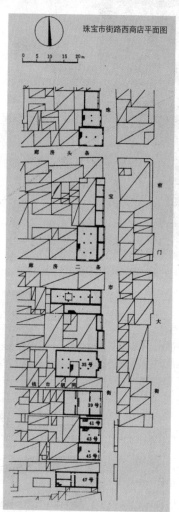

珠宝市街路西商店平面图

⑦ 珠宝市街路西商店
Shops on the West Side of
Zhubaoshi Street

注册文物单位 / 现为商店、民居

地址：宣武区珠宝市街

<M2> 前门 / QIANMEN <B> 大栅栏、珠
市口、前门

年代：民国

珠宝市街南部路西，廊房二条至大栅栏东口之间较完整地保存了一些早期商店，建造年代都在民国时期，多为传统形式或近现代形式的两层砖木结构楼房，还夹杂了院落式的当铺和商号。其中较有特色的有35号（经过建筑师设计的现代风格）、39号、41号、43号、45号、47号（原为鑫利福银号）。

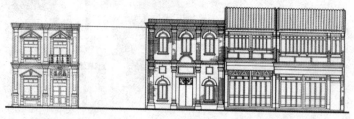

珠宝市街路西南段商店立面图（从左至右依次为47号、45号、43号、41号）

珠宝市街景

珠宝市街47号店面细部

珠宝市街南段街景，39-47号店面

珠宝市街南口街景

珠宝市街41号、39号店面檐口细部

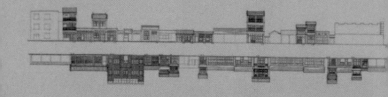

入商会的有金店1家、古玩店5家、首饰店11家，玉器店22家，占街面80%以上，当时的著名字号有聚源楼金珠店、聚珍斋玉器铺、恒林斋玉石作坊、同义斋、宝权号等，其中尤以玉器店闻名，廊房二条因此成为有名的"玉器街"。现存比较有特点的建筑有5号、14号、19号（原玉器行）、26号、36—38号（银行）、49号、57号（原金店"洋庄"）、58号（或门框胡同12号，原为帽店）、64号（小型店铺）、73号（小型店铺）、80号（玉器行）、83号、89号、92号、102号（原为浙江实业银行）。

8 廊房二条商业街
Commercial Street of Langfang Ertiao

注册文物单位 / 现为商店、民居

地址：宣武区廊房二条

<M2> 前门 / QIANMEN <B> 大栅栏、珠市口、前门

年代：清-民国

廊房二条商业街位于大栅栏地区的中心繁华地段，东起粮食店街，西至煤市街，街道长约270米，宽4—5米，保存相当完整。该街道的店铺主要是1900年大栅栏火灾后建成的，门面尺度较小，多为1—3开间，建筑风格以中国传统样式为多，部分借鉴洋风，少数完全采用西洋样式。据1919年的统计资料，当时廊房二条加

廊房二条49—57号

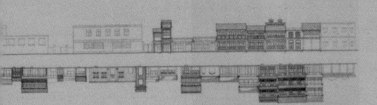

廊房二条商业街立面图

廊房二条中段

廊房二条西段

廊房二条东段

廊房二条西段

钱市胡同
Qianshi Hutong

注册文物单位 / 现为民居	
地址：宣武区珠宝市街路中西侧	
<M2> 前门 / QIANMEN <B> 大栅栏、珠市口、前门	
年代：清	

钱市胡同位于珠宝市街中部路西，廊房二条与大栅栏街之间，长约55米，宽仅0.7米，是北京最窄的胡同，街内有9组建筑，尽端为一庭院，上有罩棚，旁为铺房，为清代官办的银、钱交易的"钱市"遗存，是中国早期金融市场的雏形。

珠宝市街在清代集中了多家"炉行"（即官准熔铸银锭的作坊），在炉行附近形成钱市，专供各大钱庄及商号在此进行银两和制钱之间的兑换。民国币制改革后炉行萧条，钱市无市，因此改建为银号铺房。当时钱市胡同两侧的银号利用法律漏洞，大肆扩建，侵吞公共通道，最终使钱市胡同成为今天的形态，在一片狭小的土地中包含了紧凑而多样的建筑空间环境。

钱市胡同街南4组建筑为3个三合院和1个铺面，每组占地仅约80平方米，房屋多为单层；街北4组建筑均为独立式2—3层楼房，山墙相贴连成一片，每栋占地仅30—50平方米。其中三合院采用中国传统木构形式，楼房则有中、西两种样式。街南2号、4号院落正、厢房屋顶现存气窗，推测是炉行冶炼银锭的作坊； 3号院门上悬"大通银号"石匾，1号院东侧建筑（珠宝市街37号）悬"万丰银号"石匾。胡同西端为南北两排平房，南房七间，北房六间，东北角有门道；中间天井升高，上加五檩悬山式屋顶，两侧开高窗采光。

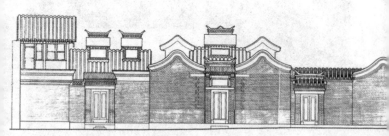

钱市胡同南侧建筑2、4、6号北立面图

⑩ 祥义号绸布店旧址门面
The Facade of the Site of
Xiangyihao Silk Textiles Shop

国家级 / 现为前门妇女服装商店
地址：宣武区大栅栏街1号

<M2> 前门 / QIANMEN <B> 大栅栏、珠市口、前门

年代：清

祥义号绸布店旧址门面

　　现存铺面为面阔五间的砖木结构二层楼房，大门作铁艺装饰，上盖铁雨棚，雨棚下挂铁花眉子，两侧边墙嵌有大型砖雕，作工精细、保存完好。

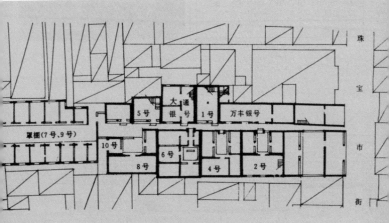

钱市胡同总平面图

始建于1893年，1900年被焚后，1901年重建，原店主营绸缎布匹、皮货、茶叶等。建筑物为二层砖木结构，木屋架，主立面朝南，入口为一厚墙，门口两侧依中国传统形制作成八字墙，但平面型式改为弧形，两侧作壁柱，墙内作砖雕。立面造型及装饰结合了中国传统样式和欧洲巴洛克式风格。入口后有一天井，上覆洋式铁皮顶罩棚。店堂主体沿纵深方向划分为前后两部分，中间的连接体作上下贯通的共享空间，楼梯设在中间西侧，二层四周作走马廊，顶部开采光高窗，因此店堂内部开敞明亮，具有现代建筑的空间特征。

⑪ 瑞蚨祥旧址门面
The Facade of the Site of Ruifuxiang Silk Store

国家级 / 现为瑞蚨祥绸布店
地址：宣武区大栅栏街5号
<M2> 前门 / QIANMEN <B>大栅栏、珠市口、前门
年代：清

瑞蚨祥门面，20世纪50年代的照片

瑞蚨祥旧址门面纵剖面图

似，门内有小天井和铁罩棚，店堂内有中庭和跑马廊，1994年店堂建筑被拆除，仅余南面门脸。立面正中用爱奥尼柱式限定了入口部分，二层略为跳出，作成阳台，入口两侧作中国传统的八字壁，用汉白玉石板镶嵌，石板上分别用中文隶书和英文镌刻经营项目和商品广告，周围作花草纹样边饰，门前设两座欧洲新艺术风格的铸铁灯柱，中西结合、别具特色。

瑞蚨祥西鸿记20世纪40年代的照片

^[12] 瑞蚨祥西鸿记门面
The Facade of Ruifuxiang
Xihongji Store

注册文物单位 / 现为商店
地址：宣武区大栅栏街33号
<M2> 前门 / QIANMEN <B>大栅栏、珠市口、前门
年代：清

该店面开设于1903年，为瑞蚨祥的分号，原建筑格局与西面的本号相

瑞蚨祥西鸿记门面立面及平面

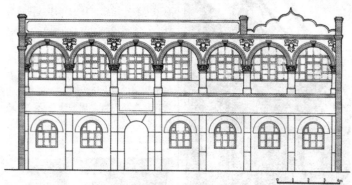

大栅栏西街37号商店南立面图

13 裕丰烟铺
Yufeng Cigarette Shop

注册文物单位 / 现为华大利眼镜商行	
地址：宣武区大栅栏街17号	
<M2> 前门 / QIANMEN <B>大栅栏、珠市口、前门	
年代：民国	

该店铺面阔两间，高三层，约建于20世纪20年代。主立面作重点处理，青砖墙面，用壁柱划分开间，中开券窗，各层又有檐口线脚，立面处理简洁大方、主次分明、砌筑雕刻十分考究。该店铺近年整修时被翻新。

14 大栅栏西街37号商店
Shop at No.37 Dashilan West Street

注册文物单位 / 现为商店、民居	
地址：宣武区大栅栏街37号	
<M2> 前门 / QIANMEN <B>大栅栏、珠市口、前门	
年代：清末民初	

该建筑面阔七间，两层砖木结构，一层西起第三间开券门通后院，其余六间开券窗，立面做法不求主次、对称，根据功能，不拘一格。一层立面只有券洞和壁柱，可能考虑张挂招幌的因素，处理简单；二层券廊是立面的重点，运用了科林斯式柱式、女儿墙及繁复活泼的砖雕。东侧的二间虽不是入口或特殊空间，上端的女儿墙却突然变作火焰状山花。这是一座不遵守建筑构图法则，而又颇具商业趣味的非建筑师作品。

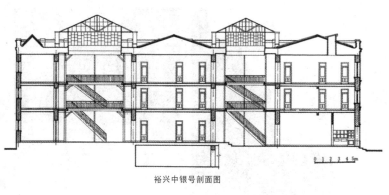

裕兴中银号剖面图

15 裕兴中银号
Yuxingzhong Bank

注册文物单位 / 现为施家胡同第二旅馆
地址：宣武区施家胡同11号
<M2> 前门 / QIANMEN <B>大栅栏、珠市口、前门
年代：清

施家胡同在1949年以前聚集了十余家银号，堪称"银号街"。胡同中可考的银号有福生、启明、信诚源（已拆）、三聚源、义生、宝丰盛、集成、谦生、广瑞等，另有一些会馆和洋行。银号建筑有的采用北京地区传统院落式布局，有的采用晋中地区商号的建筑手法，屋顶作女儿墙，全作清水墙面；还有的银号采用了较多的西方建筑元素。施家胡同的许多银号沿用旧式票号的某些经营特色，由于客户稳定、定向存贷、代理结算，所以基本不设对外营业大厅，而更多地设置洽谈客房、租赁账房和招待用的厅堂，其构成格局颇似现代的商务公寓。

裕兴中银号是施家胡同银号中的典型代表，主立面朝南，面向施家胡同，面阔较窄，为11米；朝向蔡家胡同的后墙较宽，为22米；南北进深较大，为43.5米。建筑为三层砖木结构，东西山墙邻接其他建筑，处理简单封闭。为解决采光通风，设置了三个内天井，上设罩棚，环绕天井设置跑马廊，周围房间面向天井开设门窗。正立面做工较精细，墙面砌出壁柱和檐口，顶部有女儿墙，正门两边有饰柱，窗有窗套。

⒗ 聚宝茶室
Jubao Tea Shop

现为民居
地址：宣武区朱茅胡同9号
<M2> 前门 / QIANMEN <B> 大栅栏、珠市口、前门
年代：清

⒘ 清真一品香浴池
Qingzhen Yipinxiang Bathhouse

仅存门脸
地址：宣武区棕树斜街40号西侧，元兴夹道北口
<M2> 前门 / QIANMEN <B> 大栅栏、珠市口、前门
年代：清末民初

清真一品香浴池为清末民初伊斯兰教徒所设，目前仅存门脸，位于元兴夹道北口，是一座欧式过街拱门，门首题"一品香澡堂"，门侧有壁柱，顶部有女儿墙，砖雕精美。旧时清真一品香澡堂，有大塘盆与浴池两档，盆浴设在楼上，专供名人用，有伙计伺候，多是常客，费用高；楼下是南北大长池子，分温、热与"特热"三池。

朱茅胡同位于大栅栏地区南部，处于"八大胡同"的包围之中。1949年前统计该胡同共有妓院11户，聚宝茶室是其中最知名的一家（在八大胡同里叫茶室的一般是二等妓院）。该建筑为二层砖木结构，由硬山顶的南楼、北楼与西楼围合内天井，上下共有28间房，每间8—10平方米。沿街立面朝东，全为青砖墙面，无窗，开一个砖券拱门，拱心砖雕"福禄"二字，拱门上方为砖雕"聚宝茶室"牌匾，门洞两侧作壁柱，顶端作山花。该建筑为较朴素的中国传统与洋风相结合的样式。

云吉班剖面图

⑱ 上林春
Shanglinchun

购票参观 / 现为上林宾馆
地址：宣武区陕西巷22号
<M2> 前门 / QIANMEN <B> 大栅栏、珠市口、前门
年代：清

⑱ 云吉班(小凤仙居所)
Yunjiban
(Residence of Xiaofengxian)

注册文物单位 / 要许可 / 现为民居
地址：宣武区陕西巷52号
<M2> 前门 / QIANMEN <B> 大栅栏、珠市口、前门
年代：清

陕西巷是大栅栏"八大胡同"地区最有名、高档妓院最集中的地方，当年共有妓院16家，清末名妓赛金花、小凤仙等曾居于此。

上林春又称上林仙馆，为一等妓院，是八大胡同中较完整的青楼遗存，相传是赛金花的故居。大门朝西，南侧墙上保留着"上林仙馆"的匾额。建筑为砖木结构二层楼房，内有带罩棚的天井，环绕红柱朱廊，房间面向天井开设门窗。此为高等妓院的典型格局，以天井空间为核心，开展喝茶、宴饮、填词弄曲等项目。

当年妓院分为南方班和北方班，云吉班是一家有名的南方班，小凤仙曾居于此。建筑为西洋风格的青砖二层楼房，主立面朝西，面阔三间，外立面全为封闭的砖墙，原仅在立面南侧开一个券门，门上有匾额，字迹已被遮盖。楼内有天井，环绕回廊，尺度小巧。

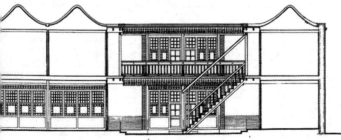

⑳ 煤市街第二旅馆
Second Hostel at Meishi Street

注册文物单位 / 要许可 / 现为民居
地址：宣武区煤市街75号
<M2> 前门 / QIANMEN <B> 大栅栏、珠市口、前门
年代：清末民初

该建筑可分为两部分，东面临街部分较狭窄，为两开间二层楼房，西部较宽敞，有南、北、西面三栋三层小楼围合内天井。沿街部分屋顶为三卷勾连搭，原为青砖清水墙面，有壁柱和腰檐，各间开券窗。一层北间开券门，有通道通往内院。内院小楼均为五檩前出廊硬山顶，外加平顶前廊环通，形成跑马廊。

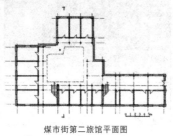

煤市街第二旅馆平面图

㉑ 粮食店街第十旅馆
Tenth Hostel at Liangshidian Street

市级 / 要许可 / 现为粮十旅馆
地址：宣武区粮食店街73号
<M2> 前门 / QIANMEN <B> 大栅栏、珠市口、前门
年代：民国

建筑物坐西朝东，砖木结构，两层，面阔七间，平面呈"日"字型。其中有两个内天井，房间沿天井四周布置，四组楼梯设于厢楼山墙一侧，各楼前廊之间又加平顶围廊连接，形成跑马廊。该建筑做工精细、朴实规整。

粮食店街1960年的照片，左侧可见第十旅馆，远处是前门箭楼

粮食店街第十旅馆剖面图

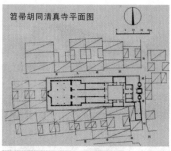

笤帚胡同清真寺平面图

㉒ 笤帚胡同清真寺
Mosque at Tiaozhou Hutong

注册文物单位 / 要许可 / 现为清真寺及回民幼儿园
地址：宣武区扬威胡同9号
<M2> 前门 / QIANMEN <B> 大栅栏、珠市口、前门
年代：明

　　笤帚胡同清真寺始建于明末，清康熙年间重修。全寺占地面积为1.8亩，为中国古典合院形式，主体建筑为礼拜大殿，内设窑殿，顶上有六角亭。

笤帚胡同清真寺院内阿拉伯文碑

笤帚胡同清真寺内庭

笤帚胡同清真寺侧立面及剖面图

㉓ 正乙祠
Zhengyi Temple

市级 / 购票参观 / 现为正乙祠戏楼

地址：宣武区西河沿281号
电话：010-63189454

<M2> 前门 / QIANMEN <B> 大栅栏、珠市口、前门

年代：清

正乙祠始建于清康熙六年（1667年），康熙、同治年间重修，初时为前门附近经营银号的浙江商人为银钱业公会集资建造，利用明代古寺旧址建祠堂，供奉正乙玄坛老祖即财神赵公明，另有议事厅、戏楼等，后来成为银号商人集会、祭祀、娱乐的场所，对民国初年西河沿金融建筑群的形成有重要影响。

正乙祠坐南朝北，临街为九间倒座北房，正中一间辟出出入口，为广亮大门。正乙祠戏楼尺度不大，但布局紧凑，装饰讲究，罩棚只用一个大卷棚顶，在会馆戏楼中别具特色，是北京地区现存最早的戏楼之一。

正乙祠戏楼

24 中原证券交易所旧址
Site of Zhongyuan Stock Exchange

注册文物单位 / 要许可 / 现为民居
地址：宣武区西河沿街196号
<M2> 前门 / QIANMEN <B> 大栅栏、珠市口、前门
年代：民国

建筑坐南朝北，东西面阔16米，南北进深33米。建筑南北两端为面阔五间、进深两间的二层楼房；中间部分进深五间，面阔分为三间，底层完全敞开，为当年的营业大厅，二层有环廊，环廊东西两侧有进深一间的小型营业室。南、北、西侧各有一座通往二层的西式木楼梯。环廊中央是天井，上设三角形桁架罩棚，四周开窗，镶黄、蓝两色彩色玻璃。建筑通体用青砖砌筑，各层顶部砌出西式线脚，顶部有女儿墙；主立面一层正中开门，其余各间开方窗，门上方施中式木槅扇气窗。

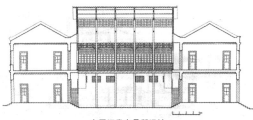

中原证券交易所旧址

中原证券交易所旧址（细部）

㉕ 纪晓岚故居
Former Residence of Ji Xiaolan

市级 / 购票参观 / 现为晋阳饭庄、纪晓岚纪念馆
地址: 宣武区珠市口西大街241号 电话: 010-63031669　010-63037636
<B> 虎坊桥路口东
年代: 清

纪晓岚（1724—1805年），清乾隆进士，官至礼部尚书，协办大学士，是清代著名学者。他领衔编纂《四库全书》，并写了二百卷的《四库全书总目提要》，还著有《阅微草堂笔记》等。民国时期此宅曾是北京国剧学会和京剧科班社址，1958年晋阳饭庄落户于此，1989年占东院建造了现在的营业楼。2001年街道拓宽，纪晓岚故居西院得以保护及修复，并在此开设纪晓岚纪念馆，仍由晋阳饭庄管理。故居坐北朝南，共二进院落。第一进有广亮大门、正房、倒座房，正房五间，七檩勾连搭加前廊一步，南立面为民国初年修缮时建的中西合璧形式装修。屋顶为镂空女儿墙，门窗为拱券形成，上雕精美图案。二进院为阅微草堂旧址，正房五间前接勾连搭抱厦三间，硬山合瓦屋面。故居内有北京最古老的紫藤萝和海棠树，传为纪晓岚当年手植。

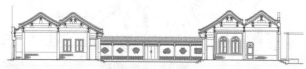

纪晓岚故居后院剖面图

纪晓岚故居室内

纪晓岚故居

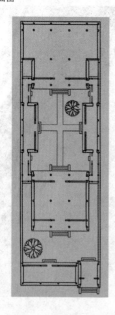

纪晓岚故居平面图

建于1934年。地上两层，灰砖清水墙，木结构，立面为折中主义样式，用砖壁柱竖向划分间数，用横向砖线角砌出檐口，二层出外廊，顶部做一间穹顶钟楼。后院为围合式建筑。用有限的空间充分满足商业功能，是民国商业建筑的代表作品之一。

珠市口大街旧景

26 德寿堂药店
Deshoutang Pharmacy

市级 ／ 要许可 ／ 现为德寿堂药店及德寿堂中医诊所	
地址：宣武区珠市口西大街175号 电话：010－63032093	
<B> 万明路	
年代：民国	

德寿堂药店

D 琉璃厂街区

琉璃厂　Liulichang Street Area

北京市历史文化保护区

地址: 宣武区, 和平门外, 西至东椿树胡同, 东至延寿寺街

<M2> 和平门 / HEPINGMEN	<B> 琉璃厂	

年代: 清－民国

琉璃厂是北京的一条古老的文化街, 其地名始于元、明时期。元兴建大都城、在此设置官窑, 烧制琉璃瓦; 明永乐年间建设北京内城和皇宫, 官窑规模扩大, 琉璃厂成为当时朝廷工部的五大工厂之一。明嘉靖三十二年 (1553年) 修建外城后, 这里变为城区, 琉璃厂迁至现在的门头沟区的琉璃渠村, 但"琉璃厂"的名字被保留下来, 流传至今。

清初顺治年间, 京城实行"满汉分城居住"。当时的汉族官员多数住在外城西部琉璃厂附近, 后来全国各地的会馆、商户云集于此，官员、赶考的举子也常聚集于此逛书市。于是，明朝时红火的前门、灯市口和西城的城隍庙书市都逐渐转移到这一地带，琉璃厂逐渐发展成为京城最大的书籍市场，20世纪30年代旧书业的最兴盛时，琉璃厂的旧书铺竟超过了200家，而与文化相关的笔墨纸砚，古玩书画等交易场所，也随之繁荣。

清初，在原琉璃厂厂址上修建了师范学堂，即今师大附中前身。在原厂址南面的空地，即"厂甸"位置修建了海王村公园，成为了琉璃厂集市的中心，也是后来琉璃厂地区最为热闹的地方之一（"厂甸"之"厂"即指琉璃厂，"甸"意为野外空地，厂甸就是在琉璃厂外以南的"门外隙地"，在乾隆时已是繁华的集市）。1927年建和平门、新华街，从此，琉璃厂文化街分成东、西两段。

琉璃厂有许多著名老店，如槐荫山房、古艺斋、瑞成斋、萃文阁、一得阁、李福寿笔庄等，还有中国最大的古旧书店中国书店，以及西琉璃厂原有的三大书局——商务印书馆、中华书局、世界书局。其中最著名的老店是荣宝斋。荣宝斋的前身是"松竹斋"，光绪年间取"以文会友，荣名为宝"之意，更名为"荣宝斋"。著名书法家陆润庠题写了"荣宝斋"三个字。晚清、民国时期，文人墨客常聚此地，于右任、张大千、吴昌硕、齐白石等著名书画家均是这里的常客。荣宝斋以木版水印和书画复制品闻名，其木版水印技术融刻版、印刷、折裁等技术为一体，已达"登峰造极，酷似原作"，足至以假乱真。

1978—1985年，北京市政府对琉璃厂进行了一次大规模的改造，建成了59幢红梁青砖、明清风格的仿古建筑，构成现在东、西琉璃厂商业街600余米的主体街道，2006年启动新一轮的大规模改造工程，改善市政设施、拟建东西街之间的"廊桥"，并将各门店的牌匾和户外广告统一风格。

琉璃厂东街东段传统建筑遗存之一

琉璃厂东街东段传统建筑遗存之二

琉璃厂民国初年的景象

琉璃厂西街东口

■ 琉璃厂地区最具代表性的建筑将在后文逐一介绍，另有一些保存较完整的
建筑，列表如下：

名称	地址	年代	现状
广西新馆	北柳巷4号	清	不详
江西南丰会馆	北柳巷29号	清	不详
吕祖祠	厂甸7号	清	现为民居，尚存正殿、东配殿
北京电话总局旧址	厂甸11号	清	主体尚存，外立面经重装。现为北京电信局
湖北扶越会馆	大沙土园胡同16号	清	不详
仁威观	琉璃厂东街	明	保存尚好
观音阁	琉璃厂东街	清	不详
琉璃厂东街东段传统建筑遗存	琉璃厂东街1、17—37、49—55、16、18、20、50—54、甲50	清—民国	未经大规模改建，原貌尚存
火神庙	琉璃厂东街29号	清重建	现为宣武区文化馆、北京宣武区作家协会
萃文阁篆刻店	琉璃厂东街58号	民国	1980年新建店堂
宝古斋	琉璃厂东街63号	1944年	1980年重修琉璃厂文化街时迁至此
一得阁墨汁店	琉璃厂东街67号	1865年	1980年新建店堂
戴月轩湖笔店	琉璃厂东街73号	1916年	1980年新建店堂
文盛斋灯画扇店	琉璃厂东街92号	清	1980年重修琉璃厂文化街时扩建
松筠阁	琉璃厂东街104号	民国	1980年新建店堂
延寿寺	琉璃厂东街延至延寿寺街	金	现已无存
地藏庵	琉璃厂西街101号	清	现为民居，保存较完整
翠珍斋	琉璃厂西街17号	民国	不详
荣宝斋	琉璃厂西街19号	1894年	1980年原址重建
清秘阁南纸店	琉璃厂西街52号	清	现仍经营文房四宝、名人画作等
陕西渭南新馆	琉璃井胡同4号	清	不详
洪亮吉宅	琉璃巷路北	清	不详
厂甸	南新华街	元	几经翻建，部分建筑仍存
北京第一实验小学	南新华街20号	民国	原址重建
湖北蒲圻会馆	万源夹道7号	清	不详
福德厚茶庄	西琉璃厂东口路西	民国	1980年重修琉璃厂文化街时翻建
王渔洋（王士禛）故居	西太平巷5号	清	现为民居，近代改建，保存良好
昆山会馆	小沙土园8、10号	清	现为民居，基本布局尚存
姚江会馆	姚江胡同1号	清	现为民居，基本布局尚存

大街俯瞰：20世纪50年代正阳门五牌楼拆除后的照片

㉗ 师大旧址
Site of Beijing Normal University

区级 / 要许可 / 现为杏坛宾馆、宣武区校办企业管理中心等	
地址：宣武区南新华街15号	
<M2> 和平门 / HEPINGMEN <B> 和平门	
年代：民国	

　　该校原为1901年建立的"五城中学堂"，1908年改为京师优级师范学堂，民国后改为京师高等师范学校，1923年改为北京师范大学。现存建筑从南向北依次为丁字楼、图书馆、两座办公室和两座宿舍楼。丁字楼为宿舍楼，建于20世纪30年代初，平面"凸"字形，三层砖混结构，青砖筒瓦。图书馆建于1923年，三层砖混结构，主立面向北，西洋古典风格。两座办公室均为清末建筑遗存，两座宿舍楼为三层砖混结构，坡屋顶，外形朴素端庄。

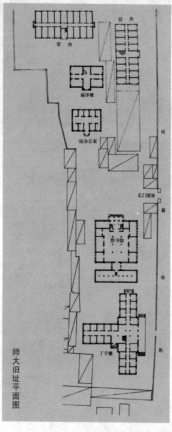

师大旧址平面图

师大旧址图书馆北立面

28 师大附小旧址
Site of Primary School Affiliated to
Beijing Normal University

区级 / 要许可 / 现为师大附中
地址：宣武区南新华街20号 电话：010-63030007
<M2> 和平门 / HEPINGMEN <B> 和平门
年代：民国

1912年9月5日与京师高等师范学校附属中学同时创立。大门朝西，为当时北京新式学校通用的形式，有多幢一层教室和一幢二层教学楼。一层教室为带外廊的砖木结构，三角桁架，铁皮屋顶；二层教学楼坐东朝西，主体为砖墙木桁架坡顶，三面有外廊。现建筑群基本保存原貌。邓颖超同志曾在此任教。

师大附小20世纪50年代的照片

新华街20世纪50年代的照片

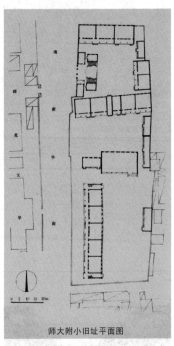

师大附小旧址平面图

师大附小旧址现状

厂甸旧照
（1901年，由西向东拍摄的照片）

海王村公园现状

29 海王村公园
Haiwangcun Park

现为中国书店

地址：宣武区琉璃厂东街115号

<M2> 和平门 / HEPINGMEN <B> 琉璃厂

年代：1918

1917年正式将琉璃厂规划为永久性商业街时，将原琉璃厂址南面的"厂甸"，加上建于1905年的工艺品陈列所，围成一处略带园林意味的市场，名"海王村公园"，民众习惯仍称为"厂甸"。市场正门南向，大门作欧式拱门，院内四周为砖木结构、略带洋风的单层铺面房，中央建八角亭，后部楼前还有欧式喷泉。现已改建为中国书店海王村市场，原貌不存。

30 琉璃厂火神庙
Temple of Fire God at Liulichang

注册文物单位 / 不开放 / 现为宣武文化馆

地址：宣武区琉璃厂东街29号

<M2> 和平门 / HEPINGMEN <B> 琉璃厂

年代：清

琉璃厂火神庙始建年代不详，在《日下旧闻考》中记为乾隆四十一年（1776年）重修，现状正殿坐北朝南，三间七檩加前廊一步，两侧有厢房、耳房，南面有倒座，西侧有一排平房，为庙区生活用房。火神庙建筑均为青砖墙体，硬山筒瓦屋面，檐下梁枋画苏式彩画，建筑布局规整，质量较高。此庙每年正月初一至十五厂甸庙会期间，为玉器集中的市场，因此颇负盛名。

31 商务印书馆旧址
Site of the Commercial Press

注册文物单位 / 要许可 / 现为某拍卖公司
地址: 宣武区琉璃厂西街36号
<M2> 和平门 / HEPINGMEN <B> 琉璃厂
年代: 1922

　　商务印书馆1897年创建于上海，位于北京琉璃厂的门市部建于1922年，是京城当时最大的书店，建筑坐南朝北，占地约390平方米，砖混结构三层楼，抹灰饰面，平面呈不对称的"凹"字形，临街店堂面阔略宽，柱网结构及底层分为三开间，二三层开窗则分为四开间，顶部有女儿墙。外形端庄典雅，略具洋风。

　　整座院落坐北朝南，分两进三组院落。其东院有房屋六间，前部原有花园，现已无存。为宣南保存较好的四合院。

32 东南园胡同49号四合院
Courtyard at No.49 Dongnanyuan Hutong

区级 / 要许可 / 现为建设银行北京分行老干部处
地址: 宣武区东南园胡同49号四合院
<M2> 和平门 / HEPINGMEN <B> 琉璃厂
年代: 清

东南园胡同49号四合院平面图

东南园胡同49号四合院大门

东南园胡同49号四合院大门内影壁

E 椿树地区

椿树地区 / Chunshu Region

地址：宣武区，和平门外，北起宣武门东大街，南至骡马市大街，东起南新华街，西至宣武门外大街

\<M2\> 和平门 / HEPINGMEN / \<B\> 和平门外

年代：清－民国

椿树地区北起宣武门东大街，南至骡马市大街，东起南新华街，西至宣武门外大街，因相传古时该区域内曾有一棵需两人方能合抱的大椿树，故名。椿树地区在辽代为荒郊，金代是嘉会坊的一部分，元代是村落，明清时期纳入南城以内。该区域除了琉璃厂西街是老北京商业文化中心以外，其他部分的古建筑以会馆为主，曾有会馆115个，同时由于会馆戏楼的集中，这一地区还曾是梨园艺术家的聚居地。富连成戏班始建于西草厂街，萧长华、荀慧生、尚小云等京剧表演艺术家都曾在该区内居住。该地区由于拓路和危改工程，古建筑保存已不多，甚至市级文物保护单位也有多处被拆除。

■ 椿树地区现存最具代表性的建筑将在后文逐一介绍，另有一些保存较完整的建筑，或已注册为重点文物保护单位后又被拆除的，列表如下：

名称	地址	年代	现状
江西黎川会馆	椿树二条21号	清	不详
湖南长沙会馆	椿树横胡同5号	清	不详
浙江黄岩会馆	椿树街道周家大院3号	清	不详
福建龙溪会馆	椿树上头条3号	清	不详
余叔岩故居	椿树上头条29号	清	现已拆除，建为椿树园小区。余叔岩为著名京剧老生表演艺术家，世称"余派"。故居坐北朝南，分中、东、西三路，入口在东路，为如意大门。主院是较为宽敞的四合院，倒座房和厢房之间原有垂花门。院内房屋均青砖到顶，木结构用料经济，但做工讲究。
陕西合阳会馆	椿树上二条12号	清	不详
广东顺德邑馆	椿树上二条13号	清	不详
山西盂县会馆	椿树上二条18号	清	不详
福建永春会馆	椿树上三条3号	清	不详
尚小云故居	椿树下二条1号	清	现已拆除，建为椿树园小区。尚小云（1899—1976年）为中国民国著名京剧表演艺术家，"四大名旦"之一。故居为东西两路院落，东院三进，西院一进，各有大门朝向内巷，东端设巷门。东院为剧社科班业务和会客、练功处，西院为住宅。故居院落格局完整、房间宽敞、用料考究，工程质量很高。
杨深秀旧居	东河沿街74号	清	现大部分已拆除
叶春善故居	海柏胡同15、17号	民国	不详
叶盛章故居	海柏胡同37号	民国	不详
河南怀庆会馆	红线胡同3号	清	不详
湖北郧中会馆	红线胡同16号	清	不详
杨宝森旧居	红线胡同17号	民国	不详
江苏淮安会馆	红线胡同51号	清	不详

续表

名称	地址	年代	现状
浙江台州会馆	后孙公园胡同10号	清	不详
江苏如泰会馆	后孙公园胡同12号	清	不详
福建泉郡会馆	后孙公园胡同31号	清	不详
河北正定会馆	教佳胡同1号、3号院	清	不详
江苏镇江馆附产	教佳胡同2号	清	不详
浙江海昌会馆	教佳胡同46号	清	不详
梁家园	梁家园胡同	明	现已无存
江苏惜字会馆	梁家园北胡同9号、东富藏胡同5号	清	不详
四川会馆（秦良玉屯兵处）	棉花上七条1号	清	现前院已翻建，后院仅存北房三间
江西吉州惜字会馆	棉花上四条8号	清	不详
贵州新馆	棉花上七条13号	清	不详
福建建宁会馆	南柳巷14号	清	不详
甘肃肃州会馆	南柳巷18号	清	不详
陕西华州会馆	南柳巷22号	清	不详
福建晋江会馆	南柳巷40、42号	清	不详
永兴寺	南柳巷45号	明—清	现存正殿、南北配殿
陕西凤翔会馆	前青厂胡同15号	清	不详
陕西榆林会馆	前青厂胡同56号	清	不详
陕西南郑会馆（南郑十二邑会馆）	前青厂胡同58号	清	不详
甘肃武威会馆（甘肃北馆）	山西街12号	清	不详
安徽宣城会馆（施愚山故居）	铁门胡同11号	清	后院已改建
江西广信会馆	铁门胡同13、15号	清	不详
铁老鹤庙	铁鸟胡同	明	现已无存
陕西蒲城会馆	铁鸟胡同21、23号	清	不详
陕西大荔会馆	铁鸟胡同26号	清	不详
萧长华旧居	西草厂街66号	民国	不详
江西抚州会馆	香炉营头条26号	清	不详
广东嘉应会馆	香炉营头条62号	清	不详
湖南北馆	香炉营西巷路西	清	不详
永光寺	永光寺东街	明	现已无存

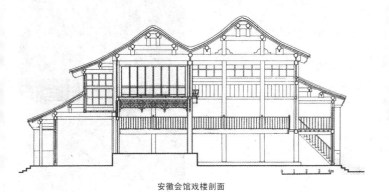

安徽会馆戏楼剖面

安徽会馆是京城著名的会馆之一。馆址原是明末清初著名学者孙承泽寓所"孙公园"的一部分，后又有许多知名人士曾在此居住。

同治十年（1871年），李鸿章兄弟在此集资创建安徽会馆，专事接待在职州、县官员以及副、参将以上级别的实权人物。安徽会馆建成后，又经过两次扩建和一次重修，是北京清末建设的规模最大的会馆。李鸿章曾为其两次组织捐款，并写有《新

建北京安徽会馆记》和《重修北京安徽会馆碑记》。光绪二十四年（1898年），这里曾是康有为等维新党人的活动场所。光绪二十六年（1900年）会馆为"八国联军"所占，设德军司令部于此。

会馆坐北朝南，占地面积约9000平方米，分中、东、西三路，各路庭院间以夹道相隔；每路皆为四进，共9个套院。中路为聚会、议事、祭祀的场所，主体建筑为文聚堂、魁星楼和戏楼，套院中有祭祀朱熹及历代名臣的神楼。东路为乡贤祠，有思敬堂、奎光阁、藤间吟室等，东夹道习射的箭亭。西路为接待用房。北部原有花园数亩，有假山、亭阁、池塘和小桥等，李鸿章曾在此接待过朝鲜使臣。现仅存碧玲珑馆，面阔5间，梁架为原物。馆内建筑和园林的设计有一定南方特色。会馆建筑除花园已无存外，基本格局保持尚好。

戏楼是中路规模最大的建筑，戏楼南北向，戏台在南面，后接扮戏房，其余三面为楼座，能容纳三四百人。建筑采取双卷勾连之悬山式屋

顶，东西两侧各展出重檐，形似歇山。北京安徽会馆的戏楼与正乙祠、湖广会馆、阳平会馆的戏楼被合称为"四大戏楼"，蜚声京城。清康熙年间，洪升的《长生殿》曾在此演出。清末徽班进京，三庆、四喜等四大徽班在京都立足，曾借助北京安徽会馆。同治、光绪年间，著名的徽班三庆班及名角程长庚、刘赶三等常在此演出。著名的京剧表演艺术家谭鑫培也曾在此登台献艺。

解放后安徽会馆中路的主要建筑为一小工厂所占，其他建筑作民居使用。1998年、2001年，政府对戏楼等主体部分进行了修缮。2006年，安徽会馆正由安徽省投资修复，并将筹建为中国传统音乐馆，及与安徽文化有关的商业场所。

安徽会馆戏楼内景

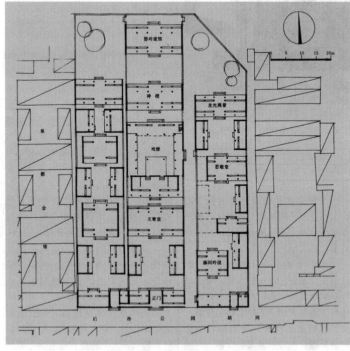

安徽会馆总平面图

《京报》的创始人邵飘萍为近代著名新闻工作者，提倡"新闻救国"，其办报宗旨是宣传进步思想，反对封建军阀制度，客观介绍马克思主义理论等进步思想，1926年遭反动军阀杀害。

京报馆由一栋两层木构小楼和一组坐北朝南的四合院组成。二层楼房面阔七间，临街立面为西洋古典式，门上方中央镌刻"京报馆"三个大字，是邵飘萍的手笔。楼后四合院，正房、两厢和倒座均为三间五檩，是京报馆编辑部的一部分。邵飘萍故居紧邻报馆东侧，为一坐北朝南的两进四合院，大门在报馆楼房南墙，经一狭长过道进入。

34 京报馆（邵飘萍故居）
Peking Newspaper Office
(Former Residence of Shao Piaoping)

市级 / 要许可 / 现为民居
地址：宣武区骡马市大街魏染胡同30号
<B> 果子巷，虎坊桥路口西
年代：民国

《京报》1918年创刊，原址在宣武门外珠巢街，1920年迁到现址。

于此，《日下旧闻》即在此撰写。当时他住在一座南屋中，屋前有亭，名"曝书亭"，院中种植青藤，故号"古藤书屋"。朱彝尊迁出后，由在朝官员温汝适等人集资购买，改为顺德会馆，后馆舍拓展形成今天的规模。会馆正门朝北，分为东、中、西三跨，西轴应为主要轴线，存有后罩房、正厅和过厅，过厅以南的建筑已毁，推测为朱彝尊故居及曝书亭。中轴布局改动较大，尚存正房、倒座房数间。东侧轴线有三组小院，应是后来添加的会馆客房。目前整个院落位于拆迁区，大部建筑拆除，仅剩门楼及个别房屋的结构部分，可能将改建翻新后开放。

35 顺德会馆（朱彝尊故居）
Shunde Guild Hall
(Former Residence of Zhu Yizun)

市级 / 现为民居
地址：宣武区海柏胡同16号，庄胜广场东侧
<B> 宣武门
年代：清

顺德会馆的前身为清初著名学者朱彝尊的住宅。朱彝尊曾入翰林院编修《明史》，后遭弹劾，谪居

㊱ 荀慧生故居
Former Residence of Xun Huisheng

区级 / 不开放 / 现为私人住宅	
地址：宣武区山西街甲13号	
<B> 菜市口北，果子巷	
年代：清	

荀慧生

荀慧生故居

荀慧生（1899—1986年），京剧"四大名旦"之一，世称"荀派"。

故居为传统四合院格局，但建筑形式受近代建筑影响，使用砖柱和墙体承重体系。院落坐北朝南，东侧出一门道临山西街，西侧为一小花园，有东房四间。现状保存完好。

㊲ 林白水故居（重建）
Former Residence of Lin Baishui (Rebuilt)

区级 / 不开放 / 现用途不明	
地址：宣武区棉花头条1号	
<B> 北兵马司，锣鼓巷	
年代：2006年重建	

林白水为我国早期教育家和新闻工作者，1922年在北京创办《社会日报》，抨击揭露军阀统治，1926年8月5日被军阀杀害。

故居共两进四合院，前院为报社，后院为住宅，布局紧凑，现状格局完整。2002年被强行拆除，2006年动工复建，现已完成。

38 京华印书局
Jinghua Press

市级 / 要许可	现为瑞祥大厦，一层为店铺
地址：	宣武区虎坊桥北口
<B>	北兵马司，锣鼓巷
年代：	民国

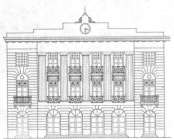

京华印书局东南立面图

京华印书局平面图

京华印书局前身是由康有为、梁启超等人创办的强学会改组的清官办撷华书局，为官营印刷机构，光绪十年（1884年）组建，原址位于前门外西柳树井（今珠市口西大街）。光绪三十一年（1905年）由上海商务印书馆出资接办，改名为京华印书局。虎坊桥北口的旧址为京华印书局印刷厂房所在地，竣工于1920年，楼共3层，占地面积1100余平方米。建筑西南部成锐角形状，平面呈不规则的矩形，形似轮船，俗称"船楼"。建筑采用当时先进的钢筋混凝土梁柱结构，以获得大跨度的工作空间，是北京最早的多层钢筋混凝土框架结构建筑之一。楼内有楼梯3组及垂直运货电梯1部。这部垂直运货电梯是北京最早的，也是唯一现存的木制导轨电梯，电梯至今还保持着木制的箱体，并能运行。

建筑造型略具西洋古典风格，主立面（即南立面）一层为水泥抹面仿块石墙，有券门、券窗，二、三层中间有石柱5根。柱间有阳台，饰以铸铁花式栏杆及仿石栏杆。屋顶有檐口女儿墙，正中镶有大钟。东、西立面装饰简单，有方窗，为印刷车间采光所用。

京华印书局

1937年，印书局生产停顿，1954年改为高等教育出版社印刷厂，属国家出版总署，名称仍叫京华印书局。"文革"期间改称为北京第二新华印刷厂。现在该楼临街部分被商店租用。2000年北京市建设广安大街，在虎坊桥至珠市口之间拐了个弯，保留了京华印书局、纪晓岚故居等文物。2005年政府出资对建筑进行大修。

■ 前门外西片地区其他古建筑文物点列表

名称	地址	年代	现状
山西太平北馆	百顺胡同	清	不详
程长庚旧居	百顺胡同36号	清	现基本保持原貌
百顺胡同茶室旧址	百顺胡同49号	清—民国	现为民居
陈德霖故居	百顺胡同55号	清	其建筑格局尚保留
协资庙（七圣庙）	北火扇胡同14号	明	现存大殿、后配楼
江西鄱阳会馆	茶儿胡同27号	清	不详
茶儿胡同清真寺	茶儿胡同2号	清重建	现为宣武区伊斯兰教协会
崔状元府	大安澜营胡同13号	明	现为幼儿园
安徽婺源会馆	大耳胡同6号	清	不详
甘肃凉州会馆	大外廊营旧门牌20号	清	不详
同仁堂药店	大栅栏街	清	现仍做商业用房
庆乐戏院	大栅栏街7号	清	现为歌厅
步瀛斋鞋店	大栅栏街8号	民国	重点老字号店铺
马聚源帽店	大栅栏街8号	清	不详
山西临汾会馆西馆	大栅栏街13号	明—清	现为山西省招待所
张一元茶庄	大栅栏街22号	民国	重点老字号店铺
同仁堂药店	大栅栏街24号	民国	重点老字号店铺
狗不理包子店	大栅栏街29号	民国	重点老字号店铺
瑞蚨祥皮货店	大栅栏街33号	清	现仍做商业用房
内联升鞋店	大栅栏街34号	民国	重点老字号店铺
大观楼电影院	大栅栏街36号	民国	重点老字号店铺，现为中国电影百年历史博物馆
张小泉刀剪店	大栅栏街37号	民国	重点老字号店铺
亨得利钟表店	大栅栏西街17号	民国	重点老字号店铺
稻香村	大栅栏西街23号	清宣统二年	不详
青云阁（商场）	大栅栏西街33号	民国	现为市政府招待所
江西赣宁会馆	甘井胡同12号	清	现已改建
靴鞋行公益会	甘井胡同旧门牌甲28号	清	不详
李渔故居遗址	韩家胡同25号	清	属北京九十五中，现存（芥子园）正、厢房各1间
五道庙	韩家胡同西口	明—清	现仅存面阔三间二层的玉皇阁
六必居酱园	粮食店街1号	清	1900年焚烧后按原貌重建
中和戏院	粮食店街7号	民国	现为戏院
北京客栈	粮食店街61号	民国	现为某旅馆
门框胡同小吃街	门框胡同	20世纪初	现已改建

续表

名称	地址	年代	现状
陕西富平西馆	南新华街103号	清—民国	不详
安徽凤阳会馆	排子胡同44号	清	不详
湖北江夏会馆	排子胡同44号	清	不详
王瑶卿旧居	培英胡同20号	民国	现为其后人居住
整容行公益会 （理发业同业公会）	培智胡同旧门牌甲31号	清	不详
一条龙羊肉馆	前门大街31号	清	现仍为餐馆
青凤夹道火神庙 （三圣庙）	青凤夹道1号	清	现尚存北楼、西楼
大弘庙	三眼井胡同2号	明—清	不详
怡春院（传为赛金花居所）	陕西巷北端东侧，榆树巷1号	清	现为民居
山西襄陵会馆	余家胡同11号	清	前院已翻盖，其余大部保存
浙江上虞会馆	余家胡同36号	清	大部分保持原状
安徽广德会馆	施家胡同2号	清	不详
三义客店（传为镖局）	施家胡同6号	清	现为施家胡同第一旅馆
安徽青阳会馆	施家胡同6号	清	现存正房、倒座，东西配房已无存
准提庵	石头胡同53号	不详	现为民居
杨小楼旧居	笤帚胡同18号	清	不详
广东肇庆会馆	铁树斜街86号	清	破坏严重，大部分翻建
梅兰芳祖居	铁树斜街101号	1894年	现为民居
谭鑫培旧居	铁树斜街大外廊营胡同1号	清	不详
广东仙城会馆	王皮胡同7号	清	不详
河北大宛会馆	西河沿22号	清	不详
金城银行南城	西河沿29号	民国	2005年拆毁大部分，办事处旧址现为民居
裘盛戎故居	西河沿123号	民国	现为中国经济科技开发国际交流协会
裘盛戎旧居	西河沿215号	民国	不详
浙江萧山会馆	西河沿街旧门牌200号	清	不详
广东潮州七邑会馆	延寿寺街12号	清	不详
江苏吴县会馆	延寿寺街33号	清	不详
广西平乐会馆	延寿寺街旧门牌16号	清	不详
江西高安会馆	燕家胡同3号	清	不详
笤帚胡同清真礼拜寺	扬威胡同9号	明末	现为清真寺、回民幼儿园
东升平浴池	杨梅竹斜街6号	民国	现为龙晓旅馆
安徽和舍会馆	杨梅竹斜街16号	清	破坏较严重

续表

名称	地址	年代	现状
湖南西西会馆	杨梅竹斜街59、61号	清	不详
银钱业公会	杨梅竹斜街96号	民国	现为民居
福建惠安会馆	耀武胡同9号	清	不详
观音寺	樱桃斜街2、4、6号和6号旁门	明—清	不详
刻字行公会	樱桃胡同19号	清	不详
贵州会馆	樱桃斜街27、29号	清	现为民居
梨园公会	樱桃斜街65号	民国	现为民居
陕西泾阳会馆	樱桃斜街93号	清	不详
浙江会馆	余家胡同17号	清—民国	保存较完整
云居禅林	云居胡同19号	清	现为民居
荣丰恒煤油庄旧址	掌扇胡同32号	民国	不详
临春楼旧址	朱家胡同45号	民国	不详
开明戏院	珠市口西大街28号	民国	现为影剧院

【13】前门外东片
East Region outside Qianmen

前门外东片古建筑位置图

正阳门

京奉铁路正阳门东车站旧址

前门地区医院

好再来饭庄

北京市高级人民法院

阳平会馆戏楼

福建汀州会馆北馆

A 鲜鱼口地区历史文化保护区

新开路20号四合院（新开路）

1b

1a 冬奎胡同53号四合院（鲜鱼口教堂）

兴隆街52号四合院（博方李延英故居）

北京新世界中心

前门外东片概述
Introduction of East Region outside Qianmen

鲜鱼口旧貌

　　该片区位于前门（正阳门）东南一侧，东至崇文门外大街，南至西晓市街，该区也是前门外繁华商业区的一部分，与大栅栏地区相对，其中鲜鱼口街区较为集中地保存了老北京南城商业区的风貌，被划分为北京市历史文化保护区。该地区的历史建筑遗存中，有市级文物保护单位5处、区级文物保护单位3处，后文将对其逐一介绍，另有一些20世纪80年代调查时保存较完整的建筑（其中部分建筑被列为文物保护单位后又被拆除），见本节末尾附表。

A 鲜鱼口街区

20世纪30年代的鲜鱼口

鲜鱼口 / Xianyukou Street Area

北京市历史文化保护区

地址：崇文区，正阳门以南，前门大街东侧
<M2> 前门 / QIANMEN　<B> 前门；大栅栏
年代：清－民国

北芦草园胡同现状

鲜鱼口地区西起前门大街、北至西打磨厂街、西兴隆街，东至草厂十条，南至珠市口东大街，与大栅栏地区共同构成老北京前门商业区。该区域的胡同群以南北走向和南北转向东西的方向为主，构成了北京城市肌理中极为特殊的一部分。街区建筑多为二层砖木混合结构，并保持传统"前店后坊、上住下商"的建筑空间形式，由于此处历史上是外来人口的聚居地，建筑形式兼有南方和北方的地域风格。

这一地区从西周、隋唐时期开始有人居住生活，是当时幽州城东部蓟县燕下乡的一处自然村落；辽金时期建都北京，鲜鱼口地区属于古高粱河流域的漕运中转站；自明代开始，鲜鱼口地区被划到外城之内，开始自发地进行城市建设，此地陆路、水路交通运输都极为方便，且有外城保护这一地区，因此人口骤增，并形成了街巷、集市，逐渐发展成商贸区。明朝正统年间，为护城河泄洪之需，于正阳桥东南低洼处开通壕口，向高粱河方向开挖形成了从西北到东南走向的河道，而平民百姓自发建造房屋，多受河流地势影响，在这些河道废除之后，就出现了不规则的斜街和弯曲的胡同这一特殊的城市肌理。草场三条至九条是一个保存较好的传统胡同和四合院区，胡同密集，间隔仅30米，是北京旧城中少见的南北走向的胡同群，四合院大门亦朝东、西开门，形成与北京城中其他典型四合院相异的格局，是规划中的重点保护区，道路已重新铺设。

清朝时，政府规定内城不准开设戏院、会馆和其他大型私营店铺，迫使内城一些店铺向外城转移，而前门鲜鱼口地区已经形成一定规模的商贸基础，在此基础上这一地区成为远近驰名的大商贸集地。名店、名字号闻名全国，且有"先有鲜鱼口，后有大栅栏"之称。街区内有数十家老字号，如马聚源帽店、田老泉毡帽店、天成斋鞋店、焖炉烤鸭老便宜坊、正明斋饽饽铺、长春堂药店、大众戏院、会仙居及天兴居炒肝店等，其中便宜坊烤鸭店和天兴居炒肝店保留至今。而且由于这一地区离内城很近，交通方便，各地官员来京城办事、学生进京赶考、商家前来经商多驻于此地，出现很多官办的和民办的会馆。据统计，鲜鱼口历史文化保护区境内共有25家各类会馆，有汀洲会馆、麻城会馆、兴国会馆、湖南会馆等。

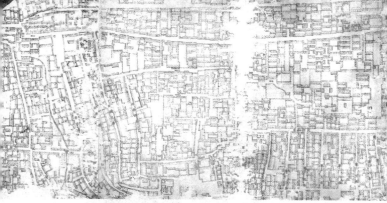

《乾隆京城全图》中的鲜鱼口区域平面图

草场七条旧照

草厂胡同修缮后现状

西兴隆街旧照

西兴隆街修缮后现状

① 京奉铁路正阳门东车站旧址
Site of East Railway Station of
Zhengyang Gate,
Beijing-Fengtian Railway

市级 / 购票参观（周一闭馆）/ 现为北京
铁路博物馆

地址：东城区前门大街甲2号
电话：010-67051638

\<M2\> 宣武门 / XUANWUMEN \<B\> 前门

年代：1906

京奉铁路正阳门东车站（简称东车站）始建于1903年，1906年建成，当时位于内城南墙与护城河之间。同一时期建成的还有京汉铁路正阳门西车站（约建成于1902年，规模比东车站要小，现已不存）。正是这两座车站的建成，使得前门地区交通量剧增，成为北京的综合商业中心和金融中心。

由于京奉铁路由英国修建，东车站也体现了20世纪初英国流行的维多利亚女王样式，整栋建筑基本是灰砖砌筑，只在墙体腰线、门窗套、拱脚边沿等局部饰以白色线脚或清水砖条纹装饰，外观简洁、色彩明快。中央候车大厅顶部采用三角屋架，正面（西面）山墙为扁拱形，拱脚镶中国式云龙雕饰。穹顶南侧钟楼挺拔高耸，打破了整栋建筑的水平感，形成整栋建筑的视觉中心，也成为前门地区繁华商业区中的地标。时人赞为"京奉火车车站殊，辉煌真个好规模"。

从清末至新中国成立，东车站一直是北京最大的车站，也曾是外地人进京的门户。著名文学家萧乾曾在回

正阳门东车站旧址，2007年的照片

正阳门东车站西立面，20世纪50年代的照片

正阳门东车站旧址，2007年的照片

正阳门东车站旧址西立面旧照

忆录中提到自己1949年乘火车乍到北京时的体验："我们沿着长长的站台往西走向出站口，一边走一边扭着脖子往北看那和站台平行的灰灰的高高的城墙。出了站抬头便是正阳门和箭楼，高大巍峨古色古香，背后衬着洁净的蓝天。北京站选择的地址实在好，旅客下车马上就能领略到古都风貌。"

　　1958年新建北京站后，前门东车站停用，改为北京铁路职工俱乐部，20世纪60—90年代，老车站多次被维修、改建，曾被改为剧场、商场等。1993年，北京铁路分局文化宫委托清华大学建筑学院进行改建方案研究，1997年动工改建，当时东车站原建筑仅存原中央候车大厅南墙以及南部辅助用房。清华大学的改建方案保留了原中央候车大厅的南墙和"南楼"西墙。历史上的西立面大圆拱在钟楼北侧，由于城市建设引起的地段变化，改建时把大圆拱置于钟楼南侧，并利用屋顶平台增设玻璃拱顶；改建后的北立面十一开间，西侧八开间为老墙（即原中央候车大厅南墙），东侧三开间为新建。20世纪90年代保留的墙体为红白相间，在改建中对墙体饰面逐层剥落，发现最早的墙面为清水灰砖，改建时恢复为灰白相间。2008年，东车站作为北京铁路博物馆重新开放。

正阳门东车站内景旧照

正阳门东车站前区鸟瞰
（20世纪初）

② 福建汀州会馆北馆
Northern Hall of Fujian Tingzhou Guild Hall

市级 / 要许可 / 现为民居
地址：崇文区前门外长巷下二条48号
<M2> 前门 / QIANMEN <B> 前门
年代：明

为福建在京同乡集资修建，分北馆和南馆两部分，隔街相对。北馆为市级文物保护单位，始建于明弘治年间（1488—1505年），万历十五年

（1587年），由福建省清流籍尚书裴应章购置作为会馆。

福建汀州北馆是北京罕见的福建风格民间古建筑庭院，其建筑考究、形制独特、雕刻精湛、色调淡雅，具有南方建筑特色。

北馆有大小6个院落，前后三进，房屋50余间。中院为主院，正房朝西，五开间，屋顶起坡平缓，前廊后庑，结构新颖。廊内装修花格子卷帘雕花门窗，廊顶露明天花，雕作罗锅椽，挑尖梁上有双象形蜀柱、梁头镂雕出天马、神牛等多种动物纹饰。除正房外，其他房屋均于2003年落架重修。

隔街相望的南馆为清乾隆年间建成，其中有大殿，内祀奉文魁星像，建筑规模较小。馆里原存匾额、石刻碑记及雕塑等文物，已无存。

③ 阳平会馆戏楼
Theater of Yangping Guild Hall

市级 / 要许可 / 现为天街房地产公司办公室
地址：崇文区前门外小江胡同32号、34号、36号　电话：010-67109002
<B> 珠市口
年代：清

阳平会馆始建年代已不可考，院落坐东朝西，由戏楼和三路四合院组成。中路四合院有倒座、南北厢房、扮戏房和戏楼，扮戏房和戏楼相通。南、北两路院子为阳平会馆用房，均

阳平会馆修缮后现状

保持原风格，各院有门道互通。目前仅存36号院与戏楼相通。

阳平会馆戏楼是北京现存规模较大、建筑考究、保存较完整的清代民间戏楼。现存的阳平会馆戏楼建于清嘉庆七年（1802年）（一说始建于明代，改建于乾隆年间），是一座十二檩卷棚前后双步廊悬山顶木构建筑。客座分两层，二楼正对戏台是一座卷棚顶前轩式官厢。两侧为看廊，置方桌凳椅，看廊护栏有雕花栏板和望

柱，后角两侧设置楼梯。楼下场地为普通席。楼上下壁面有木棂窗，楼内高悬巨匾数块，现存明末清初书法家王铎题写的"醒世铎"。戏楼两侧的壁面上绘有戏剧壁画，并设有神龛。面对戏台的后壁正中嵌有4联石刻，记载会馆建置沿革和修葺情况，已漫漶不清。

2006年修缮中的阳平会馆戏楼

戏台呈方形突出于场内，前有两根台柱，柱上挂抱匾，上有檐庑。戏台分上下三层，上有通口、下有坑道，可设置机关布景，用以演出变幻莫测的神话剧目，演员在戏台上上可"上天"下可"遁地"。

2002年崇文区政府启动会馆修复工程，戏楼内部保存完好，外部已翻修一新。

阳平会馆戏楼内景

④ 奋章胡同53号四合院（郝寿臣故居）
Courtyard at No.53 Fenzhang Hutong (Former Residence of Hao Shouchen)

区级 / 要许可 / 现挂牌为"文化文物局"办公室	
地址：崇文区奋章胡同53号 电话：010-67012271 010-67161804	
<M2> <M5> 崇文门 / CHONGWENMEN <B> 兴隆街，祈年大街北口	
年代：民国	

始建于1928年，是京剧表演艺术家郝寿臣先生1928—1961年间的故居。郝寿臣（1886—1961年），艺名小奎禄，河北香河人，幼年从李连仲习艺，演铜锤花脸，后改架子花脸，自成一派，做工念白均佳，善于刻画人物，擅演曹操，有"活孟德"之称，解放后任戏曲学校校长，1961年辞世。1985年郝寿臣之子郝德元先生尊父遗嘱将此宅献给政府办幼教事业。

现存建筑坐南朝北，大门位于西北角，院内正房五间，北房五间，东西厢房各三间，宅门西侧有门房一间，四面房屋用短廊相连，房屋中间为一小宅院，另有西跨院，南、东、北房各三间。

院落坐北朝南、布局严谨、保存完整，原为同仁堂乐家某支的私人宅院。正房面阔三间，进深二间，南房、东西厢房各三间。北房和南房的东西两侧各带一间耳房，各自形成一个单独的小跨院。院内所有房屋全部用角廊相连，院内方砖墁地，西北有角门。

所有建筑均为前出廊，青石台基，前有垂带踏步，墙为青砖砌筑，磨砖对缝，山墙砖雕精美。屋顶均为硬山合瓦箍头脊，带排山勾滴，檐下有飞椽，门窗木雕精美，椽头、柱头皆镶嵌珐琅图案。

⑥ 新开路（新革路）20号四合院
Courtyard at No.20 Xinkai Road (Xin'ge Road)

市级 / 要许可	现为民居

地址：崇文区东打磨厂新开路（新革路）20号

<M2> <M5> 崇文门 / CHONGWENMEN <B> 台基厂路口西，祈年大街北口

年代：民国

大型四合院建筑。传说该宅原为清末太监李莲英私邸之一，民国时期曾为中华戏曲学校旧址，京剧艺术大师梅兰芳、焦菊隐曾在此生活工作，后作为同仁堂药品仓库。同仁堂集团对该院落进行了多次修缮，由于市政道路的改造，大门迁到南侧，回廊也作了彻底维修，2007年作为同仁堂博物馆开放。

四合院原坐南朝北，宅门位于宅院的西北角，大门面对山墙影壁，前院有倒座房一排，正对垂花门；后三进院落均为合院式布局，正房面阔均为五间，东西厢房各三间，正房与厢房有回廊相连，第二进正房两侧有对称重楼。

⑥ 兴隆街52号四合院（传为李莲英故居）
Courtyard at No.52 Xinglong Street (said to be the Former Residence of Li Lianying)

区级	免费	现为同仁堂博物馆

地址：崇文区东兴隆街52号，新世界商场西侧

<M2> <M5> 崇文门 / CHONGWENMEN <B> 崇文门，花市路口南

年代：清

始建于清末同治、光绪年间，全院共分四进，是崇文区少有的

兴隆街52号四合院俯瞰

兴隆街52号四合院临街外观

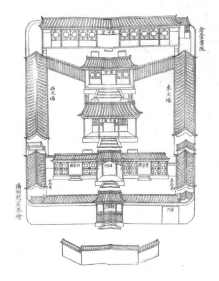

《光绪顺天府志》中的金台书院图

⑦ 金台书院
Jintai Academy of Classical Learning

市级 / 要许可 / 现为金台小学

| 地址：崇文区崇文门外东晓市大街203号 |
| 电话：010-67013207 |

| <B> 天坛北门，三里河 |

| 年代：明－清 |

原为明降将洪承畴赐园洪庄。清康熙三十九年（1700年）在此设义学，收孤寒生童就学，康熙四十一年（1702年）在洪庄内增建房舍，改称顺天书院，康熙帝曾赐御书额"广育群才"。乾隆十五年（1750年）重修，改名"金台书院"，道光、光绪年间又进行两次重修。光绪三十一年（1905年）废除科举推行学校教育，书院停办，改为顺直学堂。民国后几易校名，现为金台小学，校舍历经修缮和扩建，基本保留了金台书院的格局和主要建筑。

书院分东西两路，东路三进四合院。主体建筑有朱子堂、讲堂、大堂、官厅、东、西文场等。大门东壁镶嵌乾隆四十九年（1784年）《金台书院记》石刻，大门外有扇面形影壁和石雕卧狮一对，院内有石碑2座。陆润庠曾书赠"状元"匾悬挂垂花门里，故京师人俗称之"状元府"。

金台书院

⑧ 药王庙
Temple of Medicine God

区级 / 要许可 / 现为社区老年学校电教室
地址：崇文区东晓市101号
电话：010-67016089，67013206，67037833
<B> 红桥市场
年代：明—清

始建于明天启七年（1627年），原为明李铭诚所建，后改为大太监魏忠贤生祠，祠名"鸿勋"，崇祯帝继位后，诛杀魏忠贤及其党羽，将此庙敕封为药王庙。

药王庙是祭奉药王及历代名医的庙宇，明《帝京景物略》及清初《日下旧闻考》等史籍多有详尽记述，当时京城有许多药王庙，此庙称南药王庙，香火极盛，每逢初一、十五两日有庙会，是北京外城著名寺院。清康熙、乾隆年间维修和扩建。

庙的主要建筑坐北朝南，分东、西两部分，西路中轴线上原有山门、铁狮子、旗杆、钟鼓楼等，均已毁去，仅存药王殿，玉皇殿，三清殿，三清殿正西有一座二层小楼阁，楼下是关公殿，楼上为唐明皇殿；前院、中院有东西配殿，均为清代建筑。东路建筑原有临街罩房、吕祖殿、文昌殿、真武殿、戏楼、药王寝宫、财神殿、僚舍等，大多已拆除。原寺庙内有30余座石碑，记载建庙、修庙情况，现神像石碑均无存。

■ 前门外东片地区其他古建筑文物点列表

名称	地址	年代	现状
雷音禅林	北芦草园23号	明—清	整体建筑经维修，已部分失去原貌
北桥湾地藏庵	北桥湾10号	清	现存山门、大殿，配殿经翻建
山西会馆	北五老胡同5号	清	2002年拆除
五圣禅林	北五圣巷4号	清	保存尚好
灵应三官庙	北晓顺胡同1号	清	不详
丰镇会馆	冰窖斜街5号	清	保存尚完整
广东广州会馆	草厂头条7号	清	现已全部改建
湖北麻城会馆	草厂头条24号	清	保存尚好
广东韶州会馆	草厂二条2号	清	保存尚好
湖北黄冈会馆	草厂二条5号	清	南院尚存，北院已改建
安徽太平会馆	草厂三条19号	清	不详
湖南宝庆会馆	草厂五条27号	清	保存尚好
湖北孝感会馆	草厂六条18、20号，七条19号	清	保存较差
江西袁州会馆	草厂七条6号	清	保存尚好
江西南安会馆	草厂七条6号	清	保存尚完整
广东惠州会馆	草厂七条12号	清	现大部分已拆除或改建
湖南辰沅会馆	草厂八条27号	清	不详
湖南长沙会馆	草厂十条19号	清	保存尚完整
湖北会馆	长巷头条13号	清	不详
长春别墅	长巷头条33号	民国	保存完整
安徽新建会馆	长巷头条35号	清	经多次翻建，原貌已不存
江西丰城会馆	长巷头条53号	清	现大部分已改建
安徽泾县会馆	长巷头条60号	清	保存尚好
福建汀州会馆南馆	长巷头条62号，二条43号	清	主要建筑和布局基本保持原貌
安徽芜湖会馆	长巷五条7号	明—清	现存正房、东西厢房
安徽旌德会馆（旌德老馆）	大江胡同19号	明—清	不详
江西庐陵会馆	大江胡同29号	清	现原建依旧，保存完整
贵州会馆	大江胡同83号	清	现已全部改建
江西吉州会馆	大江胡同85号	清	保存尚完整
江西云间会馆	大江胡同112号	清	原为五进院，现仅存两进
台湾会馆	大江胡同114号	清	1980年左右重建
估衣会馆	大市胡同11号	民国	保存尚好
朝阳阁	大席胡同6号	清	现存南北殿、东西配殿
安徽石棣会馆	大席胡同20号	明—清	现布局未变，保存较好
江西德化会馆	大席胡同25号	清	经多次翻建，原貌已改
白衣观音庵	德丰东巷4号	清	现已改建
德丰西巷关帝庙	德丰西巷65号	清	现存山门、正殿，配殿和关帝像已无存
姚彬关王庙	东晓市街	元	曾以泥塑群像闻名，今已不存，仅遗旧址

续表

名称	地址	年代	现状
慈源寺	东晓市街149~155号	清	现存山门、前殿、后殿、东跨院
上湖南会馆	奋章胡同11号	明—清	原建尚存
广西会馆	銮庆胡同9号	清	现存前部两组院落，东院尚有一座两层阁
柳祖祠	罗家井胡同24号	清	现有享堂、两侧配房
福德禅林	罗家井胡同28号	清	现存山门、前殿及后楼两层
西竺庵	南芦草园30号	明—清	现已全部改建
关帝高庙	青云胡同22号	清	保存尚好
颜料会馆	青云胡同22号	明—清	馆舍格局基本保留，戏楼已改建不存
清化禅林	清华街7号	明—清	2000年拆除后殿，现存大殿及天王殿
西竺禅林	群智巷1号	清	现存正殿
广和楼	肉市街46号	明—清	现为广和剧场，建国后重建
浙江金华会馆	苏家坡胡同27号	清	2000年被拆除
源顺镖局旧址	西半壁街13号	清	建筑大体保存，为镖局创立者王子斌后人居住
广东粤东会馆	西打磨厂90号	清	现基本保存原布局
山西临汾会馆	西打磨厂105号	明—清	保存尚好
大德通银号旧址	西打磨厂213号	清	不详
观音阁	西打磨厂262号	清	现有山门，观音阁经重修，外貌已改观
长春堂	西兴隆街14号	清—民国	现存铺面
崇恩观	西兴隆街97号	明—清	现存正殿，东西配殿
山西晋翼会馆	小江胡同30号	清	现为民居
湖北黄安会馆	新开路1号	明—清	不详
重兴关帝庙	薛家湾11号	清	现保持原貌，尚完整
吴越钱氏宗祠	薛家湾39号	清	为一两进院
江西宜黄会馆	远望街17号	清	现已被拆除
天津会馆	珠市口东大街219号	清—民国	2000年被拆除，碑尚存
江西南康会馆	珠市口东大街393号	明—清	2000年被拆除

【14】外城南片
Southern Part of Outer City

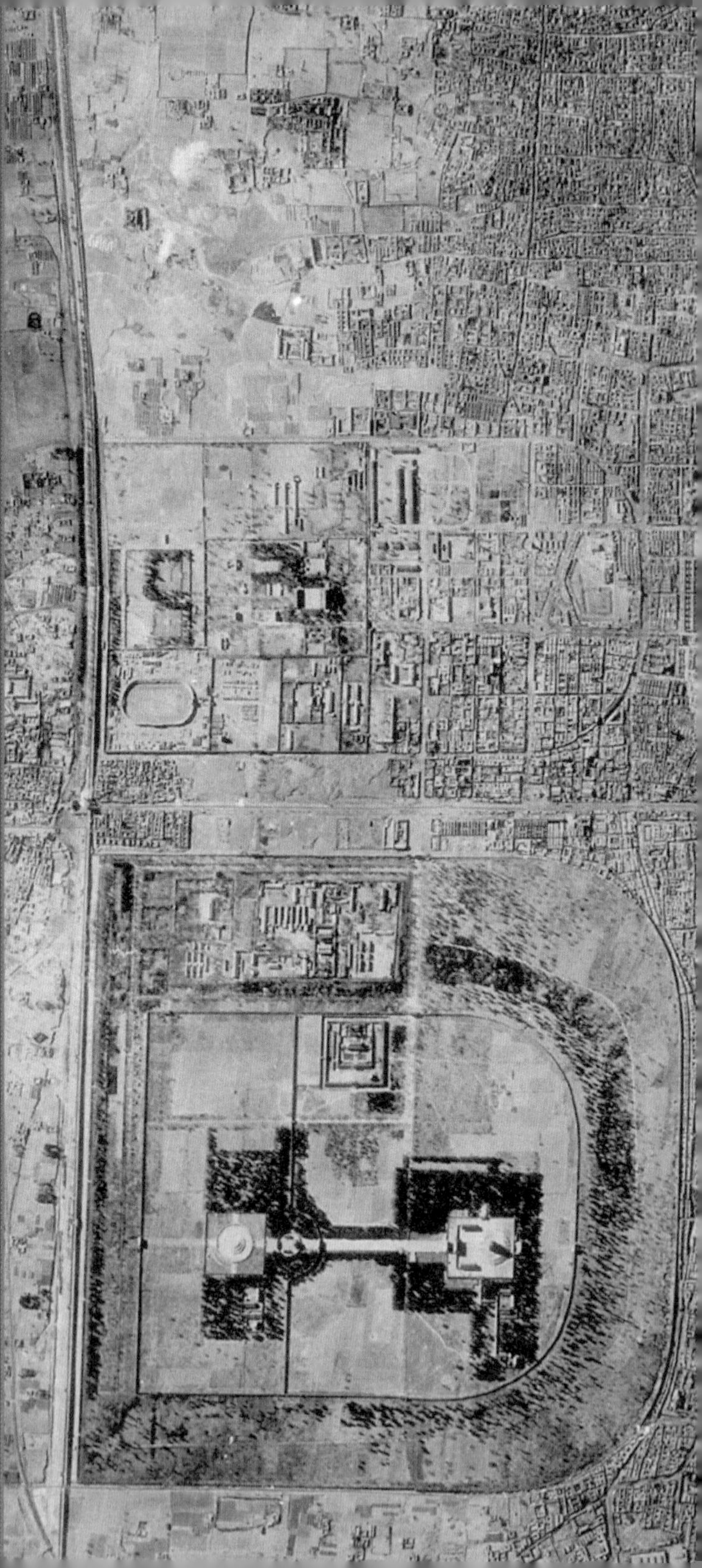

民国时期外城南片航拍图

外城南片概述
Introduction of Southern Part of Outer City

20世纪50年代从天坛上空远望前门

该片区分属于崇文区和宣武区，北起珠市口大街，西起菜市口大街，南至永定门—燕墩一带，东至天坛东路，是北京旧城南中轴的起点。2004年复建的永定门，虽然仅有城楼一座，却也使这曾经是世界上最宏伟的城市中轴线重获"起点"的地标。

该区域的南部有北京城内最重要的坛庙建筑群——天坛和先农坛，这两处坛庙建筑群占据了该区约1/2的面积；该区的北部邻接前门商业区，有较多的戏楼、会馆遗存；该区的西南部在元代以后设官窑，因取土制坯、垒台筑窑，形成洼地和窑台，后来积水成湖，成为后来陶然亭公园的园林水系。因此在这一片区，庄严的皇家礼制空间与繁华的市井商业空间并存，恢弘的城市中轴线与居民自发形成的曲折巷道并存，形成南城最具对比特色的文化景观。

该地区的历史建筑遗存中，有世界文化遗产1处、国家级文物保护单位1处、市级文物保护单位8处，后文将对其逐一介绍，另有一些20世纪80年代调查时保存较完整的建筑（其中部分建筑后来被拆除），见本节末尾的附表。

清同治皇帝祭天坛的景象

天坛鸟瞰，20世纪50年代的照片

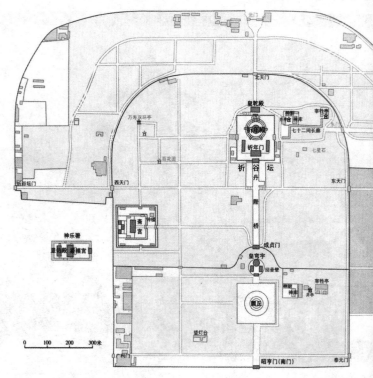

天坛总平面

① 天坛
Temple of Heaven

世界文化遗产 / 购票参观 / 现为天坛公园

地址：崇文区天坛内东里7号
电话：010-67012402 010-67013036
    010-67028866(总机)

‹M5› 天坛东门 / TIANTANDONGMEN

‹B› 天坛

年代：明—清

　　天坛位于北京外城南部永定门内大街东侧，正门朝西，与先农坛夹着全城中轴线对峙，总面积273公顷，约为紫禁城的4倍。建筑群保存完好，是明清两代帝王祭祀上天、祈祷五谷丰登，以及在大旱之年祈雨的场所，其整体布局和单体建筑均反映出中国古代宇宙观中天地与人之间的关系，是世界上最大的古代祭天建筑群。

　　天坛始建于明成祖永乐十八年（1420年）明朝迁都北京之初，当时名为"天地坛"，是帝王同时祭祀天地的地方；明嘉靖九年（1530年）天地分祀，又在北京北郊建立祭祀后土

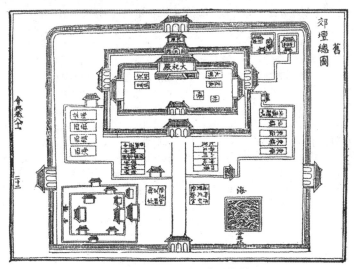

《大明会典》中的永乐十八年北京天地坛图

之神的地坛，并将"天地坛"改名为"天坛"，专为祭天祈谷所用，并将原来祭祀天地的大祀殿改为大享殿，天坛的规模自此形成，圆形建筑从此开始；清乾隆十二年（1747年）将天坛内外墙垣重建，改土墙为城砖包砌，中部到顶部包砌两层城砖，内坛墙的墙顶宽度减为4.8营造尺，不用檐柱，成为没有廊柱的悬檐走廊。经过改建的天坛内外坛墙更加厚重，周延十余里，成为极壮丽的景观。天坛除祈年门和皇乾殿是明朝遗物之外，其主要建筑祈年殿、皇穹宇、圜丘等也均在乾隆年间改建，其中祈年殿在清光绪十五年（1889年）被雷火焚毁后按原来的形制于次年重建。明清时期每年的一些重要时节，如冬至日、春天正月上辛日、孟夏日，皇帝都会到天坛进行祭祀与祈祷。

天坛有两重垣墙，分内坛和外坛两部分，呈"回"字形布局。外坛墙周长6553米，原本只在西墙上开辟

祈谷坛门和圜丘坛门，1949年后又陆续新建了东门和北门，并把内坛南面的昭亨门改为南门。天坛的内坛墙周长4152米，辟有六门：祈谷坛有东、北、西三座天门，圜丘坛的南面有泰元、昭亨和广利门。主要建筑集中在内坛，以长达360米的丹陛桥相连，形成宏伟的南北纵轴。坛墙南方北圆，象征天圆地方。内坛又分为南北二坛，圜丘坛在南，主要建筑为圜丘台、皇穹宇；祈谷坛在北，主要建筑

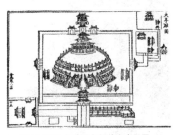

《大明会典》中嘉靖年间建大享殿图

有祈年殿、皇乾殿、祈年门。建筑布局宏阔疏朗，周围环绕数千古柏，气氛庄严肃穆。

天坛建筑群的主要设计思想是要在艺术上表现"天"的崇高、神圣，以及"天子"（皇帝）与"天"之间的密切关系，而这样的设计思想，又恰如其分地体现在建筑的宏观布局和微观细节之中，反映了古代建筑师卓越的空间组织才能和高超的设计手法。

在空间布局方面，首先运用轴线突出主体，一条高出地面的丹陛桥直贯南北，其两端恰当地安排了不同体量和形状的建筑，成为整个建筑群的重心。其次，在轴线上的各组建筑又运用尺度对比的方式突出了主体：如圜丘外面两层矮墙有助于空间的水平延展，使圜丘显得比真实尺度更加高大些；又如祈年门前布置一个狭长的庭院，与后面的大庭院形成反差，先抑后扬，加强了祈年殿的宏伟壮丽。此外，内坛和主轴线的布置，均偏于建筑群的东侧，使得西侧空间相对空旷，因此当人们从西边的正门进入天坛后，就能获得开阔的视野，在大片苍翠浓郁的柏林中感受到上天的伟大和自身的渺小。就单体建筑来说，祈年殿和皇穹宇都使用了圆形攒尖顶，它们外部的台基和屋檐层层收缩上举，也体现出一种与天接近的感觉。

天坛还是中国传统建筑象征手法的杰出代表。北圆南方的坛墙和圆形建筑搭配方形外墙的设计，蕴涵"天圆地方"的宇宙观；主要建筑使用蓝色琉璃瓦象征"青天"；圜丘坛石块与栏板数目附会"阳数"或其倍数，并符合"周天"360°的天象数字；祈年殿内外三层柱子的数目也和十二月、四季等"天时"数目相对应。这一系列的处理，给建筑蒙上了一层神秘的色彩。

天坛现状鸟瞰

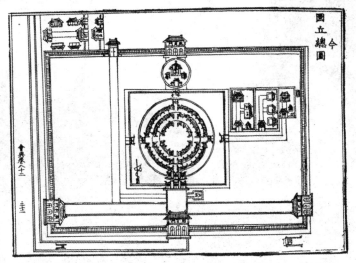

《大明会典》中的嘉靖建圜丘图（摹本）

■ 坛

"坛"在汉代《说文解字》中的解释是："坛，祭坛场也。"其本义指用于祭祀、会盟等的土筑高台，后作为中国古代用于祭祀天、地、社稷等活动的台型建筑的总称，也用来指代以"坛"为主体的整组建筑群，是中国古代礼制建筑的重要类型。

中国古代筑坛祭祀的制度至少可以追溯到周代，如《周礼·春官宗伯第三》载："冬日至，于地上之圜丘奏之，若乐六变，则天神皆降，可得而礼矣。"最初的祭祀活动在林中空地的土丘上进行，逐渐发展为用土筑坛，后由土台演变为砖石包砌。坛早期除用于祭祀外，也用于举行会盟、誓师、封禅、拜相、拜帅等重大仪式，后来逐渐成为中国封建社会最高统治者专用的祭祀建筑，规制也越来越复杂，包括许多附属建筑。主体建筑四周要筑一至二重低矮的围墙，古代称为"壝"（音[wéi]），四面开门。墙外有殿宇，收藏神位、祭器。又设宰牲亭、水井、燎炉和外墙、外门。壝墙和外墙之间密植松柏，气

氛肃穆。有的坛内设斋宫，供皇帝祭祀前斋戒之用。整个建筑群的组合往往通过圆形、方形、中轴线、层层叠起的台基等空间形式来体现皇帝、祖先以及天、地等各种神祇之间的关联。坛的建筑形式多以阴阳五行等学说为依据。例如天坛、地坛的主体建筑分别采用圆形和方形，来源于天圆地方之说。现存天坛所用石料的件数和尺寸都采用奇数，是采用古人以天为阳性和以奇数代表阳性的说法。

中国历代各种坛的建筑制度有所不同，如天和地、社和稷，有时分祀，有时合祭。都城各坛的坐落方位，在各个朝代也有所不同。清代北京的坛有天坛（包括圜丘坛和祈谷坛，见本书[14]-❶）、地坛（方泽坛）、朝日坛（日坛）、夕月坛（月坛）、社稷坛（见本书[1]-❸）、先农坛（包括太岁坛、天神坛、地祇坛，见本书[14]-❷）、先蚕坛（位于北海公园内，见本书[1]-❺）等。其中天坛、先农坛、地坛、日坛、月坛分别位于内城的南、北、东、西四郊，合称为"五郊坛"。

北宰牲亭建筑群

■ 天坛圜丘坛（1530年始建，1749年重建）

圜丘坛是皇帝举行祭天大礼的地方，始建于嘉靖九年（1530年）。坛平面呈圆形，共分三层，皆设汉白玉栏板。坛面原来使用蓝琉璃砖，乾隆十四年（1749年）重建后，改用坚硬耐久的艾叶青石铺设。每层的栏杆头上都刻有云龙纹，在每一栏杆下又向外伸出一石螭头，用于坛面排水。圜丘坛有外方内圆两重矮墙，象征着天圆地方。圜丘坛的附属建筑有皇穹宇及其配庑、神库、宰牲亭、三库（祭器库、乐器库、棕荐库）等。站在圜丘坛最上层中央的圆石上面，即使小声说话听起来也会显得十分洪亮，这是因为坛面光滑，声波得以快速地向四面八方传播，碰到周围的石栏，反射回来，与原声会合产生交混回响，使音量加倍。因此当皇帝在此祭天时，其洪亮声音产生神秘高远的效果，与祭礼时的庄严气氛相得益彰。

圜丘坛旧照

圜丘坛今景

■ 天坛皇穹宇（1530年始建，1752年重建）

　　皇穹宇位于圜丘坛以北，是供奉圜丘坛祭祀神位的场所，存放祭祀神牌的处所。始建于明嘉靖九年（1530年），初名泰神殿，嘉靖十七年（1538年）改称皇穹宇。为重檐圆攒尖顶建筑。清乾隆十七年（1752年）重建，改为鎏金宝顶单檐蓝瓦圆攒尖顶。有东西配庑各5间。其正殿及东西庑共围于一圆墙之内，墙高3.72米，直径61.5米，周长193米，墙面平整光洁，能够有规则地传递声波，而且回音悠长。人们在墙的不同位置面墙说话，站在远处墙边的人能十分清晰地听到，此为回音壁。皇穹宇台阶下有三块石板，即回音石；在靠台阶的第一块石板上站立，击掌，可以听到一声回声，站在第二块石板上击一掌，可以听到两声回声，站在第三块石板上击一掌，可以听到三声回声。

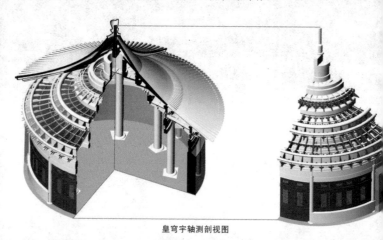

皇穹宇轴测剖视图

皇穹宇

天坛皇穹宇室内

祈年殿、祈谷坛鸟瞰

■ 天坛祈年殿、祈谷坛（1420年始建，1890年重建）

祈谷坛是举行孟春祈谷大典的场所，建于明永乐十八年（1420年），主要建筑有祈年殿、皇乾殿、东西配殿、祈年门、神厨、宰牲亭、长廊，祈谷坛的祭坛为坛殿结合的圆形建筑，是根据古代"屋下祭帝"的说法建立的。坛为三层，高5.6米，下层直径91米，中层直径80米，上层68米。

祈谷坛上为祈年殿，殿身圆形，高38米，直径32.7米，三重蓝琉璃瓦，圆形攒尖顶，宝顶镏金。祈年殿由28根巨柱支撑（原为楠木），柱子环状排列，正中4根龙井柱，高19.2米，直径1.2米，支撑上层屋檐；中间12根金柱支撑第二层屋檐；外围12根檐柱支撑第三层屋檐；相应设置三层天花，中间设置龙凤藻井；殿内梁枋施龙凤和玺彩画。祈年殿的三重檐攒尖屋顶在北京独一无二，此三重屋檐在明代初建时上檐用青色琉璃瓦，中檐用黄色琉璃瓦，下檐用绿色琉璃瓦，以象征天、地、万物，在清乾隆十六年（1751年）被改为统一的青

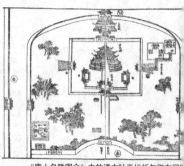

《唐土名胜图会》中的清中叶天坛祈年殿布局

乾隆十六年（1751年）整修前后的天坛祈年殿

色琉璃瓦，即今天所见的形象——应该说经乾隆朝的改动以后，祈年殿的色彩更加凝练、统一，建筑从上到下为蓝顶、红身和白色基座，宝顶与彩绘施以少许金色，艺术效果应较明代更为庄重、大气。

祈年殿

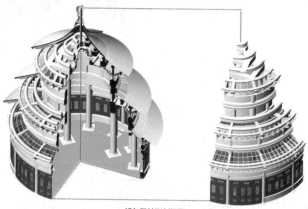

祈年殿轴测剖视图

下檐彩画

■ 天坛皇乾殿／（明）

皇乾殿是祈谷坛的另一座重要建筑，它坐落在祈年墙环绕的矩形院落里，其间有琉璃门相通。屋顶为庑殿式，覆盖蓝色琉璃瓦，下有汉白玉石栏杆的台基座。它是专为平时供奉"皇天上帝"和皇帝列祖列宗神版的殿宇。神版均供奉在形状像屋宇的神龛里，每逢农历初一、十五，管理祀祭的衙署定时派官员扫尘、上香。祭祀前一天，皇帝到此上香行礼后，由礼部尚书上香，行三跪九叩礼再由太常寺卿率官员将神牌恭请至龙亭内安放，由銮仪卫的校尉抬至祈年殿内相应神位安放，受祭。

自北天门望皇乾殿，远处是祈年殿屋顶

皇乾殿

皇乾殿

■ 天坛丹陛桥 / (明－清)

丹陛桥，又叫神道或海墁大道，是连接中轴线上三个主要建筑（圜丘坛、皇穹宇、祈谷坛）的一条长长的贯通南北的台基。桥长360米，宽29.4米，南端高1米，由南向北逐渐升至3米，象征着此道与天宫相接，皇帝由南至北步步升天。丹陛桥中间是神道，左边是御道，右边是王道。皇帝走御道，王公大臣走王道，神走神道。桥下有东西向的隧道，是祭祀前将牲畜送去屠宰的洞口。

■ 天坛神乐署 / (明－清)

神乐署在圜丘坛西天门外西北，始建于明永乐十八年（1420年）。神乐署是管理祭天时演奏古乐的机关。明代叫神乐观，当时神乐观的乐舞官、舞生都由道士担任。明永乐十八年迁都北京时，有300名乐舞生随驾进北京，以后明代神乐观常保持有乐舞生600名左右。到嘉靖时乐舞生总人数达2200名。

丹陛桥，自南向北望

神乐署

■ 天坛斋宫 / (明－清)

斋宫位于天坛西天门南，坐西朝东，是皇帝祭祀前斋戒沐浴的地方。所以，也可以说是一座小皇宫。它建有宫城，宫墙有两层：外层叫砖墙，内城称紫墙，两层墙外各有一重御沟。外城主要是防卫设施，四角建有值守房，东北角还有一座钟楼，内悬永乐年制太和钟一口，每逢皇帝进出斋宫，都要在此鸣钟迎送。斋宫内城分前、中、后三部分。前部以正殿为中心，正殿5间，为砖拱券结构（俗称"无梁殿式"）；正殿前有月台，上有斋戒铜人亭和时辰牌位亭；后部是皇帝的内宅寝宫；中部是一个狭长的院子，院内两端各有庑房五间，是主管太监和首领太监的值守房。斋宫共有建筑200余间，面积4万平方米，虽不及紫禁城金碧辉煌，但也规模宏大、典雅清幽。明、清两朝皇帝均在祀前来此"致斋"三日，只有雍正皇帝以后将"致斋"的前两日改在紫禁城内斋宫"致斋"，最后一天才迁居天坛斋宫。

斋宫东入口东立面

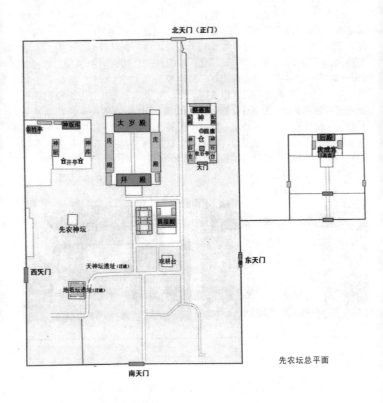

北天门（正门）

太岁殿

拜殿

神厨　神库

具服殿

观耕台

先农神坛

宰牲亭　神版库

井亭

天神坛遗址（迁建）

地祇坛遗址（迁建）

西天门

东天门

南天门

后殿

庆成宫（迁建）

先农坛总平面

北京古代建筑博物馆

② 先农坛
　Xiannong Altar

国家级 ／ 购票参观 ／ 现为北京古代建筑博物馆

地址：宣武区永定门外大街西侧，东经路21号
电话：010-63045608　010-63172150

<B> 先农坛

年代：明—清

　　先农坛是明清两代皇帝春天祭祀先农诸神和太岁诸神，并举行亲耕、发布"藉田诏"鼓励农耕的地方，位于北京市宣武区南中轴线以西，与天坛东西相对，遥相呼应。

　　先农坛创建于明永乐十八年（1420年），当时位于北京城南郊，建制沿用明初旧都南京礼仪规制，将先农、山川、太岁等自然界神灵共同组成一处坛庙建筑群，称山川坛。明嘉靖九年（1530年），于内坛墙南部增设天神坛、地祇坛。此后明清二朝不断修缮和增建。民国以后先农坛逐渐衰败，先后被辟为城南公园、北平公共体育场（后更名先农坛体育场）等，后又被华北育才小学、中国医学科学院药物研究所等单位占用。现在先农坛建筑群的主体部分，包括太岁殿院和神厨库院，已被辟为北京古代建筑博物馆，占用其他主要建筑的单位逐步被迁出。目前先农坛整体布局基本完整，建筑的构筑特色及艺术风格基本保留了明代特征。

先农坛占地约130公顷，由内外两重围墙环绕，外坛墙南北长约1424米，东西宽约700米，北圆南方（北已无存）。内坛墙南北长约446米，东西宽约306米，四面各设三间拱券门一座。坛内共有建筑群五组：1.庆成宫；2.太岁殿院及焚帛炉（现为北京古代建筑博物馆）；3.神厨库院及宰牲亭；4.神仓院；5.具服殿。另有坛台四座：观耕台、先农神坛、天神坛、地祇坛。这些建筑与坛台基本都坐落于内坛墙里，仅庆成

宫、天神坛、地祇坛位于内坛墙之外，外坛墙之内。

先农坛建筑体量宏大、出檐深远，保留了较多的明代特征。以下略述先农坛的几组主体建筑。

依照1750年《乾隆京城全图》复原的清中期先农坛格局

1944年航拍影像图中的先农坛

google earth所示2008年先农坛航空影像

《祭先农坛图》所描绘的雍正先农坛祭祀的景象

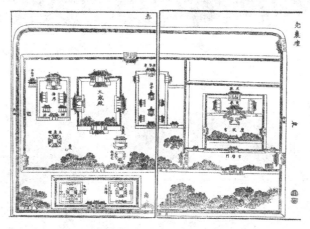

《唐土名胜图会》中的先农坛格局

图左上至下分别为：先农坛南天门、东天门及北天门

自上至下分别为：先农坛太岁殿院拜殿及正殿

■ 先农坛太岁殿院 ／（明）

太岁殿院是先农坛最雄伟的建筑群，位于先农神坛东北，是祭祀太岁神及春、夏、秋、冬等自然神灵之地，内有4座单体建筑：太岁殿，拜殿及东西配殿，建筑间用围墙相连，拜殿两侧墙及东西墙北侧共设随墙门4个。

太岁殿正殿通面阔七间51.35米，进深三间（十三檩）25.7米，屋顶单檐歇山，黑琉璃瓦绿剪边，彻上明造，用七踩单翘双昂镏金斗栱。殿内明间北部有神龛，无神像。拜殿面阔七间50.96米，进深三间（九檩）16.88米，前置月台，殿内采用厅堂式结构，彻上明造。屋顶单檐歇山，黑琉璃瓦绿剪边，用五踩单翘单昂镏金斗栱。拜殿及太岁殿檐柱柱头均有卷杀，木构架用金龙和玺彩绘，格扇门全用四抹头三交六椀菱花。东西配殿面阔各十一间55.56米，进深三间（七檩）13.58米，前出廊，悬山黑琉璃瓦屋面，不用斗栱，柱头有卷杀，柱有侧脚，开四抹方格格扇门，龙锦枋心彩画。太岁殿院外东南侧有砖券仿木结构焚帛炉一座，为祭祀时焚烧纸帛祭文之用。焚帛炉西向，面阔6.6米，进深3.74米，黑琉璃瓦绿剪边磨砖歇山屋面，须弥底座，正面设三个券洞门，四角有圆形磨砖圆柱，柱上雕刻旋子彩画为明代样式，额枋上砖雕五踩单翘单昂斗栱。

先农坛太岁殿院外焚帛炉

先农坛观耕台旧照

先农坛观耕台

■ 先农坛观耕台 / (1754年)

观耕台是皇帝行藉耕之典的地方，为清乾隆年间重建（明代为木制），台高1.9米，每面方16米，东、西、南三面各设台阶。台基上为方砖墁地，四周有汉白玉石栏杆，望柱头雕云龙，外侧上沿雕缠枝莲花。台基底部用须弥座，由黄绿琉璃砖砌筑，上刻植物纹样。观耕台南面原有"一亩三分地"，是皇帝亲耕的田地，现被华北育才小学运动场占用。

■ 先农坛具服殿 / (明)

具服殿及其南面的观耕台形成一条纵轴，位于太岁殿东南。

具服殿是明清两代帝王祭先农时更衣的场所，建于1.65米的高台上，面阔五间27.22米，进深三间（七檩）14.24米，前置月台。单檐歇山绿琉璃瓦屋面，殿内彻上明造，斗栱用一斗三升隔架科。外檐柱头卷杀，用五踩单翘单昂镏金斗栱，金龙和玺彩画。

先农坛具服殿旧照

先农坛具服殿

先农坛神仓大门

■ 先农坛神仓院 / (清)

神仓院位于太岁殿东部，建于清乾隆十七年（1752年），有"天下第一仓"之誉，用以储存皇帝亲耕所获的谷物，供北京各坛庙祭祀使用。神仓院是存放耕田收获的谷物的地方，亲耕收获的谷物。院子分为前后两个院，前院有收谷亭、圆廪神仓和库房，后院是祭器的库房。

神仓院坐北向南，设隔墙分为前后两院，前院中轴线从南向北依次

为山门、收谷亭、圆廪神仓，后院中轴线上为祭器库，左右分列仓房、神仓、值房各三座。主体建筑圆廪神仓为圆形平面，单檐攒尖顶黑琉璃瓦绿剪边，无斗栱，檐柱8根，柱间用板壁、格扇门。室内除在原地平铺方砖外，又在其上置厚16厘米、宽13厘米的木地梁，上铺木地板，此为贮粮防潮。祭器库面阔五间，进深两间，悬山顶屋面，上铺削割瓦，造型扁阔矮

先农坛神仓仓房

小。两侧仓房面阔均为三间，进深一间，南部仓房作硬山屋面铺削割瓦，北部仓房作悬山屋面铺黑琉璃瓦绿剪边，明间瓦顶正中设悬山顶天窗。神仓院建筑彩画，除收谷亭为雅伍墨旋子彩画外，其余均为皇家祭祀仓储建筑专用的雄黄玉旋子彩画。祭器库现为天路行集团占用，神仓为北京古建筑文物研究所占用。

先农坛神仓旧照，自大门望收谷亭

先农坛神仓圆廪

坛神仓收谷亭

■ 先农坛神厨库院 / (明－清)

神厨库院是存放先农诸神神位和准备牺牲祭品的院落，位于太岁殿院之西，坐北向南，中轴线北端为供奉神位的正殿，东西两侧为神库与神厨，院落南侧分列井亭二座。院落轴线外南部为先农神坛，西北围墙外有宰牲亭。

大门现仅存立柱及斗栱等木构架，柱头斗栱无大斗，栱从立柱卯口跳出，脊檩直接置于柱头之上。推测

屋面为单檐悬山式。正殿面阔五间，进深四间，悬山屋面铺削割瓦。井亭平面六角形，用三踩单昂镏金斗栱，斗下面有内幽页，是明末以前的做法。室内中心有井口，上置高近80厘米的六角形石井台，屋面为篆顶，中心透空，与室内井口相对，以为天地一气之意。井亭正北有礓磜步道。东侧神库是存放祭祀和亲耕用品的地方，面阔五间，进深一间，悬山顶铺削割瓦，椽飞上用石望板。西侧神厨面阔五间，进深两间，悬山顶铺削割瓦，窗外于台明上置石水槽。

先农坛神厨井亭内部

先农坛神厨库院

先农坛神厨库院大门

■ 先农坛宰牲亭 / (明－清)

宰牲亭是祭祀宰杀牺牲的亭子，位于神厨院西北部，先农坛西侧内坛墙之内。面阔五间，进深三间。屋顶用两层檐，室内为单层。上层檐为悬山顶，下层为四坡水，均铺削割瓦。上层梁架面阔三间、进深一间。室内明间正中有长2.4米、宽1.16米、深1.3米的毛血池，为宰杀牲畜所需，池上下均有排水口。

先农坛宰牲亭修缮前的照片

■ 先农坛先农神坛 / (明－清)

先农神坛是皇帝祭祀先农神的祭坛，位于神厨院外正南，平面呈方形，边长约15米，高约1.5米，石包砖砌，四面有台阶。

神厨院建筑彩画均为墨线大点金龙锦枋心旋子彩画。宰牲亭外檐彩画无地杖，直接绘于大木上，为明代彩画做法。

1998年北京市文物局对该院进行了大修，按清官式做法复原大门，并更换了神厨、神库等建筑的门窗。

先农神坛

■ 先农坛神祇坛 / (明)

天神坛、地祇坛合称神祇坛。始建于明嘉靖十一年（1532年），位于先农坛内坛南门外，两坛四周各有青石棂星门及矮墙环绕。东为天神坛，坐北朝南，供奉云、雨、风、雷之神。西为地祇坛，坐南朝北，北设棂星门三座，东西南三面各设棂星门一座，供奉五岳、五镇、四海、四渎、京畿名山大川、天下名山大川之神。目前神坛用地为多家单位占用，其棂星门和矮墙尚有踪迹可寻。地祇坛九座神位于2002年移至太岁殿西南保护，以冬青和紫叶小檗组成的花坛模拟再现了昔日地祇坛坛台的旧貌。

先农坛天神坛棂星门

先农坛地祇坛旧貌

■ 先农坛庆成宫 /（明－清）

庆成宫位于先农坛内坛东北部，始建于明天顺二年（1458年），原为山川坛斋宫，清乾隆年大修后更名为庆成宫，作为皇帝行籍耕礼后休息和犒劳百官之地。

庆成宫坐北朝南，设内外宫门，形成内外两个院落，院内东侧原有一座钟楼。现状中轴线从南向北依次为宫门、内宫门、大殿、妃宫殿。主体建筑大殿、妃宫殿各五间，集中在轴线北部的高台上，其间东西两侧有配殿各三间，外有围墙，形成一座封闭的院落，高台两侧又各为一个院落。内宫门与大殿间院墙东西各有拱券掖门一间。院内所有建筑及围墙全部为绿琉璃瓦。现为工厂仓库占用。

先农坛庆成宫

先农坛庆成宫殿内天花

先农坛庆成宫

先农坛庆成宫大殿

■ 先农

即农耕之神，远古称帝社、王社，至汉时始称先农。"春时东耕于藉田，引诗先农，则神农也"（《汉仪》）；"坛于田，以祀先农"（《五经要议》）。魏时，先农为国六神之一（"风伯、雨师、灵星、先农、社、稷为国六神"（《唐书·卷十四》））。唐以前，祭祀先农的祭坛称为藉田坛，垂拱年(685－688年)后改为先农坛。至此，祭祀先农正式定为中国社会的一种礼制，每年开春，皇帝亲领文武百官行藉田礼于先农坛。

■ 太岁神

为道教神明的尊称，又称太岁星君或者岁君。太岁最早出现在《荀子·儒效篇》中，而避太岁的信仰则是从避岁星的占星术中分化出来的。古人将周天分成12段，每段对应一个地支，对应太岁12神。行事与太岁相顺则吉，相逆则凶。祭拜"本命星"的习俗亦缘于此。地支纪年与天干纪年的方式相结合，产生60年为一甲子，其中每一年对应一位值年太岁或岁君，负责掌管人间祸福，也掌管这一年出生的人一生的旦夕祸福，这样就有60位太岁，又统称为60甲子神。60太岁神的信仰从南北朝开始流传，清初沿用并更名，即现在各地安奉太岁的庙宇里的60太岁。除了先农坛太岁殿外，北京白云观元辰殿亦供奉60太岁。

■ 祭祀和亲耕

祭祀先农和亲耕的传统，可以追溯到周朝，但不是每年举行。明清两代，成为国家重要的祭祀典礼。每年仲春亥日皇帝率百官到先农坛祭祀先农神并亲耕（称为藉田礼）。在先农神坛祭拜过先农神后，在具服殿更换亲耕礼服，随后到亲耕田举行亲耕礼。亲耕礼毕后，在观耕台观看王公大臣耕作。秋天，亲耕田收获后，将谷物存放在神仓院，供北京九坛八庙祭祀使用。

■ 先农坛位于古建博物馆之外的遗迹，现在多为单位所占用，但尚可寻觅，现将其现状列表于下：

名称	开放方式	归属
太岁殿	购票参观	北京古代建筑博物馆
具服殿	不开放	单位使用
观耕台	购票参观	北京古代建筑博物馆
庆成宫	不开放	工厂仓库使用
神厨库	购票参观	北京古代建筑博物馆
神仓祭器库	不开放	北京古建筑文物研究所及天路行集团占用
宰牲亭	修缮中，不开放	
先农神坛	购票参观	北京古代建筑博物馆
天神坛、地祇坛		坛垣为单位使用，神位移至太岁殿西南
神祇坛门、墙遗址		单位使用
北天门		北京古代建筑博物馆
东天门		不详
南天门		育才学校使用
西天门		单位使用
外坛东门		单位使用
外坛墙址		1930年拆除
内坛墙址		单位使用，保存较完整，北墙东段已拆除

③ 正阳桥疏渠记方碑
Square Stele of Records of Dredging the Channel, Zhengyang Bridge

市级 / 现位于民居内

地址：崇文区红庙街78号

<B> 天桥路口东，珠市口南

年代：清

正阳桥疏渠记方碑刻于清乾隆五十六年（1791年）。清初，天桥附近的水道减水河，向东经鱼藻池、状元桥、红桥、窑坑（今龙潭湖）出城，时天桥南的渠道常淤塞不通，乾隆派人疏渠，因成效显著，故亲书为记。

碑体为方柱形，南向，高约8米，各面均宽1.45米。顶部有四角攒尖式碑盖，四脊各雕行龙1条，龙昂首曲身呈波浪形，龙尾聚于宝顶。碑身下为须弥座，碑额和碑边饰龙纹。碑四面均刻有文字，南、西面为汉字，北、东面为满文，上首为汉字题名"正阳桥疏渠记"，末题"乾隆五十四年御制记并书"，记载了北京水道情况及当年天桥河渠整修的情况，是研究清水道建设的重要资料。

此碑原在减水河畔的敕赐弘济寺山门内，庙宇建筑于解放后被拆除，改为简易居民楼。

④ 永定门（复建）
Yongding Gate (Rebuilt)

要许可 / 现为崇文旅游咨询公司

地址：崇文区永定门 电话：010-67019196

<B> 永定门东，永定门西，永定门内

年代：2004年重建

永定门是北京明清外城七门中最大、最重要的城门，位于北京城中轴线的南端，标志着老北京中轴线的起点。

永定门城楼始建于明嘉靖三十二年（1553年）；嘉靖四十三年（1564年）补建瓮城；清乾隆十五年（1750年）增建箭楼，重建瓮城；乾隆三十一年（1766年），重修城楼，加高城台和城楼层顶，采用重檐歇山三滴水楼阁式建筑，使用灰筒瓦、绿剪边，饰琉璃瓦脊兽；面阔五间，通宽24米；进深三间，通进深10.50米；

自新建的永定门城楼向正阳门方向北望

自新建的永定门城楼南望新城

永定门箭楼立面图

永定门城楼立面图

楼连台通高26米。此时永定门已成外城之最大城门。

1957年，永定门在北京改扩建工程中被拆除。2004年，永定门作为"人文奥运文物保护计划"在原地基上重建，主要依据是1937年北平市文物整理委员会的永定门城楼实测图、1957年拆除时绘制的建筑结构图，及故宫博物院等提供的永定门建成以来的文字图片资料。城砖使用了拆除永定门时用城砖修建的三台山危险品仓库墙砖4000多块，牌匾使用了2003年在先农坛内一株古柏下发现的明代原配永定门石匾。

5 燕墩（烟墩）
Yandun Terrace

市级 / 免费 / 现为燕墩公园
地址：崇文区永定门外大街西侧
<B> 永定门西
年代：元－清

燕墩位于崇文区永定门外，又称烟墩。元、明时期北京有"五镇"之说，南方之镇即为燕墩。南方在五行中属火，故燕墩为报警烽火台，也是北京元代城址南沿遗存的重要标志物。正如清代杨静山的《燕墩》诗云："沙路迢迢古迹存，石幢卓立号燕墩。大都旧事谁能说，正对当年丽正门。"

燕墩元代始建时为土台，后立碑，砖包四周。墩台下广上狭，平面呈正方形，台底边长约15米，高约9米，正南有石阶，北面有石门2扇，其中一扇在"文化大革命"中被毁，后于1985年仿制。台顶四周原有矮墙（现仅存痕迹），正中竖立乾隆帝御制碑1通，碑身长方形，承以白石束腰须弥座，座宽及高各为1.9米，碑身每面宽1.58米，高7.5米，南、北碑边刻云纹，内刻《皇都篇》和《帝都篇》，均为清乾隆十八年（1753年）"御笔"，阴文楷书，汉、满对照，每面汉字8行，是记述北京幽燕之地的重要史料。碑顶为四角攒尖顶石檐，五脊各有一龙，檐下有石雕3层。1990年维修台顶，并对碑身进行了防护处理。

此碑另有同时期的副本一件，原存于天桥地区的"斗姆宫"，民国时移至先农坛东北外坛墙下，后埋至地下，2005年掘出，现藏于首都博物馆新馆。

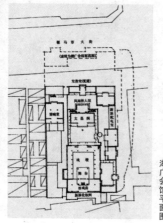

⑬ 湖广会馆
Huguang Guild Hall

市级 / 购票参观 / 现为北京戏曲博物馆、湖广会馆戏楼

地址：宣武区虎坊桥西南角，虎坊路3号
电话：010-63518284

<⑬> 虎坊路

年代：清

湖广会馆平面图

湖广会馆建于清嘉庆十二年（1807年），是湖南、湖北两省的省馆，其中戏楼被誉为世界十大木结构剧场建筑之一。

该馆址原为明宰辅（辅佐幼皇）张居正宅邸，万历年间张宅抄没后改建为全楚会馆。清朝康熙年间为刑部尚书徐乾学的别墅南园，后数易其主。清嘉庆十二年（1807年）建湖广会馆。道光二十九年（1849年），曾国藩等倡议重修，增建风雨怀人馆和花园。光绪十八年（1892年）又翻修或续建，添建游廊，形成现规模。1900年"八国联军"侵华入京，美提督以该馆为司令部。1912年，孙中山先生曾五次在湖广会馆发表政治演说，并于同年8月25日在此主持召开了国民党成立大会。1996年湖广会馆重修竣工开放，大戏楼每晚由北京京剧院名家进行表演；馆后辟为北京戏曲博物馆；风雨怀人馆设孙中山研究室。

会馆分东、中、西三路，大门原坐南朝北，已不存，主要建筑有大戏楼、乡贤祠、文昌阁、宝善堂、楚畹堂、风雨怀人馆，已修葺一新。后院原有宝善堂、楚畹堂等建筑，西部还有园林数亩，园中有亭和配廊，"堂中装饰雅洁，四壁嵌有名人手迹石刻，园中竹木荫浓，花草繁植，春秋佳日，益多情趣，前清时名流学士每于此宴会唱酬。"北部于1981年拓宽骡马市大街时拆除，西部花园于80年代中期被占用，建成两栋11层的住宅塔楼。

湖广会馆垂花门图

湖广会馆戏楼剖面图

■ 湖广会馆戏楼 / (清)

湖广会馆戏楼建于清道光十年（1830年），是京城现存完好的四座会馆戏楼之一（另三座是安徽会馆、正乙祠和阳平会馆戏楼），在该馆中院前部。戏楼面阔五间，当心间即舞台柱间宽度达5.68米，戏楼为抬梁式木结构，双卷重檐悬山顶，仰合瓦屋面。上檐双卷高跨为十檩，低跨为六檩，十一架大梁跨度达11.36米，在北京民间建筑中十分罕见。舞台为方形开放式，台沿有矮栏，坐南朝北，台前为露天平地（后改为室内戏楼），三面各有两层看台，可容千人。民国以后这里曾演义务戏数次，谭鑫培、余叔岩、梅兰芳、程砚秋诸名伶曾在此演出。

湖广会馆戏楼内部

湖广会馆乡贤祠旧照

■ 湖广会馆乡贤祠及文昌阁 / (清)

湖广会馆乡贤词位于中院，用于祭祀"全楚先贤"，北屋三楹，南向，阶前有一口井，径约2尺，深7丈有余，据纪晓岚《阅微草堂笔记》称，此井"子午二时汲则甘，余时则否"，故名"子午井"；乡贤祠楼上有文昌阁，南向，奉"文昌帝君神位"；风雨怀人馆在乡贤祠和文昌阁后室，三间，建筑在高台上，从两侧斜廊而下，前后均可通达，传为曾国藩布置。

湖广会馆乡贤祠及文昌阁

1 南海会馆（康有为故居）
Nanhai Guild Hall (Former
Residence of Kang Youwei)

市级 / 要许可 / 现为民居
地址：宣武区米市胡同43号
<B> 南横街
年代：清

南海会馆为广东南海县会馆，道光年间由官宅改建，光绪年间又扩建。

会馆坐西朝东，并列四组院落，最南面的一组是光绪时期添加的三进四合院，北面三组是规整的清代官宅格局。中轴主院为礼仪部分，有二进院落。南偏院为居住部分，共三院。北偏院为休闲游憩部分，布局较灵活，原有游廊、小轩，现已改建；北院原有七株树，此院正房即康有为所居的"七树堂"，北面小轩全装玻璃窗，形似画舫，故名"汗漫舫"。因康有为在此办《中外纪闻》报，并领导了"戊戌变法"，因而闻名。

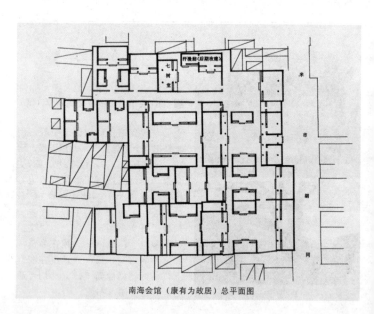

南海会馆（康有为故居）总平面图

南海会馆七树堂旧址

■ 会馆

会馆是中国古代公共建筑的一种，分同乡会馆和行业会馆两类。前者为客居外地的同乡人提供聚会、联络和居住的处所；后者是商业、手工业行会会商和办事的处所。会馆大多建于首都、省会和商业、手工业发达的城市。清末，北京宣武门外有会馆百余处。这种建筑在明清之际已经定型。

同乡会馆的建筑形式大致同大型住宅相似，有些就是大型住宅改建而成的。为维系乡谊，多在正厅或专辟一室为祠堂，供奉乡贤。正厅为同乡聚会宴饮之处，其余房屋供同乡借居。有的大会馆设有学塾，供同乡子弟入学。清代北京的一些省级会馆规模很大，建有戏楼。如江西会馆、奉天会馆、四川会馆和现存的湖南会馆等。

行业会馆与同乡会馆风格不同，但总体布置仍近似住宅建筑。馆内多供有这个行业的祖师或神祇，还有演戏酬神用的戏台，或独立建造，或建在大门背面上层。观众席设在正厅、厢楼或庭院中，有的还在庭院上空加建篷盖。为夸耀本行业的兴盛富裕，行业会馆多讲究装饰，常用繁复雕刻和金彩装饰。正乙祠是此类会馆的典型代表。

康有为 (1858－1927年)，广东南海人，又号"康南海"，近代著名学者、政治家、思想家、社会改革家和书法家。康有为早年受宋明理学的影响，22岁时开始接受西方的新思想，后来开办万木草堂学馆，撰写《新学伪经考》、《孔子改制考》、《大同书》等，为维新派奠定了理论基础。1895年北京会试前夕，正值清政府要与日本订立丧权辱国的《马关条约》，前来应试的举人义愤填膺。康有为连夜起草万言书并发起各省举人集会，将万言书呈交都察院，即后来有名的"公车上书"。康有为在此次会试中了进士，被任命为工部主事，后来多次向光绪皇帝上书，系统地提出了自己的变法思想：在政治方面，变君主专制为君主立宪，"东西国之强，皆以立宪法，开国会之故。国会者，君与国民共议一国之政法也"；在经济方面，发展工业，振兴商业，保护民族资产阶级利益；在文化教育方面，"开民智"、"兴学校"、"废八股"。这几个方面构成了康有为后来变法维新的基本纲领。

1898年6月11日，在光绪皇帝的支持下，康有为与梁启超、谭嗣同等人一起，

康有为

发布了一系列新政，如设立学堂、提倡一定的言论自由、奖励发明创造、保护和奖励农工商业、改革财政等，但很快维新派就受到顽固派的迫害，光绪皇帝被囚禁，谭嗣同等人被杀，康有为、梁启超逃亡国外。此次维新前后不过百天，历史上称"戊戌变法"，又称"百日维新"。以康有为为首的维新派主张变法，但却反对革命。康有为认为"凡君主专制、立宪、民主三法，必当一一循序行之，若紊其序，则必大乱"。因此，相对于中国近代史上后来更加彻底的革命者，康有为等人又被称为"改良派"。

馆大门朝东，分为东、中、西三路，主体建筑均坐北朝南，正对大门穿过游廊为东院中央的花厅，花厅坐北朝南，但在东面以歇山顶前廊与游廊相接，照顾到东、南两面的主要朝向。中院有三进，建有尺度较大的南房、北房、后罩房，北房面阔五间，七檩硬山顶，墀头雕刻精美，南面正中接抱厦三间，应是主要的堂屋。西院现存方亭、敞轩，原是会馆花园的一部分。馆中原有戏台、魁星楼、假山、亭榭、水池等，现均无存。花厅、过厅等保存较好。自2007年对会馆进行修复和改造，约将于2009年开放。

⑧ 中山会馆
Zhongshan Guild Hall

市级 ／ 翻修中，原为民居
地址：宣武区珠巢街（珠巢街）5号
<B> 南横街，自新路口北
年代：清

中山会馆旧址原为清康熙年间的一块义地（即坟地），嘉庆年间义地迁移，建成香山会馆，光绪年间扩建。孙中山先生逝世后，香山县改为中山县，香山会馆也改为中山会馆。会馆经过多次改扩建，总体布局不够有序，但其中某些庭院布局、建筑形式和内外装修引进了岭南手法，颇有新意。

中山会馆

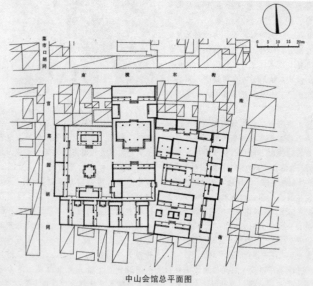
中山会馆总平面图

⑧ 三圣庵
Nunnery of Three Sages

市级 / 现为菩提缘素食餐厅
地址：宣武区陶然亭北里黑窑厂街14号
<B> 陶然亭公园北门
年代：清

三圣庵，据光绪年间《重修三圣庵山门记》，创建于宋仁宗时期，现存建筑应为清代后期遗物，因附近一带在清代多为坟地，此庵成为停棺祭奠之处，名妓赛金花潦倒死后即停棺于此。此庵规格不高，但建筑大量使用琉璃，且手法驳杂，应为清末礼制松弛，或民国初年民间捐资改造的结果。

寺院建筑坐东朝西，主轴线偏在北侧，第一进院落有山门，大殿，南、北配殿；第二进院落主殿为三间二层楼房，另有配殿及耳房；第三进院为后罩房。南院现有南房十四间，东房二间，每二间设隔墙，原为停棺之房。

2004年，北京市佛教协会将寺院修葺一新，重新开放后更名为"菩提缘"，有佛教文化展厅及素餐馆等。

三圣庵

10 陶然亭、慈悲庵
Taoran Pavilion, Cibei Nunnery

市级 / 现归属陶然亭公园
地址：宣武区陶然亭公园内
＜B＞陶然亭公园北门
年代：清

积水成湖，窑台上兴建寺观，渐成游览胜地，慈悲庵即是其中之一。清康熙三十四年（1695年），工部郎中江藻奉命监理黑窑厂，他在慈悲庵西部构筑了一座小亭，并取白居易诗"更待菊黄家酿熟，与君一醉一陶然"句中的"陶然"二字为亭命名，后与慈悲庵连成一体。

慈悲庵又名观音庵、大悲庵，始建于元，沿于明，康熙二年（1663年）、光绪二十年（1894年）均有重修。

慈悲庵主要殿堂有观音殿和准提殿，位于中轴线上，坐北朝南，东西又有两个跨院。东院北端为文昌阁，二层三间带抱厦。庵门面东，位于东院偏南。陶然亭（原称"轩"）与庵门相对，位于西院偏南，高踞台边，面向西湖，在此观景，京西远山近水、烟树城郭尽收眼底。南山墙上还嵌有江藻的《陶然吟并序》和江皋的《陶然亭记》刻石。庵内还存有辽寿昌五年（1099年）和金天会九年（1131年）石幢各一。整组建筑外观错落，视野开阔，内院幽静，自清至近代均是文人雅客、革命志士常到之处。

陶然亭公园地处辽南京城之东郊，辽时为高僧墓茔，元明清在此处设官窑（黑窑厂），因取土制坯、垒台筑窑，形成洼地和窑台，后来洼地

陶然亭古建筑群平面图

陶然亭、慈悲庵旧貌

陶然亭、慈悲庵旧景

11 云绘楼、清音阁
Yunhui Tower, Qingyin Pavilion

市级 / 购票参观 / 现归属陶然亭公园

地址：宣武区陶然亭公园内
电话：010-63511596

〈B〉陶然亭公园北门

年代：清

云绘楼、清音阁原是清乾隆年间建于中南海东岸的一组具有江南风格的建筑，1949年北京解放时已破旧不堪，1954年，周恩来总理偕同建筑学家梁思成亲自选址，将这组建筑异地重建于陶然亭公园慈悲庵西，原武家窑的遗址上，与陶然亭隔水相望，保留原有的形式与装饰。云绘楼共三层，坐西面东，清音阁共两层，坐南面北，阁上下与云绘楼相通。双层彩画游廊向北面和东面伸出，各自连接着一座复式凉亭，而这两座复式凉亭又紧紧相连，既彼此独立又浑然一体。

云绘楼旧照

云绘楼

■外城南片地区其他文物建筑列表

名称	地址	年代	现状
二郎庙	永外马家堡44号	民国	2003年修缮
福建同安会馆	板章胡同3号	清	不详
福建安溪会馆	板章胡同旧门牌7号	清	不详
翁方纲宅	保安寺街	清	不详
江西丰城新馆	保安寺街17号、19号	清	不详
广东三水会馆	保安寺街29号	清	不详
湖南湘潭会馆	保安寺街5号	清	不详
陕西关中南馆	保安寺街7号	清	保存较好
李万春故居	北大吉巷22号	民国	不详
浙江慈溪会馆	兵马司中街5号	清	不详
山西太平会馆	菜市口大街46号	清	不详
湖南衢州会馆	菜市口大街60号	清	不详
河南中州新馆	菜市口胡同4号、6号	清	不详
李鸿藻故居	菜市口胡同7号	清	现已无存
菜市口刑场旧址	菜市口路口以东	清	不详
米市胡同21号楼	菜市口米市胡同21号	民国	不详
怡园	东起米市胡同，西至南横街半截胡同	明	现已无存
河南会馆	粉房琉璃街104号	清	不详
山西汶水会馆（齐鲁会馆）	粉房琉璃街107号	清	不详
山西解梁会馆	粉房琉璃街109号	清	不详
广东阳江会馆	粉房琉璃街113号	清	不详
广东新会邑馆	粉房琉璃街115号	清	不详
四川龙绵会馆	粉房琉璃街29号	清	不详
广东廉钦会馆	粉房琉璃街69号	清	不详
江西萍乡会馆	粉房琉璃街85号	清	不详
云南理化会馆	福州馆街3号	清	不详
观音院过街楼	官菜园上街21号	清	东院为民居，西院为自新小学
江苏镇江会馆	官菜园上街6号	清	不详
甘肃南馆	官菜园上街旧门牌7号	清	不详
江西奉新会馆	果子巷71号	清	不详
广西中馆	果子巷74号	清	不详
河北河间会馆（古瀛郡馆）	果子巷旧门牌6号	清	不详
张君秋故居	后兵马司街6号	民国	不详
福建龙岩会馆	贾家胡同12号	民国	不详
广东高州新馆	贾家胡同17号	清	不详
江苏吴江会馆	贾家胡同17号	清	不详
广西柳州会馆	贾家胡同26号	清	不详

续表

名称	地址	年代	现状
福建莆阳会馆	贾家胡同35号	清	基本保持原状
林则徐旧居	贾家胡同35号	清	不详
湖南永州会馆	贾家胡同39号	清	不详
河南归德会馆	贾家胡同42号	清	不详
湖北蕲水会馆	贾家胡同60号	清	不详
山西晋太高庙	晋太胡同35号、37号	清	不详
关帝高庙	腊竹胡同18号	清	现为民居
龙泉寺	龙爪槐胡同2号	明—清	现仅存三楹大殿和方丈院
河南光州老馆	米市胡同108号	清	现为尼龙制品厂
河南中州南馆	米市胡同111号	清	现为尼龙制品厂
潘祖荫祠	米市胡同115号	清	现为民居
米市胡同关帝庙	米市胡同115号	明—清	现为民居
康广仁旧居	米市胡同43号	清	不详
江苏徐州会馆	米市胡同62号	清	不详
安徽泾县会馆	米市胡同64号	1918年	现已无存
安徽六英霍会馆	米市胡同73号	清	不详
湖南宁乡会馆	米市胡同83号	清	不详
江苏江阴会馆	米市胡同98号	清	不详
安徽旌德会馆	南大吉巷14号	清	不详
甘肃皋兰会馆	南大吉巷旧门牌22号	清	不详
刘光第旧居	南横东街155号	清	不详
浙江嘉兴六邑会馆	南横东街59号	清	不详
全浙新馆	南横东街95号	清	不详
江南城隍庙	南横东街东口	清	现已无存
会同四译馆	南横东街131号	清	现已无存
圣安寺遗址	南横东街西口	金	现已无存
贵州会馆	南横东街椅子圈1号	清	不详
河南怀庆会馆	潘家胡同11号	清	不详
陕西三原会馆	潘家胡同17号	清	不详
江苏淮山邑馆	潘家胡同19号	清	不详
江西吉州新馆	潘家胡同29号	清	不详
江西饶州会馆	潘家胡同33号	清	不详
广东兴宁会馆	潘家胡同39号	清	不详
广东高州会馆	潘家胡同43号	清	不详
江西庐陵新馆	潘家胡同60号	清	不详
湖北襄阳会馆	潘家胡同旧门牌3号	清	不详
奚啸伯故居	平坦胡同5号	民国	不详
观音庵	铺陈市胡同115号	清	现存正殿、南北配殿
湖南湘阴会馆	前兵马街9号	清	不详
高君宇、石评梅墓	陶然亭公园石桥南锦秋墩的北坡前	1925年	现归属陶然亭公园
新世界游艺场	香厂路		现已无存

续表

名称	地址	年代	现状
江苏宜兴会馆	校尉营胡同44号	清	不详
江西永新新馆	宣外中兵马司胡同旧门牌3号	清	不详
天桥	宣武区东部正阳门外	明	几经翻建，原貌已不存
山西平介会馆	鹞儿胡同28号、30号	清	不详
四川泸州会馆	迎新街2号	清	不详
安徽怀宁会馆	迎新街62号	清	不详
云南会馆南馆	迎新街67号	清	不详
四川成都会馆	珠巢街（珠朝街）7号、9号	清	不详
四川川东会馆	珠巢街（珠朝街）旧门牌甲12号	清	不详
珠巢街云南会馆	珠巢街（珠朝街）4号	清	不详

【15】外城西片
West Part of Outer City

中华圣公会教堂

北京国会旧址

明城墙遗址

西便门桥

宣　武　门

长　椿　街

M2 西　大　街

天宁寺桥

广　安　门　北　滨　河　路

广安门桥

西便门内大街

广义里

槐柏树后街

北京一四九中学

沈家本故

③

达智桥

顺河二

三庙街

斜街

库营胡同

下斜街

杨椒山祠
（松筠庵）
④

康乐园小学

校场小八条

芝麻街

北京市第十四中学分校

槐柏树前街

市第一三四中学

槐柏树东街

范家胡同

盛胜利二巷

盛胜利一巷

洗白胡同

报国寺西夹道

报国寺东夹道

报国寺西街

报国寺东街

乐园胡同

石虎胡同

盛化胡同

下斜街

思源胡同

北京市第十四中学

广安门内大街

广　安定胡同

夹道居胡同

长椿寺

②

顾亭林祠

①
报国寺

广　安　门　内　大　街

浏阳会馆
（谭嗣同故

绍兴会馆
（鲁迅故居）

宝应寺

⑤

登莱胡同

德泉胡同

牛街头条

白线

法源寺后街

教子胡同

酱章胡同

烂缦胡同

西砖胡同

莲花胡同

湖南会馆

法源寺

⑧ ⑧

中华人民共和国水利部

牛街四条

输入胡同

北京市第一八一中学

牛街礼拜寺

⑥

法源寺

⑦

法源寺前街

七井胡同

井

法源里胡同

⑪

广　安　门

马　道

南线阁南街

南线阁

里　南　里　北　里

枣　林　前　街

崇效寺藏经阁 ⑫

崇　效　胡　同

白纸坊胡同

南　横　西　街

法源寺历史文化保护区

粤东新

（东路已

古　右　安　门

楼桃三条

新安北里二条

右　安

万寿公园

白　纸　坊　西　街

白纸坊门

白　纸　坊　东　街

半步桥

新安中里

新安南里

人

育

人

半步桥

北京市第七十八中学

财政部印刷厂二门

财政部印刷厂
洋员住宅楼

新安中里

里

广　安　门　南　滨　河　路

白纸坊南街

国民财政部印刷局
旧址主楼

⑬

国民政府财政部印刷局旧址

右　安　门　内　大　街

清芷苑

宣武区政府

古陶文明博物馆

大观园

右　安　门　西　滨　河　路

右安门东滨河路

右安桥

右　安　门

古营桥

外城西片概述
Introduction of West Part of Outer City

法源寺三门及影壁

　　该片区为北京旧城南城的西部，属于宣武区所辖，西起广安门滨河路，东至菜市口大街，北起宣武门西大街，南至右安门滨河路。多数学者认为，广安门一带是3000年前蓟城遗址的所在，也是北京城市起源之地。此后两千年，唐幽州、辽燕京、金中都皆在附近选址，范围略有扩展或收缩。由于这一片区在唐、辽、金时期即为城区或近郊，因此至今还存有法源寺、报国寺等唐辽巨刹，另有牛街清真寺、长椿寺、崇效寺等，保留了丰富的不同宗教的文化遗迹。该区的西北部分邻接前门闹市区，因此仍有较多的会馆及名人故居遗存。

　　该地区的历史建筑遗存中，有国家级文物保护单位4处、市级文物保护单位3处，后文将对其逐一介绍，另一些20世纪80年代调查时保存较完整的建筑（其中部分建筑后来被拆除），见本节末尾附表。

① 报国寺
Baoguo Temple

国家级	免费	现翻建改造为报国寺古玩市场、民间收藏展览馆、中国木器馆等

地址：宣武区广安门内，报国寺前街1号
电话：010-63014828

〈B〉广安门，牛街，白广路，白广路北口

年代：辽—清

报国寺创建于辽，当时"有寺无额"，世称小报国寺；明成化二年（1466年）重建，改名慈仁寺，俗称报国寺；康熙十八年（1679年），报国寺大部建筑毁于地震，清乾隆十九年（1754年）重修，改名大报国慈仁寺。明末清初，报国寺曾是京城著名书市，如今报国寺是以经营书籍、邮票、钱币为主的文化市场。

报国寺规模宏大，是京师南城巨刹之一。寺院坐北朝南，现存中西两路建筑群，中路四进院落、西路六进

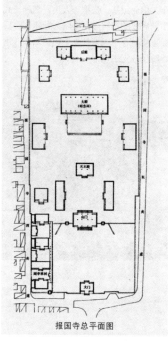

报国寺总平面图

院落，主要建筑均建在中路轴线上，依次为山门（1997年复建）、昭忠祠山门、天王殿、大殿、后殿、毗卢阁（毁于清代）。寺中存有明成化二年（1466年）御制碑和乾隆二十一年（1756年）御制重修报国寺碑。

原毗卢阁内收藏窑变观音一尊，为镇寺之宝；阁周有回廊，可登临远眺，过去每月逢五庙会，文人雅士们纷纷来此逛书市、赏花、登毗卢阁。清初著名诗人孔尚任有《庙寻王士祯》一诗云："弹铗归来抱膝吟，侯门今似海门深。御车扫径皆多事，只向慈仁庙里寻"，指王士祯入值宫中南书房后，仍有逛报国寺书市的习惯。

清代著名学者顾炎武（字亭林）清顺治十五年（1658年）来京后，即寓居报国寺，每日除浏览书市外，潜心著述和学术研究。道光二十三年（1843

报国寺，20世纪30年代的照片

年）由何绍基、张穆等人集资在顾炎武生前居住的报国寺西小院为顾建祠，后经重修，存《顾亭林先生祠记》和《重建顾亭林先生祠记》两块碑记。

报国寺顾亭林祠

顾炎武

报国寺市

② 长椿寺
Changchun Temple

市级 / 免费 / 现为宣南文化博物馆
地址：宣武区长椿街7号、9号、11号 电话：010-63036237
<M2> 长椿街/CHANGCHUNJIE <B> 长椿街
年代：明—清

始建于明万历二十年（1592年），由明神宗朱翊钧之母李太后下令建造，曾有"京师首刹"之誉。清康熙二十年（1681年）重建，乾隆二十一年（1756年）重修，以后续有修缮，解放后为民宅。过去大殿中存有渗金塔，后不知去向。现主要建筑基本完好。寺院坐西朝东，共四进院落，主要建筑为灰瓦屋面，集中在一条东西中轴线上，推测应为山门、天王殿、大雄宝殿、藏经楼等，大雄宝殿后左右建有南北配殿，为黄琉璃瓦屋面，形制特殊，推测为当时供奉李、刘二太后画像的殿堂。寺院北面有跨院，应为方丈院及僧房，布局略显凌乱。

长椿寺藏经楼旧貌及旧藏渗金塔

长椿寺藏经楼

沈家本为清末著名法学家，对于民国中国法制发展起到了重要作用，其书稿《沈寄先生遗书》为研究我国古代法律的必读文献。沈家本1900年入京后在此居住，直到1913年去世，他的许多著作都是在这里完成的。

故居坐北向南，三进院落，布局严谨。大门为广亮大门，前设垂带踏步，对面设影壁，两侧接倒座房和门房，第一进院正房为三间穿堂，两侧接耳房。东耳房为砖木结构二层楼房，中西折中的样式，建于1905年，题为"枕碧楼"，为藏书处，也是沈家本写作之处。

③ 沈家本故居
Former Residence of Shen·Jiaben

区级 / 要许可 / 现为民居
地址：宣武区金井胡同1号
\<M2\> 长椿街 / CHANGCHUNJIE
\<B\> 长椿街
年代：清

沈家本故居枕碧楼

此处原为城隍庙，后为杨继盛住宅。杨继盛（1516—1555），字仲芳，号椒山，明嘉靖三十二年（1553年）因弹劾权相严嵩入狱受刑致死，被后人尊为忠臣典范。清乾隆五十二年（1787年）将此院改为杨椒山祠。道光年间扩建南部大厅，由大书法家何绍基题名"谏草堂"，杨椒山两次批评时政的草稿刻石均嵌于此。后又增修"谏草亭"和南部庭院，从此祠寺合一，气氛肃静，成为清末士大夫集会议事的场所。1895年由康有为发起的反对《马关条约》的"公车上书"，集合地点即在此。

松筠庵的总体布局坐南朝北，北部为庵祠，西南部为谏草堂庭院。庵

④ 杨椒山祠（松筠庵）
Yang Jiaoshan Temple
(Songjun Nunnery)

市级 / 要许可 / 现为民居
地址：宣武区宣武门外达智桥12号、校场口三条2号
\<M2\> 长椿街 / CHANGCHUNJIE
\<B\> 长椿街
年代：明

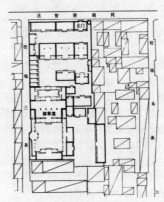

杨椒山祠（松筠庵）

杨椒山故宅内游廊旧貌

杨椒山祠（松筠庵）平面图

祠部分主体位于东侧，西部似经过改建。谏草堂面阔前五间后七间，由两个五檩进深的硬山勾连搭组成，其南又接四檩抱厦五间，北接游廊五间，形成四个勾连搭屋顶；堂北有游廊组成小院，堂南部通过游廊与花厅相连，东西廊接谏草亭和小厅堂，整组建筑保留了原有格局。

⑤ 宝应寺
Baoying Temple

区级	现为宣武区师范第二附属小学
地址：	宣武区登莱胡同29号
<B>	南线阁
年代：	明

宝应寺相传为唐、辽古寺，但旧址已无考。明万历年间重修，现存明万历年间铜钟一尊，寺旁有明司礼监太监王安墓。清末，宝应寺改属山东登莱胶义园（即坟地临时停棺寺院）。

整组寺院坐北朝南，分东、中、西三路，山门已毁，中路主殿建筑依次为天王殿、正殿、后殿，整组寺院格局规整，但主殿均为大式无斗栱硬山，前院无钟鼓楼，属于中小型民间庙宇，是清末改属后的形制，已无唐辽痕迹。

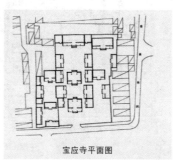

宝应寺平面图

清扩建与重修，现存建筑为清康熙三十五年（1696年）重建，但大殿内的柱、拱门部分和后窑殿还存有明代遗风。寺内还存有两座筛海坟，是元朝初年从阿拉伯国家前来讲学的伊斯兰长老之墓，墓前立阿拉伯文碑两通，是中国现存最早的阿拉伯文石刻（筛海音Shaykh，伊斯兰教称谓。阿位伯语音译，又译"谢赫"，原意为"老者"、"长老"，是伊斯兰教对有名望的宗教学者的尊称）。

全寺占地面积6千平方米，坐东朝西，第一进院落正中为望月楼，是一座六角形平面的重檐亭式楼阁，和

⑧ 牛街礼拜寺
Niujie Street Mosque

国家级 / 要许可
地址：宣武区广安门内牛街中路88号 电话：010-63532564
<B> 牛街礼拜寺
年代：辽－清

牛街礼拜寺是北京历史最为悠久，规模最为宏丽的清真古寺，是中国建筑形式和阿拉伯建筑风格相结合的实物，也是世界上著名的清真寺之一。

寺院始建于辽中叶（996年或稍后），创建人是阿拉伯学者纳苏鲁丁，明成化十年（1474年）奉敕赐名"礼拜寺"。寺院建筑历经元、明、

牛街礼拜寺浴室

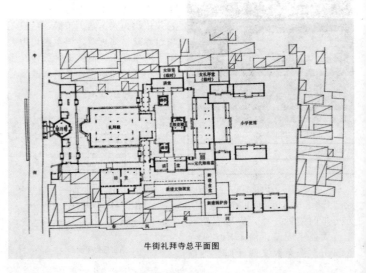

牛街礼拜寺总平面图

牛街礼拜寺邦克楼

寺门前的牌坊、影壁共同组成入口，与一般寺院迥然不同。望月楼之后是礼拜大殿，入口朝东，成倒卷帘式布局。大殿东院两侧有小型的讲堂和碑亭，正中有邦克楼（楼用以在其上高声念召唤词，召唤穆斯林前来做礼拜，故又称宣礼楼或唤醒楼），平面方形，二层，形如一般佛寺的钟鼓楼；邦克楼以东是"七间房"（集会、讲经、藏经之所），南侧跨院中有"涤滤处"（沐浴室）。

寺中建筑采用中国传统的木结构形式，又具有某些伊斯兰教建筑的特点，尤其是礼拜殿西端的"窑殿"，基本保持了中亚伊斯兰建筑的面貌。

寺内还有清朝康熙三十三年（1694年）"圣旨"牌匾、明代古瓷香炉、纪事石碑和已保存300多年的《古兰经》手抄本，以及清代的铜、铁香炉、铜锅等重要文物。

牛街礼拜寺碑亭

■ 牛街礼拜寺大殿 / （清）

礼拜大殿是牛街礼拜寺的中心建筑，坐西朝东，由三个勾连搭式屋顶及一个六角攒尖亭式建筑组成。三勾连搭顶的前两个为歇山式，后一个庑殿式，前有月台。殿原有抱厦，五楹、三进、七层，共42间，总面积600平方米，可供千人同时做礼拜。梁柱间作伊斯兰风格的尖拱形木门，屋顶上有天窗。天花和梁柱上的彩画纹样带有浓厚的阿拉伯风格，但其绘制技法仍用中国传统的金红色调和沥粉贴金。因避免用动物形象作装饰题材，建筑装饰多用植物、几何纹样和阿拉伯文字。殿内西北为七层梯阶的楠木宣讲台，即"敏拜尔"，为聚礼、会礼宣讲教义使用。大殿后端为

牛街礼拜寺礼拜殿背面窑殿

"窑殿"，朝向圣地麦加，标志礼拜方向，窑殿建筑为攒尖六角亭式，穹窿藻井，内部遍饰阿拉伯文字和几何纹样的镂空或浮雕，梁上有6幅彩色"博古"图。

牛街礼拜寺大殿室内

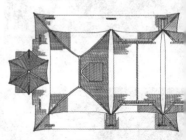

牛街礼拜寺大殿屋顶平面图

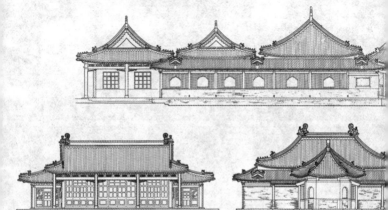

牛街礼拜寺大殿立面图

■ 牛街

牛街是宣武区的一条南北走向的街道，北起广安门内大街，南至南横街。由于牛街礼拜寺年代久远，该区域已成为是北京市最大的回民聚集区，亦曾以小吃闻名京城。经过1997年和2000年两期危改工程，牛街的旧民居和老铺面大多拆除，胡同肌理基本消失。

■ 清真寺

清真寺在中国又被称作礼拜寺，是伊期兰教聚众礼拜的场所，在穆斯林的生活中占据重要地位。清真寺一般由礼拜大殿、望月楼、宣礼楼、讲经堂和沐浴室组成。

礼拜大殿是清真寺的主体建筑，一律背朝麦加，在中国即坐西朝东。内地清真寺的礼拜大殿通常采用传统的木构形式，由前卷棚、大殿殿身、后窑殿组成，三部分各有起脊的屋顶，屋面用勾连搭，形成完整而灵活的大空间。大殿的平面型制多样化，有矩形、十字形、凸字形、工字形等。后窑殿是大殿正面后墙正中的凹龛，朝向圣地麦加，指示朝拜方向。凹龛右前方设宣讲坛，称敏拜尔或敏拜楼。窑殿一般不采用砖砌圆拱的早期做法，而是灵活搭配砖木结构。大殿内通常布置简洁，装饰阿拉伯艺术字体和几何图案。参加礼拜的人必须先盥洗、脱鞋，才能进入大殿。

牛街民居旧照

牛街小吃铺旧照

牛街礼拜寺礼拜殿

⑦ 法源寺
Fayuan Temple

国家级 / 购票参观

地址：宣武区教子胡同南端法源寺前街7号 电话：010-63533966

<B> 南横街

年代：唐—清

法源寺是北京最古老的佛教名刹，寺院位置在唐幽州和辽南京城址的东南部，是北京城市建设的重要历史地标，也是中国珍藏佛经最多、版本最珍贵的寺庙之一。

法源寺最初竣工于武则天万岁通天元年（696年），是唐太宗为追荐东征阵亡将士于贞观十九年（645年）敕建，赐名"悯忠寺"。辽代时悯忠寺为辽南京城中最重要的寺庙之一，经历公元1057年大地震，主要建筑均重修，并有增建，金、元两朝基本保持原状，元末明初毁于兵乱。明正统三年（1438年）太监出资重修悯忠寺，改名"崇福寺"，清顺治时在这里设立戒坛开坛受戒，康熙时重建藏经阁，雍正十一年（1735年）大规模重修，定为律宗寺院住持传戒之事，随之赐名"法源寺"，乾隆四十五年（1780年）御赐"法海真源"匾额，阐明了赐名的含义。现存寺院为明代重修时的规模，面积比唐、辽时期缩小了一半以上，建筑大多为清代改建。

建国后法源寺成为佛教文化和佛学研究的中心之一。1956年在寺内成立中国佛学院；1963年，亚洲11国世界性佛教会议在法源寺召开；1980年寺内建立中国佛教图书文物馆；1983年，法源寺被国务院确定为中国汉族地区佛教重点寺院。

除了宗教和建筑方面的重要性之外，法源寺还具有重要的历史意义。北宋末年，宋钦宗和宋徽宗被辽国俘虏后囚禁在此；金大定年间，这里曾作为策试女真族进士的考场；元初，宋遗臣谢枋得被拘，绝食于此；清末，著名的"戊戌六君子"在法源寺北侧的菜市口被处决后，其灵柩曾停于此。台湾著名作家李敖的历史小说《北京法源寺》就是以法源寺为背景，描述了戊戌变法到辛亥革命前后中国志士图强救亡之事。

法源寺规模宏大、布局严整，占地面积约1.8公顷。寺院坐北朝南，共有六进院落，主要建筑都位于中轴线上，东路为斋堂、方丈及僧舍，另有佛教文物馆，大部分现已划出寺外；西路尚存少量僧房，另有中国佛学院教学楼和佛教图书馆。

法源寺东跨院

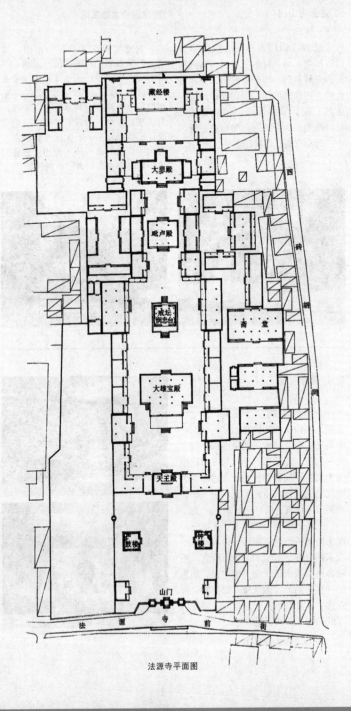

藏经楼

大悲殿

毗卢殿

戒坛悯忠台

斋堂

大雄宝殿

天王殿

鼓楼

钟楼

山门

法 源 寺 前 街

西 砖 胡 同

法源寺平面图

■ 法源寺山门

法源寺山门为传统寺院的"三门"形制，为并排的三座门，寓意佛教的三解脱门，即空解脱门、无相解脱门、无作解脱门。中门为砖结构，面阔一间，歇山顶，门口置石狮二尊；两侧门为悬山顶，带雕花正脊。山门对面有通长的砖砌影壁。

■ 法源寺大雄宝殿

大雄宝殿，大殿前为抱厦，梁间悬乾隆御书"法海真源"匾额，左钟右鼓，内供华严三圣（如来佛及文殊、普贤），木胎贴金罩漆，为明初塑像精品，两侧分列木雕十八罗汉，为清塑。殿内有两青石柱础，可能是唐辽原物（详后）。大殿平台前左右分列明、清石碑六座，为历次修庙碑记；甬路中央有明万历年间铁炉。

法源寺山门

法源寺大雄宝殿

■ 法源寺前院

自山门向北有一个庭院，长宽约50米，院内东西为钟鼓二楼，北面正中为天王殿。殿内正面供金朱涂漆布袋和尚像，背后韦驮坐像与左右两壁四大天王，均青铜所制。上述雕塑为明代遗物。殿前甬路上有一炉二狮，推测为清代雍、乾时期所制。

天王殿左右有侧门，连廊庑，廊庑向北折，直抵最后一进，形成一个东西50米，南北180米的殿庭，殿庭内中轴线上依次为大雄宝殿、悯忠台（观音阁）、无量殿（毗卢殿、净业堂）、观音殿（大悲坛）、藏经阁（卧佛殿），共五重殿宇。

法源寺钟鼓楼

法源寺天王殿

■ 法源寺悯忠阁

悯忠阁又称"观音阁"，也叫"念佛台"，面阔三间，建于1米多高的台基上，外墙以12柱支撑。

法源寺悯忠阁

此结构独特，仅见于故宫御花园万春亭，后者可能仿此建造。这里保存着法源寺的历代石刻、经幢等，以唐《无垢净光宝塔颂》、《悯忠寺藏舍利记》、《承进为荐福禅师造陀罗尼经幢》，辽《燕京大悯忠寺菩萨地宫舍利函记》最为珍贵。殿外山墙还嵌有清代复制的唐"云麾将军碑"残柱基，另有《法源八咏》及《心经》等碑刻，是研究佛学和寺史的重要资料。

■ 法源寺毗卢殿

毗卢殿原名净业堂，原是供奉唐僧玄奘法师头顶骨的地方，后头顶骨被盗。殿堂面阔三间，内供明代铜雕五方佛像。殿前有巨大石钵（原存南长街真武庙内），双层石座，钵身周围海水云龙、八宝等，雕镂极工。廊下左右有明刻观音画像石碑、达摩画像石碑，原是附近圣安寺物，该寺衰废后移来此处。

法源寺毗卢殿

■ 法源寺观音殿

毗卢殿后是观音殿，又称大悲坛，面阔三间，后檐下一间抱厦，与前屋结成一体，旧称"庄严亭"，现辟为历代佛经版本展室。

法源寺观音殿

■ 法源寺藏经阁

最后一进的藏经阁高两层，面阔五间，现为法堂，又为历代佛造像展室，陈列自东汉到明清历代精品佛造像数十尊，其中唐咸亨三年（672年）造像最为珍贵；元代青铜自在观音像原存护国寺，亦为元代造像之上乘；另有明代木雕佛涅槃像，长可十米，是北京最大卧佛。阁前有数百年古银杏一株，枝干婆娑，荫覆半院；阶前两株西府海棠，也是乾隆年间物。

■ 法源寺的丁香

老北京的花曾以"悯忠寺的丁香，崇效寺的牡丹，极乐寺的海棠，天宁寺的芍药"著称。清代最盛时，法源寺内有紫丁香、白丁香等三百余株，号称"香雪海"。过去每逢春末夏初盛开季节，寺院便会举办"丁香大会"，令游者流连忘返。

法源寺藏经阁

■ 法源寺的早期建筑遗存

中唐时悯忠寺前部曾有东西二塔，东塔安禄山造，西塔史思明造，塔已不存，仅存史思明造西塔时的铭刻《无垢净光宝塔颂碑》，今存于悯忠阁。

晚唐时（892年或稍后）重修悯忠寺，增建观音阁，辽时几经重修，为当时巨构。《析津志》记载此阁"奉白衣观音像，高二十余丈，阁三层始见其首……此佛此阁自古无匹"。阁塌毁于明中叶。今大雄宝殿明间前金柱下还有两个巨大的青石覆莲柱础，雕工浑朴、饱满圆润，纹样与寺中唐开元十四年（726年）石幢底座纹样相近，推测为唐辽原物；藏经阁内亦存有四件柱础，形制与前殿两础颇相近，时代似稍晚，亦为清石所制，其莲瓣雕处，有两础保留有门限的花纹。可能分别是唐初始建寺院以及景福年间增建观音阁的柱础。

建筑学家傅熹年先生曾根据寺中现存古碑偈遗物和古方志上的记载作出唐景福年间（892年或稍后）重修的悯忠寺复原想象图。

唐代悯忠寺复原示意图

■ 影壁

影壁是建在院落的大门内或大门外，与大门相对作屏障用的墙，又称照壁、照墙。影壁能在大门内或大门外形成一个与街巷既连续又有区分的过渡空间。

影壁古称门屏，最早见于西周的建筑遗址，现存遗物主要建于明、清两代。明清时期的影壁从形式上分有一字形、八字形等。北京大型住宅门外两侧多用八字墙，与街对面的八字形影壁相对，在门前

形成一个略宽于街道的空间；门内用一字形影壁，与左右的墙和屏门组成一方小院，成为从街巷进入住宅的两个过渡。

砖砌影壁主要可分壁座、壁身、壁顶三部分。壁座又称下碱，一般为砖砌，考究的用磨砖砌成须弥座。壁身用磨砖做出枋柱形，中间墙面45°斜向镶砌方砖，中心和四角加砖雕花饰称"中心四岔"。有的壁身中间以吉祥语牌代替花饰。壁顶有庑殿式、歇山式、悬山式、硬山式等，前二者用于官殿、寺庙。小型住宅于门内曲曲尺形屏壁，下碱以上用粉墙，墙头做花瓦顶，砌古钱等瓦样。有的影壁不占地面，仅在厢房山墙上作出檐和花饰，称跨山影壁。农村住宅影壁还有用夯土或土坯砌筑的，上加瓦顶。官殿、寺庙的影壁多用琉璃镶砌。明清官殿、寺庙、衙署和第宅均有影壁。

长沙徐树均重摹镌刻的苏东坡书《明州阿育王广利寺宸奎阁碑》。会馆另有馆辖公产义园二处、祠堂二处，主院保存完整。

民国后湖南会馆逐渐成为湖南同乡、学子赴京求学或谋生的旅居之所。毛泽东1920年2—7月到京，住在会馆里，并在此召开了千人参加的"湖南各界驱逐军阀张敬尧大会"。

清代北京城内有两座湖南同乡会馆，均由湘籍京官创建。

另一处湖南会馆，一说位于宣武区北半截胡同，为清同治十一年（1872年），谭嗣同之父谭继洵与几位在京湘籍官员购置。一说位于崇文区奋章胡同11号或崇文区草场十条，始建于明代，称"上湖南会馆"，据明代笔记《野获编》："今京师全楚会馆，故江陵张相第也，壮丽不减王公，然特分宜严相旧第四之一耳。会馆之右一小房，虽不及大第十之一，然亦轩敞。"

湖南会馆
Hunan Guild Hall

市级 / 要许可 / 现为烂缦胡同幼儿园
地址：宣武区烂缦胡同101号
电话：010-63535053　010-65244136
⟨B⟩ 南横街，自新路口北
年代：清

烂缦胡同的湖南会馆为光绪十三年（1887年）在京湘籍官员购置建造。据《北京湖南会馆》载，馆共36间，内设戏台一座（现已拆除）、文昌阁楼一座、东厅署、望衡堂、西厅及中庭均横敞，"为平时集合之所"。会馆的朱红大门外蹲石狮一对。南房壁上嵌有光绪十年（1884年）

❾ 绍兴会馆（鲁迅故居）
Shaoxing Guild Hall
(Former Residence of Lu Xun)

市级 / 要许可 / 现为民居
地址：宣武区南半截胡同7号 电话：010-65244136
<B> 菜市口
年代：清

绍兴会馆始建于清道光六年（1826年），1912—1919年，鲁迅住在会馆内名为"补树书屋"的院内，写下《狂人日记》、《孔乙己》、《药》等名篇。

现有会馆格局完整，主要建筑坐西朝东，由南、北、中三组院落组成，"补树书屋"位于南院的后院。由于绍兴文化发达，赴京应试及在京任职的人员较多，所以会馆规模也较大，是现存比较典型的府县级试馆。

浏阳会馆建于清同治十一年（1872年）。"戊戌六君子"之一的谭嗣同在戊戌变法期间曾居住于浏阳会馆五间正房（西房）的北套间里，自题"莽苍苍斋"。戊戌变法失败后，1898年9月24日谭嗣同在浏阳会馆被捕，继而被害于菜市口。

浏阳会馆现有格局较完整，主要房屋坐西朝东，大门临北半截胡同。院落两进，房屋均为五檩硬山式，无前廊。

❿ 浏阳会馆（谭嗣同故居）
Liuyang Guild Hall
(Former Residence of Tan Sitong)

区级 / 要许可 / 现为民居
地址：宣武区北半截胡同41号
<B> 菜市口
年代：清

⑪ 粤东新馆（东路已拆）
Yuedong New Guild Hall
(East part has been removed)

区级 / 要许可 / 现为民居	
地址：宣武区南横西街11号	
<B> 南横街	
年代：清	

粤东新馆创建于19世纪中叶，曾为戊戌变法时"保国会"旧址。明末清初时，这里曾是怡园一隅，有四松立于假山石间，旁建有四松亭。清末建粤东新馆时，松亭及松树山石全部绝迹。

会馆坐北朝南，现存布局大致可分东西两路。东路北端原为戏楼，早已拆改，曾为南横街小学所用，正厅及配房部分于1999年菜市口大街工程时拆除。

西路建筑较为完整，由三进院落组成，中轴线上依次为大门、穿堂、正房两座，配房数间。

崇效寺始建于唐贞观元年（627年），明代天顺年间重修，寺院宏伟壮观，并曾以枣花、丁香、墨牡丹闻名京城，为名流学士踏游之所，清末逐渐衰败，现仅存藏经阁和古槐数株。寺院坐北朝南，现存藏经阁面阔五间，进深七檩前出廊，硬山顶，从结构及造型风格来看，清中叶以后经过大修，少有明代特征。藏经阁现已整修一新，作为小学的办公用房。

⑫ 崇效寺藏经阁
Library of Buddhist Scriptures of
Chongxiao Temple

区级/要许可/现为白纸坊小学（剑桥学校）	
地址：白广路西崇效胡同9号	
<B> 白纸坊	
年代：清	

崇效寺藏经阁

⑬ 国民政府财政部印刷局旧址
Site of Press of Ministry of
Finance of Nationality
Government of China

国家级 / 不开放 / 现为北京印钞厂
地址：宣武区白纸坊路23号
<B> 白纸坊
年代：清—民国

财政部印刷局前身为清朝度支部印刷局，辛亥革命后，改称"财政部印刷局"，是中国采用雕刻版凹版设备印钞的第一家印钞厂。由美国华盛顿美尔犟（Milburn Heister）建筑师事务所设计，北京日商华盛建筑公司施工，1915年建成投入使用，主要有主工房大楼、机务科工房、活版科工房及三座二层洋员住宅，以及厂内东、西四合院等辅助用房，占地24.4公顷，建筑面积29000平方米。保存较好的有2号门及钟楼，主工房大楼，洋员住宅及水塔。

主工房大楼高大厚重，坐南朝北，"凹"字形平面，室外设宽大台阶，入口在二层。砖混结构红砖墙面，立面为三段式。楼门入口处原有一爱奥尼柱式门廊，今已拆除。三座洋员住宅为美国乡村别墅式，现为办公使用。

国民政府财政部印刷局北立面图

国民政府财政部印刷局旧址

■ 外城西片地区其他文物建筑列表

名称	地址	年代	现状
三教寺	白纸坊东街半步桥	清	不详
听雨楼	北半截胡同	明	无存，今为宣武区人民代表大会所在地
江苏公会	北半截胡同11号	清	不详
江苏会馆	北半截胡同13号	清	现为宣武区人大常务委员会办公地点
浙江湖州会馆	北半截胡同25号	清	不详
广和居	北半截胡同52号	清	现为民居
牛街历史建筑遗存	北起广安门内大街，南至南横西街	明	礼拜寺等主要建筑保存完好，街道民宅经翻建
都土地庙	长椿街，今宣武医院院址	明	原建无存
湖北黄梅会馆	车子营胡同7号	清	现院内建筑已全部按原址复建
阎若璩祠	储库营15号	清	区级，不详
山西太原会馆	储库营15号	清	几经翻建，原貌已不存
四川新馆	储库营17号	清	不详
林旭旧居	储库营17号	清	现已盖楼，仅存后院
河南陈州会馆	醋章胡同旧门牌33号	清	不详
潮庆庵	达智桥胡同47号	清	现存民居
谢叠山祠	法源寺后街3号、5号	明	现存小佛楼和部分廊房
云南会馆	法源寺前街15号	清	不详
广惠寺（广慧寺）	广安北巷17号	明	现存山门、前殿、后殿、东配殿
福建仙溪会馆	广安东里1号	1925年	不详
鹤年堂中药店	广安门内大街5号	明	原址重建
江苏扬州会馆	广内大街37号	清	不详
贵州西馆	广内大街93号	清	不详
山西河东会馆	广内大街100号	清	现存西房、庙房
广恩寺	广内大街267号	辽—清	现只存东配殿三间
山西西晋会馆	广内大街360号	清	现已不完整
菩果寺	广义街	清	不存
陕西三原会馆	教场头条1号	清	不详
江西永新西馆	教场头条2号	清	不详
云南会馆北馆	教场头条7号	清	不详
山西山左会馆	教场头条17号	清	不详
贵州南馆	教场二条33号	清	不详
福建漳州会馆	教场二条旧门牌37号	清	不详
四川川西会馆	教场三条43号	清	不详
山东会馆	教场三条路西	清	不详

名称	地址	年代	现状
云南昭通会馆	教场四条23号	清	不详
河南正阳会馆	教场五条17号	清	不详
陕西蒲城会馆	教场五条22号	清	不详
浙江温州会馆	教场五条28号	清	不详
陕西泾阳西馆（泾阳新馆）	教场五条51号	清	不详
湖北郧阳会馆	教子胡同旧门牌14号	清	不详
陕西长安西馆（咸长会馆）	教场五条旧门牌22号	清	不详
山西济南会馆	烂缦胡同97号	清	不详
江苏常昭会馆	烂缦胡同129号	清	不详
广东东莞会馆	烂缦胡同131号	清	不详
陕西商州会馆	老墙根41号	清	不详
浙江西明会馆	里仁街8号	明	不详
北京第一监狱旧址	里仁街23号	民国	现存大门、办公用房
山西青州会馆	门楼巷胡同路西	清	不详
安徽黟县会馆	南半截胡同13号	清	不详
河南彰德会馆	南半截胡同16号	清	不详
江苏江宁郡馆	南半截胡同41号	清	不详
礼拜寺后院	牛街春风胡同11号	清	现为牛街第一小学使用
万寿西宫	盆儿胡同	明—清	区级文物保护单位，仅存关帝殿和吕祖殿，现归属万寿公园
岳云别墅	盆儿胡同55号	1918年	仍存
河南中州乡祠	上斜街27号	清	不详
龚自珍宅	上斜街50号	清	不详
广东潘禺会馆	上斜街50号	清	不详
广东东莞新馆	上斜街56号	清	建筑格局已破坏
清真女寺	寿刘胡同39号	1925年	1949年与牛街礼拜寺合并
广东顺德新馆	天景胡同9号	清	不详
浙江处州会馆	西砖胡同旧门牌6号	清	不详
山西会馆（云山别墅）	下斜街1号	清	不详
畿辅先哲祠	下斜街40号	清	现为北京市第十四中学
浙江越中贤祠	校场口胡同56号	清	不详
陕西韩城会馆	宣外大街54号	清	不详
江苏南通会馆	宣外大街94号	清	后院已改建
湖北天门会馆	宣外大街96号	清	不详
山西灵石会馆	宣外大街99号、101号	清	不详
歙县会馆（王茂荫宅）	宣外大街103—107号	明—清	现已大部分改建
河南孟县会馆	宣外大街112号	清	不详
陕西关中北馆	宣外大街167号	清	不详
福建会馆	宣外大街204号	清	现为某职业专科学校
陕西长安会馆	宣外大街旧门牌49号	清	不详
浙江会馆	宣外大街旧门牌54号	清	不详
甘肃会馆	宣外大街旧门牌165号	清	不详
江西南安会馆	宣外大街旧门牌189号	清	不详
江西会馆	宣外大街路东	清	不详
莲花寺	永庆胡同37号	明—清	现存前后二殿、东西配殿
林琴南旧居	芝麻街1号	清—民国	不详
四川蜀中先贤祠	芝麻街3号	清	不详

法源寺观音殿

【16】外城东片
East Part of Outer City

清代邮局旧址

亚斯立堂

北京火车站

南城墙遗址公园

北京东南角楼

东便门桥

崇文门东大街

广渠门

崇文门东河沿

海尚明珠大酒店

北花市大街

崇文区职业技术学校

花市火神庙

花市北街

西花市大街

花市清真寺

花市南街

东崇文门大街

崇文门外大街

北京同仁堂大厦

新景家园

崇文门南小街

富贵园

盛兴购物广场

袁崇焕祠

隆安寺

广渠门内大街

崇文区政府行政服务大楼

资源口站

安化北里

板石胡同

延庆街

东厅胡同

三·一八烈士纪念碑

夕照寺

崇文区政府

新生巷

体育馆路派出所

东唐街

新生街

夕照寺

西唐街

北岗子街

幸福

人民邮政出版社

法华寺

南岗子天主教堂（圣德肋撒堂）

中央戏剧学院

酱房胡同

法华寺街

崇文工人文化宫

文章胡同

法华南里

天坛饭店

体育馆西路

西

北京体育馆

光明街

百工坊博物馆

天坛东站

龙腾阁

天坛东路

东四块玉北街

幸福大街

龙潭湖门诊部

袤和庙

龙潭公园

北京市第二〇〇中学

东四块玉南街

左安门内大街

北京武术院

怡龙别墅

北京市第一七九中学

长

左安门桥

左安门西滨河路

玉蜓桥

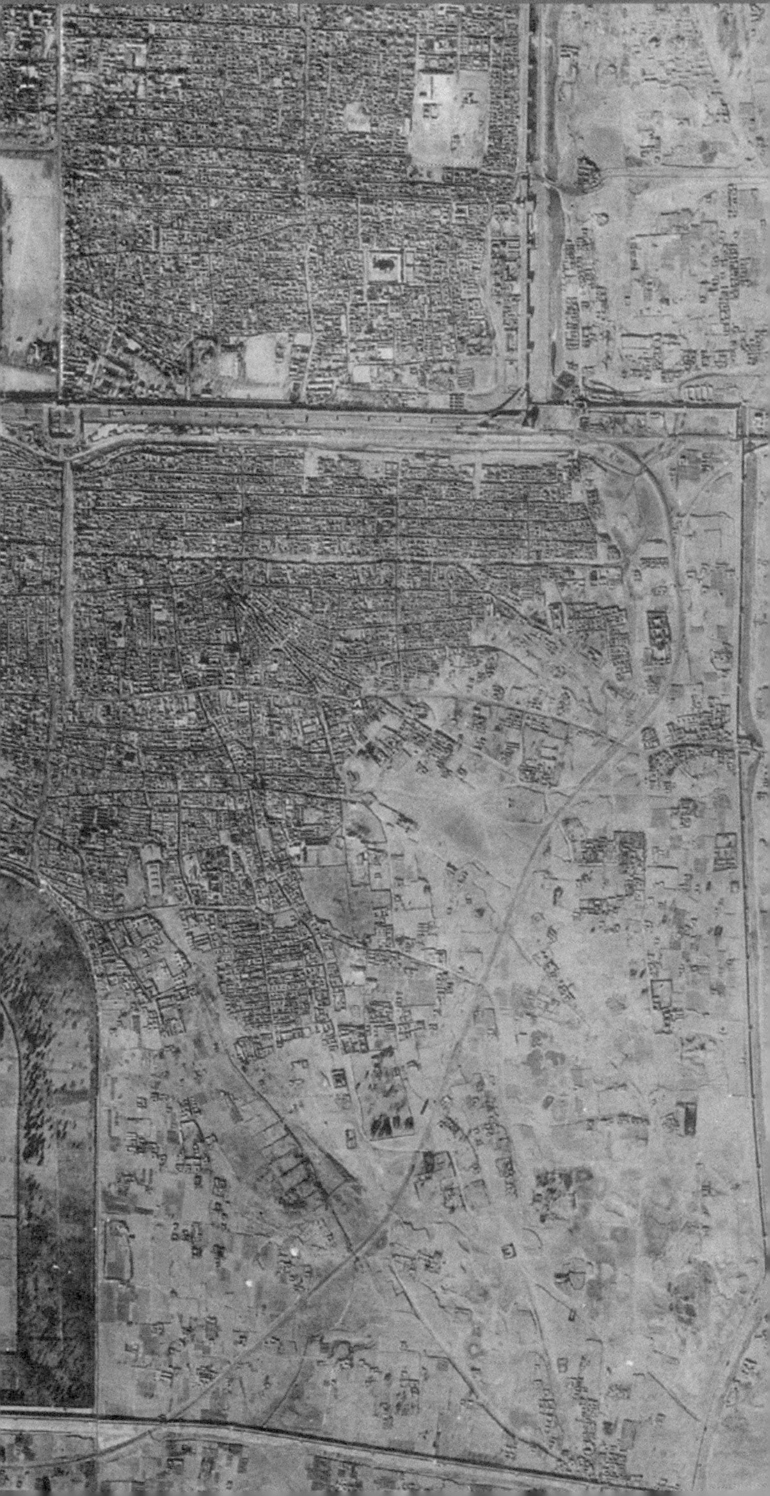

外城东片概述
Introduction of East Part of Outer City

花市上四条旧影

　　该片区为北京旧城南城的东部，属于崇文区所辖，北起崇文门东大街，南至左安门滨河路，西起崇文门外大街，东至广渠门滨河路。该区域的北部邻接前门闹市区，尚有一些祠庙遗存，南部在明、清时期较为荒凉，义园（墓园）、营房多建于此，现在除了龙潭湖公园系利用明清时期烧砖、排污形成的洼地整修而成，别处已难见旧城踪迹。

　　该地区的历史建筑遗存中，有国家级文物保护单位1处、市级文物保护单位2处、区级文物保护单位4处，后文将对其逐一介绍，另有一些20世纪80年代调查时保存较完整的建筑（其中部分建筑后来被拆除），列表如下：

名称	地址	年代	现状
卧佛寺	东花市斜街34号	明—清	现存山门、前殿，后殿已拆毁
广慧寺	东壁街45号	清	仅存后殿
蟠桃宫	东便门内护城河南河沿	明—清	1987年被拆除，碑尚存
增寿广济寺	天龙西里1号	清	仅存正殿，已失原貌
张园旧址	左安门内路西	1914年	张园现为区教学植物园一部分，听雨楼现为民居

① 隆安寺
Long'an Temple

市级 / 修缮中，暂不开放 / 现为崇文区青少年科技馆及崇文区文物管理局
地址：崇文区广渠门内白桥南里1号
<B> 斜街，广渠门
年代：明—清

隆安寺始建于明景泰五年（1454年），之后屡次重修。现存建筑大多是清康熙四十七年（1708年）重修后的遗物，但仍有明代遗风。清末香火中断，庙宇沦为佛香作坊和存放灵柩之地，解放后先后辟为小学、少年科技馆等。

寺庙坐北朝南，布局严整，前有歇山顶砖石仿木结构的山门，单拱券洞门上石额书"敕建隆安寺"。山门内左右有钟鼓楼（已毁）。主殿依次为天王殿、前殿、大雄宝殿和后殿

（净土社）。各大殿均为硬山绿琉璃瓦顶，东西有配殿。在前殿北面建有戏台一座，系为佛徒们为"千盘会"举行法事唱戏敬佛而设。

现存文物有石碑四方，时代最早的为明景泰五年(1454年)碑，记述创建隆安寺经过，其余几方均为历次重修碑记。天王殿后院还有两棵500余年的古柏和两株北京罕见的楸树，《宸垣识略》据此推测隆安寺为元代寺院。

1944年航拍照片所显示的隆安寺、袁崇焕祠一带的情状

google earth所显示的隆安寺、袁崇焕祠一带的情状

袁崇焕

② 袁崇焕祠、墓
Mausoleum of Yuan Chonghuan

国家级 / 购票参观 / 现为袁崇焕纪念馆
地址：崇文区广渠门中学南，东花市斜街52号 电话：010-67187057
<B> 白桥
年代：明－民国

袁崇焕（1584—1630年），是明末抗击后金、保卫山海关和北京的著名将领，战功卓著，后因崇祯帝听信谗言，被冤杀。其部下佘姓粤籍义士深夜窃走尸体，葬于广渠门内广东义园，此后世代守墓达17代372年，由于佘家世代客居此地，袁墓所在地亦称佘家馆。乾隆四十九年（1772年），乾隆帝下诏为袁崇焕平反，清中期在墓前修建祠堂，解放初期得以重修。袁崇焕祠在文革后曾被居民、学校占用。2002年政府迁出居民并大修后对外开放。

袁崇焕祠原有享堂、墓碑等毁于文革，现存祠堂五间，两侧廊心墙及室内墙壁上嵌有李济琛撰《重修明都师袁崇焕祠墓碑》等石刻。祠后为袁崇焕墓，建于明，墓前立有道光十一年（1831年）湖南巡抚吴容光题写的"有明袁大将军之墓"石碑，坟侧另有小丘为佘义士之墓。

袁崇焕祠堂

袁崇焕庙建于1917年，位于今龙潭湖北岸，坐落在高约1.3米的虎皮台基上，坐西朝东，硬山过垄脊筒瓦屋面，面阔三间，进深五檩，中门上书"袁督师庙"。庙内明间正壁上镶嵌袁督师石刻像，其上原有袁崇焕手迹"听雨"牌匾，现已迁至袁崇焕祠。庙内有康有为、梁启超等人撰书石刻及门联23方。

袁崇焕庙
Temple of Yuan Chonghuan

国家级 / 购票参观 / 现归属龙潭湖公园
地址：龙潭湖公园内
<B> 龙潭湖
年代：民国

■ 龙潭湖

龙潭湖原为明嘉靖年间为烧制城砖修建外城，挖出大片洼地而渐次形成的水域。西部为龙须沟污水排泄处。1952年整修成东、中、西3个人工湖，因与龙须沟成首尾之势，梁思成将其起名为龙潭湖。

现存建筑为清式，81间，东西向，寺门临花市大街。主建筑礼拜大殿，位于院落西侧，坐西朝东，前敞厅面阔三间，进深四间，第四层殿顶开六角亭式天窗；大殿左右墙壁上原有古兰经文，现已剥落无存；大殿敞厅南壁嵌乾隆三十五年（1770年）"重修礼拜碑记"。大殿对面有一座重檐方形碑亭，原置雍正帝赐碑，现碑已迁出竖立墙边。寺中还有敬古堂、沐浴室、寻月台和经房、住房等，现除寻月台拆除外，其余建筑均保存完整。寺内现存文物还有清康熙二年（1663年）裕亲王书"清真"木匾和乾隆五十二年（1787年）"真一无二"匾，悬挂于大殿敞厅两侧壁。

❸ 花市清真寺
Mosque at Huashi

区级 / 不开放
地址：崇文区西花市大街30号
\<M2\> \<M5\> 崇文门 / CHONGWENMEN \<B\> 羊市口，小市口
年代：明－清

花市清真寺是伊斯兰教在北京的四大古寺之一，始建于明永乐十三年（1415年），明清两代多次重修，1993年又维修。传为明朝开国元勋常遇春创建，以射箭为界圈占地基，又一说为常遇春舍宅为寺。寺址原来规模宏大，后历代重修缩减如今状。

辛亥革命时，宋教仁、蔡元培等经常在此秘密议事，1912年，中国近代规模最大、影响最深的穆斯林团体——"中国回教俱进会"在这里成立，是近代中国穆斯林爱国运动之发祥地。

花市火神庙始建于清初，乾隆四十一年重修，供奉火德真君，为神木厂悟元观下院。旧时火神庙前逢每月初四、十四、廿四均有庙会，以售绫绢、绒、纸、鲜花为主。现存前院主殿和东、西配殿。主殿是勾连搭硬山顶式建筑，大脊有黄琉璃双龙戏珠的装饰。自2003年起，崇文区文物部门对该庙进行了全面整修，目前整修工程基本完成。

❹ 花市火神庙
Temple of Fire God at Huashi

市级 / 修缮中，暂不开放
地址：崇文区西花市大街
\<M2\> \<M5\> 崇文门 / CHONGWENMEN \<B\> 羊市口，小市口
年代：清

花市火神庙

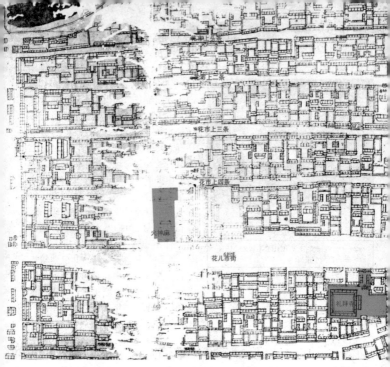

《乾隆京城全图》中的花市区域平面图

■ **花市大街**

    花市大街原名"花儿市街"，在北京崇文区，崇文门外大街中间路东，分东花儿市街和西花儿市街，西花儿市街中间路北有一座火德真君庙，据《宸垣识略》记载，过去每月逢四日，自庙前至西口开市。又据《燕京岁时记》的记载，这市场出售的东西"皆日用之物。所谓花市者，乃妇女插戴之纸花，非时花也，花有通草、绫绢、绰枝、摔头之类，颇能混真"。花儿市的鼎盛时期是在清代，民国以来逐渐衰落，据《旧都文物略》（1935年）的统计，各街市花庄及住家营花业者，约在一千家以上。由于花市的繁荣，这一区域过去也有很多客店和其他摊位，附近还有专卖鸽子的鸽子市。花儿市庙会和花儿市街附近的假花业一直延续到解放初期，庙会也按期举行。1953年前后这一带以制作假花为业者还有数百家，1954年成立了合作社，后合并成北京绢花厂和北京绒鸟厂。

■ **火神庙**

    火神庙全名"火德真君庙"，是祭祀火神的祠堂或庙宇。旧时北京城内有不少火神庙，多建在居民聚集区或存储木材、火药的地方或书坊的附近，为避火灾而建。在历史上以明万历年间最为尊崇火神庙，当时京中发生"王恭厂"大爆炸，殃及皇极殿。万历皇帝认为神不受祀，乃国之不祥，国家必遭灾异，命工部即刻重修火神庙，并派道录司主持"消灾"的醮礼，天启元年（1621年）三月朝廷着太常寺官每年六月二十二日至庙祭祀，成为惯例。解放前，北京城内有大小火神庙17座，其中现存主要有地安门外火神庙（什刹海火神庙）、花市火神庙、国子监火神庙、复兴门火神庙（吕祖宫）与琉璃厂火神庙（厂甸火神庙）几处。

始建于清宣统二年（1910年），由东交民巷天主教堂柯来孟神父、仁爱会修女依搦斯、若瑟会修女夏大姑等人共同筹建，原名普爱堂。1923年仁教会修女集资对教堂进行改、扩建，在放生池胡同（即现在的永生巷）购地2.8公顷，新建教堂一座，即现在的南岗子天主教堂，包括圣堂、神父院、厨房院、学校等。1952年修女院改为孤儿院。1958年教堂关闭，交由崇文区教育局使用。1986年恢复使用，并成立初学修女院，招收第一批修女。后陆续整修，奉圣女小德肋撒，又称圣德肋撒堂。该教堂是崇文区唯一欧洲古典风格的教堂，目前是北京东南地区天主教活动的主要场所。

教堂主建筑为罗曼哥特式，坐南朝北，正面中间为一高耸的钟楼，堂身长32.5米，宽13.8米，钟楼高15米，楼下正门三洞，堂内左右两排廊柱，柱外侧有壁窗两排，教堂呈长方形，正面设主坛。

⑤ 南岗子天主教堂（圣德肋撒堂）
Catholic Church at Nangangzi
(St. Teresa's Church)

区级 ／ 要许可
地址：崇文区幸福大街永生巷6号 电话：010-67143341
<B> 幸福大街
年代：清－民国

南岗子天主教堂（圣德肋撒堂）

法华寺题额"大兴法华寺",始建于明，详年无考，清康熙、同治年间重修，是北京外城大寺之一。清代法华寺一带是驻扎八旗军队的地方，称营房，顺治十八年（1661年）改设正蓝旗教场，清末袁世凯曾在寺内居住。

寺院现存建筑为清建筑，坐北朝南，原有山门及三进殿宇，山门三间及东西耳房各三间，前殿三间，中殿三间，后殿三间，后殿带前廊及东西配殿。除主要建筑外，还有东、西跨院，房屋数十间，民国年间多已辟为临时停灵的灵房，佛像及石碑均无存。

⑥ 法华寺
Fahua Temple

区级 / 要许可 / 现为民居及某服装厂
地址：崇文区法华寺街65号、67号
<B> 法华寺
年代：明－清

法华寺

⑦ 夕照寺
Xizhao Temple

区级/修缮中，暂不开放/现为金台夕照会馆	
地址：崇文区龙潭夕照寺中街13号、15号	
电话：010-67119999	
<B> 夕照寺	
年代：明—清	

夕照寺始建年代不详，据推测建于元末明初，明代为全盛时期。中路有山门殿，山门前有一大红影壁。在太阳夕照时，大红影壁闪闪发光，寺院因此得名，自古有"夕阳西照夕照寺"之句。《日下旧闻考》推测夕照寺为燕京八景之"金台夕照"原址，此为一说。

清顺治初年建筑大部塌毁，仅存屋一楹，雍正年间文觉禅师元信退居于此，将殿宇修洁完整。《宸垣识略》记清雍正、乾隆年间曾对寺庙进行修缮，以后又渐荒废，民国时仅存大殿两重。建国后夕照寺一直为幼儿园、工厂等单位使用，近年由兴隆置业修缮改建为商会场所。

寺院坐北朝南，现存为清代遗构，中轴线上有山门三间，大雄宝殿三间前后出抱厦，后殿（大悲殿）五间，后院松林中有高僧墓塔。山门殿石额上书"古刹夕照寺"。山门殿内左供蔡伦，右供关羽，后和其他寺庙一样供持杵韦驮。蔡伦为造纸术发明者，供于寺中绝少见。乾隆年间后殿两隔墙增绘壁画，东壁为王安昆行草梁朝沈约的《高松赋》并跋，西壁为陈寿山画《古松图》，皆一时名笔，现存北京文物研究所。

夕照寺修缮后现状

附 录

Appendix

北京旧城区旅行资讯 Information

■ 抵达北京

搭乘飞机

◎ 北京首都国际机场

北京首都国际机场位于北京市区东北方向，距离市中心约25.35公里，目前拥有三座航站楼。位于机场东边的三号航站楼于2008年投入运营，能承载空中客车A380等新型超大型客机起降。3号航站楼启用后，首都机场旅客吞吐总量约为8200万人次。

旅客抵达或离京乘机前需要确认航班所在航站楼。可通过机场问询电话和首都机场网站查询。同时，为了方便旅客在不同航站楼之间换乘航班，机场新建了连接T1、T2、T3三个航站楼的路侧摆渡车。

1. 机场快轨

北京市轨道交通首都机场线是连接首都机场和市区的快速轨道交通线，线路途经东城、朝阳和顺义三个区，全长28公里，设东直门、三元桥、机场三号航站楼、机场二号航站楼4座车站。其中，东直门站可与地铁2号线、13号线换乘；三元桥站可与地铁10号线换乘。采用单一票制，票价统一为25元。可购买机场快轨单程票或使用市政交通一卡通（但不享受折扣）。

2. 机场大巴

市内线：为方便乘客往返市区和机场，设有6条机场大巴专线，具体线路和发车时间间隔可拨打咨询电话和登录首都机场网站详细查询。票价统一为16元。

市外线：首都国际机场还分别开通了至天津和秦皇岛的专线，具体线路、发车时间和票价可拨打咨询电话和登录首都机场网站详细查询。

首都国际机场网址：http://www.bcia.com.cn
首都国际机场问询电话：010-64541100，
010-64541111
机场大巴（市内线）二十四小时服务热线电话：
010-64558720
天津/秦皇岛专线咨询电话：010-84335878

◎ 北京南苑机场

北京南苑机场位于北京市区正南方向，距离市中心约13公里。2005年10月，南苑机场正式开通国内民用航线，此前，一直为军方使用。目前南苑机场仍为军民合用机场，在此经营民用航空业务的仅有中国联合航空一家。虽然南苑机场开通民航服务的时间相对比较晚，服务班次相对少些，但由于距离市区较近，乘机流程简便，也成为许多航线的不错选择。

1. 机场大巴

南苑机场在西单民航大厦，设有班车站，为前往机场的乘客提供接送服务。由于该班车是为航班配备，不是随时发车，一般提前2小时左右乘坐大巴为宜，具体信息可拨打南苑机场咨询电话查询。

2. 公交车

南苑机场站名为"新华路南口"，有多路公交车可到达。由于公交车相对不易控制时间，建议前往该机场的旅客乘坐机场大巴。

南苑机场问询电话：010-67978899
中国联合航空公司网站：
http://www.cu-air.com

搭乘火车

目前，承载进出北京客运的火车站主要是北京站、北京西站和新建的北京南站。（2009年伊始，新建成的新北站也已开始承载客运业务。）

◎ 北京站

北京最早的大型客运车站，位于东单和建国门之间（北京市东城区毛家湾胡同甲13号），距市中心约2.6公里。北京站为全国铁路客运特等站，主要承担京山、京秦、京沪、京承、京原、京包线的旅客运输任务，并有开往平壤、乌兰巴托、莫斯科等地区的国际和国际联运旅客列车。

交通情况：地铁2号线和多路公交车均可到达。

◎ 北京西站

即北京西客站，简称北京西站或北京西。位于北京市西三环附近，坐落在莲花池东路。是北京现在规模最大的客运车站，拥有"亚洲第一大站"的称号。其最高客运能力可达每日90次列车60万人次，由此出发的列车覆盖华南、西南、西北地区的主要城市。

交通情况：京西重要交通枢纽，公交线路发达。同时，正在修建连接北京西站和北京站的客运专线，以方便乘客在两个车站之间的换乘。

◎ 北京南站

2008年新建落成的功能最全面、北京最"快"的客运站，地处宣武、崇文、丰台三区交界处，位于南二环、南三环、马家堡东路、马家堡西路之间，凉水河北侧。北京南站规划为高速铁路、客运专线以及快速列车的始发站。其中，全长为115公里的京津城际铁路已在2008年8月投入运营，由北京至天津全程仅需30分钟。正在修建的京沪线也将在此停靠。

交通情况：多路公交车可到达。兴建中的地铁4号线将以南北走向穿过北京南站，地铁14号线和市郊铁路将以东西走向穿过北京南站，届时，其交通情况将大为提升。

◎ 北京北站

旧名平绥西直门车站，是中国历史上自主设计建造的第一条干线铁路——京张铁路上的车站，是现存京张铁路站场设施中保存较完好的一处，为北京市级文物保护单位。其中候车厅建筑为西方古典风格，是研究中国近代铁路发展史和建筑史的重要实物。为服务奥运，北京北站开通了S2线动车组列车（和谐长城号），以北京北站为起点，中途停靠清华园、清河、沙河、昌平、八达岭等站，终点为延庆站。平原地带时速120公里，进山后为45公里。该线路的开通，大大方便了游客前往八达岭长城观光游览。首班车为6：08，于7：07到达八达岭，7：27抵达终点站延庆；末班车为21：27，于22：41直达延庆（中途不停站）。

交通情况：西直门为重要交通枢纽，公交线路密集。建成后的新北站将与西直门地铁枢纽实现零换乘。

首铁在线网站：http://www.036.com.cn
北京站问询电话：010-51019999
北京西站问询电话：010-51826273
北京南站问询电话：010-51837262
北京北站问询电话：010-51866223

■ 公共交通

搭地铁游北京

搭乘地铁出行，无疑是每个城市最便捷及首选的交通方式。北京市目前已开通地铁线八条，分别为1号线、2号线、5号线、10号线一期、13号线、八通线、奥运支线和机场专线，由北京市地铁运营有限公司经营管理。

为引导市民优先选择轨道交通出行，缓解地面交通拥堵，改善空气质量，北京市从2007年10月起，采用低票价政策，实行全路网单一票制，乘客乘坐地铁时（除机场快线外），不限乘坐距离和换乘次数，现金购票或使用市政交通一卡通，均为每次2元。

根据规划，北京将在中心区加密轨道交通线网，并提速建设，预计从2009年至2015年，每年均有新线建成。届时，北京将实现总长约561公里的轨道交通网络，四环以内平均步行一公里，即可到达地铁站。

具体运营线路和首末车时间，可拨打地铁服务热线或登录北京地铁网站查询。

北京地铁服务热线：010-68345678
北京地铁网址：
http://www.bjsubway.com/cns/index.html

搭公车游北京

北京的公交车运营管理机构主要是北京公共交通控股（集团）有限公司和北京运通公司，覆盖了全部市区和郊区的绝大多数地区，公交网络密集、便利。

◎ 普通线路

普通公交车的收费方式分为全程单一票制和分段计价两种，使用市政交通一卡通普通卡享受4折优惠，学生卡享受2折。同时，若乘坐时所携带行李、物品超过一个座位面积的，须加购一张车票。单一票制的车票价1元；分段计价的车12公里以内票价1元，每增加5公里加价0.5元。

为方便乘客查询公交线路和景区，北京市设有公交服务热线电话，覆盖北京地区所有公交公司和公交路线的信息，乘客亦可登录北京公交网进行相关查询。

北京市公交服务热线：96166
北京公交网：http://www.bjbus.com

◎ 观光线路

为了更好地为来京游客服务，充分展示北京的古都风貌和奥运场馆现代化建设，北京于2008年相继开通了6条城市观光线。

1. 观光1路

特色	以古都风貌为特色，南起北京南站，北至北官厅，线路全长18.1公里，游客可乘车游览天坛、前门大栅栏、天安门、景山、故宫、什刹海、鼓楼、雍和宫等能够反映古都风貌的文化景观
起点	北京南站
终点	北官厅
途经	永定门、天坛西门、前门、天安门广场东、沙滩路口南、景山东门、鼓楼、雍和宫桥东
发车时间	夏季作息（4月15日～10月15日）：北京南站8:00-18:00，北官厅9:00-19:00 冬季作息（10月16日～4月14日）：北京南站8:00-16:00，北官厅9:00-17:00
间隔	5-10分钟
票价	票价3元，可使用市政交通一卡通，但不享受优惠

2. 观光2路

特色	以奥运场馆为特色，北起慧忠里，南至北官厅，线路全长16.25公里，游客可乘车游览奥林匹克体育公园、鸟巢、水立方、国家体育馆、国家奥林匹克体育中心等主要奥运场馆和设施
起点	慧忠里
终点	北官厅
途经	北辰东路、奥林匹克森林公园南门、奥运村东、国家体育馆、北辰西桥北、民族园路、雍和宫桥东
发车时间	夏季作息（4月15日-10月15日）：慧忠里8:00-18:00，北官厅9:00-19:00 冬季作息（10月16日-4月14日）：慧忠里8:00-16:00，北官厅9:00-17:00
间隔	5-10分钟
票价	票价3元，可使用市政交通一卡通，但不享受优惠

3. 观光1路、2路联运

特色	沿线可游览大栅栏、前门箭楼、天安门广场、故宫、景山、北海、什刹海、钟楼、北土城遗址公园、民族大道、中华民族园、奥林匹克中心区场馆群、奥林匹克森林公园
起点	前门
终点	慧忠里
途经	天安门广场东、沙滩路口南、景山东门、鼓楼、民族园路、北辰西桥北、国家体育馆、奥运村东、仰山桥南、北辰东路
发车时间	夏季作息（4月15日-10月15日）：8:00-18:00 冬季作息（10月16日-4月14日）：9:00-16:00
间隔	15分钟
票价	票价3元，可使用市政交通一卡通，但不享受优惠

4. 观光3路

特色	沿线可游览玉渊潭公园、白塔寺、北海大桥、北海公园、故宫、景山公园、什刹海、钟楼、民族大道、中华民族园、奥林匹克公园、奥林匹克森林公园
起点	航天桥东
终点	奥林匹克北公交场站
途经	白堆子口东、甘家口东、阜成门、白塔寺、西安门、北海、故宫、景山东门、鼓楼、中华民族园、民族园路、北辰西桥北、国家体育馆、南沟泥河、奥运村西

发车时间	夏季作息（4月15日-10月15日）：8:00-18:00 冬季作息（10月16日-4月14日）：9:00-16:00
间隔	15分钟
票价	票价3元，可使用市政交通一卡通，但不享受优惠

5. 观光4路

特色	沿线可游览工人体育场、国子监、雍和宫、元大都遗址公园、民族大道、中华民族园、奥林匹克公园、奥林匹克森林公园
起点	东大桥路口北
终点	奥林匹克北公交场站
途经	工人体育场、东四十条、北新桥路口北、雍和宫、地坛东门、和平西桥南、和平西桥北、北土城东路、民族园路、北辰西桥北、国家体育馆、南沟泥河、奥运村西
发车时间	夏季作息（4月15日-10月15日）：8:00-18:00 冬季作息（10月16日-4月14日）：9:00-16:00
间隔	15分钟
票价	票价3元，可使用市政交通一卡通，但不享受优惠

6. 观光5路

特色	沿线可游览中央电视塔、军事博物馆、中华世纪坛、首都博物馆、西单文化广场、国家大剧院、天安门广场、王府井、古观象台、秀水市场、中央电视台、CBD楼宇群
起点	红庙路口东
终点	航天桥南
途经	光华中路、永安里路口西、北京站口东、王府井、天安门西、西单路口东、复兴门内、工会大楼、军事博物馆、公主坟东
发车时间	夏季作息（4月15日-10月15日）：8:00-18:00 冬季作息（10月16日-4月14日）：9:00-16:00
间隔	15分钟
票价	票价3元，可使用市政交通一卡通，但不享受优惠

搭出租车游北京

北京市约有7万辆注册出租车，一般由两位司机轮流驾驶。北京的出租车型虽有四五种之多，但颜色均为醒目的双色（黄色为底色，分别搭配蓝、红、绿、棕、白等颜色），一眼即可辨识。

◎ 北京市出租汽车计费方法

起步价10元，包含3公里，超出3公里后每公里按2元计费。从15公里起，每公里加收50%空驶费，即按3元计费。并，夜间（晚23：00—早5：00）每公里会加收20%的夜间费用。同时，若出租车根据乘客要求停车等候，或因道路条件限制，使得车辆时速低于12公里时，每累计5分钟，收1公里租价费用（不含空驶费）。

当您需要往返服务时（起点和终点在2公里以内，包括2公里），可提前告知司机，将免收空驶费，可节省一定费用。同样，若是包车，也不需支付空驶费。

◎ 叫车服务

北京市内统一的叫车服务电话有以下三家，需在车费之外另付3元"叫车服务费"，一般提前15—30分钟即可成功预订服务，若是隔天凌晨需要服务，则最好提前一天预约。

1. 北京出租车调度中心：010-68373399

2. 银建公司：96103

3. 首汽公司（提供无障碍车型）：961001

◎ 缴费方式

现金／市政交通一卡通（无折扣）

◎ 出租车待客区

一般在主要景区、大型购物场所或写字楼等区域均设有出租车待客区，乘客在此排队等候即可快捷和便利地搭乘出租车。

市政交通一卡通（简称"一卡通"）

如果您在北京有搭乘公共交通出行的需要，可考虑办理一卡通IC卡，将可在享受部分优惠票价的同时，体验便利。

◎ 办理／充值地点

在大型公交车站、地铁站及人流众多地段，设有标示"市政交通一卡通"的岗亭，可便捷办理一卡通卡；同时，相关公司依托银行、超市、邮储局也建立起相关办理网络。目前，全北京共有700余个办卡和充值地点，具体位置可登录一卡通网站及北京公交网站查询。此外，在一些银行自助充值机和大型购物中心、写字楼的自助缴费机上也可进行充值服务。

◎ 办理费用

初次办理时收取20元押金。首次充值金额不低于20元，再次充值额需为10元或10元的整数倍。卡内余额不超过1000元。

◎ 办理类型

1. 普通卡：申办时无须任何证件，且申办的

张数不限，乘坐公交车可享受4折的优惠。此卡不限办理对象，受理简单快速。

2. 学生卡：在卡片上贴有持卡人照片，限本人使用。中小学生可直接办理"中小学生卡"，大专以上学生办卡时必须由学校、科研机构统一到公交集团各分公司票务中心办理，且每年均需注册。使用学生卡乘坐公交车可享受2折的优惠。

3. 时间卡：分3日卡、7日卡和15日卡。3日卡票价10元，限3日内使用18次；7日卡票价20元，限7日内使用42次；15日卡票价40元，限15日内使用90次。时间卡有效期从购卡之日起，按自然日连续计算。但此种卡不能乘坐"9"字开头的郊区路线，亦不能乘坐地铁，使用范围比较有限。

4. 特殊卡：除以上介绍的三种卡外，一卡通公司还推出了各种纪念卡、异形卡。此类卡片体积较小便于携带，有的甚至可作钥匙环使用，功能上与普通卡相同。

◎ 使用范围／拓展功能

地铁（含机场快线）、公交车、出租车和部分高速公路及停车场使用。随着市民出行的需要，一卡通的适用范围越来越广，截至目前，已可在公园游览、购物消费、拨打电话、观看电影等日常消费中使用一卡通。

◎ 退卡

当卡片保存完好无损，且能正常读出卡内信息，可退还20元押金。退卡地点可登录一卡通网站或北京公交网查询。

◎ 使用提示

由于一卡通为非记名卡，且不设密码限制，亦不能挂失，故需妥善保管以避免损失。

一卡通服务热线：010-88087733
一卡通网站：http://www.bjsuperpass.com
北京公交网：http://www.bjbus.com

■ **漫步北京城**

步行

近年来随着北京市的快速发展，许多区域的马路和街道愈发大而宽广，已不适合散步行走。但在老城区，尤以一些古色古香的胡同、民房中，例如地安门、什刹海一带，步行仍不失为一种惬意的游览方式，更是感受北京古城风貌的最佳选择。

骑自行车

同样的，由于道路建设，使得这个曾经的"自行车大城市"已不像从前般，所有的路段都适宜骑自行车出行。但在内城，由于街道相对狭窄，自行车相对驾车而言更显优势，也更灵活自如。

近几年，随着政府对环保工作的日益重视，开始在市内的一些区域推广自行车，鼓励民众采用"自行车＋公交换乘"和"自行车＋自驾车转换"的出行模式。并相应地在一些大型公交枢纽、地铁站、购物场所、写字楼附近，建立起多处自行车租赁点。一般来说，在缴纳400元左右的押金后，每小时收取四五元服务费，即可租借到一辆性能不错的名牌自行车，且租车时间越长，相应的折扣就越大。比较大型的租赁公司还可进行异地还车，为租车人提供最大的便利。

目前北京地区较大的公共单车租赁服务商有贝科蓝图、甲乙木等公司。以贝科蓝图为例：

网点	主要分布在各地铁站口、旧城区和商业区附近、大学校园内
押金	400元。请保存好押金底联，还车时凭押金底联退还押金
费用	每小时收取服务费5元，不足一小时按一小时收费 每半天（4小时）收取服务费10元，每一天收取服务费20元，超过四小时按全天收费。同时，计时租车的顾客如刷银行卡租车，可就近异地还车
咨询电话	800-810-5917，400-896-5917
网点查询	http://www.bjbr.cn/wd/wd.htm

搭乘"胡同游"

在老城区乘坐人力三轮车游览胡同文化，是北京长久以来的一项特色，随着奥运会的举办，这项特色服务也进行了规范化管理。

为保障您的自身权益，请选乘正规的三轮车。新型正规三轮车车身前后镶有多种体现老北京民俗的"铜活"，前板有"祥云"，侧板有"五福捧寿"，车身两侧有8枚"瑞兽"铜钉，车背面是4个"麒麟"铜饰，象征着四平八稳。同时，三轮车前后配有北京市交通管理局发放的正式牌照，车夫也者统一服装，并于胸前左侧佩戴戴工作证。

收费标准参考如下：散客，价格为每人35元/小时，该费用已包含导游服务。团体游客，以"芳华庭"三轮车公司为例，价格为480元/人，游览时间为8小时，包括胡同景点游览、中外翻译服务，及体验老北京百家家常菜等。

■ 其他方式出行

自驾车游北京

随着城市的发展建设，如其他国际大都市一样，拥堵也成为北京亟待解决的一个问题，因此我们不鼓励您在城内驾车出行，尤其是在交通压力极大的内城。由于内城不提倡自驾车，停车位相对较少，在一些窄小的胡同中甚至没有停车空间。此外，在主要商业区，为了限制车流，也采较高的收费，通常为每半小时2.5元，而在一些非闹市区，则为1元/半小时。

相较而言，租车游览北京郊区则更实用。带上租车人合法证件，到正规的汽车租赁公司，根据自身需求签订好租车时间和公里数后，交纳一定的押金，即可与家人在京郊畅游，省去参加旅游团或乘坐公交车在时间上的限制，体验驾车旅游的灵活和快捷。

北京的高速公路市内段，一般全程费用在10元/次左右，较远的景区可能需要通过多条高速公路及国道，对于初次驾车游览北京的人来说，事先登录自驾车网站查询线路或使用车载导航仪是比较安全和节省时间的。

北京电子地图：http://ditu.beijing.cn

电动车/摩托车

北京市允许使用电动自行车和摩托车，但均须到相关部门登记后方可上路。同时，由于没有相应的专用车道，电动车一般与自行车共用"非机动车道"，摩托车则与机动车共用"机动车道"。不同交通工具的车速差异多少为骑乘者带来安全隐患，所以采用这两种方式出行的人相对少些；近年随着环保政策的贯彻落实，电动车越来越成为一种绿色、轻松的出行方式，使用人数有增多的趋势。

出行辅助

近年北京城市服务意识逐渐提高，在主要观光景区、大型饭店大堂、购物中心内，以及地铁、公交枢纽、主要街道的周遭都设有"信息查询亭"或"周边地图查询牌"，透过设计好的数字与文字方式，引导游客与市民出行。使用者可利用查询设备来标示自身所在位置，迅速地找到欲前往之目的地，方便快捷。

同时北京市还设有社区服务热线以方便市民及游客咨询，北京市政府网站——"首都之窗"也日趋完善，这些都为市民和游客的出行提供了更贴心的服务。

北京市社区服务热线：96156
首都之窗网站：http://www.beijing.gov.cn

北京古代建筑常见术语解说 Glossary

■ **术语解说参考书目：**

梁思成著. 清式营造则例. 北京：清华大学出版社，2006

王效清主编. 中国古建筑术语辞典. 北京：文物出版社，2007

李国豪主编. 中国土木建筑百科辞典·建筑. 北京：中国建筑工业出版社，1999

中国大百科全书编辑委员会编. 中国大百科全书·建筑 园林 城市规划. 北京：中国大百科全书出版社，1988

陈志华著. 外国建筑史：19 世纪末叶以前. 北京：中国建筑工业出版社，1997

■ **术语解说索引**

1. **大殿**
   传统建筑院落中的正殿。在寺观建筑中为供奉主神之殿宇，是寺庙里最重要的空间。

2. **配殿**
   大殿之前，分列左右两侧、朝向相对的两列相同形制的建筑。在民居中则称为"厢房"。依照传习俗，正殿多为南向，故两配殿（厢房）又分别称为东、西配殿（厢房）。

3. **朵殿**
   大殿的东西侧堂，为大殿的辅助空间。北宋文人范镇《东斋记事》："……（仁宗）冬不御炉。每御殿，则于朵殿设炉以御寒气。"

4. **正房**
   传统民居院落中的主要房舍，在全宅中地位最高，亦称"上房"。标准的北京四合院采用坐北朝南布局，故正房也称"北房"。

5. **厢房**
   正房之前，分列左右两侧、朝向相对的建筑。参见"配殿"。

6. **穿堂**
   传统建筑院落中，仅用于过往联系交通的房屋。前后开敞，使院落空间流通，造成活跃而变化的环境气氛。又称"过殿"。

7. **抱厦**
   古代建筑中主要殿宇在外突出的一间小屋，亦称"龟头屋"。建筑造型生动活泼，该设计手法在唐宋建筑中使用较多，典型案例是建于北宋皇佑四年的河北正定隆兴寺摩尼殿。

8. **倒座**
   在民居四合院中靠近大门附近的一排朝北、面对正房或垂花门的小屋。多作仆佣杂役居住使用。

9. **游廊**
   古典式建筑通道的一种。多用于园林、庭院之中，既为行人通道，也能作为游人停留、休憩和观赏之所，其建筑形式多种多样。

10. **抄手游廊**
    游廊的一种。多随四合院做成六角转折的廊子，用于连接垂花门与厢房、厢房与正房。

11. **走马廊**
    又称"走马转角廊"。传统建筑院落之庭院四周相互连通的宽大内回廊。

12. **影壁**
    又称"照壁"。筑于院落大门内或大门外，与大门相对，起屏障、围合及装饰等作用的一段单独式墙体。明清时的影壁从形式上区分，主要有"一字形"与"八字形"两种，宫殿、寺庙、衙署及第宅等建筑均采用。

13. **广亮大门**
    北京四合院的一种宅门样式，等级仅次于王府大门，多用于官宦府第。前后共有柱六根，门扉设在中柱之间，进而创造出进深较

大的入口空间。此外其台基较高，门框上有门簪四颗，檐枋下装有雀替等具装饰功能，又彰表主人地位的构件。

14. **金柱大门**
    北京四合院的一种宅门样式，等级次于广亮大门，高于蛮子门、如意门。门扉设在中柱前、檐柱后的金柱之间，因此入口进深较浅，不及广亮大门敞亮，却不失气派，是广亮大门的一种演变形式。

15. **蛮子门**
    北京四合院的一种宅门样式，等级次于金柱大门，高于如意门。门扉设在檐柱之间，门外无容身空间，门框上有门簪四颗，无雀替，多身于富裕人家。

16. **如意门**
    北京四合院的一种宅门样式，等级最低，为一般百姓所使用。门在檐柱间以砖墙砌筑，墙中部留出门扇，为最普遍的大门形式。

17. **垂花门**
    因正面檐上悬挑出一对雕刻精美的垂莲柱，故得此名。是四合院中一道极为讲究的独立式门，常用作四合院的二门，具有联系和区隔内宅与外宅（前院）的功能。有时也用于园林建筑中，作为园中园入口大门或围墙、游廊的通道口口。一般分为一殿一卷式、卷棚式、廊罩式等数种，雕刻精美，具有很强的装饰性。

18. **庑殿**
    古代建筑屋顶形式之一。屋面可分为四坡，由一条正脊与四条垂脊组成，宋称"四阿顶"或"五脊殿"，清代称"庑殿"。是屋顶等级的最高形式，多用于宫殿、寺庙等大型建筑群中的主要殿阁。在建筑层数上，有单檐、重檐两种。

19. **歇山**
    古代建筑屋顶形式之一。庑殿和悬山相交而成的屋顶结构，上部类似四坡形式的悬山，下部类似四坡形式的庑殿，屋面共有九条脊，做法上较为复杂。宋代称"九脊殿"、"厦两头造"，清代称"歇山"。外观庄重秀丽、丰富活泼，其屋顶等级仅次于庑殿，一般用于宫殿、寺庙等建筑群中，大型殿宇常采用重檐做法。

20. **悬山**
    古代建筑屋顶形式之一。两坡屋顶中两端屋面伸出山墙外的一种屋顶形式，宋代称"不厦两头"，清代称"悬山"，又称"挑山"。是古代民居的主要屋顶形式之一，在大型建筑群中多用于配殿及厢房。

21. **硬山**
    古代建筑屋顶形式之一。两坡屋顶中两端屋面不伸出山墙外的一种屋顶形式。是北方民

居的主要屋顶形式之一，在大型建筑群中多用于配殿及厢房。南方多为山墙伸出屋面，称"封火墙"，样式丰富，常成为建筑艺术处理的重点部位。

22. 攒尖
古代建筑屋顶形式之一。由多条屋脊交合于顶部，上面再覆以宝顶的屋顶形式。常用于园林建筑中，有三角攒尖、方攒尖、多角攒尖、圆攒尖等。

23. 卷棚
古代建筑屋顶形式之一。屋顶前后两坡交界处不用正脊，瓦垄直接卷过屋面，做成弧形曲面的屋顶。有卷棚悬山、卷棚歇山等样式，屋顶的外观卷曲，舒展轻巧，多用于园林建筑。

24. 重檐
指屋顶出檐两层，亦有三层的三重檐。常见于庑殿、歇山、攒尖屋顶上，以显示尊贵。

25. 开间
古代建筑平面的基本单位，指四根檐柱所围成的空间。古代通常以开间数来形容建筑物的宽度。

26. 面阔
建筑物纵向相邻两根檐柱中心线之间的水平距离，又称间宽。各开间的总和，则称"通面阔"。

27. 进深
建筑物横向相邻两柱中心线之间的水平距离。各间进深的总和，则称"通进深"，有时亦简称进深。

28. 明间
建筑物正中央的开间，通常面阔较宽，又称当心间。

29. 次间
明间左右两侧的开间。

30. 稍间
次间外侧的开间，通常面阔比次间略小。

31. 出檐
屋顶伸出于建筑物外墙或檐柱以外的部分，具有防雨、防晒功能。

32. 模数
建筑设计中选定的标准尺度单位。它是建筑设计、施工、材料与制品、组合构件间相互协调配合的共同基础。

33. 柱
俗称柱子，木构建筑中主要承受轴向压力的主要构件，位于柱础与斗栱或梁架之间。一般竖立，用以支承梁、枋、屋架。依位置功能不同，有金柱、檐柱、中柱、瓜柱等；依外形来看，可分圆柱、方柱、八角柱、梭柱、雕龙柱等。

34. 金柱
在檐柱以内，但不含纵中线上的柱子。宋代称"内柱"，清代称"金柱"。按柱体不同有里外、上下、前后之分，离檐柱近的是外金柱，远的是里金柱，近前檐的称前金柱，近后檐的称后金柱。在楼阁建筑中，则按上下层分别称上、下金柱。

35. 梁
木构建筑中水平方向的主要承重构件，用以支承上部梁架与檩、椽、望板及屋顶。屋顶荷重通过梁架的层层传递至梁下的柱。梁柱之间，或用斗栱过渡，或将梁头直接置于柱头之上，或将梁的一端插入金柱柱身，另一端置于檐檩柱头上。其横断面呈矩形，宋代高宽比为3:2，明清时接近方形。

36. 枋
两柱之间起联系和稳定作用的水平构件，安装于檐柱、金柱、瓜柱的柱头位置或柱身之间，以及斗栱与斗栱之间，一般随着梁或檩而设置。

37. 雀替
用于梁或阑额与柱交接处的承托梁枋的木构件。可以增加梁头的抗剪能力和减少梁枋的跨度。宋代称"绰幕"，清代称"雀替"。

38. 斗栱
中国古代木构建筑中特有的构件，主要安装于建筑物的柱顶、额枋、檐下或梁架之间。由斗形木垫块和弓形短木，以榫卯结合，逐层向外伸展、交错叠置而组成。具有传递荷载、减少出檐深度、保持整体稳定或装饰美化等多种作用。多用于宫殿、坛庙寺观等大型建筑群上，民间很少使用。

39. 斗
斗栱结构体系的重要组件之一，呈方斗形，形如古时量米的斗。斗有方斗、圆斗、六角斗、八角斗等样式。

40. 栱
斗栱结构体系的重要组件之一，呈长条弓形略弯曲，与斗相配合。用以承载建筑出跳荷载和缩短梁枋的跨度。

41. 昂
斗栱结构体系的重要组件之一。位于斗栱前后中轴线上的斜置构件，其作用与栱相似，后尾常做成翘或菊花头。按位置不同，有头昂、二昂、三昂之分。

42. 翘
斗栱结构体系的组件之一。指从坐斗的中心线向外挑出的弓形木构件，与建筑物表面垂直，有头翘、二翘、三翘之分，分别与正心瓜栱、正心万栱等相交。

43. 攒
成组斗栱的计量单位。宋代称"朵"，清代称"攒"。

44. 彩（又作踩）

斗栱的翘、昂向里外伸出悬挑的层数。宋代称"跳"，清代称"踩"。

45. 檩

设置在梁架间，用以支承椽、望板的构件。宋代称"槫"，清代称"桁"或"檩"。

46. 椽

排列在桁檩上，与桁檩正交，直接承托望板及其上屋面重量的构件。

47. 步

清式木构建筑结构形式中，相邻两檩中心线之间的水平距离。依位置不同，可分檐步、金步、脊步。

48. 收分

古代建筑的一种做法。建筑构件由下向上逐渐按一定规则缩小的形式，用于柱体或墙体。

49. 外皮

建筑构件朝外之表面。

50. 望板

又称屋面板。铺设于椽上的薄板，厚度一般为2~3厘米，其上覆苫背及瓦顶。

51. 倒挂楣子

悬挂于柱间坊下，由木格条组合成各种图案装饰的通透装修。可以拆卸，常用于有廊的居室外檐或游廊柱间，作为空间划分的一种手法，具有很强的装饰性和象征性。常见的构图多为步步锦、灯笼框、冰裂纹等。

52. 美人靠

园林建筑中一种临水的带鹅颈状靠背的栏杆座椅，又称"鹅颈椅"、"吴王靠"。具有栏护、装饰和供游人休息的功能。

53. 天花

古代建筑内部用以遮蔽梁以上部分的木构顶棚，上面可做彩画或雕饰，具有保暖、防尘及装饰作用。汉代称平机或承尘，宋代称"平棊"或"平暗"，清代称"天花"。

54. 藻井

一种顶部呈穹窿状的天花形式。多见于宫殿、坛庙、寺观等重要建筑的室内中心位置上方，不得作一般建筑的顶棚使用。其结构变化无穷，层层上升，形如井状。藻井上面通常遍雪绚烂彩画和精细雕镂，是室内天花的重点装饰部分，带给人绚丽辉煌的视觉感受。

55. 门簪

大门上方中槛突出的簪头。一般为二支或四支，外观常制成方、圆、六角、八角、多瓣等形式，常雕刻有吉祥图案或字样。其功用是联结中槛与连楹，以固定门扇转轴，并兼有装饰作用。

56. 抹头

槅扇门组成槅扇的横向构件。分上、中、

下抹头（现称上、中、下梃），具有防止槅扇开榫或变形的加固作用。其位置及样式的变化还可使槅扇增添美观效果。

57. 裙板

槅扇下段较高的填充心版。可做彩画或雕饰。

58. 走马板

大门中槛与上槛之间的填塞板，又称"门头板"。

59. 槛窗

古代建筑的窗式之一，又称"槅扇窗"。这种窗安装在柱间坎墙之上，常用于殿宇的当心间两侧，与当心间的槅扇门配套使用。窗口下有枢轴，可向内或向外开启，并可随时摘落。北方多用于宫殿、坛庙、寺观等建筑，南方多用于民居。

60. 彩画

中国古代木构建筑为了保护木材和增加美观，在梁枋、斗栱、天花等构件上所涂绘的装饰图案。是古代建筑的重要组成部分，早期彩画较为粗简，发展至宋代已逐渐完备。

61. 和玺彩画

清代官式彩画类型之一。是清代彩画中的最高等级，仅用于宫殿、坛庙建筑的主要殿堂、门之上。该彩画以龙凤为主题，以Σ形线划分段落，按所绘内容不同分金龙和玺、龙凤和玺、龙草和玺等，所有锦枋线和图案均采沥粉贴金，并以青、绿、红等地色衬托金色图案，图案细致华丽，带给人华贵无比的感受。

62. 旋子彩画

清代官式彩画类型之一。最早见于元代，成熟于明清，适用范围广，多用于府第、衙署、城楼、牌楼、寺观和宫殿建筑的配殿等。该彩画以旋花为主题进行构图，工整严谨，按颜色深浅与用金量多寡，可分为：金琢墨石碾玉、烟琢墨石碾玉、金线大点金、墨线大点金、金线小点金、墨线小点金、雅伍墨、雄黄玉6种不同的等级样式。

63. 苏式彩画

清代官式彩画类型之一。源于清代早期，因苏州始而得名，是园林建筑最常见的彩画形式，广泛用于亭、廊、轩、馆、榭等小式建筑。该彩画以花草、鸟兽鱼虫、山水、人物故事等绘画及各种万字、回纹、夔纹、锦纹、连珠带等图案为主题进行构图，按工艺繁简与用金量多寡、退晕层次不同，可分为：金琢墨苏画、金线苏画和黄（墨）线苏画等不同等级样式。

64. 枋心

梁枋彩画的中段部分。占梁枋全长的三分之一，枋心的母题以龙和锦纹最为常见，称"龙锦枋心"。若明间大额枋画龙，小额枋画锦；则次间大额枋画锦，小额枋画龙；稍间复同明间。另有中间绘一黑杠的枋心，称"一字枋心"；或只绘青绿色的空枋心，称"普照乾坤"；另也有绘花草鸟兽、山水人物的枋心。

65. 箍头

梁枋彩画的两端头部分。箍头边线可用金线或墨线，退晕者撑死箍头，若做连珠或卍字等几何纹者称活箍头。若梁枋太长，则绘两条平行的箍头，中间绘一个圆形或其他形状的盒子，四角绘岔角。

66. 盒子

梁枋彩画箍头中间的图案。边框成菱形直线，中间画一完整栀花的，称整盒子，斜交叉成十字线，四周各画半个栀花的，称破盒子，边框略似圆形，内绘龙、花卉或异兽，四角绘岔角的称笋盒子。和玺彩画一般为软盒子做法，中间绘坐龙。苏式彩画一般不设盒子，仅做各种几何纹、寿字、连珠等。

67. 花心

梁枋彩画中旋花的中心，又称"旋眼"。

68. 地仗

中国古代彩画做法用语。油饰彩画前在木材表面施加的一道或数道油灰的打底层。具有保护木材、衬地找平和加固的作用。按用料做法可分为单披头地仗、披麻灰地仗、披麻捉灰地仗和大漆地仗等。所用材料主要有砖灰、血料、白面、生桐油、石灰、线麻等，依照一定比例混合，具有较好的坚硬度和耐久性。

69. 沥粉贴金

中国古代种彩画做法用语。在贴金部位先用胶、油、粉调制的胶粉膏挤画成凸起约0.2～0.3cm的轮廓线条，再包胶或打金胶粘贴金箔的做法。该做法是彩画技法中等级最高、最华丽的一种，具有加强图案立体感、分明图案关系和创造辉煌的效果。

70. 脊

屋顶两坡面的相交处。

71. 正脊

位于屋顶最高处，前后两坡面相交处的屋脊，适用于庑殿、歇山、悬山、硬山等建筑屋顶上，具有防止雨水渗透与装饰的功能。正脊一般由盖脊筒瓦、正通脊、群色条、压当条、正当沟和正吻组成，不同规模的建筑，它的高度与组合构件略有不同。

72. 垂脊

在建筑的屋顶上，与正脊或宝顶相交，沿屋面坡度向下的屋脊。例如庑殿屋顶正面与侧面相交处的屋脊，歇山、悬山、硬山屋顶前后两坡屋面从正吻沿博风下垂的屋脊，攒尖屋顶两坡屋面相交处的屋脊。垂脊上立有

垂兽，按做法可分兽前和兽后两段，兽前一段垂脊又称为"角脊"，上安仙人走兽。

73. 箍头脊

在卷棚屋顶两端头，前后相连呈圆弧形的垂脊。

74. 清水脊

小式建筑中屋脊做法最复杂的一种。造型别致，在脊的两端有向上翘起的"蝎子尾"，其下砌有雕饰花纹的平草砖、盘子和圭脚等装饰构件。用于悬山、硬山屋顶，一般只做垂脊，无垂兽，或至多只加一垄筒瓦与板瓦部分区别。是北方建筑借鉴南方做法的范例。

75. 板瓦

古代建筑瓦件的一种。横断面为四分之一圆形，做底瓦用，覆盖在屋面灰泥背上。

76. 筒瓦

古代建筑瓦件的一种。横断面为半圆筒形，做盖瓦用，盖护在两行板瓦之间的缝隙上，起到防水的作用。

77. 青瓦

以黏土制坯经焙烧而成的瓦，呈灰色，又称"布瓦"。

78. 琉璃瓦

以上釉的陶土制坯经焙烧而成的瓦。琉璃瓦在北魏时期已开始生产，有黄、绿、蓝、黑等颜色，多为宫殿坛庙所使用。

79. 削割瓦

和琉璃瓦相同，一样是以陶土制坯经焙烧而成的瓦，但表面不施彩釉。

80. 正吻

安置在正脊两端，张口向内的龙形装饰物。它的造型和名称历经长期的演变过程。东汉时出现在屋脊上，称"鸱尾"。半月形、鱼尾，作为消灾的厌胜之物。盛唐以后鸱尾的前端变成张口的龙嘴，称"鸱吻"。宋时又有一种称为龙尾的造型，即鱼尾变成龙尾。元代以后，逐渐演变成明清常见的正吻形式，端舞龙头，吞住正脊，尾部卷起，北部插有剑靶，后加背兽。正吻用于较高等级的建筑，按建筑规模有两样至九样八种规格。在较低等级的建筑中，有一种功能与正吻相同的兽形装饰物，称"兽吻"或"吻兽"，兽头向外。

81. 垂兽

屋面垂脊近下端的之兽头形装饰构件，又称"角兽"。

82. 排山勾滴

在歇山、悬山、硬山顶的垂脊外侧，沿着坡面向外铺放的一排勾头与滴水。盖住了下面的博风板，起到了装饰与防水的作用。

83. 墀头

硬山山墙两端檐柱以外，山墙与屋檐相交成

斜面的部分，上面有时雕有花纹图案或人物故事，在北京四合院中常见。

84. 拱券

一种平面的弧形结构，常使用于桥梁或门窗等构件上，多以砖石做成，常见的有半圆形、尖形、马蹄形、三叶形等多种形式。

85. 礓礤

音[jiāng cuō]，一种特殊的台阶形式。在斜道上用砖石棱角做出防滑齿槽的一种无踏阶坡道，坡度较缓，可供车辆往来通行，多用于牌楼、宫门、随墙门等处。

86. 望柱

栏杆中的出头柱。其侧面接以栏板或抱鼓石等构件。

87. 栏板

栏杆中的栏护组件，位于望柱之间，又称"华板"。多采用透空雕、平雕或浮雕等手法在其表面雕凿各种纹样与装饰图案。

88. 抱鼓石

在石栏杆最下端的一块雕成圆鼓形或云形的石刻构件。作为栏杆端部的结束，具有稳定最下一根望柱及装饰作用。另外，旧时宅舍在大门抱框边所设置，起到加固作用的圆鼓形雕石构件，亦称"抱鼓石"。

89. 须弥座

多层叠涩组成的台座。原本为佛像的基座，后来演化为古代建筑中等级较高的一种台基。多用砖砌或石雕凿，用于宫殿、坛庙主殿与塔幢、佛像基座。最早实例见于北魏云冈石窟。早期的须弥座形式简单，唐宋之后日趋复杂，宋《营造法式》中对其做法有详细规定。

90. 螭首

在须弥座台基侧面的一种龙头状的石刻构件，具有排水及装饰作用，依安装部位有角螭和正身螭首两种。螭为传说中的一种龙属动物，是古代最early用于镇水的动物图案之一，又称"吸水兽"。

91. 多立克柱式（Doric order）

西方古典柱式之一，起源于古希腊。从木结构演变而来，柱子比例粗壮，主要特点在无柱础，直接立于台基面上。柱头无装饰，为简单的倒立圆椎台，柱身周围刻有直线凹槽。该柱式象征了男子的刚健之美，故亦称"男性柱"。

92. 爱奥尼柱式（Ionic order）

西方古典柱式之一，起源于古希腊。柱子比例修长，主要特点在其秀美的涡卷形柱头。柱身周围亦有直线凹槽，但不似多立克柱式之锋利，拥有一小段圆面。该柱式象征了女子的柔和之美，故亦称"女性柱"。

93. 塔司干柱式（Tuscan order）

西方古典柱式之一，起源于古罗马，是希腊多立克柱式的简化变体。柱子比例亦粗壮，主要特点为柱身浑圆无凹槽，但有柱础。

94. 壁柱（pilaster）

凸出墙面的砖砌体柱，用来增加墙体的强度。与墙体同时施工，共同承受各种荷载，其断面为方形、矩形或下大上小的形式，若装饰需要，还可砌成其他形式。

95. 巴西利卡（basilica）

古罗马的一种公共建筑形式，用于法庭、交易所的大厅建筑。平面一般呈长方形，两端或一端设有半圆形龛室。大厅常被两排或四排柱子纵分为三部分或五部分，中间部分宽且高，称为厅堂；两侧部分狭且低，称为侧廊，侧廊上面常有夹层。该建筑形式日后进一步为教堂建筑所沿用。

96. 巴洛克风格（Baroque style）

17~18世纪流行于欧洲的一种建筑风格，在文艺复兴建筑的基础上应用曲线、曲面，并配以烦琐的装饰和强烈的色彩，追求自由、动态、神秘与富丽的效果。巴洛克一词源于法语，原意畸形的珍珠，有奇异古怪之意。这种风格最早出现于意大利，随后风靡欧洲，尤以德、奥两国为盛，18世纪又进一步发展出洛可可风格。

97. 洛可可风格（Rococo style）

18世纪流行于法国的一种建筑风格，是在巴洛克的基础上演变而来。该风格具有细腻的装饰与柔和的色彩，有别于巴洛克的动态烦琐、浓重强烈。该设计手法擅用不对称构图与曲线，天花和墙面常以曲面相连，并施以旋涡、贝壳、花草等装饰题材，室内部件纤细柔美、生动轻快。

98. 新艺术风格（Art Nouveau）

流行于19世纪末的建筑装饰及工艺设计风格，是20世纪现代主义运动的前奏。该风格以花草、昆虫等自然生物为设计灵感，大量使用有机形式与流动线条，强调充满活力的曲线造型。以铁制作的装饰广泛地应用于墙面、家具、栏杆等室内部件当中，造型简洁。

99. 女儿墙（parapet wall）

建筑物外墙高出屋面的矮墙。古代在城垣或城堡顶部用砖石砌成凹凸形的矮墙，以利警戒和防卫，又称女墙。日后普遍用作建筑物平屋顶上的栏护设施，或作为房屋外形的处理手段，成为房屋檐部的组成部分。

内容索引 Index

■ 古建筑介绍条目拼音索引

说明：1. 条目后加注的3个编号依次为片区编号、景点编号、页码。

2. 拼音索引的排列原则均参照《新华字典》之拼音顺序。

3. 有两个或两个以上名称的景点均分别作了索引，指向同一序号。别名之序号加括号辅助。

■ 古建筑介绍条目年代索引

■ 唐、宋、辽、金、元代古建筑遗存

说明：排序原则参照《新华字典》之拼音顺序，
具体年代用括号在条目末尾标出。

■ 明清建筑

说明：排序原则参照《新华字典》之拼音顺序。

■ 近代建筑

说明：排序原则参照《新华字典》之拼音顺序。

■ 古建筑介绍条目分类索引

■ 城垣、门楼类

■ 宫室、园林类

■ 坛庙、寺观类

参考资料 Bibliography

说明：
这里仅列出书中多次引用的较重要的参考文献，部分章节写作所依据的参考文献已在文内注明，此处不再一一列举。

■ 北京图籍

徐苹芳 编著. 明清北京城图. 北京：地图出版社，1986

侯仁之 主编. 北京历史地图集. 北京：北京出版社，1988

李诫 主编. 北京历史舆图集（全四卷）. 北京：外文出版社，2005

梅宁华，孔繁峙 主编. 中国文物地图集·北京分册（上、下册）. 北京：科学出版社，2008

地质出版社文化教育编辑室，北京天域北斗图书有限公司 编. 北京城市地图集. 北京：
　　地质出版社，2008

王世仁 主编. 北京市宣武区建设管理委员会，北京市古代建筑研究所合编. 宣南鸿雪
　　图志. 北京：中国建筑工业出版社，1997

陈平，王世仁 主编. 东华图志：北京东城史迹录（上、下册）. 天津：天津古籍出版
　　社，2005

刘易斯·查尔斯·阿灵顿 著. 古都旧景——65年前外国人眼中的老北京. 赵晓阳 译.
　　北京：经济科学出版社，1999

中国美术全集编辑委员会 编. 中国美术全集 绘画编6明代绘画 （上）. 北京：文物出
　　版社，1988

故宫博物院 编. 清代宫廷绘画. 北京：文物出版社，2001

[澳]赫达·莫里逊著. 洋镜头里的老北京. 董建中 译. 北京：北京出版社，2001

摄影艺术出版社 编. 北京风光集. 北京：摄影艺术出版社，1957

北京市城市规划管理局. 北京在建设中. 北京：北京出版社，1958

盛锡珊 绘. 老北京市井风情画. 北京：外文出版社，1999

北京东方文化集团，北京皇城艺术馆编撰. 帝京拾趣——北京城历史文化图片集. 2004

沈延太 编. 王长青，沈延太 摄影. 京城胡同留真. 北京：外文出版社，1997

刘洪宽 绘. 天衢丹阙——老北京风物图卷. 北京：荣宝斋出版社，2004

胡卜运 主编. 旧京史照. 北京：北京出版社，1995

于吉星 主编. 老明信片·建筑篇. 上海：上海画报出版社，1997

李弘 京华遗韵：西方版画中的明清北京. （英）马思奇(Roy Massey) 译. 北京：
　　新世界出版社，2008

原北平市政府秘书处 编. 旧都文物略. 北京：中国建筑工业出版社，2005

■ 北京历史地理资料

[元] 熊梦祥 著. 析津志辑佚. 北京：北京古籍出版社，1983

[元] 陶宗仪 著. 南村辍耕录. 北京：中华书局，1959

[明] 佚名 著. 北平考. 北京：北京古籍出版社，1980

[明] 萧洵 著. 故宫遗录. 北京：北京古籍出版社，1980

[明] 张爵 著. 京师五城坊巷胡同集. 北京：北京古籍出版社，1982

[明] 蒋一葵 著. 长安客话. 北京：北京古籍出版社，1994

[明] 刘侗，于奕正 著. 帝京景物略. 北京：北京古籍出版社，1983

[清] 孙承泽 著. 天府广记. 北京：北京古籍出版社，1984

[清] 于敏忠 等编纂. 日下旧闻考. 北京：北京古籍出版社，1983

[清] 吴长元 著. 宸垣识略. 北京：北京古籍出版社，1983

[清] 麟庆 著文，汪春泉 等绘图. 鸿雪因缘图记. 北京：北京古籍出版社，1984

[清] 朱一新 编纂. 京师坊巷志稿. 北京：北京古籍出版社，1982

[意] 马可·波罗 著. 马可·波罗游记. 北京：中国文史出版社，1998

陈宗蕃 编著. 燕都丛考. 北京：北京古籍出版社，1991

京都市政公所 编纂. 京都市政汇览. 北京：京华印书局，1919

建筑工程部建筑科学研究院　编. 建筑十年. 北京：建筑工程部建筑科学研究院, 1959

陈高华　著. 元大都. 北京：北京出版社, 1982

于杰, 于光度　著. 金中都. 北京出版社, 1989

北京市文物研究所　著. 北京考古四十年. 北京：北京燕山出版社, 1990

吴建雍, 王岗, 姜纬堂, 袁熹, 于光度, 李宝臣　著. 北京城市生活史. 1997

北京大学历史系《北京史》编写组. 北京史：增订版. 北京：北京出版社, 1999

侯仁之　著. 北京城市历史地理. 北京：北京燕山出版社, 2000

邓辉, 侯仁之　著. 北京城的起源与变迁. 北京：中国书店, 2001

史明正　著. 走向近代化的北京城. 北京：北京大学出版社, 1995

张复合　著. 北京近代建筑史. 北京：清华大学出版社, 2004

中国建筑设计研究院建筑历史研究所　编著. 北京近代建筑. 北京：中国建筑工业出版社. 2008

萧默　编著. 巍巍帝都：北京历代建筑. 清华大学出版社, 2006

王军　著. 城记. 北京：生活・读书・新知三联书店, 2003

华揽洪　著. 重建中国——城市规划三十年（1949-1979）. 李颖　译. 华崇民　编校.
　　北京：生活・读书・新知三联书店, 2006

朱祖希　著. 营国匠意——古都北京的规划建设及其文化渊源. 北京：中华书局, 2007

北京市规划委员会, 北京城市规划学会　主编. 长安街过去・现在・未来. 北京：机械工业
　　出版社, 2004

北京市规划委员会　编. 北京旧城二十五片历史文化保护区保护规划. 北京：北京燕山出
　　版社, 2002

北京市规划委员会　编. 北京历史文化名城北京皇城保护规划. 北京：中国建筑工业出版
　　社, 2004

北京市规划委员会　编. 北京中轴线城市设计. 北京：机械工业出版社, 2005

汪光焘　著. 北京历史文化名城的保护与发展. 北京：新华出版社, 2002

路秉杰　著. 天安门. 上海：同济大学出版社, 1999

于倬云　主编. 紫禁城宫殿. 北京：生活・读书・新知三联书店, 2006

李玉祥, 王其钧　编. 北京四合院. 南京：江苏美术出版社, 1999

高巍, 孙建华　等著. 燕京八景. 北京：学苑出版社, 2002

萨兆沩　著. 净业觅踪. 北京：北京燕山出版社, 2002

马炳坚　编著. 北京四合院建筑. 天津：天津大学出版社, 1999

黄春和　著. 白塔寺. 北京：华文出版社, 2002

马兰, 李立祥　著. 雍和宫. 北京：华文出版社, 2004

王贵祥　著. 北京天坛. 北京：清华大学出版社, 2009

天坛公园管理处　编. 天坛公园志. 北京：中国林业出版社, 2002

石荣暲　编. 北平湖广会馆志略正编. 出版社不详, 1947

张复合、董晓晶　著. 原京奉铁路正阳门东车站改建工程实践之体验. 中国近代建筑研究
　　与保护. 第1辑. 北京：清华大学出版社, 1999

业祖润　著. 前门地区保护、整治与发展规划. 建筑创作, 2007年12期

张金起　著. 百年大栅栏. 重庆：重庆出版社, 2008

翁立　著. 北京的胡同. 北京：北京燕山出版社, 1992

王永斌　著. 北京的商业街和老字号. 北京：北京燕山出版社, 1999

陈刚, 朱嘉广　主编. 历史文化名城北京系列丛书. 北京：北京出版社, 2004

北京市文物事业管理局　编. 北京名胜古迹辞典. 北京：北京燕山出版社, 1989

[瑞典]奥斯伍尔德・喜仁龙　著. 北京的城墙和城门. 许永全　译. 北京：北京燕山出版社, 1985

Sirén, Osvald. The walls and gates of Peking: researches and impressions.
　　London: John Lane, 1924.

张先得　编著. 明清北京城垣和城门. 石家庄：河北教育出版社, 2003

傅公钺　编著. 北京老城门. 北京：北京美术摄影出版社, 2001

傅公钺　编著. 北京老街巷. 北京：北京美术摄影出版社, 2004

罗哲文, 杨永生　主编. 永诀的建筑. 天津：百花文艺出版社, 2005

宋国臣 著. 北京城市意象研究：[硕士学位论文]. 北京：中国科学院地理研究所，1999
王南 著. 北京城市美学研究——重申城市设计的整体性原则. [博士学位论文]. 北京：
　　清华大学建筑学院，2008
王彬 著. 北京微观地理笔记. 北京：生活•读书•新知三联书店，2007

■ 建筑、城市、科技

梁思成 著. 梁思成全集. 北京：中国建筑工业出版社，2001
刘敦桢 主编. 中国古代建筑史. 北京：中国建筑工业出版社，1984
梁从诫 编. 林徽因文集——建筑卷. 天津：百花文艺出版社，1999
贺业钜 著. 中国古代城市规划史. 北京：中国建筑工业出版社，1996
贺业钜 等著. 建筑历史研究. 北京：中国建筑工业出版社，1992
傅熹年 著. 傅熹年建筑史论文集. 北京：文物出版社，1998
傅熹年 主编. 中国古代建筑史 第二卷：两晋、南北朝、隋唐、五代建筑. 北京：中国
　　建筑工业出版社，2001
潘谷西 主编. 中国古代建筑史 第四卷：元明建筑. 北京：中国建筑工业出版社，2001
孙大章 主编. 中国古代建筑史 第五卷：清代建筑. 北京：中国建筑工业出版社，2002
周维权 著. 中国古典园林史（第二版）. 北京：清华大学出版社，1999
罗哲文 著. 罗哲文古建筑文集. 北京：文物出版社，1998
林洙 著. 叩开鲁班的大门：中国营造学社史略. 北京：中国建筑工业出版社，1995
林洙 著. 建筑师梁思成. 天津：天津科学技术出版社，1996
赖德霖 主编. 近代哲匠录——中国近代重要建筑师、建筑事务所名录. 北京：中国水利
　　水电出版社 知识产权出版社，2006
赖德霖 著. 中国近代建筑史研究. 北京：清华大学出版社，2007
[英]李约瑟 著. 中国之科学与文明（第十册）. 陈立夫 主译. 台北：台湾商务印书
　　馆，1977
[美]埃德蒙•N. 培根 著. 城市设计（修订版）. 黄富厢，朱琪 译. 北京：中国建筑
　　工业出版社，2003

■ 文学作品

林语堂 著. 京华烟云. 张振玉 译. 北京：作家出版社，1995
林语堂 著. 辉煌的北京. 赵沛林，张钧 译. 西安：陕西师范大学出版社，2002
姜德明 编. 北京乎：1919—1949年现代作家笔下的北京. 北京：生活•读书•新知三联
　　书店，2005
赵晓阳 编. 旧京歌谣. 北京：北京图书馆出版社，2006
[法]雨果 著. 巴黎圣母院. 陈敬容 译. 北京：人民文学出版社，1982

■ 网络资源

北京文博（北京市文物局网站）：http://www.bjww.gov.cn
北京记忆（首都图书馆网站）：http://www.bjmem.com
中国记忆论坛：http://www.memoryofchina.org
老北京网：http://oldbeijing.net
西城区政府网站：http://www.bjxch.gov.cn
北京西城档案馆网站：http://xchda.bjma.org.cn

图片来源 Illustration Credits

说明：本书引自出版物的图片，仅在此注出出版物名称，关于出版物的详细信息，
请见620页《参考资料》中的详细列表。

图片名称	图片来源
北京旧城主要古建筑分布	李菁/制图
分片索引	李菁/制图
交通简图	李菁/制图
1949年北京模型	《长安街》
北京城址变迁示意图	王南/绘
《水经注》所述蓟城位置示意图 ／ 唐幽州位置示意图	《北京城的起源与变迁》
石经山雷音洞石柱	《北京文物精粹大系》
云居寺唐塔	王南/摄
辽南京城复原示意图	《金中都》
金中都城复原示意图	《金中都》
《事林广记》中的金中都皇城图	《考工记营国制度研究》
金中都皇城图	《金中都》
金中都东北郊大宁宫示意图	《中国古典园林史》
《燕山八景图册》——自左上至右下分别为：琼岛春阴、 　　太液秋风、玉泉趵突、西山晴雪、蓟门烟树、卢沟晓月、 　　金台夕照、居庸叠翠	中国历史博物馆网站
元大都平面图	《中国古代城市规划史》
元大都和义门	《北京文物精粹大系》
元大都和义门复原图 ／ 元大都延春阁建筑群复原图 　　／ 后英房元代住宅复原图	《傅熹年建筑史论文集》
元大都街道胡同示意图	《中国古代城市规划史》
明北京平面图	《中国古代城市规划史》
1920年代外城西南角城墙与角楼 ／ 1920年代西直门全景 　　／ 1920年代阜成门附近城墙	《The walls and gates of Peking： researches and impressions》
西便门城楼	张先得/绘
明北京内外城兴建过程示意图	《北京城市历史地理》
右安门箭楼	张先得/绘
明《京师五城坊巷胡同集》插图所示北京城图	《京师五城坊巷胡同集》
1920年代东直门护城河景致	《The walls and gates of Peking： researches and impressions》
《康熙南巡图》中的北京中轴线	王南依据《清代宫廷绘画》绘制
正阳门西侧护城河景致	《北京老城门》
北京、巴黎、华盛顿中轴线比较图	王南/绘
《天衢丹阙》中的北京中轴线景象	《天衢丹阙》
明北京与元大都位置变迁示意图	《北京城市历史地理》
四合院——北京的细胞	《北京旧城与菊儿胡同》
《乾隆京城全图》	《中国古代地图集清代卷》
清北京平面图	《北京历史地图集》

图片名称	图片来源
清代北京城市格局示意图	王南依据《中国古典园林史》插图绘制
东交民巷使馆区鸟瞰（左下角为正阳门城楼）	《长安街》
三山五园平面示意图	《中国古典园林史》
民国北京(北平)地图	苏腾提供
1920年代正阳门改造后景象	清华大学建筑学院资料室藏
民国14年（1925年）紫禁城变为故宫博物院	《旧都文物略》
1925年北京城航拍	《北京中轴线城市设计》
北京旧城传统遗存（2003年）	依据quickbird卫星影像图绘制
1949年北京模型	《长安街》
乾隆时期北京鸟瞰图《京师生春诗意图》	《清代宫廷绘画》
皇城	李菁/制图
民国时期皇城航拍图	
皇城鸟瞰 / 庆寿寺双塔	《长安街》
地安门 / 西安门	《北京老城门》
东安门	
端门	王南/摄
明代紫禁城图（位于天安门与长安左门之间穿官服者是故宫的木作总匠师蒯祥）	《天安门》
康熙时期北京皇城图	清华大学建筑学院资料室藏
故宫（紫禁城）平面图	《中国文物地图集·北京卷》
故宫鸟瞰	王南/摄
民国时期的紫禁城城墙、角楼及筒子河	《北京老城门》
午门雁翅楼 / 午门全景 / 角楼	王南/摄
西华门 / 东华门	《北京老城门》
《康熙南巡图》中的太和门	《清代宫廷绘画》
太和门/太和殿/中和殿/保和殿/外朝全景/三大殿全景/三大殿四角崇楼/保和殿御路石雕	王南/摄
太和殿立面图	《东华图志》
文华殿 / 武英殿 / 文渊阁 / 乾清门 / 乾清门铜狮 / 乾清宫 / 铜鹤 / 香炉 / 嘉量 / 社稷江山金殿 / 铜龟 / 交泰殿 / 御花园钦安殿 / 后三宫全景 / 东西六宫重门阙 / 御花园堆秀山及御景亭 / 西六宫纵街 / 东六宫横街 / 东六宫之景仁宫 / 东六宫之延禧宫西洋式殿宇 / 西六宫之长春宫太极殿 / 西六宫之咸福宫 / 奉先殿 / 斋宫 / 养心殿 / 宁寿宫 / 宁寿宫鸟瞰	王南/摄
宁寿宫平面图	《中国古典园林史》
宁寿门 / 宁寿宫皇极殿 / 宁寿宫畅音阁 / 宁寿宫乐寿堂 / 宁寿宫乐寿堂仙楼 / 宁寿宫畅音阁 / 乾隆花园 / 雨华阁 / 禁城宫阙	王南/摄
天安门鸟瞰	《天安门》
国徽	王南/摄

图片名称	图片来源
颁诏图	《旧都文物略》
《康熙南巡图》中的天安门	《清代宫廷绘画》
华表	中国建筑设计研究院建筑历史研究所藏
天安门侧影	王南/摄
民国时期的天安门	《长安街》
太庙总平面图	《东华图志》
太庙外垣琉璃花门	王南/摄
民国时期中山公园鸟瞰	《京都市政汇览》
太庙宫阙 / 戟门	王南/摄
太庙祭殿内景 / 太庙祭殿斗栱	袁琳/摄
太庙祭殿台基 / 太庙祭殿 / 太庙祭殿丹陛 / 太庙祭殿红墙 / 太庙寝殿 / 太庙桃庙	王南/摄
社稷坛图	《唐土名胜图绘》
中山公园平面图	《中国文物地图集·北京卷》
祭殿（中山堂）	王南/摄
社稷坛棂星门	包志禹/摄
中山公园保卫和平坊	王南/摄
拜殿（戟门）	袁琳/摄
社稷坛平面图	《东华图志》
社稷坛宰牲亭	袁琳/摄
社稷坛北门	包志禹/摄
社稷坛全景 / 景山南面全景 / 紫禁城 遥望景山 / 景山西侧全景现状 / 万春亭东望全景 / 万春亭南望全景 / 万春亭西望全景 / 万春亭北望全景 / 寿皇殿前三牌楼全景	王南/摄
《乾隆京城全图》中的景山	《加摹乾隆京城全图》
民国时期的景山西侧全景	《帝京拾趣》
寿皇殿 / 景山现状总平面图	《中国文物地图集·北京卷》
北海全景	王南/摄
金中都大宁宫示意图 / 元大都太液池示意图 / 清乾隆时期西苑平面图 / 清乾隆时期北海平面图	《中国古典园林史》
白塔剪影	王南/摄
团城外观	王南/摄
团城渎山大玉海	《帝京拾趣》
团城白皮松（白袍将军）	王南/摄
团城金鳌玉蛛桥	《帝京拾趣》
团城承光殿	王南/摄
琼华岛清乾隆时期琼华岛（白塔山）平面图	《中国古典园林史》
琼华岛南面全貌 / 琼华岛仙人承露盘 / 琼华岛西面全貌 / 琼岛春阴碑 / 白塔 / 白塔细部 / 濠濮间全景 / 北海北岸建筑群 / 小西天2张	王南/摄
画舫斋	中国建筑设计研究院建筑历史研究所藏

图片名称	图片来源
先蚕坛	《旧都文物略》
濠濮间-画舫斋平面	《中国古典园林史》
小西天万佛楼 / 五龙亭 / 澄观堂（松坡图书馆）	中国建筑设计研究院建筑历史研究所藏
小西天3张 / 澄观堂假山 / 阐福寺大殿	王南/摄
《乾隆京城全图》中的阐福寺	《加摹乾隆京城全图》
大西天琉璃牌楼 / 大西天楠木大殿 / 九龙壁 / 静心	
斋后院 / 静心斋全景 / 静心斋前院 / 静心斋西院	王南/摄
静心斋平面图	《中国古典园林史》
中海万字亭及双亭 / 民国时由北海琼华岛鸟瞰北海与中	
海（近处为金鳌玉蝀桥）/ 民国时南海全景	《旧都文物略》
清乾隆时期中南海平面图	《中国古典园林史》
中海紫光阁/中海万善殿/中海水云榭	《帝京拾趣》
《紫光阁赐宴图》中的中海紫光阁一带景象	《清代宫廷绘画》
《冰嬉图》中的中海全景	《清代宫廷绘画》
南海瀛台全景	《中国文物地图集·北京卷》
	《帝京拾趣》
三海现状鸟瞰	《长安街》
南海宾竹室/南海云绘楼/南海湛虚楼/南海翔鸾阁	
/南海香扆殿 / 南海牣鱼亭 / 南海迎熏亭望宝月楼	《帝京拾趣》
大高玄殿模型鸟瞰	王南/摄
大高玄殿牌楼及习礼亭	中国建筑设计研究院建筑历史研究所藏
牌楼及习礼亭（远处为景山万春亭）	《北京二十五片历史文化保护区保护规划》
大殿 / 牌楼	《帝京拾趣》
大门	袁琳/摄
乾元阁	《中国文物地图集·北京卷》
西什库教堂（北堂）外观 / 内景	王南/摄
西什库教堂（北堂）平面图 / 立面图	《北京近代建筑》
北京水准原点旧址	袁琳/摄
北平图书馆旧址正面/细部/过街楼/大门	王南/摄
北平图书馆旧址外观	袁琳/摄
北平图书馆旧址室内 / 盛新中学与佑贞女中旧址2张	王南/摄
雪池冰窖 / 永佑庙2张 / 张自忠故居2张 / 万寿兴隆寺	袁琳/摄
福佑寺	西城区政府网站
福佑寺	王南/摄
昭显庙2张	袁琳/摄
升平署戏楼	西城区政府网站
皇城城墙2张 王南摄	
皇城城墙上开辟的南池子、长安街门洞	《京都市政汇览》
毛主席故居	袁琳/摄
吉安所大殿平、立面图 / 剖面图	《东华图志》
嵩祝寺山门	《帝京拾趣》
智珠寺内景 / 京师大学堂建筑遗存 / 京师大学堂	
建筑遗存文科教室楼细部	袁琳/摄
京师大学堂建筑遗存原和嘉公主府后殿	《东华图志》

图片名称	图片来源
京师大学堂建筑遗存文科教室楼立面图	《北京近代建筑史》
北京大学地质馆旧址	李路珂/摄
北京大学地质馆旧址入口	王南/摄
北京大学地质馆旧址细部	袁琳/摄
北京大学地质馆旧址细部 / 北京大学地质馆旧址楼梯	王南/摄
北京大学地质馆旧址立面图	《东华图志》
北京大学女生宿舍外观 / 北京大学女生宿舍立面	《北京近代建筑》
北京大学女生宿舍庭院	李路珂/摄
孑民堂	王南/摄
孑民堂 / 北大红楼立面	袁琳/摄
北大红楼南面全景/北大红楼细部	王南/摄
北大红楼立面图	《东华图志》
宣仁庙庙门 / 钟楼 / 享殿 / 寝殿	袁琳/摄
凝和庙庙门南立面/总平面图/献殿南立面 / 享殿南立面 / 寝殿南立面	《东华图志》
陈独秀旧居	袁琳/摄
陈独秀旧居石狮	王南/摄
军调部1946年中共代表团驻地	袁琳/摄
普度寺大门	袁琳/摄
大殿立面图	《东华图志》
普度寺大殿	袁琳/摄
皇史宬外观	《中国文物地图集·北京卷》
皇史宬南立面	《东华图志》
皇史宬大门	袁琳/摄
皇史宬室内	《中国文物地图集·北京卷》
皇史宬山面	袁琳/摄
《乾隆京城全图》中的皇史宬	《加摹乾隆京城全图》
欧美同学会2张	袁琳/摄
午门雁翅楼	王南/摄
东堂外观	王南/摄
皇城外东片	李菁/制图
民国时期皇城外东片航拍图	
东单牌楼	《长安街》
东安里门	《北京老城门》
1950年代的东四牌楼	《北京老街巷》
马辉堂花园	王南/摄
马辉堂花园3张	《北京四合院》
什锦花园19号四合院大门	袁琳/摄
什锦花园19号四合院垂花门/游廊/穿堂	《北京四合院》
中法大学外观	王南/摄
中法大学主楼立面图	《东华图志》
中法大学礼堂	袁琳/摄
中法大学大门	王南/摄

图片名称	图片来源
麟庆宅（半亩园）大门	袁琳/摄
麟庆宅（半亩园）园林旧景	《东华图志》
麟庆宅（半亩园）三羊开泰砖雕/正房象眼石刻/狮子滚绣球砖雕	王南/摄
美术馆东街25号四合院侧院	袁琳/摄
正房墀头砖雕 / 垂花门 / 垂花门旁抱鼓石及石狮	王南/摄
俊启宅戏楼 / 俊启宅小楼	辛惠园/摄
戏楼东立面 / 南立面 / 小楼立面	《东华图志》
东四清真寺礼拜殿平、立面图	《东华图志》
东四清真寺大门	王南/摄
礼拜殿内景	《北京风光集》
老舍故居	袁琳/摄
老舍故居	王南/摄
惠王府平面图/寝宫门/寝殿	《东华图志》
富强胡同6号四合院	袁琳/摄
东堂平面图 / 东堂立面 / 东堂内景	《北京近代建筑》
东堂外观	王南/摄
东堂入口	袁琳/摄
东堂大门	王南/摄
东堂玫瑰窗	袁琳/摄
东城区西堂子胡同25-37号四合院33号大门	
东城区西堂子胡同25-37号四合院33号庭院	
东城区西堂子胡同25-37号四合院29号庭院	
东城区西堂子胡同25-37号四合院29号大门	
东城区西堂子胡同25-37号四合院31号大门	
中华圣经会旧址 / 协和医学院南门 / 协和医学院礼堂（A楼）/ 协和医学院医学院建筑群（B、C、D楼）/ 协和医学院西入口庭院	王南/摄
协和医学院西入口庭院	袁琳/摄
协和医学院带天桥的内庭院/协和医学院西门	王南/摄
协和医学院模型鸟瞰	《北京近代建筑史》
北京饭店初期建筑民国时期的北京饭店中楼及老楼 / 中楼舞厅 / 立面图	《北京近代建筑》
北京饭店初期建筑北京饭店中楼及东、西楼现状	王南/摄
北京饭店中楼及东、西楼远景	袁琳/摄
协和医学院模型鸟瞰	《北京风光集》
御花园万春亭屋顶	王南/摄
皇城外西片	李菁/制图
民国时期皇城外西片航拍图	
礼王府大门	《帝京拾趣》
《乾隆京城全图》中的礼王府	《加摹乾隆京城全图》
礼王府清音斋 / 礼王府兰亭书室	《帝京拾趣》
洵贝勒府 / 国立蒙藏学校旧址鸟瞰 / 内景	王南/摄
仪亲王府	袁琳/摄

图片名称	图片来源
正阳门城楼	王南/摄
内城南片（一）	李菁/制图
民国时期内城南片一航拍图	
1959年改建后的天安门广场鸟瞰全景	《建筑十年》
清代的天安门广场	《长安街》
1980年代天安门广场鸟瞰	《长安街》
崇文门城楼	《北京老城门》
东交民巷牌楼	《城记》
东三座门（远处对景为长安左门）	《城记》
中华门	《长安街》
1959年改建之前的天安门广场及人民英雄纪念碑	《长安街》
《康熙南巡图》中的天安门广场	《清代宫廷绘画》
长安右门 / 长安左门 / 1950年代初北京中轴线鸟瞰	
/ 建国门豁口 / 东长安街牌楼 / 民国时期的天安门广场	《长安街》
民国时期拆除千步廊之后的天安门广场	《旧都文物略》
天安门广场现状	王南/摄
《康熙南巡图》中的正阳门及箭楼	《清代宫廷绘画》
正阳门豁口 / 正阳门城楼 / 正阳门	王南/摄
正阳门城楼正立面图	《东华图志》
箭楼	王南/摄
箭楼立面图	《东华图志》
箭楼	王南/摄
改建前的正阳门	清华大学建筑学院资料室藏
改建后的正阳门	清华大学建筑学院资料室藏
正阳门现状	王南/摄
淳亲王府	《北京历史文化名城丛书》
原麦加利银行	王南/摄
原麦加利银行入口	袁琳/摄
原麦加利银行立面图	《北京近代建筑史》
美国使馆旧址全景 / 美国使馆旧址主楼	袁琳/摄
美国使馆旧址（原美国兵营）	《北京近代建筑史》
荷兰使馆旧址大门/办公楼/官邸2张	袁琳/摄
东交民巷使馆建筑群 / 庚子后北京使馆界图	《北京近代建筑史》
使馆区平面图	《中国文物地图集·北京卷》
英国使馆旧址武官楼	《北京近代建筑史》
英国使馆旧址大门	袁琳/摄
武官楼正立面	《东华图志》
武官楼现状	《北京历史文化名城丛书》
英国使馆旧址大门	《北京近代建筑史》
花旗银行旧址	王南/摄
东方汇理银行旧址全景	王南/摄
东方汇理银行立面图 / 东方汇理银行平面图 / 意大利使馆	
旧址主楼	《北京近代建筑史》
意大利使馆旧址大门现状 / 意大利使馆旧址官邸	袁琳/摄

图片名称	图片来源
意大利使馆旧址门房	王南/摄
日本使馆旧址鸟瞰	《北京历史文化名城丛书》
日本使馆旧址大门	袁琳/摄
日本使馆旧址大门	《中国文物地图集·北京卷》
正金银行旧址塔楼	王南/摄
正金银行旧址平面	《北京近代建筑史》
正金银行旧址塔楼	《北京近代建筑》
正金银行旧址细部	袁琳/摄
正金银行旧址立面	《北京近代建筑史》
日本公使馆旧址	袁琳/摄
日本公使馆旧址透视图及立面图	《北京近代建筑史》
法国使馆旧址	王南/摄
奥地利使馆旧址	袁琳/摄
奥地利使馆旧址主楼	袁琳/摄
比利时使馆旧址	《北京近代建筑史》
比利时使馆现状鸟瞰	《北京历史文化名城丛书》
法国邮政局旧址	袁琳/摄
圣米厄尔教堂	王南/摄
于谦祠	《帝京拾趣》
清代邮局旧址平/立面	《东华图志》
亚斯立堂（大门）	袁琳/摄
亚斯立堂平面图/立面图	《东华图志》
亚斯立堂细部/室内2张	袁琳/摄
古观象台1990年代鸟瞰	《长安街》
古观象台（紫微殿）	王南/摄
天文气象仪器（天文气象仪器）	王南/摄
古观象台（现状）	王南/摄
北京内城东南角楼	袁琳/摄
东南角楼立面图	《东华图志》
乾隆《京城全图》中的东南角楼和东便门	《加摹乾隆京城全图》
明城墙遗址（东部）/ 明城墙遗址（东部）城墙 / 箭楼 / 正阳门城楼	王南/摄
京城女子师范学堂	王南/摄
内城南片（二）	李菁/制图
民国时期内城南片二航拍图	
内城西南角楼 / 宣武门城楼	《北京老城门》
西长安街牌楼 / 和平门 / 复兴门	《长安街》
解放初期的西交民巷景象	《北京风光集》
宣武门箭楼	《北京老城门》
南闹市口历史文化保护区中的老宅门	王南/摄
内城西南角楼	中国建筑设计研究院建筑历史研究所藏
民国时期的西交民巷	《北京近代建筑》

图片名称	图片来源
明城墙遗址（西部）/ 醇亲王府（南府）/ 李大钊故居 / 中华圣公会教堂（南沟沿天主堂） / 中华圣公会教堂内景	王南/摄
平面图及剖面图	《北京近代建筑史》
镶红旗满洲都统衙门	吴一凡/摄
克勤郡王府	王南/摄
《乾隆京城全图》中的王府图	《加摹乾隆京城全图》
京师女子师范学堂大门立面图 / 主楼立面图	《北京近代建筑史》
京师女子师范学堂旧址/京师女子师范学堂主楼/清学部	王南/摄
北京国会旧址 / 国会内景 / 国会立面图	《北京近代建筑史》
办公楼 / 圆楼入口	王南/摄
南堂鸟瞰	《帝京拾趣》
南堂内景	《中国文物地图集·北京卷》
南堂立面、剖面图	《北京近代建筑史》
南堂全景	王南/摄
南堂平面图	《北京近代建筑史》
天主教圣母会法文学校旧址	吴一凡/摄
天主教圣母会法文学校旧址鸟瞰	《北京近代建筑史》
嵩公府	吴一凡/摄
西交民巷87号、北新华街112号四合院 / 抱鼓石 / 民国小楼	袁琳/摄
大陆银行旧址	王南/摄
大陆银行大厅 / 大陆银行首层回廊 / 中央银行旧址	《北京近代建筑史》
中央银行 / 中国农工银行旧址 / 保商银行旧址 / 中华圣公会教堂内景	王南/摄
鼓楼室内	王南/摄
内城北片（一）	李菁/制图
民国时期内城北片（一）航拍图	
1920年代的地安门外大街	《重建中国》
《乾隆京城全图》中的地安门外大街	《加摹乾隆京城全图》
安定门箭楼 / 安定门城楼	清华大学建筑学院资料室藏
民国时期的钟楼	中国建筑设计研究院建筑历史研究所藏
钟楼现状	王南/摄
钟楼平面图 / 钟楼南立面	《东华图志》
北京钟鼓楼鸟瞰	《帝京拾趣》
民国时期的钟楼	《洋镜头里的老北京》
鼓楼	王南/摄
鼓楼平面	《东华图志》
民国时期的鼓楼	中国建筑设计研究院建筑历史研究所藏
鼓楼室内	王南/摄
鼓楼南立面	《东华图志》
钟鼓楼远望	《北京四合院》

图片名称	图片来源
万宁桥 / 万宁桥镇水兽	王南/摄
那王府	《北京四合院》
那王府西院 / 那王府大门 / 杨昌济故居（豆腐池毛主席故居） ／ 东城区鼓楼东大街255号四合院	辛惠园/摄
顺天府大堂	袁琳/摄
顺天府大堂现状平面、南立面	《东华图志》
国子监街	王南/摄
成贤街牌楼	辛惠园/摄
国子监街	王南/摄
孔庙平面图	《东华图志》
孔庙 / 国子监 / 孔庙大成门 / 孔庙大成殿 / 孔庙碑亭 ／ 国子监琉璃牌楼 / 国子监辟雍 / 国子监辟雍水池 ／ 十三经碑刻	王南/摄
孔庙先师门	梅静/摄
方家胡同13号、15号四合院（循王府）／ 西路主院 / 西路 垂花门	辛惠园/摄
前鼓楼苑胡同7号、9号四合院 / 黑芝麻胡同13号四合院（奎俊宅 之一）／ 影壁 / 庭院 / 沙井胡同15号四合院（奎俊之二）	袁琳/摄
帽儿胡同旧可园（婉容故居）／ 文煜宅 / 一殿一卷式垂花门 ／ 可园（文煜宅花园）／ 可园游廊 / 可园山亭	《北京四合院》
可园鸟瞰图	《北京四合院建筑》
皇帝敕谕碑（梓橦庙、文昌帝君庙）	辛惠园摄
帽儿胡同5号四合院 / 雨儿胡同13号四合院（齐白石故居）	袁琳/摄
齐白石故居鸟瞰	辛惠园/摄
齐白石故居庭院	《北京四合院》
僧格林沁祠堂2张	《东华图志》
荣禄故宅 / 茅盾故居	袁琳/摄
茅盾故居庭院	辛惠园/摄
后圆恩寺胡同7号、9号四合院 / 西式圆亭 / 中式庭院	《北京四合院》
中央庭院 / 大门 / 绮园花园	袁琳/摄
东棉花胡同15号院及拱门砖雕 / 拱门砖雕细部	王南/摄
拱门砖雕全貌 / 拱门砖雕细部 / 板厂胡同27号四合院 ／ 板厂胡同27号 / 僧王府	袁琳/摄
顺天府学平面图	《东华图志》
顺天府学	袁琳/摄
府学胡同育贤坊牌楼	清华大学建筑学院资料室藏
府学明伦堂 / 大成门 / 文庙棂星门 / 文天祥祠 / 过厅 ／ 享堂现状	袁琳/摄
享堂老照片	《帝京拾趣》
文天祥祠总平面图	《东华图志》
田汉故居	辛惠园/摄
府学胡同36号四合院 / 垂花门 / 游廊	《北京四合院》
孙中山行馆（顾维钧宅）／ 牡丹厅	《中国文物地图集·北京卷》
和敬公主府	《什刹海》
欧阳予倩故居	辛惠园/摄

图片名称	图片来源
清陆军部和海军部旧址	《中国文物地图集·北京卷》
陆军部主楼	《北京近代建筑》
海军部主楼开间大样 / 总平面图 / 陆军部主楼一层平面图 / 海军部主楼立面图 / 陆军部主楼正立面图	《东华图志》
旧式铺面房	袁琳/摄
为宝书局 / 孔庙大成殿屋顶 / 东棉花胡同15号院及拱门砖雕西部	王南/摄
萃锦园沁秋亭及曲水流觞	王南/摄
内城北片（二）	李菁/制图
民国时期内城北片（二）航拍图	
德胜门	《重建中国》
烟袋斜街 / 荷花市场	《老北京市井风情画》
民国时期的什刹海	《旧都文物略》
《鸿雪因缘图记》中的什刹海景象	《鸿雪因缘图记》
德胜门箭楼	王南/摄
德胜门箭楼侧影 / 德胜门箭楼北面	辛惠园/摄
汇通祠（乾隆御制诗碑）	王南/摄
三官庙	袁琳/摄
净业寺	《加摹乾隆京城全图》
净业寺 / 普济寺（高庙）	袁琳/摄
《鸿雪因缘图记》中的净业寺、高庙及汇通祠一带景象	《鸿雪因缘图记》
棍贝子府花园	王南/摄
《乾隆京城全图》中的棍贝子花园	《加摹乾隆京城全图》
正觉寺	西城区政府网站
护国寺金刚殿	王南 摄
护国寺庙会景象	《老北京市井风情画》
碑亭 / 金刚殿 / 金刚殿雕塑 / 延寿殿 / 鼓楼 / 天王殿 / 崇寿殿	清华大学建筑学院资料室藏
《乾隆京城全图》中的护国寺	《加摹乾隆京城全图》
梅兰芳故居	王南/摄
关岳庙	西城区政府网站
《乾隆京城全图》中的拈花寺	《加摹乾隆京城全图》
双寺 / 双寺二进院 / 双寺三进院	袁琳/摄
小石桥胡同24号宅园	北京西城区政府网站
德胜桥	王南/摄
醇亲王府（北府）	袁琳/摄
大宫门	《什刹海》
小宫门	北京西城区政府网站
银安殿 / 遗念殿 / 神殿	《中国文物地图集·北京卷》
醇亲王府总平面图	《中国古典园林史》
醇亲王府花园（宋庆龄故居）/ 宋庆龄故居扇面亭 / 入口 / 游廊 / 全景 / 摄政王府马号	王南/摄
寿明寺	北京西城区政府网站

图片名称	图片来源
大藏龙华寺	袁琳/摄
广化寺	梅静/摄
广化寺山门	《旧都文物略》
恭王府及花园	梅静/摄
萃锦园沁秋亭及曲水流觞	王南/摄
二门	梅静/摄
恭王府及花园平面图	《北京王府建筑》
银安殿	吴一凡/摄
萃锦园正厅乐善堂及蝠河	王南/摄
萃锦园大门	《北京四合院》
萃锦园滴翠岩假山	王南/摄
萃锦园入口假山	辛惠园/摄
萃锦园西路水景	王南 摄
鉴园	北京西城区政府网站
银锭桥	王南/摄
广福观	袁琳/摄
火德真君庙（火神庙）	王南/摄
庆王府2张	《北京四合院》
涛贝勒府 / 涛贝勒府花园 / 原辅仁大学 / 原辅仁大学外观 / 原辅仁大学细部 / 原辅仁大学庭院 / 贤良祠 / 会贤堂	《什刹海》
	王南/摄
旌勇祠	北京西城区政府网站
郭沫若故居 / 正房 / 垂花门彩画2张	辛惠园/摄
火德真君庙 / 德胜门箭楼 / 辅仁大学	王南/摄
雍和宫阙	王南/摄
内城东片（一）	李菁/制图
民国时期内城东片（一）航拍图	
东直门 / 北京内城东北角楼	《北京老城门》
雍和宫总平面图	《傅熹年建筑史论文集》
雍和宫鸟瞰	《雍和宫》
入口牌楼 / 昭泰门 / 雍和门 / 碑亭 / 雍和宫殿 / 永佑殿 / 法轮殿 / 万福阁2张 / 法轮殿内宗喀巴像	王南/摄
法轮殿立面图	《东华图志》
柏林寺	辛惠园/摄
1930年代的山门	《北京历史文化名城丛书》
天王殿	辛惠园/摄
《乾隆京城全图》中的柏林寺	《加摹乾隆京城全图》
柏林寺总平面图	《东华图志》
大雄宝殿	《中国文物地图集·北京卷》
大雄宝殿立面	《东华图志》
维摩阁（藏经楼）	《中国文物地图集·北京卷》
前永康胡同7号四合院（徐海东、陈毅故居）	王南/摄
通教寺	辛惠园/摄

图片名称	图片来源
梁启超故居	王南/摄
梁启超旧居总平面图	《东华图志》
当铺旧址	辛惠园/摄
北新仓	王南/摄
《乾隆京城全图》中的北新仓与南新仓	《加摹乾隆京城全图》
南新仓	王南/摄
南新仓总平面图	《东华图志》
东四八条71号四合院（叶圣陶故居）	王南/摄
崇礼住宅	《北京四合院》
崇礼住宅总平面	《东华图志》
崇礼住宅垂花门及抄手游廊	《北京四合院》
崇礼住宅影壁	《东华图志》
崇礼住宅外观	王南/摄
东四六条55号四合院	王南/摄
东四六条55号四合院（沙千里故居）平面图	《东华图志》
东四四条5号四合院（绵宜宅）	王南/摄
大慈延福宫建筑遗存	王南/摄
孚王府（怡亲王府）	《北京四合院》
孚王府总平面图	《北京王府建筑》
孚王府外门 / 大门 / 正殿 / 石狮	王南/摄
孚王府二宫门 / 寝殿	《东华图志》
段祺瑞宅	梅静/摄
段祺瑞宅平面图	《东华图志》
恒亲王府	王南/摄
《乾隆京城全图》中的恒亲王府	《加摹乾隆京城全图》
南豆芽清真寺	王南/摄
雍和宫碑亭	王南/摄
雍和宫万福阁内檀木大佛	王南/摄
智化寺转轮殿	王南/摄
内城东片（二）	李菁/制图
民国时期内城东片（二）航拍图	
朝阳门	《北京老城门》
东城区礼士胡同一百二十九号四合院鸟瞰	王南/摄
礼士胡同129号四合院 / 礼士胡同129号四合院后院垂花门 /礼士胡同129号四合院游廊 / 礼士胡同129号四合院八角亭 / 礼士胡同129号四合院庭院及圆亭 / 礼士胡同129号四合院后院照壁 / 内务部街11号四合院（明瑞府、六公主府）	《北京四合院》
内务部街11号四合院总平面图 / 礼士胡同129号四合院总平面图	《东华图志》
内务部街11号四合院假山	《北京四合院》
史家胡同51号四合院	王南/摄
史家胡同51号/53号/55号总平面图	《东华图志》
史家胡同53号四合院 / 史家胡同55号四合院 / 桂公府 / 朱启钤故居鸟瞰 / 朱启钤宅	王南/摄

图片名称	图片来源
北总布胡同2号大宅院	辛惠园/摄
东总布胡同53号宅院2张	王南/摄
禄米仓	辛惠园/摄
《乾隆京城全图》中的禄米仓	《加摹乾隆京城全图》
智化寺	《北京历史文化名城的保护与发展》
智化寺山门	王南/摄
智化寺鼓楼内檐斗栱	王南/摄
智化寺智化门	王南/摄
智化寺智化殿	王南/摄
智化寺智化殿内壁画	李路珂/摄
智化寺转轮殿藻井	清华大学建筑学院资料室藏
智化寺转轮殿 / 智化寺万佛阁 / 蔡元培故居	王南/摄
智化寺平面图	《东华图志》
总理各国事务衙门建筑遗存	《东华图志》
协和医院住宅群 / 宁郡王府全景 / 宁郡王府	王南/摄
宁郡王府平面图	《东华图志》
《乾隆京城全图》中的宁郡王府	《加摹乾隆京城全图》
宁郡王府正殿立面	《东华图志》
宁郡王府正殿	王南/摄
妙应寺白塔	王南/摄
内城西片（一）	李菁/制图
民国时期内城西片（一）航拍图	
本地区全景鸟瞰	王南/摄
西直门	《洋镜头里的老北京》
《康熙六旬万寿庆典图》中的西四牌楼	《康熙六旬万寿庆典图》
民国改建后的西四牌楼	《永诀的建筑》
1950年代阜成门内大街鸟瞰	《北京历史文化名城丛书》
西堂（天主教圣母圣衣堂）	袁琳/摄
西堂细部	《北京近代建筑》
前公用胡同15号四合院	袁琳/摄
魁公府	袁琳/摄
玉皇阁 / 富国街3号四合院 / 翠花街5号四合院 / 墀头砖雕 / 影壁砖雕 / 大门象眼石刻之一 / 大门象眼石刻之二	王南/摄
鲁迅故居	李路珂/摄
妙应寺（白塔寺）	王南/摄
妙应寺山门	李倩怡/摄
庙会	《老北京市井风情画》
妙应寺天王殿	袁琳/摄
妙应寺三世佛殿	王南/摄
白塔寺庙会示意图	王南/绘
妙应寺七佛宝殿 / 具六神通殿	李倩怡/摄
妙应寺白塔 / 妙应寺石狮 / 西四六条23号四合院 / 西四	

图片名称	图片来源
六条23号四合院鸟瞰 / 程砚秋故居 / 西四北三条19号 四合院 / 西四北三条11号四合院 / 圣祚隆长寺 / 护国 双关帝庙	王南/摄
平民中学旧址	梅静/摄
中央医院旧址	王南/摄
《乾隆京城全图》中的历代帝王庙	《加摹乾隆京城全图》
历代帝王庙景德街牌楼	罗哲文/摄
历代帝王庙大门 / 二门 / 影壁 / 大殿 / 碑亭 / 西院	王南/摄
阜成门内大街93号四合院	王南/摄
广济寺鸟瞰	《北京历史文化名城丛书》
广济寺舍利阁	《北京风光集》
广济寺大雄宝殿 / 天王殿 / 天王殿正脊 / 圆通殿 / 广济寺 腊八节施粥场景	王南/摄
《乾隆京城全图》中的广济寺	《加摹乾隆京城全图》
西四转角楼	《永诀的建筑》
历代帝王庙大殿鸱吻 / 碑亭	王南/摄
齐白石故居	王南/绘
内城西片（二）	李菁/制图
民国时期拍摄的内城西片（二）航拍图	
1950年代本地区鸟瞰	《长安街》
万松老人塔及砖塔胡同	《京城胡同留真》
西斜街53号 / 西斜街42号	王南/摄
万松老人塔	《旧京史照》
民国地质调查所	王南/摄
普寿寺	梅静/摄
吕祖阁（吕祖宫）	辛惠园/摄
齐白石故居	王南/绘
郑王府	王南/摄
《乾隆京城全图》中的郑王府	《加摹乾隆京城全图》
郑王府正门 / 郑王府寝殿屋顶 / 都城隍庙后殿（寝祠）	王南/摄
万松老人塔及砖塔胡同	《京城胡同留真》
郑王府寝殿屋顶	王南/摄
20世纪50年代五牌楼拆除后的照片	《北京历史文化名城皇城 保护规划》
前门外西片	李菁/制图
民国时期前门西片航拍图	
前门以外 / 前门地区旧貌，近景是正阳门桥及五牌楼，远处 依稀可见天坛祈年殿的屋顶，根据1871年照片制作的版画	《京华遗韵：西方版画中的 明清老北京（1598-1902）》
前门地区旧貌，近景是正阳门桥和五牌楼	《帝都遗韵》
前门地区旧貌，近景是正阳门桥及五牌楼，远处依稀可见天坛 祈年殿的屋顶，1871年的照片	

图片名称	图片来源
前门大街俯瞰之1，20世纪20年代的照片 北京城墙与城门	
前门大街俯瞰之2，远处可见永定门，约20世纪30年代的照片	
前门大街俯瞰之3，约1901－1910年的照片	《明清北京城图》
前门大街俯瞰之4，清朝末期的照片	
前门大街俯瞰之5，20世纪50年代五牌楼拆除后的照片	《北京风光集》
前门大街及五牌楼旧照	《旧京史照》
正阳门城楼、正阳桥及五牌楼旧貌图	王琼/提供/readfoto
前门与五牌楼构成的轴线，20世纪30年代的照片	袁琳/摄
前门大街及五牌楼，2001年重建后的照片	《北京历史文化名城北京皇城保护规划》
前门大街及五牌楼，2008年重建后的照片	袁琳/摄
前门与五牌楼构成的轴线，2008年改造后的照片	袁琳/摄
前门与五牌楼构成的轴线，老明信片中的景象	《老明信片·建筑篇》
天桥20世纪20年代的景象	《老北京市井风情画》
天桥20世纪20年代的景象	《明清北京城图》
天桥十字路口，1960年，龙须沟改造后的景象 / 天桥市场旧址，20世纪末期的照片 / 大栅栏街区 / 大栅栏	《京城胡同留真》
大栅栏街口，2008年的照片	袁琳/摄
大栅栏街景，20世纪50年代的照片	《北京风光集》
大栅栏街口，20世纪40年代的照片	《中国文物地图集·北京卷》
大栅栏街景，1957－1958年之间的照片	《北京近代建筑》
大栅栏街景	《京城胡同留真》
大栅栏街口，20世纪末的照片	陈锋/摄/readfoto
大栅栏商业建筑	《北京近代建筑》
瑞蚨祥旧址门面	袁琳/摄
盐业银行南立面图	《宣南鸿雪图志》
盐业银行旧址	袁琳/摄
盐业银行钟楼细部	袁琳/摄
盐业银行附近，西河沿大街街景，1957－1958年之间的照片	《北京近代建筑》
西河沿大街景象，1957－1958年之间的照片	《北京近代建筑》
西河沿大街景象，2008年的照片	袁琳/摄
交通银行主立面檐部细节	袁琳/摄
交通银行内部顶棚，1957－1958年之间的照片	《北京近代建筑》
交通银行旧址	袁琳/摄
交通银行东立面细节	王南/摄
交通银行旧址北面及西面，2008年的照片	袁琳/摄
劝业场旧址	李路珂/摄
劝业场旧址北立面	袁琳/摄
劝业场纵剖面图 / 劝业场及两侧店面平面图 / 劝业场旧址南立面图	《宣南鸿雪图志》
劝业场旧址中央大厅内景	袁琳/摄
从前门大街望劝业场旧址的北立面，两侧是交通银行和盐业银行，2006年4月前门大街拆迁过程中的照片	李路珂/摄

图片名称	图片来源
劝业场旧址及两侧店面，廊房头条街景，2008年的照片	辛惠园/摄
劝业场旧址南立面，2008年的照片 / 宝恒祥金店 / 廊房头条19号商店立面细部 / 宝恒祥金店立面细部	袁琳/摄
谦祥益旧址南立面图	《宣南鸿雪图志》
廊房头条19号商店	李路珂/摄
谦详益旧址东立面，2008年的照片	袁琳/摄
谦祥益旧址东立面 / 谦祥益旧址内天井（1957－1958之间的照片）	《北京近代建筑》
谦祥益旧址东立面细部，2006年大修前的照片	李路珂/摄
谦祥益旧址天棚外观 / 谦祥益旧址南面的廊房头条街景（1957－1958之间的照片）	《北京近代建筑》
谦祥益旧址南立面现状 / 珠宝市街35号店面 / 珠宝市街47号店面细部 / 珠宝市街路西商店	袁琳/摄
珠宝市街路西商店平面图	《宣南鸿雪图志》
珠宝市街南段商店立面图（从左至右依次为47号、45号、43号、41号）	《宣南鸿雪图志》
珠宝市街41号、39号店面檐口细部	袁琳/摄
珠宝市街景	《京城胡同留真》
珠宝市街南段街景，39－47号店面	袁琳/摄
珠宝市街南口街景	辛惠园摄
廊房二条19号 / 廊房二条49-57号 / 廊房二条西段 / 廊房二条中段	袁琳/摄
廊房二条西段	辛惠园摄
廊房二条商业街立面图	据《宣南鸿雪图志》编绘
廊房二条东段	袁琳/摄
钱市胡同南侧建筑2号、4号、6号北立面图	《宣南鸿雪图志》
钱市胡同	辛惠园/摄
钱市胡同总平面图	《宣南鸿雪图志》
祥义号绸布店立面细部 / 祥义号绸布店旧址门面2张 / 瑞蚨祥旧址门面	袁琳/摄
瑞蚨祥门面，20世纪50年代的照片	《北京近代建筑》
瑞蚨祥旧址门面纵剖面图	《宣南鸿雪图志》
瑞蚨祥西鸿记门面	王琼/摄/readfoto
瑞蚨祥鸿记20世纪40年代的照片	《中国文物地图集·北京卷》
瑞蚨祥西鸿记门面立面及平面	《宣南鸿雪图志》
大栅栏西街37号商店南立面图	《宣南鸿雪图志》
裕丰烟铺	袁琳/摄
大栅栏西街37号商店	辛惠园/摄
裕兴中银号剖面图	《宣南鸿雪图志》
裕兴中银号	辛惠园/摄
聚宝茶室	袁琳/摄
清真一品香浴池	辛惠园/摄
云吉班剖面图	《宣南鸿雪图志》
上林春 / 云吉班 / 煤市街第二旅馆	辛惠园/摄

图片名称	图片来源
煤市街第二旅馆平面图	《宣南鸿雪图志》
粮食店街第十旅馆剖面图	《宣南鸿雪图志》
粮食店街第十旅馆	辛惠园/摄
粮食店街1960年的照片，左侧可见第十旅馆，远处是前门箭楼	《京城胡同留真》
笤帚胡同清真寺	袁琳/摄
笤帚胡同清真寺内庭	袁琳/摄
笤帚胡同清真寺侧立面及剖面图	《宣南鸿雪图志》
笤帚胡同清真寺院内阿拉伯文碑	袁琳/摄
笤帚胡同清真寺平面图	《宣南鸿雪图志》
正乙祠 / 中原证券交易所旧址3张	袁琳/摄
中原证券交易所旧址	《宣南鸿雪图志》
纪晓岚故居2张 / 纪晓岚故居室内	袁琳/摄
纪晓岚故居平面图	贾珺/绘制
纪晓岚故居后院剖面图	贾珺/绘制
珠市口大街旧景	《北京近代建筑》
德寿堂药店	袁琳/摄
正乙祠戏楼	陈锋/摄/readfoto
琉璃厂西街20世纪50年代的照片	《北京近代建筑》
琉璃厂东街东段传统建筑遗存3张 / 琉璃厂西街东口	
/ 师大旧址东面外景	袁琳/摄
琉璃厂民国初年的景象	
师大旧址平面图	《宣南鸿雪图志》
师大旧址图书馆北立面 / 师大附小旧址	袁琳/摄
师大附小20世纪50年代的照片	《北京近代建筑》
新华街20世纪50年代的照片	《北京近代建筑》
师大附小旧址	袁琳/摄
师大附小旧址平面图	《宣南鸿雪图志》
厂甸旧照（1901年，由西向东拍摄的照片）	
海王村公园	《旧都文物略》
海王村公园现状 / 商务印书馆旧址 / 琉璃厂火神庙大殿	
现状 / 东南园胡同49号四合院 / 东南园胡同49号	
四合院大门 / 东南园胡同49号四合院影壁 / 安徽会馆2张	袁琳/摄
东南园胡同49号四合院平面图 / 安徽会馆戏楼剖面 / 安徽	
会馆戏楼内景 / 安徽会馆总平面图	《宣南鸿雪图志》
京报馆（邵飘萍故居）	袁琳/摄
顺德会馆（朱彝尊故居）	王琼/摄/readfoto
荀慧生故居入口	袁琳/摄
林白水故居（重建）	吴一凡/摄
荀慧生	
林白水	
荀慧生故居	袁琳/摄
林白水故居	吴一凡/摄
京华印书局	袁琳/摄
京华印书局东南立面图 / 平面图	《宣南鸿雪图志》

图片名称	图片来源
京华印书局	袁琳/摄
盐业银行钟楼细部	袁琳/摄
瑞蚨祥鸿记	王琼/摄/readfoto
大栅栏街景，20世纪50年代的照片	《北京风光集》
前门外东片 李菁制图	
民国时期前门外东片航拍图	《北京历史文化名城皇城保护规划》
鲜鱼口旧貌	《老北京市井风情画》
20世纪30年代的鲜鱼口	《洋镜头下的老北京》
北芦草园胡同现状	袁琳/摄
《乾隆京城全图》中的鲜鱼口区域平面图	《乾隆京城全图》
草场七条旧照	《京城胡同留真》
草厂胡同修缮后现状	李倩怡/摄
西兴隆街旧照	《京城胡同留真》
西兴隆街修缮后现状	李倩怡/摄
京奉铁路正阳门东车站旧址	袁琳/摄
正阳门东车站旧址，2007年的照片	王南/摄
正阳门东车站旧址北立面	袁琳/摄
正阳门东车站西立面，20世纪50年代的照片	《北京近代建筑》
正阳门东车站内景旧照	《北京近代建筑》
正阳门东车站旧址，2008年的照片	袁琳/摄
正阳门东车站前区鸟瞰（20世纪初）	《中国文物地图集·北京卷》
正阳门东车站旧址西立面旧照	明信片建筑篇
福建汀州会馆北馆	袁琳/摄
阳平会馆戏楼	李倩怡/摄
2006年修缮中的阳平会馆戏楼	北京日报2006年6月20日，方非
阳平会馆修缮后现状1	李倩怡/摄
阳平会馆修缮后现状2	李倩怡/摄
阳平会馆戏楼内景	李倩怡/摄
奋章胡同53号四合院（郝寿臣故居）	袁琳/摄
新开路（新革路）20号四合院	袁琳/摄
兴隆街52号四合院 / 俯瞰 / 临街外观	袁琳/摄
《光绪顺天府志》中的金台书院图	《光绪顺天府志》
金台书院3张 / 药王庙	袁琳/摄
20世纪30年代的鲜鱼口	《洋镜头下的老北京》
天坛鸟瞰	楼庆西/提供
外城南片 李菁/制图	
民国时期外城南片航拍图	《北京历史文化名城皇城保护规划》
20世纪50年代从天坛上空远望前门	《北京在建设中》
天坛鸟瞰，20世纪50年代的照片	《北京在建设中》
天坛总平面	《中国文物地图集·北京卷》
天坛祈年殿（小）	包志禹/摄
天坛现状鸟瞰	《北京历史文化名城的保护与发展》
《大明会典》中的永乐十八年北京天地坛图	万历《明会典》卷81

图片名称	图片来源
《大明会典》中嘉靖年间建大享殿图	万历《明会典》卷84
天坛鸟瞰，20世纪50年代的照片	《大明会典》
圜丘坛旧照	《旧都文物略》
祈年殿、祈谷坛鸟瞰	《北京历史文化名城的保护与发展》
清同治皇帝祭天坛的景象	《京华遗韵：西方版画中的明清老北京（1598-1902）》
圜丘坛今景群	包志禹/摄
圜丘坛今景	《北京天坛》
北京天坛公园圜丘坛棂星门	包志禹/摄
北宰牲亭建筑群	《傅熹年建筑史论文集》
《大明会典》中的嘉靖建圜丘图（摹本）	包志禹/摄
皇穹宇轴测剖视图	王裕国/制图
皇穹宇	《北京天坛》
天坛皇穹宇室内	包志禹/摄
《唐土名胜图会》中的清中叶天坛祈年殿布局图	《唐土名胜图会》
祈年殿轴测剖视图	王裕国/制图
天坛祈年殿外檐彩画	包志禹/摄
祈年殿	包志禹/摄
乾隆十六年（1751年）整修前后的天坛祈年殿	王南/据楼庆西照片改绘
皇乾殿2张	包志禹/摄
丹陛桥，自南向北望	楼庆西/摄
斋宫东入口东立面／神乐署	包志禹/摄
先农坛总平面	《中国文物地图集·北京卷》
先农坛北天门／先农坛南天门	李倩怡摄
1750年乾隆京城全图复原的清中期先农坛格局	《明清北京城图》
1944年航拍影像图中的先农坛	
《祭先农图》所描绘的雍正先农坛祭祀的景象	《清代宫廷绘画》
《唐土名胜图会》中的先农坛格局	《唐土名胜图会》
google earth所示2008年先农坛航空影像	李路珂/改绘
1750年乾隆京城全图复原的清中期先农坛格局	李路珂/改绘
先农坛北天门	包志禹/摄
先农坛太岁殿院拜殿	王南/摄
先农坛太岁殿院拜殿	李倩怡/摄
先农坛具服殿旧照	《旧都文物略》
先农坛东天门／先农坛南天门／先农坛太岁殿院正殿／先农坛太岁殿院外焚帛炉／先农坛太岁殿院／先农坛具服殿	李倩怡/摄
先农坛具服殿旧照	《旧都文物略》
先农坛观耕台	王南/摄
先农坛观耕台旧照	《旧都文物略》
先农坛神仓大门	李倩怡/摄
先农坛神仓圆廪	李倩怡/摄
先农坛神仓旧照，自大门望收谷亭	《旧都文物略》
先农坛神仓收谷亭	李倩怡/摄

图片名称	图片来源
先农坛神仓仓房	辛惠园/摄
先农坛神厨井亭内部	李倩怡/摄
先农坛神厨库院	李倩怡/摄
先农坛神厨库院大门	辛惠园/摄
先农坛宰牲亭修缮前的照片	《宣南鸿雪图志》
先农神坛	包志禹/摄
先农坛地祇坛旧貌	《旧都文物略》
先农坛庆成宫殿内天花	李倩怡/摄
先农坛庆成宫	李倩怡/摄
先农坛庆成宫大殿	李倩怡/摄
先农坛天神坛旧貌	《旧都文物略》
先农坛天神坛棂星门	《宣南鸿雪图志》
先农坛地祇坛旧貌	《旧都文物略》
正阳桥疏渠记方碑	辛惠园/摄
永定门复建后新貌	辛惠园/摄
自新建的永定门城楼向正阳门方向北望	李倩怡/摄
永定门旧景	《老北京市井风情画》
永定门箭楼立面图	《北京的城墙与城门》
燕墩	辛惠园/摄
自新建的永定门城楼南望新城	李倩怡/摄
永定门城楼立面图	《北京的城墙与城门》
正阳桥疏渠记方碑	辛惠园/摄
湖广会馆大门	吴一凡/摄
湖广会馆垂花门	楼庆西/摄
湖广会馆平面图 / 湖广会馆乡贤祠旧照 / 湖广会馆戏楼剖面图	《宣南鸿雪图志》
湖广会馆戏楼内部	吴一凡/摄
湖广会馆乡贤祠及文昌阁	李倩怡/摄
南海会馆（康有为故居）	吴一凡/摄
南海会馆（康有为故居）总平面图	《宣南鸿雪图志》
康有为像	
南海会馆七树堂旧址	《宣南鸿雪图志》
中山会馆花厅前廊	王琼/摄（readfoto）
中山会馆	王琼/摄（readfoto）
中山会馆总平面图	《宣南鸿雪图志》
三圣庵	吴一凡/摄
三圣庵2	吴一凡/摄
陶然亭、慈悲庵	王琼/摄（readfoto）
陶然亭古建筑群平面图	李路珂/据《宣南鸿雪图志》改绘
陶然亭、慈悲庵旧貌	《旧都文物略》
陶然亭、慈悲庵旧景	《老北京市井风情画》
云绘楼	吴一凡/摄
清音阁	吴一凡/摄
云绘楼旧照	王琼提供（readfoto）
永定门复建后新貌	辛惠园/摄

图片名称	图片来源
皇穹宇	《北京天坛》
法源寺钟鼓楼	楼庆西/摄
外城西片	李菁/制图
民国时期外城西片航拍图	《北京历史文化名城皇城保护规划》
东南园胡同49号四合院大门内影壁	袁琳/摄
报国寺大殿	吴一凡/摄
报国寺，20世纪30年代的照片	《中国文物地图集·北京卷》
报国寺顾亭林祠	《中国文物地图集·北京卷》
报国寺总平面	《宣南鸿雪图志》
顾炎武	
报国寺市场	聂鸣/摄（readfoto）
长椿寺／长椿寺藏经楼	吴一凡/摄
长椿寺藏经楼旧貌／长椿寺旧藏渗金塔	《旧都文物略》
长椿寺藏经楼	吴一凡/摄
沈家本故居	吴一凡/摄
沈家本故居枕碧楼	《宣南鸿雪图志》
杨椒山祠（松筠庵）	聂鸣摄（readfoto）
松筠庵旧存杨椒山塑像	《旧都文物略》
杨椒山祠（松筠庵大侧面店）	吴一凡/摄
杨椒山祠（松筠庵）平面图	《宣南鸿雪图志》
杨椒山祠（松筠庵）	王琼/摄（readfoto）
杨椒山故宅内游廊旧貌	《旧都文物略》
宝应寺平面图	《宣南鸿雪图志》
宝应寺前殿	《宣南鸿雪图志》
宝应寺	李倩怡/摄
牛街清真寺	王南/摄
附-牛街民居旧照	《京城胡同留真》
附-牛街小吃铺旧照	《京城胡同留真》
街礼拜寺总平面图	《宣南鸿雪图志》
牛街礼拜寺邦克楼／牛街礼拜寺碑亭／牛街礼拜寺浴室／牛街礼拜寺礼拜殿背面窑殿	辛惠园/摄
牛街礼拜寺礼拜殿	袁琳/摄
牛街礼拜寺大殿屋顶平面图	《宣南鸿雪图志》
牛街礼拜寺大殿室内	杜殿文/摄（readfoto）
牛街礼拜寺大殿立面图	《宣南鸿雪图志》
法源寺	《北京历史文化名城北京皇城保护规划》
法源寺东跨院	李路珂/摄
法源寺平面图	《宣南鸿雪图志》
法源寺山门／法源寺大雄宝殿／法源寺钟鼓楼	楼庆西/摄
法源寺天王殿	袁琳/摄
法源寺悯忠阁／法源寺毗卢殿／法源寺观音殿	李路珂/摄
法源寺藏经楼	王南/摄

图片名称	图片来源
唐代悯忠寺复原示意图	《傅熹年建筑史论文集》
湖南会馆后院	《宣南鸿雪图志》
大式青砖一字影壁立面图	《中国古建筑瓦石营法》
绍兴会馆／谭嗣同故居	吴一凡/摄
粤东新馆旧貌	《宣南鸿雪图志》
旧存崇效寺山门	《旧都文物略》
崇效寺藏经阁	吴一凡/摄
财政部印刷厂外员住宅	《宣南鸿雪图志》
国民政府财政部印刷局北立面图	《宣南鸿雪图志》
国民政府财政部印刷局旧址	吴一凡/摄
法源寺观音殿	李路珂/摄
法源寺藏经楼	王南/摄
南岗子天主教堂（圣德肋撒堂）	袁琳/摄
外城东片	李菁/制图
民国时期外城东片航拍图	《北京历史文化名城皇城保护规划》
花市上四条旧影	《京城胡同留真》
隆安寺	袁琳/摄
袁崇焕	
googleearth所显示的隆安寺、袁崇焕祠一带的现状	李路珂/改绘
袁崇焕祠、墓	袁琳/摄
袁崇焕庙	聂鸣/摄（readfoto）
1944年航拍照片所显示的隆安寺、袁崇焕祠一带的现状	
袁崇焕祠堂／花市清真寺	袁琳/摄
花市上二条旧景	《京城胡同留真》
花市火神庙	袁琳/摄
《乾隆京城全图》中的花市区域平面图	《乾隆京城全图》
南岗子天主教堂／法华寺3张	袁琳/摄
夕照寺旧景	《旧都文物略》
夕照寺修缮后现状	袁琳/摄
南岗子天主教堂（圣德肋撒堂）2张	袁琳/摄
乾清宫	王南/摄

致 谢
Acknowledgement

《北京古建筑地图》属于"中国古代建筑知识普及与传承"图书出版项目第一辑"北京古建筑五书"系列成果之一，受到华润雪花啤酒（中国）有限公司的资助，并吸取了该系列丛书其他分册《北京紫禁城》、《北京天坛》、《北京颐和园》、《北京四合院》的部分成果，因此，首先向华润雪花啤酒（中国）有限公司具有远见卓识的企业家们，以及各分册作者王贵祥教授、贾珺副教授、刘畅副教授致以诚挚的谢意。

本书的编写过程得益于傅熹年院士、王世仁研究员、楼庆西教授、王贵祥教授的热情帮助，亦倾注了许多清华园年轻学子的辛勤劳动。除了四位作者牺牲个人休息时间全力投入之外，袁琳、辛惠园、包志禹、梅静、李倩怡、吴一凡、陈迟、白昭熏、宋莹莹、张志磊参与了部分景点的实地调研和图片拍摄，袁琳还承担了部分调研资料整理和人员组织工作；李倩怡、刘辉、佟磊、刘刚、谭舒丹、筱戎、王宁参与了地图初稿编绘的工作；李新钰、郭雪承担了文字初稿校对、网络资料收集、电话信息核对的工作；廖慧农老师在项目管理方面亦付出了大量心血。

另外感谢格锐设计机构王华先生及其设计师团队对本书的设计工作所付出的辛勤劳动。

本书每节开头所用的航拍照片，为中国抗日战争时期美国第18航空队1943年航拍北京城的军用照片之局部，原图藏美国纽约大都会博物馆，中国工程院院士傅熹年先生获赠后提供本书作者使用。

本书是基于前人学者数十年的研究成果而写成的，尽我们所知，书中引用的内容均在文内或附录中注明了出处。

作者

2009年1月